한국경제의 이해

Understanding the Korean Economy

성태경 지음

MEDIA JIPHIL
(주)지필미디어

|저자소개|

성태경

서강대학교 경제학과 졸업(경제학사)
서강대학교 대학원(경제학 석사 · 박사)
아주대학교 경제학과 강사
대우경제연구소 산업경영본부 연구위원
Case Western Reserve University, Visiting Professor
행정(외무)고시 출제위원 역임
Seattle University, Fulbright Visiting Professor
Marquis Who's Who in the World(2012, 29th Edition) 등재
현, 전주대학교 경영학부 교수
(사)기술경영경제학회 부회장

한국 경제의 이해

지 은 이 성태경

발 행 처 (주)지필미디어

주 소 서울시 서대문구 미근동 72-3 101호

전 화 (02)362-4504

팩 스 (02)393-4509

이 메 일 book@jiphil.co.kr

홈페이지 jiphil.co.kr

발 행 인 고현희

발 행 일 2013년 2월 28일 초판 1쇄

등록번호 2제 312-1997-000043호 (1997년 07월 16일)

ISBN 978-89-97394-51-7 93320

값 23,000원

머리말

흔히 경제는 정치, 문화, 역사 등 사회의 다른 분야에 비해서 이해하기 어렵다고 한다. 실제로 교육과정에서도 많은 학생들이 경제과목을 선택하지 않는 경향도 있는 듯하다. 하지만 현대사회에서 경제가 가지는 중요성 때문에 현실경제에 대한 이해는 필수적이다.

〈한국경제의 이해〉라는 책명에서 알 수 있듯이, 이 책은 경제학에 대한 단편적인 지식을 가지고 한국경제의 현실을 공부하려는 경제학 비전공학생이나 일반 독자들을 염두에 두고 집필하였다.

이 책은 복잡한 현실경제의 'X-레이' 사진이라 할 수 있는 경제순환모형을 토대로 구성되어 있다. 먼저 제2장에서 한국경제를 시스템 관점에서 이해하고, 제3장에서 경제순환모형을 공부한 다음, 경제활동지표의 측정(제4장), 가계·기업·정부 등의 경제행동(제5장), 생산물시장(제6장), 노동시장(7장), 금융시장(제8장), 해외시장(제9장), 경제성장(제10장) 등의 순으로 진행된다. 한국경제가 당면하고 있는 주요 과제들, 즉 경제력 집중문제, 복지문제, 환경문제, 에너지문제, 정보화문제 등은 따로 지면을 할애하여 다루었다.

이 책이 엮어지기까지 많은 분들의 도움이 있었다. 먼저 필자의 은사이신 김덕중 교수님(서강대 교수, 아주대 총장, 교육부장관 역임)이 대학 강단에서 한국경제를 가르쳐 오신 경험과 교훈이 많이 반영되었다. 금년에 교수님께서 팔순을 맞으신다. 이 지면을 빌어서 건강하심을 기원 드린다. 그간 전주대학교에서 「한국경제의 이해」라는 과목을 수강한 학생들이 보여준 진지한 반응과 귀중한 조언을 빼놓을 수 없다. 특히 2012년 2학기에 이 과목을 수강한 학생들은 모두 초고를 읽고, 의견을 주었다. 경영학부 이민섭 군은 자발적으로 틀린 부분을 정리하여 고쳐 주었다. 책의 출판과 편집을 맡아준 지필미디어와 OPS디자인에게도 고마움을 전한다.

끝으로 이 책이 본래 목적한 대로 한국경제현실을 이해하는 데 좋은 안내서가 된다면 더 이상의 기쁨이 없겠다.

2013년 2월

저자 씀

차 례

제1장

서론

이 장에서는 한국경제의 과거와 현재를 간단히 집어보고, 일반시민으로서 왜 한국경제를 알아야 하는지, 그리고 어떻게 분석해야 하는지에 대해서 공부한다.

1.1 사례: 역사속의 한국경제-실학사상 | 1.2 한국경제의 현주소 | 1.3 한국경제, 왜 알아야 하는가?
1.4 한국경제, 어떻게 분석할 것인가?

1.1 ▸ 사례: 역사속의 한국경제–실학사상

조선시대의 실학자 다산 정약용의 생애를 사실에 입각하여 기술한 『소설 목민심서』의 첫 부분 '희한한 발명품'에서 다음과 같은 이야기가 나온다.

> 약용은 확신을 갖고 솜 타는 기계를 연구했다. 상자 안에 활줄을 여러 개 장치해 놓고 그것에 작은 바퀴와 큰 바퀴가 연결되도록 했다. 발로 밟아 큰 바퀴를 돌리면 피대로 연결된 작은 바퀴가 빠른 속도로 돌아가게 되고, 작은 바퀴와 연결된 장치는 사람이 손으로 돌리는 것의 수십 배에 달하는 힘으로 솜을 타게 된다는 **구상**이었다. 구상이 끝나자 약용은 면밀히 **설계도**를 그렸다. 치수를 계산하고, 힘의 낭비가 없도록 면밀히 살폈으며, 허점이 발견되면 몇 번이고 되풀이해서 그렸다. 최종 설계도를 완성하자 약용은 천만호를 방으로 불러들였다. (중략) 톱날을 깎는 데에 꼬박 나흘이 걸렸다. 톱날 모양의 바퀴를 다시 조립하니 그제야 **기계**가 돌아가기 시작했다. 사람의 허리 정도에 위치한, 네모난 본체에는 목화가 들어가는 구멍과 솜이 나오는 구멍이 따로 있었다. 측면으로 큰 바퀴와 작은 바퀴가 상하로 달려 있고, 피대가 두 바퀴를 연결하고 있었다. 약용도 흥분을 감추지 못했다.(중략) 솜틀기계 **사업**은 날이 갈수록 번창했다. 천만호의 **기술**과 성실성이 인정을 받아 순풍에 돋을 단 듯했다.(황인경, 소설 목민심서, 삼진기획, 1992 중에서)

이 이야기에서 우리는 당시로 봐서는 '공상'(工商)의 냄새가 물신 풍기는 용어들을 찾아볼 수 있다. 고딕체로 표시해 놓은 구상(idea), 설계도(design), 기계(machinery), 기술(technology), 그리고 사업(business) 등이 바로 그것이다. 만약 당시에 양반이요 유학자였던 다산이 천만호에게 사업을 맡기지 않고 직접 사업을 할 수 있는 풍토였다면, 우리의 역사는 어떻게 되었을까? 역사에 가정이란 없다고 하지만, 독자들의 상상에 맡겨본다.

1.2 ▸ 한국경제의 현주소

우리 민족의 역사를 통해서 지난 50여 년 동안만큼 국민경제생활에 있어서 놀라울 만한 변화를 경험해 본 시기가 없을 것이다. 반만년 역사를 돌이켜 보면 '보리고개'라는 말이 잘 대변해 주듯이 대부분의 국민이 지속된 궁핍 속에서 살아왔다. 실학자 정약용이 살던 조선 말기에도 마찬가지였다. 왕족과 일부 양반계층을 제외하고 대부분의 일반 백성들은 먹고 입는 문제에 매달려 살아야 했다. 이러한 생활고는 일제 치하에서 더욱 심해졌으며, 1950년 6.25 동란을 겪고 난 이후 1960년대 이전까지도 크게 달라진 것이 없었다.

1960년 초만 하더라도 우리나라는 일인당 GDP가 100달러 미만의 전형적인 후진국으로서 생산물의 대부분은 쌀, 광목, 연탄, 밀가루 등 생활필수품이었으며 양적으로도 절대적으로 부족하였다. 미국 등 선진국의 원조에 의존하여 살 수밖에 없었던 시절이었다.

그러나 2011년에 와서는 일인당 국민소득이 22,000달러를 넘어섰으며, 생산물의 종류도 소비자들의 기호에 맞게 다양화되었다. 승용차는 거의 모든 가구에 보급되었고, 휴대폰을 가지지 않은 사람을 찾아보기 어렵다. 부유계층뿐만 아니라 일반 국민들도 먹고, 입고, 거주하는 문제에서 벗어나 여행, 취미생활, 오락문화 등을 즐길 수 있게 되었다.

이러한 급속한 생활수준의 향상은 지난 반세기에 걸친 고도성장의 결과로 인한 것이다. 한국경제는 연평균 성장률 약 8% 정도의 고도성장을 이룩해 왔으며, 이로 말미암아 잘 살게 되었다는 것은 오늘을 살고 있는 한국사람이라면 부인할 수 없는 사실이다. 뿐만 아니라 한국경제는 국제사회에서도 이른바 '성장의 챔

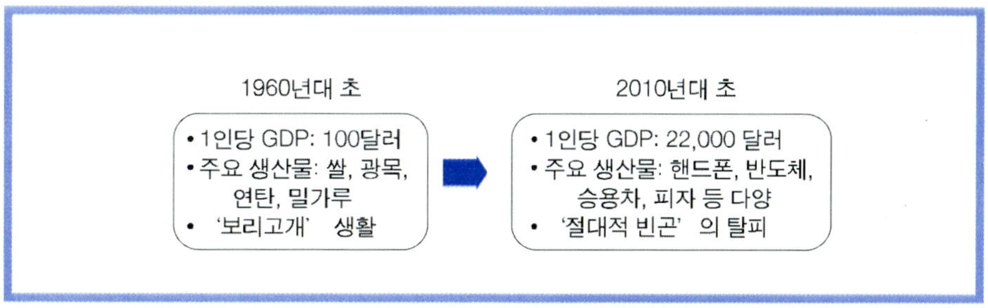

|그림 1-1| 고도성장의 이득

피언'으로 꼽히면서, 일부 개발도상국에서는 우리의 성장경험을 모방하려는 움직임도 있었다.

하지만 모든 경제적 이득에는 희생이 따르게 마련이다. 한국경제에서도 고도성장을 추구하는 과정에서 여러 가지 부작용들이 나타났다. 고도성장이 낳은 첫 번째 부작용은 대외의존적 경제구조의 심화이다. 이것이 흔히 말하는 대외경제 종속의 문제이다. 우리나라는 자원이 부족한 여건 하에서 고도성장을 추진하여 왔기 때문에 산업생산에 필요한 원료, 기계, 원유 등의 물자를 해외에서 수입할 수밖에 없었다. 이를 위해서 외화가 필요하였으며, 이는 수출을 통해서 조달할 수밖에 없었다. 흔히들 한국의 경제성장은 수출주도형이라고들 하는 것도 이 때문이다. 이와 같이 수출과 수입이 한국경제에 필수적이었기 때문에 2011년 현재 GDP 중에서 수출과 수입의 합이 차지하는 비중을 나타내는 비율, 즉 대외의존도가 100%에 가깝게 되었다. 뿐만 아니라 국제교역 대상국도 중국, 미국, 일본 등에 치중되어 있다. 한 때는 "미국경제가 재채기하면 한국경제는 감기 걸린다"라는 말이 있을 정도로 한국경제의 대미의존도가 매우 높았었다.

한편 우리나라는 성장초기에 일차적인 투자재원인 국내저축 — 학생들이 즐겨 쓰는 말로는 민족자본 — 이 절대적으로 부족했기 때문에 외채를 통해 조달하였다. 외채문제는 고도성장 기간 동안 항상 한국경제에 부담이 되었다. 심지어 1997년 말 외환위기 당시에는 정부가 외채규모조차 정확히 파악하지 못하는 등 외채관리의 실패로 말미암아 국제통화기금(IMF: International Monetary Fund)의 구제금융을 받는 처지에 놓이기도 하였다.

두 번째 부작용은 산업간·기업간·지역간 불균형이다. 일반적으로 개발도상국의 성장전략은 균형성장과 불균형성장으로 나누어지는데, 우리나라의 경우는 불균형 성장전략을 채택하였다. 즉 농업부문보다는 공업부문을, 공업부문 중에서도 경공업보다는 중화학공업과 방위산업을 중시하는 정책을 펴 왔다. 또한 1970년대부터 중화학공업, 방위산업 등 국가기간산업에 민간기업이 적극 참여하도록 하는 성장전략을 선택하였다. 결과적으로 농업부문이 상대적으로 뒤떨어지고, 기간산업에 참여한 몇몇 대기업의 비중이 커지고 중소기업의 발전이 더디게 되었다. 이러한 현상은 산업 및 기업입지와 맞물리면서 경부고속도로를 축으로 하는 지역이 발전하고, 그 반대 축, 즉 강원도, 충청도, 전라도 지역은 상대적으로 고도성장의 혜택을 덜 받게 되었다.

세 번째 부작용으로는 소득분배문제를 들 수 있다. 그간의 고도성장이 국민들의 절대적 빈곤을 타파하고 국민생활수준의 향상을 가져온 것은 사실이다. 그러나 상대적 빈곤의 문제, 즉 소득이 공평하게 분배되느냐에 관한 한, 국민 모두가 수긍하고 있는 것 같지는 않다. 어떤 사람들은 우리나라의 소득분배상태가 다른 개발도상국에 비해서는 균등하다고 말하기도 하지만, 일부 사람들은 '가진 자'와 '못 가진 자'의 갭은 점점 커져만 가고 있다고 주장하기도 한다. 어찌되었든 우리나라의 경우 2012년 현재 국민소득 중에서 60% 정도가 근로소득이고, 나머지 40%가 자본소득으로 나타나고 있다. 이에 비하여 선진국 대열에 속하는 경제협력 및 개발기구(OECD)의 29개 회원국들의 평균 근로소득비중은 70%를 넘어서고 있다. 이것은 우리나라의 경우 국민소득 중 상당부분이 근로계층으로 더 갈 수 있는 여지가 있음을 뜻한다고 볼 수 있다.

네 번째 부작용은 공해문제이다. 공해문제는 우리 생활주변에서 가장 피부로 느끼기 쉬운 고도성장의 대가라 하겠다. 해안과 농촌지역에 공장이 들어서면서 자연경관과 생태계가 파괴되고, 도시에서는 매연과 폐수로 생활환경이 크게 손상되었다. 환경학자들에 따르면 GDP가 1% 증가하면 환경은 0.6% 파괴된다고 한다. 만약 이러한 분석이 사실이라면 우리나라의 고도성장 자체에 대해서 회의를 갖지 않을 수 없을 것이다. 더 나아가서 공해문제는 『리우』환경회의를 계기로 우리나라뿐만 아니라 전 세계적인 관심사로 부각되고 있다.

이상에서 우리는 고도성장이라는 이득을 얻기 위하여 한국경제가 치른 몇 가지 부작용들을 지적하였다. 여기서 한 가지 분명히 짚고 넘어가야 할 것은 고도성장의 부작용들은 우리나라의 여건에 비추어 볼 때 어쩔 수 없이 나타난 측면이 있음을 인식해야 한다는 것이다. 일부 계층에서는 현재 한국경제가 당면하고 있는 문제들, 즉 대외의존문제, 산업간·기업간·지역간 불균형문제, 소득분배문제, 환경문제의 원인을 고도성장과 이를 추진했던 사람들에 돌리고 비난하는 모습을 보이고 있다. 틀린 말은 아니지만, 만약 한국경제가 지난 반세기 동안 경제성장 대신에 폐쇄경제를 통한 경제자립, 절대적인 자연환경의 보호, 균형발전, 공정한 소득분배 등에 우선순위를 두었다면 어떻게 되었겠는가? 이는 독자들의 판단에 맡긴다. 이는 '좋음(good)'과 '나쁨(bad)' 이라는 극단적인 문제가 아니라, '가장 좋음(best)'과 '비교적 좋음(better)' 간의 선택의 문제로 보는 것이 바람직할 것이다. 즉 고도성장이라는 '가장 좋은' 정책목표(best policy objective)

를 추구하다 보니, '비교적 좋은' 정책목표들(better policy objectives), 즉 경제자립, 균형, 공정성, 환경보호 등이 희생된 것이다. 그러나 '비교적 좋음'이 '가장 좋음'의 적이 될 수도 있다(better is the enemy of best)는 것도 염두에 두어야 할 것이다.

물론 한국의 경제체제가 이상적으로 작동되었다면, 이상의 정책목표들이 상충되지 않고 모두 적정하게 잘 달성될 수도 있었을 것이다. 왜냐하면 제2장에서 배우게 되는 바와 같이 경제체제란 국민경제가 안고 있는 경제문제에 대한 해답을 제공하는 기능을 하기 때문이다. 따라서 과거에 대한 평가도 중요하지만, 더 중요한 것은 앞으로 바람직한 경제체제의 정립을 통해서 한국경제에서 나타난 부작용들을 최소화하는 일이다.

1.3 ▸ 한국경제, 왜 알아야 하는가?

그렇다면 우리는 일반시민 혹은 경제학 비전공자로서 왜 경제문제에 대해 관심을 가지고, 이해해야 하는가?

첫째, 우리 생활 자체가 경제와 관련되어 있기 때문이다. 예를 들어보자. 경기가 좋으냐 아니면 나쁘냐의 여부는 곧바로 우리들의 취업사정에 영향을 미친다. 물가상승은 주부들의 시장바구니를 가볍게 하고, 정부의 조세정책에 따라 가계소득의 크기가 달라진다. 하루하루 등락을 거듭하는 주가의 움직임은 투자자들의 희비애환을 불러일으킨다. 기업이 생산과정에서 흘려보내는 폐수, 아황산가스, 농약 등 공해는 우리의 건강과 생활환경에 직접적으로 영향을 미친다. 국제경제여건의 변화도 우리의 경제생활에 커다란 영향을 미친다. 가령 원유가격이 급등하면 국내유가도 상승할 것이고, 이는 그만큼 난방비나 승용차 연료비 부담을 가중시킬 것이다. 환율의 변화는 유학생이나 해외여행자들에게 초미의 관심사가 아닐 수 없다. 이 밖에도 한국경제와 우리의 일상생활 간의 연관성은 일일이 열거할 수 없을 정도로 밀접한 관련을 맺고 있다. 그러므로 우리의 일상생활과 관련된 문제들에 대해서 어떠한 형태로든 스스로의 견해를 가지고 판단을 내리지 않을 수 없다.

|그림 1-2| 한국경제와 우리 생활　　자료: 한국은행 홈페이지

둘째, 현대사회에서 경제가 미치는 영향력이 다른 분야에 비해서 매우 크기 때문이다. 아담 스미스(Adam Smith)와 카알 마르크스(Karl Marx)가 누구인지 모르는 독자들은 거의 없을 것이다. 이들은 경제학자들로서 현대사회에 미친 영향이 지대하기 때문이다. 또한 대통령 선거에서도 경제문제가 정치, 문화, 안보 등 다른 분야에 비해서 주요 쟁점으로 부각되는 것도 현대사회 속에서 경제의 중요성을 잘 말해주고 있다.

셋째, 한국경제를 잘 이해하면, 이를 개인적으로 활용할 수 있다. 주식투자를 하더라도 한국경제의 상황을 잘 이해하는 투자자와 그렇지 못한 투자자 간에는 차이가 있을 것이다. 이는 기업도 마찬가지이다. 많은 대기업들이 경제연구소를 설립하여 경제상황을 예측하는 것은 이 때문이다. 그렇다고 이 책에서 개인적으로 '돈버는' 방법을 가르쳐주지는 않는다. 이 책은 한국경제를 '사회적인' 관점에서 분석하고 이해하는데 국한된다. 다만 독자들은 이를 개인적으로 활용할 수 있다는 것이다.

넷째, 보다 구체적인 이유로서 한국경제를 배우는 일은 취업에 도움이 될 수 있다. 만약 독자가 대학생이라면 졸업 후에 취업을 위해서 기업에 지원서를 내고 면접을 보게 되는데, 이때 어떤 질문이 나올 것으로 예측할 수 있겠는가? 당연히 면접관이 경제문제에 대해서 많이 물어볼 것이다. 따라서 학창시절에 여유를 가지고 한국경제에 대해서 읽고, 생각하고, 질문하며, 토론하면 나중에 별도로 면접연습을 하지 않아도 자신감 있게 자신의 견해를 피력할 수 있을 것이다.

1.4 ▸ 한국경제, 어떻게 분석할 것인가?

흔히들 경제는 이해하기 어렵다고 한다. 심지어 경제학자들조차 경제현상을 진단하고 처방하는데 있어서도 의견이 분분하다. 그렇다면 경제문제에 관심을 가지고, 이제 막 경제학 공부를 시작하는 독자들로서는 한국경제를 어떻게 분석하는 것이 효과적일까? 항상 다음 네 가지 시각을 염두에 둘 것을 권장하고자 한다.

1) 복잡한 현상을 단순화시켜서 보아야 한다.

경제는 사람의 몸에 비유될 수도 있는데, 병원에 가면 몸의 상태를 진단하고 처방하기 위해서는 우선 X-레이 사진을 찍게 된다. 이는 복잡한 몸의 구조를 단순화시켜 관찰해 보는 작업이다. 마찬가지로 한국경제를 이해하기 위한 첫 작업은 경제에 대한 X-레이 사진을 찍는 일이다. 경제학에서는 현실경제를 단순화

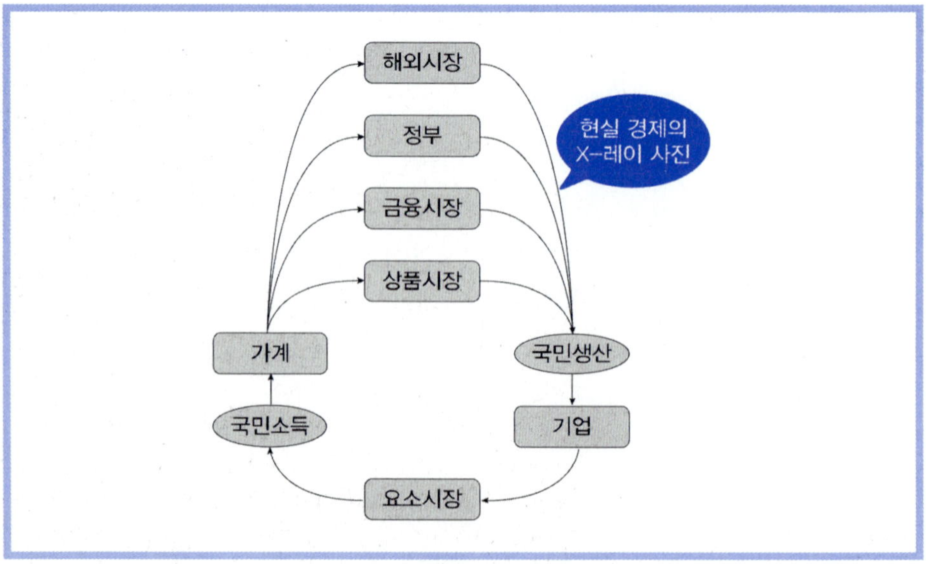

|그림 1-3| 경제순환모형

시켜 놓은 그림이 있는데, 그것은 바로 경제순환모형이다. 다시 말해서 경제순환모형은 X-레이 사진처럼 복잡한 경제현실을 매우 단순화시킨 것이다.

〈그림 1-3〉에는 경제순환모형을 그려놓았다. 그림에서 보면, 경제활동의 주체로서 가계, 기업, 정부가 있고, 상품시장, 요소시장, 금융시장, 해외시장 등 여러 형태의 시장이 존재한다. 화폐 흐름의 반대편으로는 실물의 흐름이 있지만, 복잡함을 피하기 위해 화폐의 흐름만 표시해 놓았다.

경제순환모형은 복잡한 한국경제를 아주 단순하게 그려 놓은 것으로서, 이 책의 구성도 여기에 토대를 두고 있다. 제3장과 제4장에서 경제순환모형을 자세히 공부한 다음, 가계, 기업, 정부 등의 실제 경제활동(5장), 재화시장(6장), 노동시장(7장), 금융시장(8장), 해외시장(9장) 순으로 공부하고, 장기적인 관점에서 경제성장의 문제를 다루고자 한다(10장). 더 나아가서 경제학이라는 학문 자체가 교통안내도처럼 현실경제를 지극히 단순화 및 일반화시킨 것이므로, 어떤 경제문제든지 단순화시켜서 보려는 관점이 필요하다.

2) '벌레'의 입장과 '새'의 입장을 구분해서 보아야 한다.

일반적으로 경제분석을 위해서는 크게 두 가지 접근방법이 사용된다. 하나는 거시적 접근방법이고 다른 하나는 미시적 접근방법이다. 거시적 접근방법을 사용하여 경제를 분석하는 것을 거시경제학(macroeconomics)이라 부르고, 미시적 접근방법을 사용하여 경제를 분석하는 것을 미시경제학(microeconomics)이라 부른다.

'Macro'라는 말의 어원이 그리이스어의 '크다'에서 나왔듯이 거시경제학은 경제전체를 총괄해서 다룬다. 따라서 그 분석대상이 국민경제전체 또는 국민경제를 구성하고 있는 가계부문, 기업부문, 정부부문이다. 가령 한국경제를 거시경제적 측면에서 분석한다면 1,700만 여 가구를 통합하여 하나의 거대한 경제단위인 것처럼 본다는 것이다. 이렇게 통합된 경제단위를 분석하는 거시경제학은 경제전체적인 개관이나 구조, 그리고 가계부문, 기업부문, 정부 등 경제를 구성하는 단위간의 관계에 초점을 맞춘다. 따라서 거시경제학이 다양한 경제문제를 분석함에 있어서 국민경제의 총산출량, 총소득, 총고용, 총지출, 일반물가수준 등과 같은 경제변수들이 거론하는 것은 당연한 일이다. 적절한 비유가 될지는 몰라도 〈그림 1-4〉에서 보는 바와 같이 거시경제학은 나무가 아니라 숲 전체를 보는 것에 비유할 수 있으며, 따라서 경제를 '새의 입장'(Bird's eye)에서 본 것이라 하겠다.

이와는 반대로 미시경제학은 'Micro'가 '작다'라는 말뜻 그대로 가계면 가계, 기업이면 기업과 같이 특정한 경제단위와 그 개별 경제단위의 행동을 자세히 다룬다. 이러한 측면에서 경제를 분석할 때, 경제학자들은 현미경 위에 하나의 가계, 또는 하나의 기업을 올려놓고 살펴본다. 미시경제학에서는 산업, 가계, 기업라는 용어가 동원되고, 특정한 한 제품에 대한 가격과 생산량, 한 기업에 고용되는 사람수, 한 기업이나 가계의 지출 등이 경제변수로 등장한다. 미시경제학은 거시경제학과는 달리 숲이 아니라 나무 하나 하나를 분석하는 것에 비유할 수 있다. 나무의 특성을 가장 잘 살필 수 있는 동물은 무엇일까? 나무에 붙어사는 벌레일 것이다. 그러므로 미시경제학은 '벌레의 입장'(Worm's eye)에서 경제를 본 것이라 할 수 있다.

그러면 왜 한국경제를 이해하기 위해서, 보는 관점을 달리하여 미시경제학과 거시경제학으로 구분하는 것일까? 그 이유는 구성의 오류(fallacy of composition) 때문이다. 구성의 오류란 "개인 혹은 부분에 있어서 타당한 진리는 반드시 집단 혹은 전체에 대해서도 타당한 진리다"라는 주장은 논리상 부정확하다는 것이다.

|그림 1-4| 미시적 관점과 거시적 관점

예를 들어 설명해 보자. 가령 갑이라는 사람이 초만원을 이루고 있는 프로야구 결승전을 보러 가서 맨 뒷자리에 앉았다고 하자. 마침 응원하던 팀의 1번 타자가 기습번트를 대고 1루로 달려갔는데, '세입' 인지 '아웃'인지가 궁금하여 갑이 자리에서 일어섰다고 하자. 과연 갑은 그 상황을 보았겠는가, 못 보았겠는가? 두 개의 대답이 모두 가능하다. 만약 다른 관중은 그대로 앉아있고 갑만 일어섰다면 그 상황을 보다 잘 볼 수 있었을 것이다. 그러나 다른 관중들도 궁금하여 모두 일어났다면 갑은 그 상황을 제대로 볼 수 없었을 것이다. 즉 갑이라는 개인만 생각했을 경우와 관중전체를 생각했을 경우에 답은 달라진다.

경제학에서 한 예를 들어보자. 현재 한국경제가 심각한 불경기에 처해 있어서 실업률이 20%를 넘어섰다고 가정하자. 그 이유가 가계의 구매력이 부족하여 기업에 재고가 쌓이고, 그 결과 기업들이 문을 닫거나 생산량을 줄였기 때문이라고 하자. 이 경우에 올바른 정책처방은 가계부문으로 하여금 '소비하라'일 것이다. 왜냐하면 가계가 물건을 사주어야 기업의 재고가 줄어들고, 생산이 확장되므로 놀고 있던 사람을 고용할 것이기 때문이다. 그러나 우리는 을이라는 하나의 가계에 대해서는 무작정 '소비하라'라고만 할 수 없는 것이다. 오히려 '저축도 하라'라고 말하는 것이 더 올바를 것이다. 이와 같이 하나의 가계를 대상으로 하는 경우와 가계부문전체를 대상으로 하는 경우에 정책처방이 달라진다. 따라서 우리는 보는 방법을 달리하여 경제를 분석할 수밖에 없게 되는 것이다. 그러므로 우리가 한국경제를 공부할 때나 혹은 매스컴 등에서 경제문제가 다루어질 때, 주어진 문제가 '새의 입장'에서 분석되고 있는지, 아니면 '벌레의 입장'에서 접근되고 있는지를 판단해 보아야 한다.

3) 경제의 실증적인 측면과 규범적인 측면을 구분해서 분석해야 한다.

우리가 한국경제를 분석하면서 또 하나 구분해야 할 개념은 실증적(positive) 측면과 규범적(normative) 측면이다. 전자를 경제학에서는 실증경제학(positive economics)이라고 부르는데, 이는 경제현상을 사실(what is) 그대로 기술하고 분석한 결과로 얻은 일련의 지식체계로서 경제행동을 과학적으로 분석하려는 방법이다. 반면에 규범경제학(normative economics)이란 바람직한 경제상태는 어떠해야 한다, 혹은 경제이론에 비추어 볼 때 어떠한 경제정책이 시행되어야

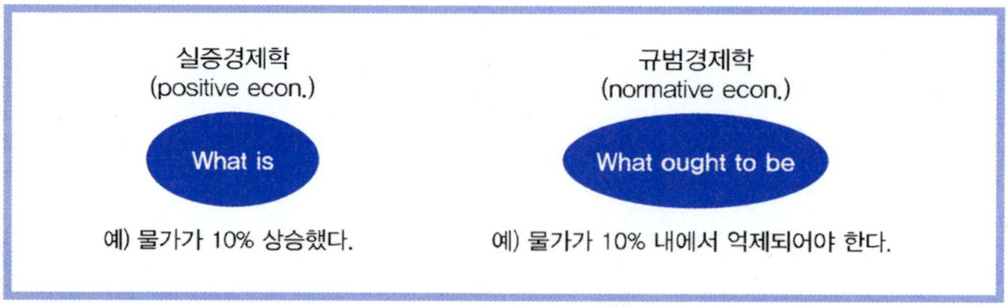

|그림 1-5| 실증경제학과 규범경제학

한다는 등등에 관한 가치판단을 포함한다. 즉 규범경제학은 당위성(what ought to be)에 관한 이론이다. 예를 들어 “물가가 10% 상승했다”라는 말은 실증경제학에 속하는 명제이고, “물가상승은 10% 이내에서 억제되어야 한다”라는 말은 규범경제학에 속하는 명제인 것이다. 또 “다른 사정이 일정한 한 쇠고기 값이 절반으로 하락한다면 사람들은 쇠고기를 더 많이 살 것이다” 라는 말은 경험적 관찰에 의해서 입증될 수 있는 실증적 명제인 반면에 “국민들에게 쇠고기를 더 많이 먹게 하기 위해서는 쇠고기 값은 하락되어야 한다”라는 말은 가치판단을 포함하는 규범적 명제이다.

규범경제학은 가치판단을 포함하기 때문에 실증경제학에서보다 경제학자들간에 많은 의견의 대립이 생긴다. 예를 들어 우리나라 경제학자들 간에도 소득분배의 상태에 대해서는 어느 정도 의견이 일치할 수 있지만, 소득이 어떻게 분배되어야 한다는 문제에 대해서는 많은 논란이 있을 수 있다. 여하튼 가치판단이나 규범적 명제는 경제문제에 대한 처방전, 즉 정책을 수립함에 있어서 매우 중요한 역할을 하게 된다.

그렇다면 한국경제 대한 실증적 측면과 규범적 측면 중 어느 것에 더 초점을 맞추어야할 것인가? 두 측면이 상호보완적이지만, 굳이 우선순위를 말하라고 한다면, 실증적 측면부터 공부하는 것이 바람직하다고 본다. 이 책도 이러한 관점에서 집필되었다. 물론 독자들은 다루어지고 있는 문제가 실증적 측면에서 접근되는지, 아니면 규범적 측면에서 접근되는지를 판단해야 하며, 독자들 스스로도 실증적 측면과 규범적 측면을 구분하여 분석해야 한다.

4) 경제적 요인뿐만 아니라 사회문화적 및 정치적 요인도 함께 고려해야 한다.

제2절에서 우리는 경제성장이라는 잣대를 놓고 한국경제의 현실을 대략적이나마 진단해 보았다. 그렇다면 한국경제가 어떠해야만 건강하다고 진단을 내릴 수 있겠는가? 앞의 논의를 근거로 하여 볼 때 다음과 같은 기준을 제시할 수 있다.

- 경제는 안정적이고도 지속적으로 성장하는가?
- 소득분배는 모든 국민이 수긍할 정도로 형평성을 유지하는가?
- 국제수지는 만성적인 불균형을 보이지 않는가?
- 국제경제여건에 대한 대처능력은 충분한가?
- 자연이 스스로 정화 가능한 수준의 공해수준을 유지하는가?

이러한 경제진단 기준들은 바로 한 국민경제의 경제적 성과(economic performance)를 나타내는 것이다. 그러면 국민경제성과를 결정하는 요인은 무엇일까? 흔히들 부존자원, 기술, 근로의욕, 투자 등 경제적 요인이 국민경제성과를 결정한다고 보고 있다. 그러나 국민경제성과는 경제적 요인뿐만 아니라 경제외적인 요인, 즉 정치, 사회, 문화 등에 의해서도 영향을 받고 있음도 부인할 수 없다. 제1절 실학자 정약용의 사례에서 본 것처럼 조선시대 '사농공상'의 가치체계와 신분제도는 분명 경제성장에 가장 큰 걸림돌이 되었을 것이다. 특히 현대처럼 사회구조가 다원화되고 경제가 국제화 및 개방화됨에 따라서 경제외적인 요인이 국민경제성과에 미치는 영향이 커지게 되었다. 그러므로 우리가 한국경제를 폭넓고도 깊이 있게 이해하기 위해서는 경제적 요인뿐만 아니라 경제외적인 요인이 국민경제성과와 어떻게 연계되어 있는지를 알아야 한다.

그러나 아직도 경제외적 요인과 국민경제성과의 관계가 산발적으로 언급되고 있을 뿐, 체계적으로 이해되고 있는 것 같지는 않다. 따라서 국민경제성과의 결정요인으로 경제뿐만 아니라 정치, 사회, 문화 등이 포함되는 하나의 모형을 정립해 보고자 한다. 무엇보다도 이 작업이 복잡한 한국경제를 이해하는데 지름길이 될 것으로 여겨지기 때문이다.

한국경제의 고도성장을 가능하게 하였던 요인을 찾는 과정에서 일부 학자들은 한국인 특유의 근면성과 유교주의적 문화전통, 정부와 기업과의 밀접한 관계, 그리고 북으로부터의 남침위협 등 경제외적인 요인들을 지적하고 있다. 이

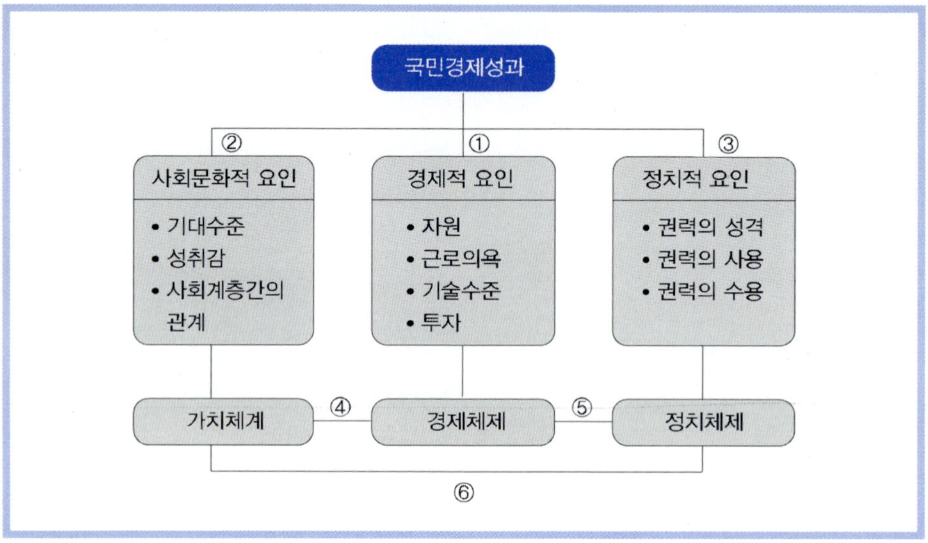

|그림 1-6| 국민경제성과의 결정요인

는 정치적 요인과 사회·문화적 요인이 국민경제성과에 적지 않은 영향을 미치고 있음을 말해 주는 것이다.

이러한 관점을 반영하여 〈그림 1-6〉에는 국민경제성과의 결정모형을 제시해 놓았다. 그림에서 보는 바와 같이 국민경제성과는 일차적으로 자원, 근로의욕, 기술수준, 투자 등 경제적 요인에 의해서 영향을 받는데(①), 이러한 경제적 요인에 영향을 주는 것이 바로 경제체제(economic system)이다. 또한 국민경제성과는 사회·문화적 요인(②)과 정치적 요인(③)에 의해 영향을 받으며, 이들 요인은 각각 가치체계(value system)와 정치체제(political system)에 뿌리를 박고 있는 것으로 나타나 있다. 뿐만 아니라 그림에서 보는 바와 같이 경제체제, 가치체계, 정치체제는 따로 따로 국민경제성과에 영향을 미치는 것이 아니라 상호 영향을 주고받으면서 국민경제성과에 영향을 미친다(④,⑤,⑥). 이 점을 염두에 두고서 각 사회적 시스템이 국민경제성과에 미치는 영향을 살펴보자.

(1) 경제체제와 국민경제성과

무엇보다도 경제체제가 국민경제성과의 가장 중요한 결정요인이다. 경제체제란 앞에서도 잠깐 언급했듯이 경제문제에 대한 해답을 제공하는 기능을 하므로 경제체제에 따라서 경제운용방식과 이에 따른 성과가 판이하게 달라질 수 있다. 경제체제는 크게 시장경제체제와 중앙집권적 계획경제체제로 나눌 수 있는데 현실적으로도 각 경제체제에 따라서 국민경제성과가 다르게 나타난다. 과거 계획경제체제의 대표 주자였던 소련경제가 1990년대 초에 무너지고, 동유럽의 많은 국가들이 시장경제체제로 이행하고 있는 역사적 사실이 이를 반증해 주고 있다. 경제체제에 관하여는 제2장에서 집중적으로 다루기로 한다.

(2) 가치체계와 국민경제성과

경제활동의 주체는 어디까지나 인간이므로 인간의 가치관, 사회와 개인의 대응관계, 관습 및 전통 등 사회·문화적 요인들은 국민경제성과에 영향을 미치게 된다.

유럽 경제번영의 정신적 기틀이 되었다고 하는 청교도 정신을 보더라도 검약, 근면, 청렴, 정직을 생활신조로 하고 있으며, 직업은 신의 소명이므로 맡은 바 일의 귀천에 관계없이 이른바 '천직사상'에 입각하여 신명을 다해 일해야 한다는 것이다. 근래에 와서는 일본을 비롯하여 한국, 대만, 홍콩, 싱가포르 등 아시아 국가들이 급속한 경제성장을 이룩하자 많은 학자들이 이들 나라에 공통적인 유교문화를 그 주요 요인으로 지적하기도 하였다. 즉 유교문화에 따른 자기훈련에 대한 높은 가치부여, 기강 있는 근로자세, 가정 · 직장 및 조직체에 대한 충실성 등이 경제성장을 촉진한 요인이라는 것이다.

반면에 "노세 노세 젊어서 노세" 식으로 생각하고 자원을 낭비하면 경제가 튼튼하게 될 수 없음은 물론이다. 이러한 가치관은 저축의욕을 줄이고 나아가서 성장잠재력을 저해할 수 있다. 근로자들도 가치관에 따라서 태도가 달라지게 된다. 예를 들어 우리나라의 경우 과거의 유교적인 전통이 무너지고 서양의 개인주의. 합리주의가 들어오면서부터 요구수준이 높아짐에 따라 노사분규가 빈번히 발생하고 있으며, 중국경제의 부상과 함께 국내투자의욕이 급격히 감소되는 측면도 없지 않다.

따라서 우리는 국민경제성과의 결정모형에 이러한 사회·문화적 요인을 고려하지 않을 수 없는데, 사회·문화적 요인은 〈그림 1-6〉에서 보는 바와 같이 국민경제성과와 관련하여 볼 때 세 가지로 요약될 수 있다. 첫째, 국민들이 물질적 및 정신적으로 소망하는 기대수준은 어느 정도인가? 둘째, 국민들 각자가 보람을 가지고 일하는가? 즉 성취감의 정도는 어떠한가? 셋째, 근로자, 기업가, 저소득층, 중산층, 고소득층 등 각 사회계층간의 관계는 원활한가? 이러한 사회

·문화적 요인들은 그 나라의 가치체계에 뿌리를 두고 있으며, 한 나라의 국민 모두가 건전한 가치체계를 바탕으로 서로 이해하고 협조하려는 분위기가 지배한다면 그 나라의 경제가 잘되리라는 것은 자명한 이치이다.

(3) 정치체제와 국민경제성과

먼저 정치체제란 무엇을 말하는가? 정치체제란 여러 가지로 정의 내릴 수 있지만, 경제와 관련된 의미에서는 권력의 형태나 성격에 영향을 미치는 것이라고 할 수 있다. 가령 어떤 나라가 오랜 민주주의 정치체제를 가지고 있다고 하면, 그 정치체제는 국민들의 요구를 정치적 의사결정에 즉시 반영할 것이다. 반대로 그 나라가 권위주의적 정치체제에 의해 지배받는다면 국민들의 요구가 무시되거나 설사 반영된다고 하더라도 많은 시간이 걸릴 것이다. 두 경우에 있어서 국민경제성과가 다르게 나타날 것임은 자명한 이치이다.

일반적으로 정치체제는 〈그림 1-6〉에서 보는 바와 같이 다음 세 가지 정치적 요소를 결정한다. 첫째는 정치체제는 권력의 성격을 결정짓는다. 즉 정치체제에 따라서 권력의 배분방법이 중앙집권적인가 아니면 분권적인가가 결정된다. 둘째는 정치체제에 따라서 권력의 사용방법이 달라진다. 어떤 정치체제에서는 권력사용 시에 일관되고 공정한 '게임의 규칙(rule of game)'이 존재하기도 하지만 어떤 정치체제에서는 돈 가진 사람이나 목소리 큰 사람이 힘을 갖게 되기도 한다. 셋째는 정치체제가 권력에 대한 국민들의 수용태도를 결정짓는다. 어떤 정치체제에 대해서는 국민들이 정부의 권력행사를 긍정적으로 받아들이는가 하면 어떤 정치체제에서는 부정적으로 받아들이기도 한다.

이와 같이 한나라의 정치체제를 보면 그 나라의 정치적 요인들, 즉 권력의 성격, 권력의 사용, 권력에 대한 국민들의 수용태도를 알 수 있으며, 이들이 국민경제성과에 미치는 영향도 짐작할 수 있다. 가령 권력의 배분방법이 중앙집권적이고, 공정한 게임의 규칙이 존재하지 않으며, 권력의 정통성을 부정하는 국가라면 어떻게 바람직한 국민경제성과를 기대할 수 있겠는가?

이 책이 한국경제이해를 위한 경제학 입문서이니 만큼, 경제외적 문제보다는 경제적 요인과 경제체제에 초점을 맞추게 될 것이다. 그러나 주어진 경제문제에 대해서 사회·문화적 및 정치적 요인 등 다른 요인에 의해서도 영향을 받는다는 사실을 염두에 두고자 한다. 독자들 스스로도 이러한 관점을 견지하고, 어떤 경제문제를 분석함에 있어서 사회·문화적 및 정치적 요인들을 찾아보려는 나름대로의 노력이 필요하다고 본다. 예를 들어 1997년 말 한국경제가 IMF관리체제에 들어간 요인으로, 산업 및 기업구조조정의 실패(과잉중복투자), 고비용·저효율의 체제정착, 금융시장의 낙후, 국제수지적자의 누적, 급격한 단기외채의 증가 등 경제적 요인들이 거론되고 있다. 그러나 사회기강의 해이, 부정부패의 창궐, 불투명한 기업경영관례, 경제관료들의 무사안일태도 등 가치체계와 연관된 요인들도 지적되고 있으며, 혹자는 당시의 외환위기는 경제 및 금융 강대국에 의한 우리의 희생이었다고 보기도 하고, 국내적으로는 정치권력의 이행기였다는 등 정치적 요인들을 얘기하기도 한다. 이 중에서 단순한 경제적 요인보다는 사회·문화적 요인이나 정치적 요인들, 혹은 이들 요인과 경제적 요인과의 상호작용이 더 중요한 요인이 될 수 있기 때문에, 보다 폭넓은 시각에서 한국경제를 분석해야 한다.

제2장

경제체제

이 장에서는 한국경제를 시스템의 관점에서 이해한다. 즉 한국의 경제체제(economic system)를 공부한다. 더 나아가서 전환기에 처한 세계 각국의 경제체제도 다룬다.

2.1 ▸ 사례: 전환되는 중국의 경제체제

중국은 계획경제에서 시장경제로 적극 이행하고 있는 국가로 주목받고 있다. 1978년 적극적인 경제체제의 변화를 추구한 이래 연평균 10%대의 괄목할만한 경제성장을 이룩하였다. 그 결과 2011년 현재 GDP 및 무역규모가 각각 세계 2위에 랭크되고 있다. 한때 '성장의 챔피언'이었던 한국경제도 그 자리를 중국에 내어주면서, 중국경제의 추격에 위협을 받는 처지에 놓이게 되었다. 이러한 중국경제의 급부상은 시장경제체제의 기능을 적극 수용한 결과로 알려지고 있다.

시장기능의 도입이 중국경제의 활력을 불어넣은 대표적인 사례가 농업부문에서의 경이적인 성과라고 할 수 있다. 중국의 농업산출량은 1979-1984년 기간 동안 무려 61%나 증가하였는데, 이는 책임제도(responsibility)라는 시장경제 요소를 도입한 결과로 분석되고 있다. 1979년 이전 중국은 전형적인 공산주의 체제로 협동농장 생산의 5%만이 농민에게 주어졌고, 이마저도 시장에서의 판매가 금지되었었다. 그러나 1979년 이후에는 책임제도가 실시되어 일정 산출량 이상은 농가가 가지며, 시장에서의 판매가 허용되었다. 1984년에는 농가의 94% 정도가 이러한 책임제도하에 운영되면서 농업산출량이 급격하게 증가된 것이다. 즉 자기가 노력한 만큼 가져갈 수 있는 제도의 도입이 더 열심히 일하려는 의욕을 자극한 것이다. 한 연구에 의하면 책임제도의 도입이 농업산출량 증가의 75% 정도 기여하였고, 나머지 25%는 가격제도의 도입에 기인한 것으로 보고되고 있다.[1)]

몇 년 전에 당시 후진타오 중국주석이 북한에게 '끊임없는 전쟁준비'를 포기하고, 경제개혁 및 개방에 주력하라는 최후통첩에 가까운 경고를 전달한 것은(2003년 8월 25일 CNN 방송 보도) 이러한 중국의 경험이 크게 작용한 것으로 보여 진다. 심지어 그는 구체적으로 북한이 중국식 개혁 및 개방정책을 시도할 것을 요구하였다고 한다. 정치적으로는 일인 독재체제에다가, 사회적으로 획일적인 가치체계를 가진 중앙집권적인 북한경제가 스스로 변화할 수 있는 날은 언제일까? 우리는 안타까운 눈으로 바라볼 수밖에 없다. 다만 북한의 정치체제, 가치체계, 그리

1) J. McMillan, J. Whalley, and L. Zhu, "The Impact of China's Economic Reforms on Agricultural Productivity Growth," *Journal of Political Economy*, 97(4), 1989, pp.781-807.

고 이와 맞물린 경제체제의 변화는 상당한 기간이 걸릴 것으로 보인다.

2.2 ▸ 경제체제의 이해

어느 나라든 경제문제를 해결하기 위하여 어떠한 형태로든 일정한 경제체제(economic system)를 유지하기 마련이다. 다시 말하면 경제체제는 국민경제가 직면하는 경제문제를 해결해 주는 제도적 장치이다. 역사적으로 보더라도 원시공산체제, 중세봉건체제, 카스트제도 등 시대마다 다양한 경제체제가 존재하여 왔고, 현재도 약 200 여 국에 이르는 세계 여러 나라들은 경제문제의 해결방식이 어떠한가에 따라서 나름대로의 경제체제를 가지고 있다.

1) 경제체제의 두 가지 유형

경제체제는 현존하는 국가의 수만큼 다양하다. 그러나 이를 유형화 하면 크게 두 가지로 나누어 볼 수 있다. 하나는 시장경제체제(market system)이고, 다른 하나는 중앙집권적 계획경제체제(centrally planned system)이다. 이는 경제문제를 해결해 주는 수단이 무엇이냐에 따른 구분으로 시장경제체제에서는 가격(price)이 경제문제를 해결해 주고, 중앙집권적 계획경제체제에서는 명령(command)이 경제문제를 해결해 준다. 〈그림 2-1〉에서 보는 바와 같이 시장경제체제에 가까운 나라는 미국, 영국 등이고, 중앙집권적 계획경제체제에 가까운 나라는 구소련이었다. 대부분의 나라는 시장경제체제와 중앙집권적 계획경제체제 사이에 위치하고 있는데, 앞의 사례에서 소개한 바와 같이 중국은 중앙집권

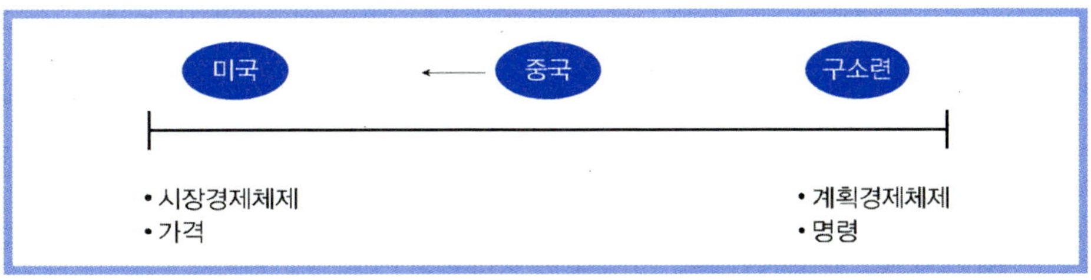

|그림 2-1| 경제체제의 유형

적 계획경제체제에서 시장경제체제로 이행하고 있는 중이다.

2) 경제문제

경제체제가 국민경제가 직면하는 경제문제를 해결해 주는 수단이라고 한다면, 여기서 경제문제란 무엇을 말하는가? 동서고금, 개인과 사회를 막론하고 희소성(scarcity problem)의 문제에 직면할 수밖에 없으며, 국민경제는 다음과 같은 3대 기본경제문제를 해결해야만 한다.

- 무엇을 얼마만큼 생산해야 할 것인가?
- 어떻게 생산할 것인가?
- 누구를 위해 생산할 것인가?

(1) 무엇을 얼마만큼 생산해야 할 것인가

희소성의 문제로 인하여 국민경제는 모든 것을 생산할 수 없고, 일부만을 생산할 수밖에 없다. 따라서 무엇을 얼마만큼 생산할 것인가의 문제를 해결해야 한다. 보다 현실적으로 얘기하자면, 먹고 마시고 입는데 필요한 소비재를 더 생산할 것인가, 아니면 기계장치, 도로, 통시시설 등 자본재를 더 생산할 것인가? 기계 중에서도 장갑차를 더 생산할 것인가, 아니면 경운기를 더 생산할 것인가? 같은 술이라도 맥주를 더 생산할 것인가 아니면 소주를 더 생산할 것인가? 이와 관련된 의사결정은 열거할 수 없을 정도로 많다.

이러한 문제들은 한 나라의 제한된 귀중한 자원을 어떤 용도로 사용할 것인가 하는 자원배분(resource allocation)의 문제라 할 수 있다.

(2) 어떻게 생산할 것인가

이는 생산방법의 문제이다. 가령 쌀 생산에 몇 명의 일꾼과 몇 마지기의 논이 필요하며 로봇 생산에는 몇 명의 기술자와 얼마만큼의 물자가 필요한가를 결정해야 한다. 뿐만 아니라 노동, 자본, 토지 등 생산수단을 국가가 소유하는 방식으로 생산할 것인가 아니면 개별경제주체가 소유하는 방식으로 생산할 것인가? 민간기업에게 맡길 것인가, 아니면 정부출자기업이 담당할 것인가? 공장과 기업의 수 및 규모는 어떻게 할 것인가?

이러한 문제들은 어떻게 생산할 것인가의 문제로서 "주어진 비용으로 최대의 성과를” 또는 “일정한 성과를 최소의 비용으로” 말로 표현되는 경제적 효율(economic efficiency)의 과제라 할 수 있다.

(3) 누구를 위하여 생산할 것인가

경제학을 굳이 두 가지 분야로 구분한다면, 하나는 생산이고 다른 하나는 분배이다. 생산은 앞에서 살펴본 두 가지 과제와 연관되는데, ‘무엇을’의 과제는 산출물의 종류와 그 크기에 관한 것이고, ‘어떻게’의 과제는 산출물이 만들어지는 방법에 관한 것이다. 자연히 만들어진 산출물을 어떻게 나누느냐의 문제에 직면하게 되며 이것이 바로 누구를 위하여 생산할 것인가의 과제이다. 즉 소득분배(income distribution)의 문제이다.

만들어진 산출물을 나누는 데에도 여러 가지 방법이 있다. 산출물 생산에 기여한 정도에 따라서 나누어 줄 것인가, 아니면 능력에 따라 일하고 필요에 따라서 나누어 줄 것인가? 산출물을 놓고 당사자—노동자, 경영자, 주주—간에 분쟁이 일어나지 않게 나누어 주는 방법은 없는가? 정부는 산출물 중 얼마만큼을 조세로 걷어갈 것이며, 이를 각 소득계층에게 어떻게 다시 나누어줄 것인가?

이러한 질문들은 국민경제의 생산 및 경제활동이 과연 누구를 위한 것이냐의 과제로서 소득분배에 있어서 형평(equity)의 과제라 할 수 있다.

3) 경제체제에 의한 경제문제의 해결

이제 대조적인 모형인 시장경제체제와 중앙집권적 계획경제체제에서 국민경제의 기본과제가 각각 어떻게 해결되는지를 살펴보기로 하자.

(1) 시장경제체제

시장경제체제에서 모든 경제문제는 ‘가격기구(price mechanism)’에 의해서 해결된다. 먼저 ‘무엇을’의 문제는 상품에 대한 소비자의 수요의사를 반영하는 시장가격이 하나의 신호(signal)가 되어 해결된다. 예를 들어 단독주택보다 아파트의 평당 시장가격이 높은 것은 소비자들이 단독주택보다 아파트를 더 선호하기 때문이다. 같은 술이라고 하더라도 소주를 좋아하는 사람이 있고 맥주를 좋아하는 사람이 있기 때문에 이 두 상품이 모두 생산되는 것이다.

‘어떻게’의 문제 역시 생산수단의 소유권이 개별경제주체에게 있기 때문에 기업경영자가 생산요소가격을 신호삼아 자율적으로 행동할 때 해결된다. 그러면 기업경영자들은 구체적으로 어떻게 생산방법을 선택하는가? 만약 독자가 기업경영자로서 소비자가 원하는 상품을 만들 때 어떤 생산요소를 사용하겠는가? 물론 다른 조건이 동일하다면, 아무래도 값이 싼 요소를 사용할 것이다. 극단적인 예로 독자가 건설회사 경영자라면 도로포장 시에 절대 '달나라에서 가져온 돌'을 사용하지 않을 것이다. 달나라에서 가져온 돌은 매우 희귀하기 때문에 가격 또한 높을 것인데, 높게 결정되는 가격은 생산자로 하여금 그 사회의 제한된 생산요소를 아끼게 한다. 노동의 가격, 즉 임금이 점차 상승하고 컴퓨터의 가격이 크게 하락되자 기업에서는 사람 대신에 컴퓨터를 활용한 자동화된 생산방법을 선택하는 것도 하나의 좋은 예이다. 요컨대 시장경제체제에서 각 기업들은 일정한 상품을 생산하더라도 가장 최소한의 비용이 드는 생산방법을 자유롭게 선택하게 될 것이다.

시장경제체제에서 '누구를 위하여'의 문제, 즉 생산된 상품을 누가 가져가느냐의 문제도 가격신호에 의해서 해결된다. 어떤 상품은 그 상품의 가격을 지불할 능력이 있는 소비자에게 돌아간다. 그런데 소비자의 지불능력은 화폐소득의 크기에 달려 있으며, 요소의 소유량과 그 가격에 의해 결정된다. 예를 들어 시장경제체제에서는 부동산과 주식을 가진 의사 부인이 공무원 부인보다 더 많은 상품을 가져가게 된다. 이는 의사 부인은 부동산에 대한 임대료, 주식에 대한 배당 등 재산소득뿐만 아니라 능력 있는 의사 남편의 사업소득을 모두 가지는 반면에 공무원 부인은 주 수입원이 남편의 봉급이기 때문이다.

요컨대 시장경제체제에서 '무엇을'의 문제는 소비자의 선호를 반영하는 제품가격에 의해서 해결되고 '어떻게'의 문제는 생산요소의 희소성을 반영하는 요소가격에 의해서 해결되며, '누구를 위해서'의 문제도 경제활동에 참여한 사람이 생산에 얼마나 기여 했느냐, 즉 생산에 참여한 생산요소에 대해 시장이 부여하는 가격에 의해서 해결된다. 경제성장의 문제도 이자율과 기대이윤율에 의해서 영향을 받는다.

그러나 독자들은 이상이 시장경제체제의 문제해결방법을 완벽하게 설명하는 것이 아님에 주의해야 한다. 왜냐하면 경제문제들은 분리된 것이 아니라 서로 복잡하게 얽혀서 해결되기 때문이다. '무엇을', '어떻게', '누구를 위하여' 라는 세 개의 기본경제문제에 국한하여 살펴보자. 〈그림 2-2〉에서 보는 바와 같이

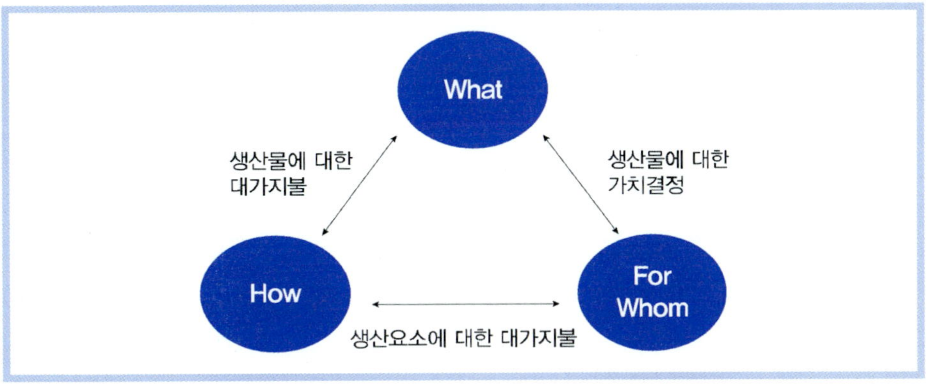

|그림 2-2| 시장경제체제에 있어서 기본경제문제의 해결

경제문제를 나타내는 세 개의 원들은 각각 다른 원들과 연결되어 있는데 이것은 시장경제체제에서 경제문제들이 따로 해결되는 것이 아니라 서로 연관되어 해결되고 있음을 보여주는 것이다. 우리가 '누구를 위하여'의 문제에 초점을 맞춘다면 우리는 생산요소를 사적으로 소유하고 재화 및 용역을 소비하는 가계의 일원이 된다. 가계의 일원으로서 우리는 '어떻게'의 원과 연결되지 않을 수 없으며 이것은 가계가 기업에 제공한 생산요소의 가격, 즉 임금이 바로 소득이 되기 때문이다. 뿐만 아니라 우리는 상품을 구입하기 위해서 소득을 지출할 때 지불의사 또는 투표권, 즉 선호를 나타내기 때문에 '무엇을'의 원과 연결된다.

한편 기업들은 '무엇을'의 원과 '어떻게'의 원과 직접 관련되어진다. '무엇을'의 원에서 기업들은 어떤 재화를 얼마만큼 생산할 것인가를 결정하고 있다.

그러나 기업은 이러한 의사결정을 마음대로 하는 것이 아니다. 기업은 한편으로 가계가 재화 및 서비스를 구입할 때 '누구를 위해'의 원으로부터 오는 소비자의 선호, 즉 소비자가 상품에 부여하는 가치를 반영하고, 다른 한편으로는 '어떻게'의 원으로부터 오는 생산비용에 대한 정보를 비교함으로써, 비로소 '무엇을 얼마만큼'을 결정한다. '어떻게'의 원에서 기업들은 재화 및 서비스를 생산하는데 사용하는 생산요소를 어떻게 결합할 것인가, 즉 생산방법을 결정한다. 이때 '어떻게'에 대한 의사결정도 어떠한 종류의 재화를 생산할 것이냐에 관한 '무엇을'의 원과 생산요소비용에 관한 '누구를 위해'의 원으로부터 오는 정보를 토대로 하여 이루어진다.

이와 같이 기본경제문제를 나타내는 세 개의 원이 따로 떨어져 있지 않고 서로 복잡하게 연결되어 있다는 것은 시장경제체제가 실제로 얼마나 정교하게 통합된 기구인가를 말해 준다. 바로 이러한 복잡한 관계를 통합·조정해 주는 것이 가격이다.

(2) 중앙집권적 계획경제체제

중앙집권적 계획경제체제 역시 국민경제가 가지는 세 가지 기본경제문제에 대해서 해답을 제시하고 있다. 그러나 그 해결방법이 시장경제체제의 가격(price)과 달리 정책당국의 명령(command)이다.

중앙집권적 계획경제체제에서는 '무엇을'에 관한 의사결정에 정책당국의 입김이 작용한다. 정책당국이 무엇을 얼마만큼 생산할 것인가를 공장에 명령으로 지시해 주는 데, 일반적으로 국민생활에 필요한 소비재보다는 강철, 석탄, 무기, 컴퓨터 등 자본재 생산에 우선순위를 두는 것으로 알려지고 있다. 같은 상품이라 하더라도 그 종류나 품질이 시장경제체제와 같이 다양하지 못하다.

'어떻게'에 관한 의사결정도 생산수단을 소유하는 국가의 정책당국에 의해서 이루어진다. 가령 당국이 연간 10만대의 트랙터를 생산하기로 결정했다면 생산방법에 따르는 세부지침을 마련하여 공장으로 보내고 이를 받은 공장경영자는 다만 위에서 내려온 지침에 의해 생산할 따름이다.

'누구를 위하여'의 문제도 정책당국에 의해서 해결된다. 이러한 경제체제에서는 개인의 적성이나 취미에 따라서 자유로이 진로를 결정한다기보다는 당국의 일방적인 평가에 의해서 직업이나 근무처를 배정받는다. 그리고 각 산업별·직업별 근로자의 임금수준 역시 계획당국에 의해서 일방적으로 결정된다. 특히 모든 생산수단을 국가가 소유하므로 이자, 지대, 배당 등 재산소득의 개념도 없다. 물론 경제성장의 문제도 당국에 의해서 일방적으로 계획되어 해결된다.

이러한 경제문제의 해결방법은 러시아의 공산혁명가였던 레닌이 당시 무식한 노동자나 농민이 쉽게 이해할 것이라고 생각하였을 정도로 단순하다. 〈그림 2-3〉에는 시장경제체제와는 달리 경제문제를 나타내는 세 개의 원에 정책당국의 계획기능을 나타내는 또 하나의 원이 그려져 있다. 즉 순수한 중앙집권적 계획경제체제에서는 '무엇을', '어떻게', '누구를'의 세 개의 원은 서로 연결되어 있지 않고, 이들에 대한 의사결정은 앞서 설명한 대로 그림의 중앙에 위치하는 정책당국에 의해 주어진다.

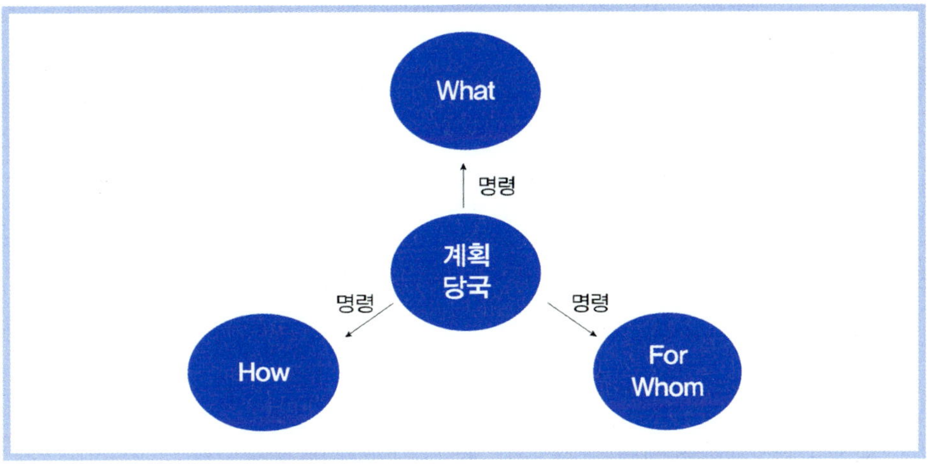

|그림 2-3| 중앙집권적 계획경제체제에 있어서 기본경제문제의 해결

2.3 한국의 경제체제

그렇다면 우리나라는 어떤 경제체제를 갖고 있는가? 다시 말해서 한국의 경제체제는 〈그림 2-1〉에서 어디쯤 위치하는 것일까?

혹자는 1962년부터 7차례에 걸쳐 정부에 의해 시행된 경제개발 5개년계획으로 한국경제가 정부주도형 계획경제체제가 아닌가 하는 생각을 할 수 있다.

반면에 시장에 나가 보면 경제문제가 기본적으로 가격신호에 의해서 해결되고 있음도 부인할 수 없다. 현재 우리나라에는 소비단위로서 1,700만 이상의 가구가 있고, 2,500만 명 이상의 경제활동인구가 117만여호의 농가와 335만 여 개소에 이르는 각종 기업에 취직하여 일하고 있다. 이들이 2011년 한 해 동안에 생산한 국민총생산의 규모는 경상가격으로 약 1,230조원을 넘으며 상품의 종류도 열거할 수 없을 정도로 다양하다. 이러한 생산 및 소비과정에서 이들에게 '무엇을 얼마만큼', '어떻게', '누구를 위해' 생산하라고 일일이 신호를 보내거나 마스터 플랜을 제공하는 사람은 아무도 없다. 정부가 근로자들에게 어떤 직업을 가지고 어디서 근무해야 한다고 지시하지 않는다. 귤은 제주도에서만 재배되어야 하고 굴비는 영광에서 주로 생산되어야만 한다는 규정도 없다. 서울의 명동거리는 화려한 쇼 윈도우로 장식되어야 하고 가난한 집은 항상 쇠고기 대신 돼지고기만 먹어야 한다는 법도 없다. 현재 1,840만 대가 넘는 자동차나 트럭도 정부가 일일이 시켜서 생산된 것도 아니다. 그럼에도 불구하고 이와 같은 일이 지금도 일어나고 있는 것은 소비자나 기업들이 가격이라는 신호등을 보고 경제 활동을 수행하고 있기 때문에 가능한 것이다.

따라서 우리나라는 가격기능과 명령기능이 함께 기능하는 혼합경제체제(mixed economic system)임을 알 수 있다. 특히 한국경제에 있어서 정부의 계획기능은 단순히 경제가 나아갈 방향만을 제시하는 유도계획(indicative planning)으로 계획당국의 일방적인 명령에 의해 이루어지는 순수 계획경제체제와는 그 성격이 본질적으로 다르므로 시장경제체제를 주로 하고 여기에 계획이 가미된 혼합경제체제라고 결론지을 수 있다. 즉 한국의 경제체제는 시장경제체제에 가까운 혼합경제체제이다.

2.4 어느 경제체제가 더 우월한가?

1) 장단점 비교

시장경제체제의 단점은 중앙집권적 계획경제체제의 장점이 되고 중앙집권적 계획경제체제의 단점은 시장경제체제의 장점이 되므로 이제 각 경제체제의 단점만을 살펴보자.

(1) 시장경제체제의 단점

시장경제체제의 단점으로는 주로 독과점, 소득분배, 공공재, 공해 등으로 요약할 수 있는데, 기본적으로 시장에서 가격이 기능을 제대로 수행하지 못하기 때문에 발생한다. 이들은 한국경제가 안고 있는 문제이기도 하다.

① 독과점 문제

기업 간 자유로운 경쟁이야말로 시장경제체제를 유지시켜 주는 활력소라 할 수 있다. 경쟁은 기업이 소비자의 요구에 응할 수밖에 없도록 만드는 '힘'이다. 그러나 현실에서는 하나 또는 몇 개의 기업이 시장을 지배하게 되는 경우가 허다하다. 우리나라의 경우도 철강, 자동차 등 일부산업에서는 소수의 몇몇 대기업들이 시장판매량의 50-60%를 점유하는 경우가 일반적이며 이는 그만큼 시장에서 기업의 힘이 커지게 됨을 의미한다. 문제는 이러한 독과점기업들이 힘을 통해서 소비자나 다른 중소기업에게 부담을 준다는 데 있다. 특히 기업 간의 관계에 있어서 독과점기업은 불공정행위를 함으로써 막대한 이윤을 얻을 수 있다. 뿐만 아니라 새로운 기업이 참여하지 못하도록 엄청난 광고, 규모의 경제를 이용한 염가판매, 특정 기술 및 생산요소의 독점 등의 진입장벽을 설치한다. 이와 같이 경쟁이 약화되면 시장경제의 최대 장점인 자원배분의 효율성이 약화될 것임은 뻔한 이치이다.

시장경제체제하에서 운용되는 한국경제에서도 독과점문제는 쟁점이 되고 있다. 따라서 정부는 독과점의 폐해를 줄이기 위해 '독과점규제 및 공정거래에 관한 법률'을 제정하여 시행해 오고 있다.

② 소득분배문제

시장경제체제에서는 생산수단의 사적소유가 인정되어 이자, 지대, 배당 등의 재산소득을 획득할 뿐만 아니라 축적 및 상속할 수 있기 때문에 이른바 '가진자는 더 많이 가지는' 현상이 나타나게 된다. 그 결과 가계에 따라서 소득의 격차가 크게 나게 될 소지가 있고, 저소득층보다 고소득층이 원하는 사치재를 생산하는데 자원이 배분됨으로써 불공평 또는 불공정의 문제가 생긴다. 이에 대처하여 시장경제체제하의 정부는 조세제도, 사회보장제도 등 각가지 방법을 동원하여 공평한 소득재분배를 꾀하고 있다.

③ 공공재 생산의 문제

공공재란 말 뜻 그대로 모든 국민이 공동으로 사용할 수 있는 재화와 용역을 가르킨다. 예를 들어 국방, 치안, 교통, 통신, 방송, 교육 등이 이에 속한다. 시장경제체제에서는 이러한 공공재가 국민생활에 필수적임에도 불구하고 전혀 생산되지 않거나, 설사 생산된다하더라도 그 양이 충분하지 못할 가능성이 크다는 데 문제가 있다. 다시 말해서 시장의 가격신호가 공공재의 생산문제를 완벽하게 해결하지 못한다.

이렇게 되는 까닭은 무엇일까? 이것은 공공재가 사과나 집과 같은 사적재와 다른 두 가지 특성을 가지고 있기 때문이다. 첫 번째 특성은 소비의 비경합성이다. 방송, 국방 등 공공재는 여러 사람이 동시적으로 소비할 수 있다. 두 번째 특성은 비배제성이다. 사적재와는 달리 공공재는 대가를 지불하지 않아도 이른바 소비대열에서 제외되지 않는다. 예를 들어 동네 주부들이 반상회에 모여서 밤늦게 귀가하는 자녀들을 위해 가로등의 설치가 필요하다는 데에는 의견을 같이 하였다고 하자. 그러나 막상 각 가정이 생각하는 가로등의 필요도에 따라서 설치비를 부담한다고 한다면, 대부분의 주부들은 자신의 정확한 마음을 나타내지 않을 것이다. 왜냐하면 실제로는 가로등이 있어서 나쁠 것은 없지만, 있어도 크게 도움이 안 된다고 얘기하여 전혀 설치비 부담을 지지 않으려 할 것이기 때문이다. 물론 설치비를 내지 않더라도 가로등이 설치되면, 배제가 불가능하므로 그 혜택을 볼 수 있기 때문이다. 만약 이와 같이 모든 주부들이 무임승차(free rider)하려는 생각을 가지고 있다면 극단적인 경우에 가로등이 설치되지 않을 수도 있다. 이와 같은 공공재의 특성 때문에 공공재는 정부에 의해서 공급되고 있으며, 이에 소요되는 비용도 강제적 성격을 띠는 조세에 의해 조달되는 것이 현실이다.

우리나라의 경우도 남북이 군사적으로 대치되고 있는 상황에서 국방, 치안 등 주요 공공재가 정부가 가장 중요시하는 가운데 생산하고 있으며, 경제개발계획의 수행과정에서 고속도로, 공항, 철도, 수리관개시설, 다목적 댐 등 많은 공공재가 정부에 의해 제공되고 있다.

④ 공해문제

전 세계적으로 환경문제가 쟁점으로 부각되고 있는 바와 같이, 시장경제체제를 표방하고 있는 나라들 중에 대기오염, 공장폐기물의 누적, 소음, 하천오염 등 공해문제를 가지고 있지 않은 나라는 거의 없다. 공해현상이 나타나는 근본적인 이유는 시장경제체제에서 각 기업이나 소비자들은 자신들의 경제활동 결과로 나타나는 비용만을 고려할 뿐 사회적 비용을 고려하지 않기 때문이다. 즉 시장은 외부적인 비용을 고려하지 않는다.[2] 가령 어떤 화학공장이 제품을 생산·판매하여 1억 원의 이윤을 얻었는데 생산과정에서 인체에 유독한 페놀을 배출하였다고 하자. 만약 페놀을 제거하는데 2억원이 든다고 하면 사회전체로 보아서는 오히려 1억원의 손실을 초래한 것이다.

이러한 공해문제는 본질상 시장경제체제 자체로서 해결이 어려우므로 정부가 이에 개입하게 되는 것이다. 우리나라는 환경부가 공해방지 및 환경보전업무를

2) 이를 경제학에서는 외부효과라 하며 항상 손실만 나타나는 것이 아니라 이득이 나타날 수도 있다. 교육이 그러한 예이다.

담당하고 있으며 환경보전법의 제정 및 시행을 통하여 자연자원의 사유권은 인정하지만 환경파괴를 규제하고 있다. 공해문제는 공공재문제와 함께 시장실패(market failure)의 문제로 구분되기도 한다.

⑤ 경제의 불안정

대부분의 경제학자들은 시장경제체제를 완전고용의 달성과 물가의 안정을 꾀하기 어려운 경제체제로 보고 있다. 사실상 시장경제체제를 표방하는 많은 나라들이 경기침체 혹은 경기과열이 반복되는 경기변동을 경험하고 있다. 특히 경기침체로 실업이 증대하면서, 동시에 인플레이션이 진행되는 이른바 '스태그플레이션(stagflation)'으로 말미암아 미국경제를 비롯한 일부 선진국에서 몸살을 앓은 바 있다.

(2) 중앙집권적 계획경제체제의 단점

한편 중앙집권적 계획경제체제에서는 소비자의 선호가 무시되고 경제의 효율성이 떨어진다는 커다란 단점을 안고 있다.

① 소비자 선호의 무시

중앙집권적 계획경제체제에서 무엇을 생산할 것인가의 문제의 해결 시에 소비자들의 선호가 충분히 반영되지 못하는 경향이 짙다. 앞에서 설명했듯이 무엇을 생산할 것인가에 대한 의사결정이 정책당국에 의해 이루어지므로 국방, 치안, 교통 등 공공재를 적절히 조달하는 데는 유리하겠지만 국민 개개인의 복지와 직접 관련이 있는 사적재의 생산은 당국이 일일이 수요를 파악하기 어렵기 때문에 소비자들이 그만큼 희생을 감수해야 한다. 다시 말해서 일반국민들은 소비재의 부족현상을 감수해야 할 뿐 아니라 구미에 맞는 상품도 선택할 수 없다. 이에 따라 중앙집권적 계획경제체제에서는 소비재에 대해 철저한 배급제가 실시되며 공급량이 절대적으로 부족한 상품인 경우에는 줄을 서서 기다리는 일이 종종 있다.

② 효율성의 저하

중앙집권적 계획경제체제에서 가장 심각한 문제 중의 하나는 어떻게 생산할 것인가의 문제와 관련되는 생산의 효율성 저하라 하겠다. 우선 생산방법의 선택에 있어서 비능률이 나타난다. 일정목표량을 생산하는데 필요한 생산방법 ― 인력은 몇 명, 물자는 얼마 쓰라는 등 ― 은 생산기술기준(technical norm)이라고 불리는 당국의 명령에 의해 결정된다. 그런데 문제는 이 생산기술기준이 제품의 특성이나 공장조직의 사정을 잘 알고 있는 전문가가 결정하는 것이 아니라는데 있다. 가령 트랙터의 생산방법을 결정할 때 트랙터의 특성, 활용가능한 인력, 장비, 부품 등을 모두 고려해야 하나 이를 몇몇 계획 당국자가 완벽하게 감안한다는 것은 불가능하다. 실제 생산과정에서도 부품생산이 중단되거나 다른 기업으로부터의 부품조달이 늦어진다면 주어진 목표량을 달성하기 어려울 것이므로 이러한 우발적인 사태에 대비하여 필요 이상으로 원자재나 원료 부품을 보유하는 것이 일반적인 현상으로 나타난다. 심지어 인력까지도 필요 이상으로 보유하기도 하고 경우에 따라서는 부품조달기업들을 믿지 못하기 때문에 공장 자체적으로 몰래 소규모공장을 따로 운영하기도 한다. 따라서 쓸데없이 자원이 남아도는 비효율이 발생한다.

뿐만 아니라 기업경영자들은 일반적으로 기술혁신(innovation)을 꺼리는 경향이 있다. 이는 새로운 기술이 개발되거나 도입될 경우에 발생할지도 모르는 생산중단 사태로 인하여 상급기관으로부터 문책을 받는 등 위험부담을 지지 않으려고 하기 때문이다.

이와 같은 몇 가지 이유로 구소련을 비롯한 계획경제체제의 효율성이 떨어지자 1965년부터 소비재에 대한 자유시장을 허용하고 목표생산량의 달성보다는 이윤을 기준으로 하는 유인제도를 도입하는 등 실험적이나마 시장경제원리를 도입하기도 하였다.

③ 정부의 계획능력 부족

중앙집권적 계획경제체제에서 경제문제를 해결하기 위한 명령을 준비해야 한다. 그런데 이 명령이 극히 복잡하다는 것이다. 구소련의 경우 계획당국이 7만개에 달하는 상품에 대해서 생산방법과 부품조달을 지시하였는데, 이는 거의 불가능에 가까운 일이었다. 가령 승용차 하나만 보더라도 3만여 종의 부품이 들어가는데, 수 만개 제품의 수요와 공급을 어떻게 맞출 수 있겠는가? 그나마 지금까지는 생산기술기준이라는 관례가 있었고, 소련과 동구권 국가에서 컴퓨터와 수학이 발달되어 있어서 가능하였다고 한다. 그러나 계획당국이 '하나하나 지시하는 일'은 한계에 도달하게 되었다.

2) 경제성과 비교

(1) 미국과 구소련

1960년대 초에 당시 소련공산당의 서기장이던 후르시쵸프가 미국을 방문했을 때 그는 공식석상에서 구두를 벗어 책상을 치면서 "우리는 너희를 이길 것이다(We will bury you)"라고 소리쳤다고 한다. 이 말의 의미는 앞으로 10~20년 내에 소련경제가 미국경제를 따라 잡을 것이라는 뜻으로 받아 들여 졌다. 반대로 시장경제체제를 옹호하는 정치지도자들은 후르시쵸프처럼 큰 소리로 외치지는 않았지만 반대의 입장, 즉 소련경제가 미국경제를 따라잡는다는 것은 어림도 없는 일이라고 생각했을 것이다. 여하튼 시장경제체제의 대표주자격인 미국경제와 중앙집권적 계획경제체제의 대표주자격인 소련경제의 경쟁은 이미 판정이 났다. 실제로 소련이라는 연방국가 자체가 1991년에 붕괴되었으며, 경제운용의 실패가 그 주요 요인으로 지적되고 있다. 이 시점에서 비록 과거의 통계자료이기는 하나 미국경제와 소련경제의 성과를 비교해 보는 것은 의미 있는 일이 될 것이다.

〈그림 2-4〉에는 1966년부터 1991년까지 미국과 구소련의 경제성장률이 나타

|그림 2-4| 미국과 구소련의 경제성장률 비교(1960~1990년)

자료: M. Parkin, *Economics*, Second edition, Addison-Wesley Publishing Company, Inc., 1993, pp.1042-43

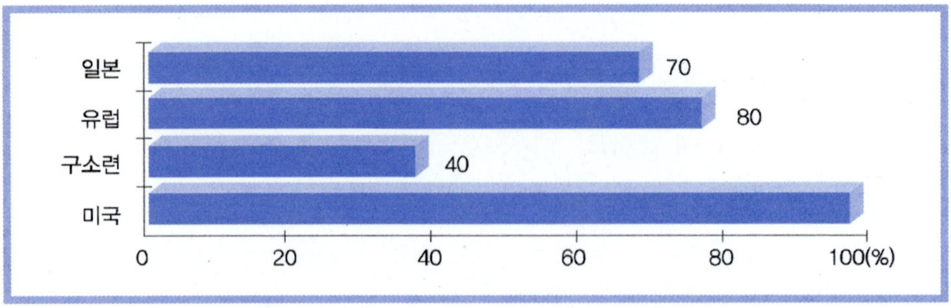

|그림 2-5| 주요국의 근로자 일인당 GDP 비교(1980년대 중반기준)

자료: 〈그림 2-4〉과 같음

나 있다. 그림에서 보는 바와 같이 1970년대와 1980년대에는 구소련의 경제성장률이 미국의 경제성장률보다 오히려 더 높았다. 그러나 1980년대에 들어와서는 구소련의 성장률이 둔화되기 시작하였고, 특히 1990년에 -4%의 성장률을 기록하면서 소련경제는 물론 연방제 자체가 무너진 것으로 보여 진다. 소련경제는 중앙집권적 경제체제가 가지는 단점, 즉 효율성의 저하로 경제성장이 둔화되자 곧바로 붕괴된 것으로 볼 수 있겠다.

한편 〈그림 2-5〉에는 미국과 구소련을 비롯한 몇몇 나라의 근로자 일인당 GDP가 비교되어 있는데, 구소련의 근로자 일인당 GDP는 미국을 100%으로 보았을 때 약 40% 밖에 미치지 못한 것으로 나타나고 있다.

(2) 한국과 북한

이제는 우리나라 쪽으로 눈을 돌려 한국경제와 북한경제의 경제성과를 비교해 보자. 앞에서와 마찬가지로 경제성장지표로 비교해 보자. 먼저 경제성장률을 보면 〈그림 2-6〉에서 보는 바와 같이 한때는 북한의 경제성장률이 한국의 경제성장률을 앞지른 적이 있었으나 최근에 와서 북한경제는 생산성 하락으로 마이너스(-) 성장을 하고 있는 것으로 알려지고 있다.

일인당 GDP 규모면에서도 〈그림 2-7〉에 나타나 있듯이 2010년 한국경제가 북한경제의 19배 이상 넘고 있어서 국민생활수준에 큰 차이가 있음을 알 수 있다. 굳이 이러한 통계수치를 빌리지 않더라도 매스컴에 비추어진 북한주민의 생활상과 중국 등지로의 탈북현상은 이를 잘 확인해 주고 있다.

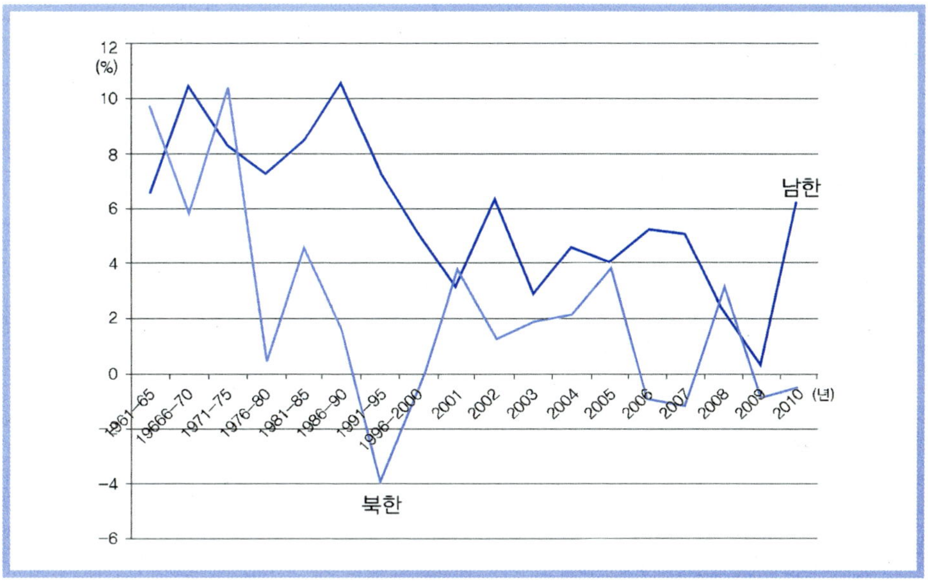

|그림 2-6| 남북한의 경제성장률 비교　　자료: 한국은행

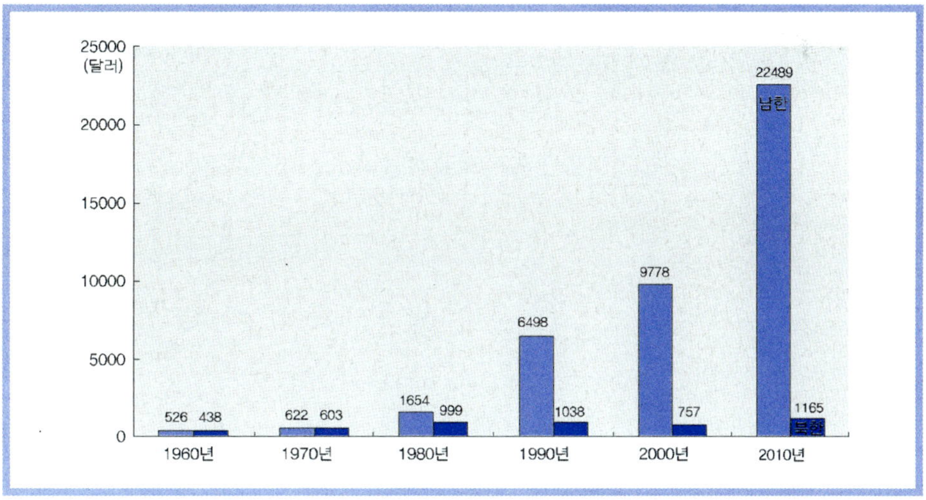

|그림 2-7| 남북한 일인당 GDP 비교　　자료: 한국은행

2.5 ▸ 경제체제의 전환: 계획에서 시장으로

계획경제체제의 대표주자였던 소련이 이미 1991년에 해체되어 러시아를 중심으로 시장경제체제로의 이행을 추진 중이다. 아울러 헝가리, 폴란드 등 동구권도 시장경제요소를 급격히 확대시키고 있으며 아시아에서는 사례에서 살펴본 바와 같이 중국이 이미 계획경제체제를 포기하였다. 다만 북한과 쿠바만이 전통적인 계획경제체제를 고집하고 있으나 이들도 변화를 암중모색하고 있는 것으로 알려지고 있다.

그러나 시장경제체제에도 여러 가지 유형이 존재하므로, 계획경제체제를 유지해 오던 국가들은 이들 중에서 하나를 선택하여야 할 것이다. 현존하는 시장경제체제의 유형은 크게 미국형, 일본형, 유럽형으로 나누어 볼 수 있다.

1) 미국형 시장경제체제

미국형 시장경제체제는 시장경제체제에 가장 가까운 형태이다. 기본적으로 2억 5천만 명의 개별경제주체에 의한 생산 및 소비에 관한 의사결정이 시장에서 조정된다. 물론 정부는 시장에 개입하며, 공공재를 공급하며, 세금을 거두어들인다. 그러나 GDP 대비 정부지출비율이 39.3%로 유럽국가들에 비해서 낮은 수준

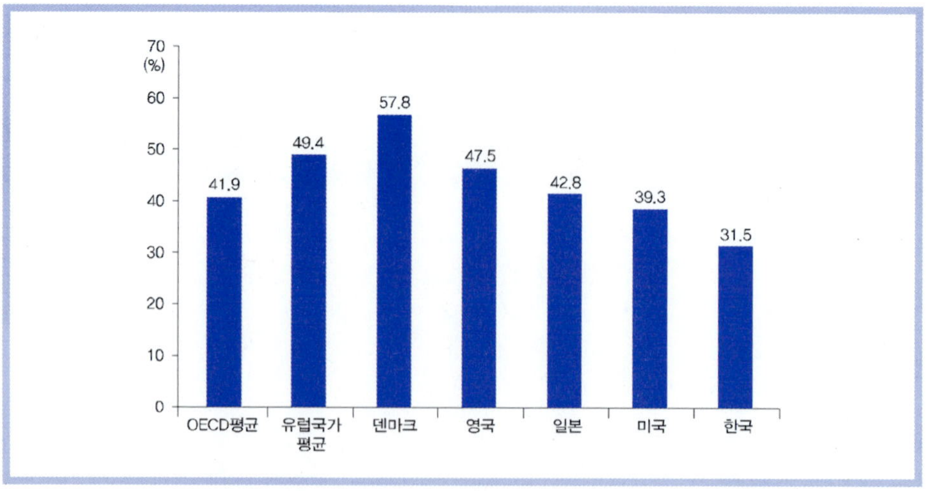

|그림 2-8| OECD의 GDP 대비 정부지출비율(2013년) 자료: OECD

이다(〈그림 2-8〉 참조). 미국에서도 중앙집권적 계획경제체제에서와 마찬가지로 명령이 기능하는데, 이는 정부와 기업의 내부조직에 국한된다.

2) 일본형 시장경제체제

일본형 시장경제체제는 좀 색다르다. 일본경제는 제2차 세계대전 이후에 '일본의 기적'이라고 불릴 정도로 놀라운 경제적 성과를 달성하였다. 전후 일본의 1인당 국민소득은 미국의 20% 수준에도 미치지 못하였으나, 지금에 와서는 미국과 비슷하게 되었다. 이렇게 된 배경에는 다음 세 가지 요인이 작용한 것으로 분석되고 있다.

첫째는 시장경제체제이다. 즉 미국과 마찬가지로 모든 경제활동이 시장에 의해서 조정된다.

둘째는 비교적 작은 정부를 가지고 있다. GDP 대비 정부지출비율이 유럽의 경우 50% 전후인데 비하여 일본은 과거에 30%선이었고, 현재는 40%선에 머무르고 있다. 이는 정부의 활동수준이 그만큼 낮다는 것을 말해주는 것이다. 이와 같이 일본정부가 예산규모를 적게 책정하여 세금을 적게 거두어들임으로써, 결과적으로 근로의욕을 고취시키고 저축과 투자를 장려한 셈이 되었다.

셋째는 정부와 민간기업간의 협력관계로 정부가 민간기업에 간여하되 민간기업을 도와주는 측면이 강했다. 정부의 민간기업 간여의 견인차 역할은 통산성이 담당하였는데, 주로 산업구조조정을 원활하게 해주는 기능을 수행하였다. 구체적으로 전후에는 석탄, 전력, 조선, 철강 등 기초산업의 발전을 도왔으며, 그 후 수출산업을 강력하게 지원하였다. 1960년대에는 화학산업과 경공업에 지원의 초점을 맞추었고, 1980년대에는 일본의 컴퓨터산업이 세계시장을 지배하는데 일조를 담당하였다. 한편 통산성은 사양산업에 속한 기업들이 빨리 사업을 정리하도록 도와주었다. 예를 들어 오일쇼크로 알루미늄 산업의 효율성이 급격하게 떨어지자, 통산성은 2년이라는 짧은 기간 내에 일본 알루미늄산업이 문을 닫고 전량을 호주로부터 수입하도록 유도하였다. 이와 같은 일본 통산성의 역할은 가히 '기업가적'인 활동으로 평가되고 있으며, 이 때문에 일본경제를 '일본주식회사'라고 부르기도 한다.

3) 유럽형 시장경제체제

미국이나 일본과는 달리 유럽의 시장경제체제는 계획경제체제적인 요소가 강하다. 이를 복지국가형 시장경제체제라고 부른다. 물론 현재 EU에 속하는 대부분의 국가들은 기본적으로는 가격이 기능하는 시장경제체제이다. 그러나 정부의 활동이 미국이나 일본에 비해서 광범위하다. 대부분 나라들의 GDP 대비 정부지출의 비율이 40~60%를 기록하고 있다. 가장 비율이 높은 나라는 덴마크로 55%이고, 영국은 47.5%이다.

뿐만 아니라 철도, 항공, 가스, 전력, 통신, 방송, 심지어 은행이나 자동차 산업까지도 국유화되어 있다. 국유화된 산업들은 명령에 의해서 관리되며, 사적으로 소유되어 경쟁하는 기업에 비해서 비효율적인 것으로 알려지고 있다. 이러한 이유로 최근 영국 등에서는 국영기업을 민간에 팔아넘기는 민영화가 활발히 진행되고 있다. 복지국가를 지향하던 스웨덴 등은 경제적 활력이 크게 떨어진 것으로 알려지고 있으며, 최근에는 그리스, 이탈리아, 스페인 등에서 정부의 재정적자 문제가 불거지면서 EU 전체가 해결책을 찾기 위해 노심초사하고 있다.

여하튼 러시아를 비롯한 동유럽 국가들은 이상의 몇 가지 시장경제체제 중에서 자국의 여건에 맞는 유형을 선택해야만 할 것이다. 그러나 분명한 것은 이들 국가들이 시장가격과 사적소유라는 시장경제체제의 기본요소를 채용해야 한다는 것이다.

2.6 바람직한 경제체제의 모색

우리는 제3절에서 한국의 경제체제는 시장경제체제를 주로 하고 여기에 계획이 가미된 혼합경제체제임을 확인하였다. 시장경제체제 중에서는 미국형과 일본형 중간에 위치하는 경제체제로 볼 수 있다. 우리나라의 GDP 대비 정부예산은 약 25% 정도로 일본의 33%와 미국의 17%의 중간 수준이다. 그런데 정부의 실질적 역할은 일본의 경우와 유사하다. 한때 우리나라도 정부와 기업 간의 관계가 밀접하여 '한국주식회사'로 불리어진 적도 있었다.

지난 50여 년간 우리나라 경제체제의 성과를 대략 평가하면, 경제성장에는 아주 적합한 체제였으나 분배나 복지문제, 균형발전 측면에서는 미흡하였다고 볼 수 있다. 즉 제1장에서 잠깐 언급한 바와 같이 고도성장의 부작용들은 필연적인 측면도 있었지만, 경제체제의 정립 및 운용 측면에서도 책임이 없다고 하기는 어렵다.

그렇다면 앞으로 한국의 경제체제는 어떠한 모습이 되어야 할 것인가? 물론 지속적인 경제성장을 보장하는 동시에 상충되는 정책목표들, 즉 형평과 균형을 모두 달성할 수 있는 경제체제일 것이다. 이를 위해서는 시장기능이 잘 작동할 수 있는 제도적 장치들이 마련되어야 할 것이며, 정부의 적절한 역할 수준을 결정해야 한다.

우려스러운 점은 현재 사회 전반적으로 유럽형 혹은 복지국가형 경제체제로 가야 한다는 데 의견의 일치를 보이고 있다는 것이다. 즉 정부의 예산과 역할을 현재 수준보다 크게 높이자는 주장이다. 하지만 유럽형 혹은 복지국가형 시장경제체제는 경제활력이 크게 떨어지고, 그리스, 이탈리아, 스페인의 사례에서처럼 정부재정적자의 문제가 발생하고 있다. 따라서 장기적인 관점—5년이나 10년이 아닌 50년이나 100년 정도—에서 재고해 볼 필요가 있다.

심지어 일부 정치권에서는 '계획에서 시장으로' 라는 전 세계적인 추세와는 거꾸로 가자는 주장도 나오고 있는 상황이다. 예를 들면, '토지 공개념', '반값 아파트', '반값 등록금', '무상급식' 등등의 정책들이다. 이들은 가격신호등을 인위적으로 조작하려는 정책들로서, 구소련 등 계획경제체제가 70년간 겪고 포기한 시행착오를 되풀이 할 우려가 있다. 왜냐하면 공공재나 공해문제에서 본 바와 같이 '공짜심리' 혹은 '무임승차심리'가 시장경제체제를 무력화시키는 주범이기 때문이다.

결론적으로 가격신호등이 잘 작동되게 하는 경제체제가 가장 바람직할 것이다. 다만 어쩔 수 없는 문제, 예를 들면 장애인 등 절대빈곤층 문제나 독점의 힘을 이용하여 가격신호등을 조작하는 독과점 문제 등에 대해서는 정부가 개입하여 적극 해결할 필요가 있다고 본다.

제3장

경제순환모형

제2장에서 우리는 한국경제가 시장경제체제를 바탕으로 하고, 정부가 시장에 개입하는 혼합경제체제임을 알았다. 그러나 아직 한국경제가 어떻게 운용되고 있는가를 이해하기에는 미흡하다. 이 장에서는 경제의 'X-레이' 사진이라고 할 수 있는 경제순환모형을 통하여 가계, 기업, 정부 등 경제활동주체들이 서로 어떻게 상호작용하고, 외국과의 경제관계는 어떠한가를 공부한다.

3.1 ▸ 단순모형

단순모형은 〈그림 3-1〉에서 보는 바와 같이 국민경제에서 가계부문과 기업부문만이 존재한다고 가정하고 그린 경제순환모형(economic circular model)이다.

먼저 생산의 주체인 기업은 가계로 부터 노동, 자본, 토지, 경영능력 등의 생산요소를 구입하고, 이를 사용하여 재화와 서비스를 생산한다. 그리고 기업은 생산한 재화와 서비스를 가계에 판매하여 그 대가로 화폐수입을 얻으며(그림의 윗부분), 이 화폐수입으로 기업에 생산요소를 제공했던 가계에 임금, 이자, 지대, 이윤 등으로 지불한다(그림의 아랫부분). 이것은 기업 측으로 봐서 비용이지만 가계로 봐서는 화폐소득이 된다. 그런데 가계의 화폐소득 자체는 아무런 실질가치를 가지지 못한다. 가령 우리가 동전이나 지폐 따위를 먹거나 혹은 입을 수 있겠는가? 따라서 가계는 화폐소득으로 생활에 필요한 재화 및 서비스를 구입하려 할 것이며, 이러한 의도가 기업의 생산물에 대한 수요가 된다. 다시 기업은 가계의 수요를 반영하여 생산활동을 수행하게 된다. 결국 우리는 최초의 출발점으로 되돌아오게 되는데, 이러한 과정이 되풀이 되는 것을 국민경제의 순환이라고 부른다.

이제 단순하지만 한국경제를 이해하는데 있어서 매우 중요한 경제순환모형 뒤에 숨어 있는 몇 가지 사항을 찾아보기로 하자.

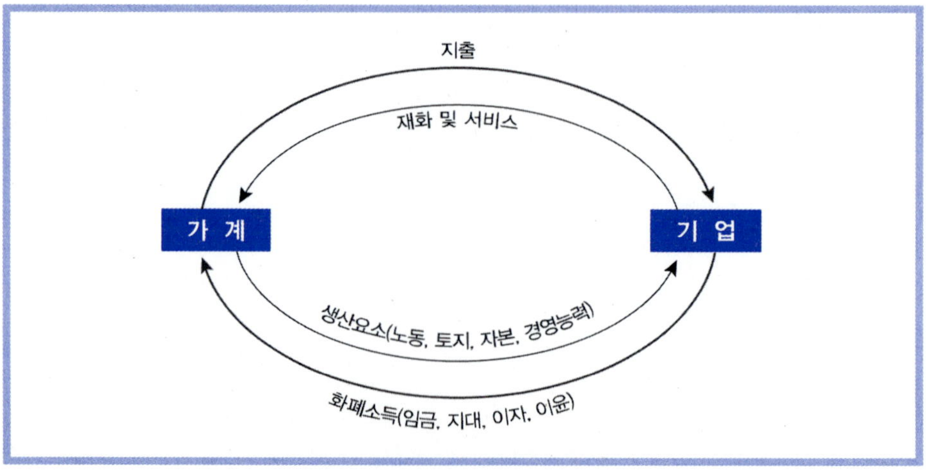

|그림 3-1| 단순한 경제순환모형

1) 생산물시장과 요소시장

실제생활에서 우리는 필요한 물건을 살 때 직접 기업으로 가기보다는, 대부분 수퍼나 백화점에서 구입하게 된다. 이와 같이 재화나 서비스가 거래되는 장소를 시장(market)이라고 부른다. 그러나 시장은 지리적인 장소에만 국한된 개념이 아니다. 시장은 구매자와 판매자를 불러 모아 거래가 성립되도록 하는 모든 매개체를 말한다. 그러므로 시장의 형태는 매우 다양하다. 동네에서 흔히 볼 수 있듯이 중고품이나 부동산 정보를 제공하는 각종 정보지, 전신전화로 구매자와 판매자를 연결하는 국제금융시장 등이 좋은 예이다.

그러면 이러한 시장은 경제순환모형에서 어디에 위치하는 것일까? 이것이 〈그림 3-2〉에 나타나 있다. 그림의 윗부분에 표시된 생산물과 소비지출의 흐름은 시장을 통과하고 있으며 그림의 아랫부분에 표시된 생산요소와 화폐소득도 시장을 통과하고 있다. 전자를 생산물이 거래된다는 의미에서 생산물시장(product market)이라고 부르고 후자를 생산요소가 거래된다는 의미에서 요소시장(factor market)이라고 부른다. 예를 들어 농산물이 거래되는 시장은 농산물시장이며 노동이 거래되는 시장은 노동시장이 된다.

그림의 윗부분에 있는 생산물시장에서 가계는 기업의 생산물을 수요하며, 그

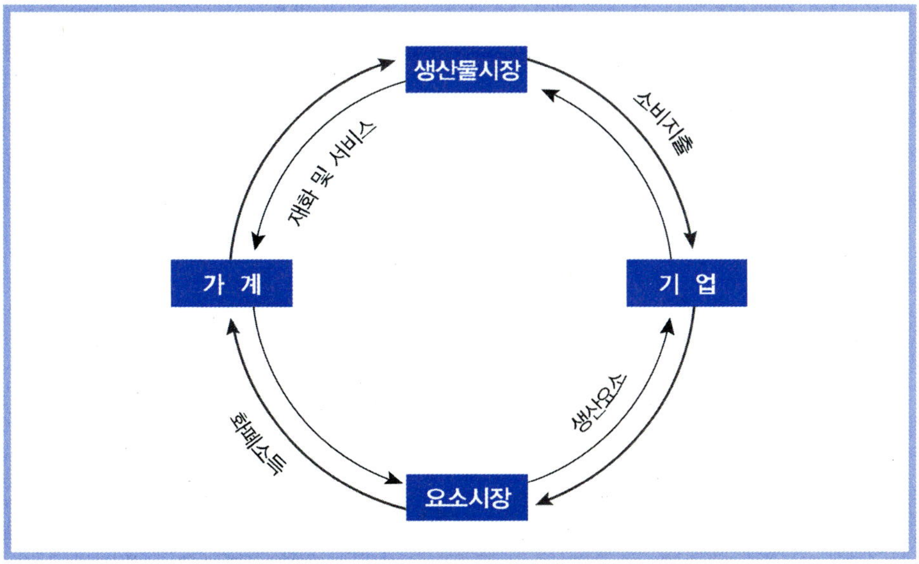

|그림 3-2| 경제순환모형에서의 생산물시장과 요소시장

대가로 화폐소득을 지출한다. 이때 가계가 지출하는 소비지출의 크기는 생산물 구입량과 그 가격에 따라 달라질 것이다. 마찬가지로 그림의 아랫부분에 있는 요소시장에서는 가계가 생산요소를 기업에 판매하고, 그 대가로 화폐소득을 획득한다. 이때 가계가 받는 소득의 크기는 가계가 기업에 제공한 생산요소의 양과 그 가격에 따라 달라질 것이다. 요컨대, 시장경제체제에서는 생산물시장과 요소시장이라는 두개의 기본적인 시장이 존재하며 생산물시장에서는 기업이 공급자이고 가계가 수요자인 반면에, 요소시장에서는 가계가 공급자이고 기업이 수요자가 된다.

2) 국민생산 = 국민소득

경제순환모형은 소득이나 소비지출의 흐름이 일정할 때 그것이 경제순환모형의 어느 곳을 통과하든지 그 크기가 동일하다는 사실을 보여준다. 이것이 〈그림 3-3〉에 잘 나타나 있다. 그림의 오른쪽 위에 나타나 있는 타원에는 기업이 생산한 재화 및 서비스에 대한 소비지출의 흐름이 집계되고 있는데, 이것은 기업부문이 생산한 생산물의 판매가치를 의미한다. 우리는 이 값을 국민생산(national product) 또는 국민지출(national expenditure)이라고 부른다.

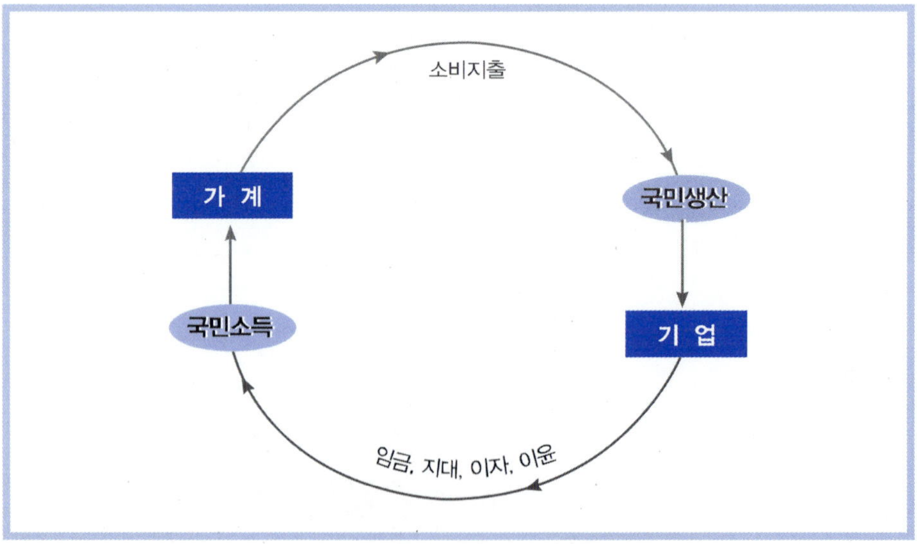

|그림 3-3| 경제순환모형에서 국민생산과 국민소득

한편 그림의 왼쪽 아래에 위치하고 있는 타원에는 기업이 요소구입의 대가로 가계에 지불하는 보수, 즉 임금, 이자, 지대, 이윤 등의 흐름이 집계되고 있으며, 이것은 가계가 받는 소득이 된다. 우리는 이것을 국민소득(national income)이라고 부른다. 그런데 국민생산과 국민소득은 항상 일치하게 되어 있다. 왜 그런 것일가? 예를 들어 기업부문이 100만원 어치의 재화와 서비스를 생산하여 임금, 지대, 이자로 90만원을 지불했다고 하자. 나머지 10만원은 무엇인가? 그것은 기업가의 이윤이다. 사실상 이윤은 기업가 자신의 경영능력을 제공한 대가이며 이것은 국민경제 전체로 볼 때, 기업가가 속한 가계의 소득이다. 결국 생산물의 가치 100만원은 가계로 지불되는 임금, 이자, 지대, 이윤을 합한 100만원과 일치할 수밖에 없는 것이다.

3) 경제활동의 상호의존성

경제순환모형은 가계부문과 기업부문에 있는 수많은 경제주체가 서로 영향을 주고 받는 관계에 있다는 사실을 말해 주고 있다. 가령 시장경제체제를 하나의 시계에 비유해 보자. 각 시계 부품들—수많은 경제활동의 주체들—은 서로 맞물려 돌아가는 정교한 시계구조—경제체제—를 구성한다. 따라서 어느 한 부품의 속도가 빨라지면 이와 맞물린 다른 부품의 속도도 빨라지고, 반대로 한 부품의 속도가 늦어지면 다른 부품의 속도도 느려진다. 이와 마찬가지로 어떤 경제주체의 활동은 다른 경제주체의 활동에 영향을 미친다. 만약 독자가 가계의 일원으로서 종전보다 더 열심히 일하여 더 많은 소득을 얻고 더 많이 소비한다면, 가계부문의 소비지출은 커질 것이다. 이렇게 되면 기업부문은 소비지출이 증가한 만큼 종전수준보다 더 사람을 고용하거나 생산원료를 구입하여 생산량을 더 늘리게 될 것이며, 그 결과 가계는 생산요소를 더 많이 제공하게 되어 화폐소득도 증가하게 될 것이다.

이와 같이 경제주체들의 활동은 서로 연계되어 경제순환에 영향을 미치므로 이들의 상호관계를 통하여 우리는 국민경제가 어떠한 속도 또는 방향으로 움직이고 있는가를 파악할 수 있다. 가령 한국경제에서 어떤 한 부문, 예를 들어 주택건설부문이 급격히 침체되고 있다면 이와 직접 관련된 부문, 즉 시멘트공장, 철강회사, 보일러회사 등은 물론 국민경제 전체가 침체되는 현상이 나타날 것이다. 반대로 어떤 한 부문의 경제활동이 활기를 찾는 방향으로 움직이게 되면, 다른 부문들도 여기에 영향을 받아 회복되는 현상이 나타날 것이다.

3.2 ▸ 확대모형

지금까지 우리는 경제활동이 국내에서만 이루어지며, 가계부문의 소득이 100% 모두 소비되어 저축이 전혀 이루어지지 않는다는 가정 하에서 경제순환모형을 도출하였다. 그러나 현실을 보면 이와는 다르다. 기업부문은 생산물을 국내뿐만 아니라 해외에 판매하고 있으며, 가계나 기업도 소비나 생산에 있어서 수입품을 사용하고 있으므로 해외경제와 매우 밀접한 관계를 맺고 있다. 가계부문은 소득의 전부를 소비하는 것이 아니라 집을 장만하거나 노후생활에 대비하기 위해 소득의 일부를 은행, 보험회사 등 각종 금융기관에 저축하고 있다. 특히 정부에 세금을 내야한다. 그러므로 보다 현실적인 분석을 위해서 가계와 기업은 물론 금융부문, 정부부문 및 해외부문을 포함하는 확대된 경제순환모형을 살펴보기로 하자. 〈그림 3-4〉의 경제순환모형은 앞에서와 달리 가계부문이 그들 소득의

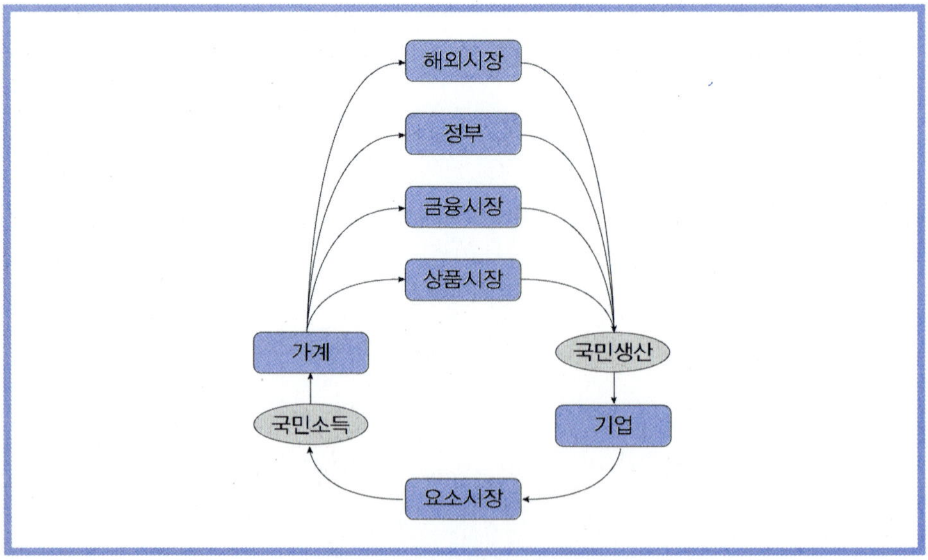

|그림 3-4| 확대된 경제순환모형

100%를 소비재 구입에만 지출하는 것이 아니라 다음과 같은 네 가지 용도로 처분하고 있음을 보여준다.

- 앞에서와 마찬가지로 가계부문은 일상생활에 필요한 재화 및 서비스를 구입하는데 소득을 지출한다. 그러나 이것은 소득의 전부가 아니라 일부이다.
- 가계부문은 소득의 일부를 금융기관에 저축한다.
- 가계부문은 소득의 일부를 떼어서 정부에 세금으로 납부한다.
- 가계부문은 소득의 일부를 외국으로부터 상품을 수입하는데 사용한다.

이에 따라 화폐의 흐름도 네 개의 경로를 통하여 흐르게 된다. 즉, 가계의 소비지출은 그대로 기업의 판매수입으로, 가계의 저축은 금융기관에 의해 투자지출로 흐르고, 수입의 반대편에는 국내기업이 외국인에게 생산물을 판 대가로 받는 수출이 나타나 있다. 이러한 확대된 경제순환모형도 단순한 경제순환 모형과 마찬가지로 시장의 존재, 국민소득 = 국민생산, 경제활동의 상호의존성 등의 특성을 가지고 있음은 물론이다.

1) 금융시장

〈그림 3-4〉의 경제순환모형에서 보는 바와 같이 가계소득 중 소비되지 않고 저축된 부분은 기업이 필요로 하는 투자자금으로 전환된다. 저축(saving)이 투자(investment)로 전환되려면 자금을 공급하는 저축자(가계)와 자금을 수요하는 투자자(기업)를 서로 맺어주는 역할이 필요한데, 이 역할을 수행하는 것이 바로 금융시장(financial market)인 것이다. 금융시장에서 중개자 역할을 하는 기관들이 은행, 증권회사, 보험회사 등이며, 이들의 가장 중요한 기능이 바로 '저축의 투자화'라고 할 수 있다.

금융기관은 저축의 투자화 기능뿐만 아니라 화폐를 창출하는 등 경제에 있어서 중요한 역할을 수행하고 있는데, 이에 대해서는 제8장에서 자세히 살펴볼 것이다.

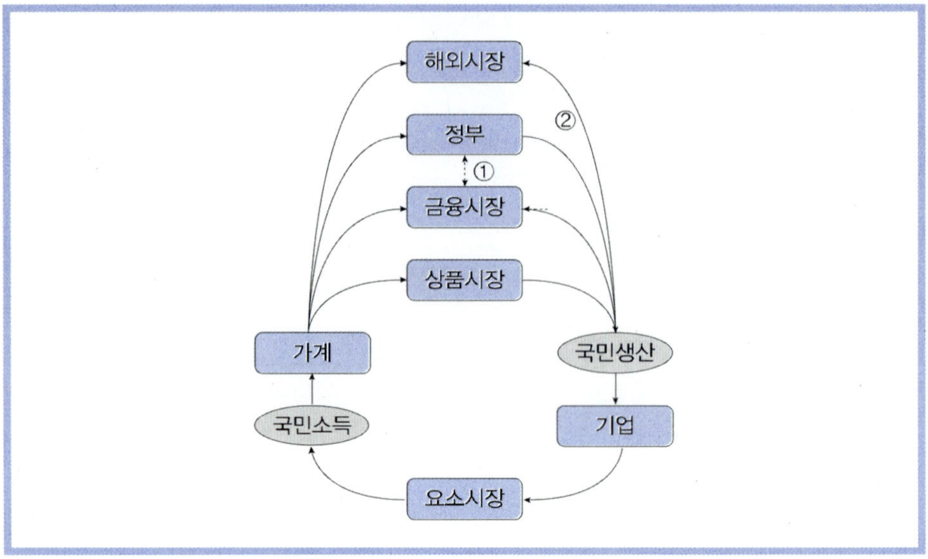

|그림 3-5| 정부부문의 금융시장 및 해외시장과의 연계

2) 정부부문

〈그림 3-4〉에는 정부부문이 도입되었을 때의 조세(tax)와 정부지출(government expenditure)의 흐름이 나타나 있다. 일반적으로 정부는 예산편성을 통해 조세와 정부지출의 흐름을 조정한다. 가령 정부가 예산을 편성할 때 균형예산을 책정한다고 하면 조세와 정부지출의 크기를 같게 하는 것이고, 불균형예산을 책정한다고 하면 조세를 정부지출보다 크게 하거나(흑자예산) 반대로 정부지출을 조세보다 크게 하는(적자예산) 것이다.

그러면 정부는 언제 균형예산을 책정하고 언제 불균형예산을 책정하는가? 이는 경제상황에 따라서 다르다. 만일 경제가 침체되어 있다고 하면 정부는 정부지출을 크게 할 것이고 경기가 과열된다고 하면 조세를 더 거두어들일 것이다. 이러한 정부의 정책이 바로 재정정책(fiscal policy)이다.

정부부문은 금융부문과도 밀접한 관계를 가지고 있다. 즉 〈그림 3-5〉에서 보는 바와 같이 ①을 통해서 화폐의 흐름이 정부부문으로부터 금융부문으로 흐르거나 반대로 금융부문으로부터 정부부문으로 흐를 수 있다. 정부의 활동은 조세를 거두어 들이고 이를 지출하는 과정에서 이루어지는데, 가령 정부가 균형예산을 책정하였음에도 불구하고 뜻하지 않는 정부지출의 증가로 점점 적자상태로 기울어지고 있다고 하자. 이런 경우 정부는 공채(public debt)를 새로 발행하거나 보유하고 있는 공채를 은행에 판매함으로써 금융부문으로부터 자금을 끌어들여 적자를 메울 수 있다. 이를 경제순환모형에서 보면 금융부문으로 흘러들어간 가계저축 중에서 정부의 공채판매액 만큼이 민간투자지출로 흘러들어가는 것이 아니라 정부부문으로 흘러 들어가는 것이다. 반대로 정부재정이 흑자로 기울어진다고 하면, 정부는 은행으로부터 공채를 구입함으로써 금융부문에 자금을 제공하여 흑자문제를 해결할 수 있다. 이때는 정부가 거두어들인 조세의 일부가 정부지출로 흘러나가는 것이 아니라 단지 정부부문을 거쳐 금융부문으로 흘러 들어가게 되는 것이다.

이와 같이 정부부문과 금융시장이 밀접하게 연계되어 있다는 사실은 현대경제사회에서 흔히 사용되고 있는 경제정책수단을 이해하는데 있어서 매우 중요하다. 왜냐하면 정부와 금융시장간의 연계는 정부의 조세 및 지출에 관한 의사결정이 금융부문에 대한 통제와 관련되어 있다는 사실을 보여주기 때문이다. 앞에서 언급한 바와 같이 전자를 재정정책이라 하고 후자를 금융정책(monetary policy)이라고 부른다. 그러므로 재정정책과 금융정책이라는 두 정책도구는 서로 밀접한 관계를 갖는다. 가령 정부가 재정적자에 허덕이고 있다면 이러한 적자분은 금융부문의 유휴자금에서 끌어올 수 있고, 민간투자지출을 감소시켜서 충당할 수 있으며, 심지어는 한국은행으로 하여금 화폐를 찍어내게 하여 충당할 수도 있다.

3) 해외시장

오늘날 현존하는 국가들 중에서 다른 국가와 서로 경제관계를 맺지 않는 국가를 찾아볼 수 없으며, 교통과 정보통신의 발달로 그 어느 때보다도 국제거래가 중요하게 되었다. 국가 간 거래에서 대종을 이루는 것이 재화와 서비스의 거래인 국제무역(international trade)이다. 이것은 경제순환모형에서 수입(imports)과 수출(exports)의 흐름으로 나타나고 있다. 수입이란 국내의 가계나 기업이 그들의 소득으로 국내가 아닌 외국에서 생산된 재화와 서비스를 구입하는 것이다. 반대로 수출은 외국의 가계나 기업이 우리나라가 생산한 생산물을 구매하는 것이므로 수출은 소비지출 및 투자지출과 마찬가지로 국내생산물에 대한 구매력이 된다. 한 국민경제에 있어서 해외시장이란 수출과 수입 등의 국제경제거래가 이루어지는 부문을 말하는 것이다.

이러한 해외시장은 금융시장과 밀접히 연계되어 있다. 〈그림 3-5〉에서 보는 바와 같이 ②를 통해 화폐의 흐름이 해외시장으로부터 금융시장으로 흐르거나 반대로 금융시장으로부터 해외시장으로 흐를 수 있다. 만약 우리나라의 수입이 수출을 초과한다면 우리나라는 부족한 수입대금을 지불하기 위하여 금융시장에서 달러화 등 국제통화를 차입해 오거나 수출업자로부터 신용을 제공받을 수 있다. 반대로 만약 우리나라의 수출이 수입을 초과한다면 외국 사람들은 우리나라의 금융기관이나 수출업자로부터 자금을 빌려 쓸 수 있으며 그만큼 우리나라의 대외채권은 증가하게 되는 것이다.

요컨대 수출이 수입을 초과하거나 수입이 수출을 초과하는 등 해외시장이 불균형 상태에 놓이게 되면 금융시장에서는 이를 해결하기 위해 여러 가지 방법을 사용하게 되며, 이러한 과정에서 자금이 해외시장에서 금융시장으로 혹은 금융시장에서 해외시장으로 흐르게 되는 것이다. 우리는 제9장에서 해외시장에 대해 자세히 공부한다.

3.3 경제순환모형의 한계 및 유용성

경제순환모형은 확대된 모형이라고 하더라도 현실경제를 이해하기 위해 현실을 극히 단순화한 것임을 알아야 한다. 그러므로 약도와 마찬가지로 현실의 많은 부분을 나타내지 못하거나, 현실과 다른 내용이 없지 않다. 예를 들어, 〈그림 3-4〉에는 저축, 납세, 수입을 가계만 하는 것으로 나타나 있으나 기업도 사내유보라는 이름으로 이윤의 일부를 저축하며, 정부에 법인세를 납부하며, 해외로부터 기계장비, 원료 등을 수입한다. 뿐만 아니라 경제순환모형에는 기업 간의 거래, 가계 간의 거래는 나타나고 있지 않다. 가령 영희 엄마가 철수 엄마에게 1,000만원을 빌려 주고 이자를 받는다면, 이는 가계와 가계간의 거래로 경제순환모형에서는 나타나지 않는다.

이와 같이 경제순환모형은 현실을 표현하는 데에는 한계가 있다. 이러한 이유로 혹자는 경제순환모형의 유용성에 대해서 부정적인 견해를 가질 수 있다. 그러나 복잡한 경제현실을 있는 그대로 이해하기에는 우리의 능력이 모자랄 뿐만 아니라 엄청난 시간이 필요할 것이다. 따라서 우리는 일단 현실을 단순화시켜, 경제문제를 이해하고 진단하는 방법을 채용할 수밖에 없다. 이 작업이 끝난 후에 보다 자세하게 경제현실을 파헤치는 것이 타당한 순서일 것이다. 경제순환모형을 바로 그 첫걸음이라고 할 수 있다.

3.4 한국의 경제순환모형

만약 조선시대 말 대원군이 섭정하던 시대의 우리나라 경제의 X-레이 사진, 즉 경제순환모형을 그려보라고 하면 어떤 모습을 가질까? 대원군이 쇄국정책을 취했으므로 아마도 해외시장이 나타나지 않는 경제순환모형이 될 것이다.

현재 북한의 경제순환모형을 그린다면 어떤 모습일까? 북한은 중앙집권적 계획경제체제로 시장경제체제가 아닌데다가 개방경제가 아니므로, 생산물시장, 요소시장, 금융시장, 해외시장 등 시장이 나타나지 않고 정부만 크게 보이는 모양을 가질 것이다.

그렇다면 현재 한국의 경제순환모형은 어떤 모습일까? 앞에서 공부한 확대된 경제순환모형 같이 나타날 것이다. 〈그림 3-6〉에는 2011년 현재 한국의 경제순환모형을 그려 놓았다. 특히 경제순환모형에다가 화폐가치의 흐름을 표시하였다.

먼저 2011년 기업부문에 의해서 생산된 국내총생산(GDP)은 1,237조원에 이르고 있다. 이 중 655조원(53%)이 가계에 의해서 구입되었고, 364조원(29%)이 기업에 의해서, 191조원(15%)이 정부에 의해서, 그리고 695조원(56%)이 해외구매자에 의해서 각각 구입되었다. 여기서 독자들은 이상한 점을 발견할 수 있을 것이다. 즉 GDP는 1,237조원인데, 가계의 소비지출, 기업의 투자지출, 정부지출, 그리고 수출의 합은 1,905조원으로 더 많게 나타나고 있다. 이는 소비지출, 투자지출, 정부지출, 수출에는 해외에서 생산된 생산물의 가치, 즉 수입금액이 포함되어 있기 때문이다. 수입된 생산물은 국내에서 생산된 것이 아니므로 빼주어야 한다. 2011년 수입액은 670조원(54%)으로 1,905조원에서 670조원을 빼주

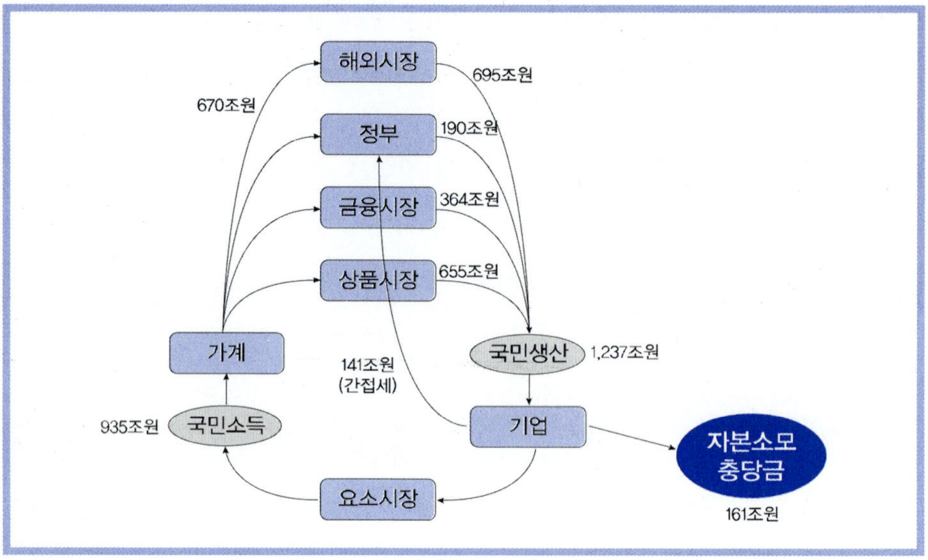

|그림 3-6| 한국경제의 경제순환모형(2011년)

면 1,235조원이 되는데, 여기에 통계상의 오차인 2조원을 더해주면 1,237조원이 된다.

이 1,237조원은 다시 기업에서 가계부문으로 흘러 들어간다. 그런데 기업은 이 돈을 모두 가계에 주는 것이 아니라 앞으로의 기계구입을 위해서 일부를 우선적으로 떼어 놓게 되는 데 이를 자본소모충당금이라고 부른다. 2011년의 경우 자본소모충당금이 161조원(13%)이었다. 또한 가계로 흘러 들어간 돈 중에서 다시 기업으로 돌아오는 부분이 있는데, 이 금액이 간접세(indirect tax)이다. 대표적인 예가 우리가 일상생활에서 접하는 부가가치세(VAT: value-added tax)이다. 이 금액은 기업이 구매자에게서 받아두었다가 정부에 세금으로 납부하여야 한다. 2011년 간접세는 141조원(11%)으로 집계되었다. 결국 1,237조원 중에서 자본소모충당금과 간접세를 제외한 935조원이 가계부문으로 흘러들어간 것으로 나타나고 있다.

제4장

경제활동의 측정

이 장에서는 앞에서 배운 경제순환모형을 토대로 하여 경제활동수준, 즉 GDP, 물가지수, 실업률 등을 측정하는 문제를 다루고, 이 변수들의 움직임과 이들 간의 상호연관성에 대해 알아본다.

4.1 ▶ 사례: 경기변동

흔히들 한국경제가 지난 50여 년간 지속적으로 꾸준히 성장해 왔다고 한다. 맞는 말이다. 그러나 과거를 돌이켜 보면, 단기적으로 경제가 불안정했기 때문에 많은 어려움을 겪어 왔음을 알 수 있다. 1970년대 말에 발행된 신문들의 경제면을 다시 펼쳐 보면, 이른바 '중동붐'이다 '아파트 투기붐'이다 해서 과열경기가 골칫거리로 등장하고 있으며, 한때는 한 자리 숫자(10% 이내) 물가상승은 있을 수 없는 것처럼 여겨진 적도 있었다. 반면에 IMF 외환위기 직후인 1998년에는 마이너스(-) 6.7%의 경제성장률과 8%의 실업률을 기록하였는데, 당시 기업가는 공장이 완전 가동되지 못해서, 근로자는 일자리를 구하기가 어렵거나 해고될 염려 속에서 모두가 불안해했던 기억이 있다. 이와 같이 어떤 때는 경기가 과열되어 물가가 급등하기도 하고 어떤 때는 산출량이 감소하여 실업자가 증가하는 현상을 경기변동(business fluctuation) 혹은 '호황과 불황'이라고 한다.

전 세계적으로도 불황 때문에 몸살을 앓은 적이 있다. 이를 대공황(The Great Depression)이라고 하는데, 1920년대 말에 시작되어 약 10여 년간 지속되었다. 미국의 경우 1929년에서 1934년까지 5년 사이에 경제활동이 절반 수준으로 위축되었으며, 25%의 실업률을 기록했던 것으로 알려지고 있다. 이 당시 실업의 고통을 실감한 미국사람들 사이에서는 "이웃집 아저씨가 실직하면 경기침체이고, 우리 아버지가 실직하면 불황"이라는 우스개 소리도 나왔다고 한다. '신데렐라 맨', '포스트 맨은 벨을 두 번 울린다' 등의 영화를 보면 대공황 당시의 상황을 간접적으로 체험할 수 있다. 이러한 경험 때문인지 몰라도 지금도 미국에서는 실업문제가 가장 중요한 정책이슈가 되고 있다.

4.2 ▶ 경제활동수준, 왜 측정하는가?

경제활동을 측정하는 이유는 앞에서 소개한 극심한 경기침체, 실업, 혹은 인플레이션을 예방하거나 해결하기 위해서이다. 달리 말하면 건강한 경제를 유지하기 위한 필수적인 작업이다. 의사가 환자를 진단하고 병에 대한 올바른 처방을 내릴 때 혈압, 혈당치, 맥박수 등과 같은 정확한 자료가 있어야 하는 것과 마찬가지이다.

경제순환모형으로 보면 건강한 경제는 실물의 흐름과 화폐의 흐름이 원활하게 돌아가면서 국민생산이 지속적으로 증가하는 경제이다. 즉 소비지출, 투자지출, 정부지출, 순수출 등 총수요를 구성하는 요인들과 실질산출량이 지속적이고도 안정적으로 증가한다면 바람직한 경제라고 할 수 있다. 따라서 국내외를 막론하고 지속적인 경제성장, 완전고용, 물가안정 등이 경제정책의 목표가 되고 있다.

1) 지속적 경제성장

경제성장은 한 나라 국민경제에서 산출물의 크기가 커가는 것을 의미하며, 경제순환모형에서는 각 경제변수 — 예를 들어 투자지출, 임금 등 — 의 흐름이 집계되는 국민생산 또는 국민소득의 규모가 증가하는 것으로 볼 수 있다.

우리나라는 지난 50여 년 동안 성장우선정책을 추구하여 왔고, 실제로 연평균 7~8%의 고도경제성장을 달성하였다. 지금도 중국, 인도네시아, 태국, 브라질 등 개발도상국들은 경제성장을 국가정책의 최우선 목표로 삼고 있으며, 미국, 일본, 독일 등 선진국들도 일정수준의 경제성장을 추구하고 있다. 그러면 왜 대부분의 나라들이 경제성장을 정책목표로 삼고 있는 것일까? 한마디로 말해서 인구규모에 비해서 산출량이 더 증가한다는 것은 생활수준이 높아지기 때문이다. 실질산출량의 증대는 물질적인 풍요를 뜻하며, 경제문제에 보다 더 만족스러운 답을 제공할 수 있음을 의미한다. 달리 표현하면 성장하는 경제는 새로운 욕구를 충족시키고 사회경제적인 문제를 해결할 수 있는 유리한 위치에 있게 된다. 성장하는 경제는 연간 실질산출량이 증가하는 경제이므로 기존의 욕구를 효과적으로 만족시키거나 새로운 계획에 착수할 수 있다. 우리나라의 경우에도 경제성장으로 가계의 실질임금이 증가하면서 해외여행이 보편화되었고, 마이카(my car) 시대가 열렸으며, 자녀를 대학에 보내는 일이 경제적 측면에서 과거보다는 쉬워졌다. 뿐만 아니라 성장하는 경제는 현재의 소비, 투자, 정부지출 등을 그대로 유지하면서도 빈곤을 완화시키고, 환경을 깨끗하게 하는 각종 장치를 마련할 수 있다. 요컨대 경제성장은 사회의 부담을 경감시킨다. 이는 국민경제의 생산제약을 완화시키는 것을 의미하며, 이렇게 됨으로써 기존의 다른 경제적 목표들도 성공적으로 달성할 수 있게 된다.

2) 완전고용

가용한 자원이 고용되지 못한 상태를 실업(unemployment)이라고 하는데, 완전고용(full employment)은 실업이 없는 상태이다. 완전고용이 경제정책목표가 되는 이유는 대공황 사례에서처럼 실업이 주는 폐해가 너무나 크기 때문이다. 실업은 국민경제적 측면에서 커다란 비용을 초래한다. 실업의 국민경제적 비용은 실업이 없었더라면 생산할 수 있었던 산출량의 크기이다. 또한 개인적으로 볼 때 실업은 소득의 감소를 초래하고, 일하고자 하는 욕구를 충족시키지 못하는 데 따른 심리적 부담을 가져오며, 피고용경험에 따른 기술축적의 기회를 빼앗아 간다. 뿐만 아니라 실업은 사회적인 관점에서도 하나의 재앙으로까지 간주된다. 사회적으로는 실업이 만연하면 일차적으로 범죄율이 높아지고, 정치적 불안정까지 초래할 수 있다. 특히 남북이 대치되어 있는 우리나라의 경우 높은 실업률은 국가안보적 차원의 문제가 될 수도 있다.

3) 물가안정

인플레이션은 개별상품 및 서비스 가격들의 평균값이 지속적으로 상승하는 것을 뜻하는데, 물가가 완만하게 상승할 때에는 기업이 낙관적인 예측을 하여 투자를 늘리고 생산을 확대시키는 역할을 하기도 한다. 그러나 물가가 전혀 예측할 수 없게 진행되면 가계나 기업이 합리적인 계획을 세우고 이에 따라 행동할 수 없게 만듦으로써 정상적인 경제활동을 방해한다. '예측되지 못한' 인플레이션의 가장 큰 폐해는 사람들이 처한 입장에 따라서 부와 소득을 임의적으로 재분배시킨다는 것이다. 예를 들어 봉급이나 연금 등 정액소득을 받는 사람들이 손해를 보게 된다. 이는 물가가 오르게 되면 고정된 소득으로 구매할 수 있는 상품의 양이 줄어들어 실질적으로 소득이 감소한 것과 동일한 결과를 초래하기 때문이다. 또한 인플레이션은 화폐의 가치를 하락시켜 현금을 가지고 있는 사람, 은행에 예금한 사람, 그리고 채권자들에게는 손해를 끼치는 반면에, 채무자나 실물자산을 가진 사람에게는 이득이 된다.

'예상된' 인플레이션도 그 정도가 심하면 문제를 야기시킨다. 급속한 인플레이션은 그것이 예측되었다 할지라도 경제주체들로 하여금 생산적인 활동보다는 투기적인 활동에 전념하게 만든다. 가령 연간 인플레이션율이 100%로 예상된다면 사람들은 화폐를 보유하는 대신에 아파트, 그림, 부동산 등 물건을 구입하려 할 것이다. 기업들도 인플레이션을 기대하여 생산을 위한 자본설비를 구입하기보다는 부동산 구입에 열을 올리게 된다. 우리나라의 경우에도 1970년대 말에 인플레이션이 장기화되면서 일부 회사원, 공무원, 의사, 변호사, 주부, 심지어는 교수들까지도 자신들의 전문 직업에 전념하기보다는 아마추어 경제학자가 될 정도로 인플레이션을 예측하여 부동산 투기에 열을 올린 적이 있다. 사회적 관점에서 보면 이러한 활동은 생산적 자원의 낭비이며, 인플레이션이 초래하는 가장 큰 비용이라고 할 수 있다. 그러므로 물가안정(price stability)도 경제성장이나 완전고용에 못지않게 중요한 경제정책목표가 되는 것이다.

4.3 주요 측정지표: GDP, 물가지수, 실업률

1) GDP

경제성장 또는 산출량 수준은 한 경제의 국내총생산(GDP; Gross Domestic Product)으로 측정된다.

(1) GDP란

GDP란 "일정 기간 동안 국내에서 생산된 모든 최종적인 재화와 서비스의 시장가치"를 말한다. 여기서 독자들은 몇 가지 표현에 유의할 필요가 있다.

첫째, '생산된 것'이라는 표현이다. 이것은 GDP는 특정년도에 생산된 것 모두를 포함하나 생산과 관련 없는 경제활동은 포함하지 않는다는 것이다. 예를 들어 금년도에 생산된 것이라면 시장에서 팔리지 않은 상품, 즉 재고도 GDP에 포함되나, 생산과 관련 없는 금융거래나 중고품거래는 제외된다. 증권시장에서의 주식거래, 학생이 부모님으로부터 받은 용돈 등은 금융거래로서 GDP에 포함되지 않는다. 중고상품의 거래도 마찬가지이다. 가령 2000년에 생산된 승용차가 2010년도에 중고시장에서 거래되었다고 하여 이를 2010년 GDP에 포함시키면,

2010년의 GDP는 과대평가될 것임은 자명하다.

둘째, '최종적'이라는 표현이다. 이것은 총산출량을 정확히 측정하기 위해서는 일정년도에 생산된 모든 재화와 서비스는 한 번만 계산되어야 함을 말해 준다. 대부분의 상품은 시장에 도달하기 전에 여러 단계의 생산과정을 거치므로 원재료나 부품 등은 여러 번 구입되고 판매되기 마련이다. 따라서 여러 번 팔리는 부품이나 원재료를 매번 계산하는 오류를 피하기 위해서 GDP계산 시에 중간재의 거래는 제외시키고 최종재화 및 서비스만을 포함시킨다. 최종재화의 가치는 그 생산과정에서 발생한 모든 중간거래를 포함하므로, 만일 중간거래를 GDP에 포함시키면 이중계산이 되어 GDP가 과대하게 계산될 것이다. 간단한 예를 들어보자. 〈표 4-1〉에서 보는 것과 같이 빵이 생산되어 소비자에게까지 도착하는 데는 4단계의 생산과정이 있다고 하자. 첫 번째 단계에서 농부가 밀을 재배하여 600원 어치를 제분업자에게 판 것으로 나타나 있다. 두 번째 단계에서는 제분업자가 밀가루를 만들어 1,000원에 제빵업자에게 판다. 그러면 이 중에서 600원은 밀 대금으로 농부에게 돌아가고 나머지 400원은 밀가루 생산에 투입된 생산요소에 대한 대가, 즉 임금, 이자, 지대, 이윤 등으로 지급될 것이다. 세 번째 단계에서는 제빵업자가 빵을 1,300원에 소매상에게 판매한다고 하면, 이 중 1,000원은 밀가루 대금으로 제분업자에게 돌아가고 나머지 300원은 임금, 이자, 지대, 이윤 등으로 지급될 것이다. 마지막 네 번째 단계에서 소매상은 소비자에게 1,500원에 빵을 판매한다. 이중 1,300원은 제빵대금으로 제빵업자에게 지불되고, 나머지 200원은 역시 임금, 이자, 지대, 이윤 등으로 지급된다.

이와 같은 빵 생산 시에 과연 얼마가 GDP에 계산되어져야 하는가? 답은

|표 4-1| 생산단계별 부가가치

생산단계	원료 및 제품가격	부가가치
	0원	
농　부	600원	600원 (600 − 0)
제분업자	1,000원	400원 (1,000 − 600)
제빵업자	1,300원	300원(1,300 − 1,000)
판매업자	1,500원	200원 (1,500 − 1,300)
합　계	4,400원	1,500원

|표 4-2| 시장가격을 통한 상이한 재화의 가치평가

연도	연간 산출량	시장가치
1기	귤 3개와 사과 2개	3 × 200원 + 2 × 300원 = 1,200원
2기	귤 2개와 사과 3개	2 × 200원 + 3 × 300원 = 1,300원

1,500원으로, 이는 최종상품의 가치이다. 만일 답이 4,400원이라고 한다면 이는 이중계산의 오류를 범하는 것이 되기 때문인데, 이중계산을 피하기 위해서는 각 생산단계에서 발생한 부가가치(value-added)만을 더해 주면 된다. 부가가치란 각 생산단계에서 생산된 산출물의 시장가치에서 구입한 중간재의 가치를 뺀 것으로서, 〈표 4-1〉에서 보는 바와 같이 1,500원이 된다.

셋째, '시장가치'라는 표현으로, GDP가 화폐적인 척도임을 의미한다. 이는 상이한 연도 간에 수많은 상품들을 집계하여 비교하고, 그 상대적인 가치를 계산하기 위함이다. 가령 어떤 경제가 1기에는 귤 3개와 사과 2개를 생산하고, 2기에는 반대로 귤 2개와 사과 3개를 생산하였다고 한다면, 어느 기에 더 많이 생산했겠는가? 이것은 그 나라 국민들이 사과와 귤에 부여한 가치인 가격을 생각하지 않는다면 답하기 어려운 질문이다. 〈표 4-2〉에서 보는 바와 같이 귤 가격이 개당 200원이고 사과가격이 개당 300원이라면, 2기의 산출량(1,300원)이 1기의 산출량(1,200원)보다 더 크다고 결론지을 수 있다.

이때 여기서 하나의 질문이 생길 수 있다. 만약 2기에 가격이 변하여, 귤의 가격이 2,000원, 사과의 가격이 3,000원으로 각각 10배 상승하면 어떻게 되겠는가? GDP는 13,000원이 될 것이다. 이는 실질생산은 크게 변화하지 않았는데, 가격이 10배로 상승했기 때문에 GDP가 10배 이상으로 증가한 것이다. 즉 경제에 바람이 들어간 것이다. 경제학적인 용어로는 인플레이션(inflation)이 일어난 것이다. 이 경우에는 GDP를 디플레이트(deflate)시켜주어야 한다. 즉 화폐가치의 변동으로부터 실질GDP를 분리시켜야 하며, 이를 위해서는 물가수준의 변동에 따른 조정을 해주어야 한다. 이러한 조정을 거친 GDP를 실질GDP —혹은 불변가격에 의한 GDP—라고 한다. 특히 명목—혹은 경상—GDP를 실질GDP로 바꾸어 주는 물가를 GDP디플레이터(deflator)라고 한다. 따라서

$$실질GDP = \frac{명목GDP}{GDP디플레이터}$$

(2) GDP의 측정방법

이상에서 우리는 경제활동과 경제성장의 측정수단으로서 GDP의 정의에 대해 살펴보았다. 그렇다면 GDP는 어떻게 측정될 수 있을까? 이 질문에 대한 답은 경제순환모형을 통해서 얻을 수 있다. 〈그림 4-1〉에서 보는 바와 같이 경제순환모형에서는 상품에 지불된 금액은 그 상품을 생산하는 데 참여한 사람들이 얻는 소득과 같기 때문에, 총산출물에 대한 지출액과 국민소득은 항상 동일하다. 그러므로 GDP는 〈표 4-3〉에 요약해 놓은 바와 같이 지출측면과 소득분배측면에서 파악할 수 있다.

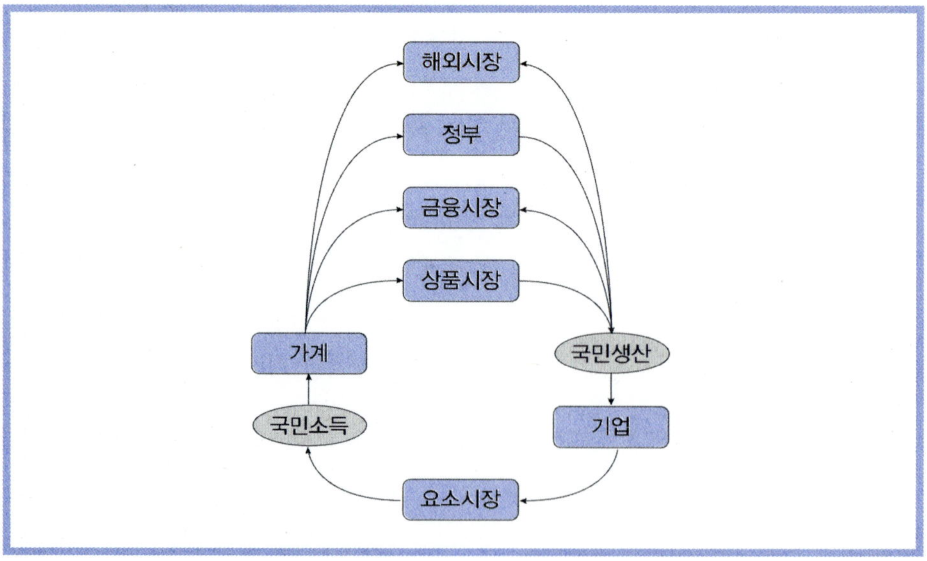

|그림 4-1| 경제순환모형 주: 〈그림 3-4〉를 다시 그린 것임

|표 4-3| GDP 측정의 두 가지 방법(2011년)

지출접근법		소득접근법
소비지출 655조원		소득: 요소비용
(+)		임금 558조원
투자지출 364조원		지대
(+)	= GDP =	이자 } 382조원
정부지출 191조원	1,237조원	이윤
(+)		(+)
순수출 25조원		비소득항목
(수출) (+) 695조원		간접세 141조원
(수입) (-) 670조원		자본소모충당금 161조원
(+)		(-)
통계오차 2조원		정부보조금 5조원

① 지출접근법

지출접근법(expenditure approach)은 최종소비자가 재화 및 서비스에 대해 얼마를 지불하느냐를 보는 것이다. 〈그림 4-1〉의 오른쪽 위에는 GDP가 각 경제주체들에 의해 구매(수요)되는 크기가 표시되어 있다. 다시 말해서 가계부문에 의한 소비지출, 기업부문에 의한 투자지출, 정부부문에 의한 정부지출, 해외부문에서의 순수출 등의 흐름이 나타나 있다. 그런데 GDP에 포함된 재화와 서비스는 경제 내에 있는 어느 누군가에 의해 구입되어지기 마련이므로 이들의 흐름을 합하면, GDP를 계산할 수 있다.

〈표 4-3〉 왼쪽에는 지출접근법에 의한 우리나라의 GDP가 나타나 있다. 표에서 보는 바와 같이 한국경제는 2011년 한 해 동안 그해 가격으로 1,237조원에 상당하는 재화와 서비스를 생산하였고, 이것은 가계에 의해서 655조원, 기업에 의해서 364조원, 정부에 의해서 191조원씩 각각 구매되었다. 그리고 695조원 어치가 해외소비자들에 의해서 구매되었는데, 반대로 국내의 소비자, 기업, 정부가 외국에서 생산된 상품을 670조원만큼 수입하였기 때문에, 해외부문에서 순수하게 우리나라가 생산한 상품을 구입한 것은 (+)25조원이다.

총지출을 구성하는 소비지출, 투자지출, 정부지출, 순수출은 거시경제 분석에서 매우 중요하므로 각각에 대해서 알아보기로 하자.

- **민간소비지출(C)**

민간소비지출은 우리가 단순히 가계소비지출이라고 부르는 것을 의미한다. 이것은 승용차, 냉장고와 같은 내구성소비재, 식료품, 의복, 치약 등과 같은 비내구성소비재, 그리고 의료, 이발과 같은 서비스에 대한 지출 등 가계에 의해 이루어지는 지출 모두를 포함한다.

- **총투자지출(I)**

이것은 한국기업에 의한 투자지출(investment expenditure) 모두를 포함한다. 투자지출에 포함되는 것으로는 기업에 의한 기계·장비의 구매, 공장·창고·주택 등 모든 건물의 건축, 재고의 변화 등 세 가지가 있다. 이러한 투자지출의 개념은 흔히 사용하는 투자의 개념과 차이가 있으므로 이 세 가지 항목에 대해서 설명하기로 하자.

첫째, 기계·장비의 구매가 투자지출에 해당되는 것은 자명하다. 둘째, 공장이나 창고의 건설이 투자지출에 포함됨은 물론이다. 그러나 주택건설까지 소비가 아닌 투자에 포함시키는 까닭은 무엇인가? 우선 아파트의 건설은 공장이나 창고건물과 같이 수익창출자산(income-earning assets)이기 때문에 분명 투자재에 속하는 것임을 납득할 수 있을 것이다. 같은 이유로 임대주택도 투자재이며, 자가소유주택도 그 소유주가 원한다면 수익을 얻기 위해 임대할 수 있기 때문에 투자재로서 분류할 수 있다. 따라서 모든 주택건설은 투자재로 간주되는 것이다. 셋째, 재고가 투자에 포함되는 이유는 무엇인가? 우선 GDP가 총생산물을 측정하기 위한 것이라면, 당해년도에 생산되었으나 판매되지 않고 기업의 창고에 저장되어 있는 생산물이라도 GDP에 포함시켜야 할 것이다. 다시 말해서 GDP가 총산출물의 측정치가 되기 위해서는 당해년도에 발생한 재고증가분에 대한 시장가치를 포함해야 한다. 그러면 재고가 감소하였을 경우는 어떠한가? 재고감소분은 GDP의 계산에서 감해져야 할 것이다. 왜냐하면 당초에 보유하고 있던 재고는 전년도의 생산물이므로, 특정년도의 재고감소는 그 해에 생산된 상품량보다 더 많이 소비했음을 의미하기 때문이다. 역시 GDP가 당해년도의 총산출물의 측정치임을 생각할 때, 전년도에 생산된 상품의 소비부분은 제외되어야 마땅하다. 2011년 우리나라 국민계정에서 재고증가는〈표 4-3〉에는 나타내지 않았지만 24조원이었다.

이상에서 우리는 투자의 개념을 분명히 하였다. 마찬가지로 투자가 아닌 것을 분명히 하는 것도 중요하다. 흔히들 주식이나 채권을 구입할 때 '투자'한다고들 한다. 그러나 이와 같이 현존하는 자산의 단순한 소유권 이전은 경제학에서 말하는 투자가 아니다. 기존자산—예를 들어 공장, 설비, 장비—의 재판매도 마찬가지이다. 따라서 투자란 새로운 자본재의 제작활동으로서, 일자리와 소득을 유발하는 활동으로 결론지을 수 있다.

우리는 국민소득계정에서 투자를 나타내는 항목으로 총고정자본형성이라는 계정을 볼 수 있는데, 투자 앞에 붙어 있는 용어인 '총'이라는 용어에 대해서 관심을 가질 필요가 있다. 총투자는 당해 년도에 새로이 증가된 자본재, 즉 자본스톡의 순증가분뿐만 아니라 생산활동에 사용된 기계장비의 소모분을 보충해 주기 위한 투자재 생산을 모두 포함한다. 간단히 말하여 총투자는 대체투자(replacement investment)와 순투자(net investment)의 합이다. 즉

$$총투자(I_g) = 대체투자(I_r) + 순투자(I_n)$$

그러므로 순투자를 구하기 위해서는 총투자에서 기존시설의 보수나 대체에 사용된 투자재, 즉 대체투자를 공제하지 않으면 안 된다. 예를 들어 한국경제는 2013년에 경상가격으로 약 100조원의 자본재를 생산하였으나 그 해 생산과정에서 약 60조원의 기계와 장비를 소모하였다고 하자. 결과적으로 2013년도에 한국경제는 40조원의 자본스톡의 증가를 가져온 것이다. 즉 2013년에 총투자는 100조원이고 대체투자는 60조원이며, 총투자와 대체투자의 차이인 40조원이 순투자가 되는 셈이다.

- **정부지출(G)**

정부지출은 중앙 및 지방정부의 상품 및 서비스에 대한 모든 지출과 생산요소—특히 공무원, 군인 등 인력—의 직접적인 구입을 포함한다. 그러나 가계나 기업으로의 이전지출은 해당년도의 생산을 반영하지 않기 때문에 제외된다. 이와 같이 정부지출은 소비지출과 투자지출을 구별하지 않는 것이 상례이나 우리나라에서는 소비지출과 투자지출을 구분하여 정부투자지출을 투자항목에 포함시킨다.

- **순수출(Ex-Im)**

우리는 지금 국내에서 생산된 모든 재화 및 서비스에 대한 총지출을 집계하고

자 하므로 우리나라가 생산한 것 중에서 외국인이 구입해 간 부분, 즉 수출(exports)은 우리 국민의 지출과 마찬가지로 GDP에 포함되어야 한다. 반면에 외국이 생산한 것을 우리나라의 가계, 기업, 정부 등이 구입한 부분, 즉 수입(imports)은 한국에서의 경제활동을 반영하지 않으므로 GDP에서 제외된다. 그런데 국민소득계정에서는 수출과 수입을 따로 취급하기보다는 이 둘의 격차인 순수출(net exports)을 이용한다.

지금까지의 내용을 요약하면, 다음과 같다.

$$C + I_g + G + (Ex - Im) = GDP$$

② 소득접근법

소득접근법은 각 생산단계에서 창출된 부가가치가 생산요소에 대한 대가, 즉 임금, 이자, 지대, 이윤 등으로 분배된 것 모두를 더하는 것이다. 이를 〈그림 4-1〉에서 보면 왼쪽 아래에 위치하고 있는 타원의 크기를 계산하는 것이다. 이와 같이 GDP를 소득분배측면에서 파악하는 것을 소득접근법(income approach)이라고 부른다.

빵의 예를 들어 지출접근법과 소득접근법을 구분해 보자. 지출접근법에 의하면 최종소비자가 빵에 지불한 금액 1,500원이 GDP에 계산되며, 소득접근법에 의하면 각 생산단계에서 농부, 제분업자, 제빵업자, 빵가게에 의해 창출된 각각의 소득 600원, 400원, 200원, 300원의 합 1,500원이 GDP에 계산된다. 지출접근법과 소득접근법은 동일한 것을 다른 측면에서 본 것에 불과하다. 즉, 상품에 지불된 금액 1,500원은 그 상품을 생산하는 데 참여한 사람들이 얻는 소득 1,500원과 같다. 이러한 논리는 경제전체로 봐서도 마찬가지이다. 따라서 GDP를 측정하는 두 가지 방법은 〈표 4-3〉과 같이 요약된 것이다. 여기서 유의할 점은 소득접근법에 의해서 GDP를 측정할 경우에 비소득항목인 간접세와 자본소모충당금이 포함되고 있다는 것이다. 이는 자본소모충당금은 가계로 흘러들어가는 소득은 아닐지라도, GDP 중에서 각각 기업이 앞으로의 투자를 위해서 떼어놓은 금액이고, 간접세 역시 가계부문의 소득은 아니지만 GDP 중에서 정부가 강제로 가져가는 금액이므로 분배측면에서 파악되기 때문이다.

2011년 한 해 동안 한국경제에서 기업이 상품의 제공 대가로 받은 1,237조원은 어떻게 분배되었을까? 이것이 〈표 4-3〉의 오른쪽에 나타나 있다. 먼저 근로자들에게 피용자보수라는 이름으로 558조원이 분배되었고, 영업이익(지대+이자+이윤) 이 382조원으로 이를 합하면 940조원이 된다. 그런데 이 값이 지출국민소득 1,237조원과 일치하지 않는 이유는 앞에서 말한 바와 같이 자본소모충당금과 간접세와 같은 비소득항목이 있기 때문이다. 그러나 자본소모충당금 161조원과 간접세 141조원도 각각 기업과 정부가 가져간 것으로 보고 이 두 값을 합친 302조원을 더해 주면 1,242조원이 된다. 여기서 정부보조금 5조원을 빼주면 지출측면에서 계산된 1,237조원과 일치한다.

(3) 국민소득의 여러 가지 개념

독자들은 이미 국민경제가 생산한 GDP가 가계부문으로 분배되어 흘러들어가므로 GDP 자체가 국민소득이 됨을 알고 있을 것이다. 그러나 GDP는 엄밀한 의미에서의 국민소득이라고 보기는 어렵다. 따라서 보다 정확한 의미의 국민소득을 말해 주는 측정치들을 알아보고자 한다.

① 국민총소득(Gross National Income : GNI)

GDP가 '장소'를 기준으로 생산활동의 크기를 측정하는 것이라면, GNI는 '사람'을 기준으로 국민소득의 크기를 측정하는 것이다.

'장소' 기준인 GDP는 외국인이 국내에 거주하면서 버는 소득(해외지급 요소소득)은 포함하나, 우리나라 사람들이 해외에 나가서 벌어들이는 소득(해외수취 요소소득)은 포함하지 않는다. 반대로 '사람' 기준인 GNI는 외국인이 국내에 거주하면서 버는 소득(해외지급 요소소득)은 포함하지 않으나, 우리나라 사람들이 해외에 나가서 벌어 들이는 소득(해외수취 요소소득)은 포함한다.

그러므로 GNI와 GDP간에는 다음과 같은 관계가 성립한다.

GNI = GDP + 해외순수취 요소소득(해외수취 요소소득 − 해외지급 요소소득)

따라서 외국과의 교역이 없는 봉쇄경제의 경우 GNI와 GDP는 항상 같으나 개방경제에서는 해외순수취소득이 우연히 영(0)이 되는 경우를 제외하고는 차이가 난다. 2011년의 경우 GNI와 GDP는 각각 1,240조원과 1,237조원으로 발표되었는데, 이는 해외에서 생산된 부가가치 중 한국에 들어온 금액이 한국 내에서 생산된 부가가치 중 해외로 빠져나간 금액보다 3조원 더 많았음을 의미하는 것이다. 만약 우리나라가 외국에 투자를 많이 하여 해외에서 경제활동을 활발히 하면, GNI가 GDP보다 더 커질 것이다.

② 국민순소득(Net National Income : NNI)

앞에서 살펴본 GNI는 당해연도의 생산에 소모된 자본재를 대체하는 데 필요한 만큼의 생산물을 차감해 주지 않음으로써 그해에 생산된 생산물을 다소 과장되게 나타내는 결함이 있다. 다음의 예를 통하여 이를 좀 더 명확히 살펴보자. 한 나라의 경제가 연초에 100억원의 자본재를 가지고 한 해 동안 800억원의 GNI를 생산하는데 40억원어치만큼의 자본재를 소모하였다고 하자. 그러면 그 해 말의 자본재 '스톡'은 60억원밖에 되지 않는다. 그럼에도 불구하고 생산물을 정확히 800억원이라고 말할 수 있겠는가? 그 동안 GNI를 생산하는 데 소모된 기계와 장비는 어떻게 되는가? 여기서 우리는 보다 정확한 개념인 순생산물이라는 개념을 사용함으로써 이러한 문제점을 피할 수 있다. 즉 GNI 800억원에서 이를 생산하는데 소모된 40억원을 공제한 760억원만이 순생산물이 되는 것이다.

간단히 말해서, 그해의 생산물을 보다 정확히 나타내는 것은 총생산물이라기보다는 순생산물이다. 결국 우리가 논의하는 개념체계에서의 국민순소득은 GNI로부터 그해의 생산에 소모된 자본의 가치, 즉 자본소모충당금을 공제함으로써 구할 수 있다. 그러므로

$$\text{NNI} = \text{GNI} - \text{자본소모충당금}$$

NNI는 국민경제(가계, 기업, 정부)가 다음 해의 생산능력을 위축시킴이 없이 소비할 수 있는 연간 소득을 측정한 것으로서, 현실적으로 자본소모분을 정확하게 측정하기 어려운 난점이 있기는 하지만 적어도 개념상으로는 GNI보다 엄밀한 국민소득개념이라 할 수 있다.

3) 국민소득(National Income : NI)

경제분석에 있어서 우리는 종종 토지, 노동, 자본 및 기업가의 경영능력을 투입함으로써 이들 요소 소유자들이 실제로 벌어들이는 소득의 크기에 관심을 갖게 된다. NNI의 구성요소들 가운데서 실제로 생산에 기여하지 않는 항목은 기업의 간접세뿐이다. 앞에서 설명한 바와 같이 정부는 간접세를 징수하면서 생산에는

아무런 기여도 하지 않는다. 따라서 그해 생산으로 받은 임금, 임료, 이자 및 이윤소득의 총액을 측정하기 위하여는 NNI로부터 기업에 대한 간접세를 제외시켜야만 한다. 반면에 정부가 기업에 보조금을 지급하였을 경우 이것은 생산소요비용에 포함되므로 NNI에 가산해 주어야 한다.

이와 같이 NNI에서 간접세를 공제하고 보조금을 가산한 것을 국민소득이라고 부르는데, 이는 생산요소를 공급하는 사람들의 입장에서 보면 실제 생산활동에 참가함으로써 받는 소득을 측정한 것이다. 결국 NI란 당해연도의 생산에 투입된 생산요소들의 비용을 시장가격으로 표시한 것이다. 그러므로

$$NI = NNI - \text{간접세} + \text{보조금}$$

4) 개인소득(Personal Income : PI)

개인이 생산활동에 기여함으로써 벌어들이는 소득(수입소득, 즉 국민소득)과 실제 받은 소득(수취소득, 즉 개인소득)은 달라지기 쉽다. 왜냐하면 벌어들인 소득 중에서 사회보장기부금, 법인소득세, 사내유보이윤 등과 같은 것들은 실제로 가계부문에 지불되지 않으며, 이전지급과 같은 것은 실제 생산에 기여하여 벌어들이지는 않았지만 가계가 수취하기 때문이다. 이와 같은 이전지급에는 사회보장계획에 의거한 노령보험, 실업수당지급, 빈민구제금, 각종 연금, 정부와 소비자의 이자지급 등이 있다. 그러므로 국민소득으로부터 가계가 실제로 수취한 개인소득을 구하기 위해서는 NI로부터 벌어들이기는 했지만 실제로 수취하지 않는 항목을 제외하고, 벌어들이지 않았지만 실제로 수취하는 항목을 포함하면 된다. 그러므로

$$PI = NI - \text{사회보장기부금} - \text{법인세} - \text{사내유보이윤} \\ + \text{경상이전수입(정부·기업으로부터의)}$$

5) 개인가처분소득(Personal Disposable Income : PDI)

개인가처분소득이란 단순히 개인소득에서 직접세를 공제한, 즉 개인이 실질적으로 자유로이 처분할 수 있는 소득을 말한다. 직접세에는 (개인)소득세, 재산세, 상속세 등이 포함되는데, 이 중에서도 소득세가 가장 중요하다. 그러므로

$$PDI = PI-(개인)소득세$$

일반적으로 가계는 그들의 가처분소득을 소비, 저축, 이자지불 등에 사용한다. 이 중 가장 큰 비중을 차지하는 것은 소비이며, 다음은 저축, 끝으로 비교적 소액이나마 이자로서 지불된다. 그리고 개인저축은 잔여항목으로 간주될 수 있다. 개인저축은 개인가처분소득 중에서 소비와 이자를 지불한 후에 남는 것이기 때문이다.

더 알아보기 GDP와 국민후생

GDP는 한 나라의 경제활동수준을 측정하는 지표로서 유용하나, 국민경제의 후생이라는 관점에서 이상적인 측정치라고는 보기 어렵다. 그 이유로는 다음과 같은 것들이 있다.

첫째, 산출물의 시장가치를 측정하는 GDP는 시장외 거래는 포함하지 않는다. 그 예로서 주부의 가사활동, 목수의 자택수리, 보수를 받지 않고 쓴 교수의 논문 등을 들 수 있다. 그러나 농부 자신이 소비한 농산물처럼 중요한 몇몇의 시장외 거래는 추정하여 국민소득계정에 포함시키고 있다.

둘째, GDP는 여가의 가치를 고려하지 못한다. GDP는 일에 몰두함으로써 얻는 근로자의 만족감을 측정할 수 없는 것처럼, 여가를 누리게 됨으로써 얻는 후생의 향상도 측정하지 못한다.

셋째, GDP는 질적인 측정치가 아닌 양적인 측정치이므로 상품질의 향상이 주는 경제적 후생을 측정하지 못한다.

넷째, 총산출물의 구성과 분배의 변화가 국민들의 후생에 미치는 영향이 매우 큼에도 불구하고, GDP는 이를 고려하지 못한다. 가령 운동화 한 켤레와 쌀 한 말은 다같이 2만원으로 GDP에 계산될 뿐이다. 또 GDP가 가계에 균등하게 분배될수록 국민후생이 증가될 수 있는데도, 이를 반영하지 못한다.

다섯째, 경제성장은 GDP의 증가를 의미하는데, GDP에는 경제활동의 증대로 인한 공해발생의 비용이 포함되지 않고 있으므로 GDP만을 보아서는 국민들의 삶의 질을 파악하기 어렵다. 이러한 이유로 일부 국가에서는 GDP에서 공해의 비용을 빼준 '녹색(green)' GDP라는 측정지표를 발표하고 있다.

2) 물가지수

(1) 물가상승률의 측정

우리는 앞에서 이미 물가지수의 개념에 대해서 공부하였다. 그것은 다름 아닌 GDP디플레이터이다. 복습하면, GDP디플레이터는 명목GDP를 실질GDP로 바꾸어 주는 일종의 물가지수였다. 물가지수는 어떤 특정연도를 기준으로 하여 어떤 한 해의 물가수준이 어떠한가를 보여준다. 가령 〈표 4-2〉에서는 물가의 변동이 없는 것으로 나타나는데, 2010년의 물가지수를 100으로 놓았을 때, 2011년에도 100이 된다. 만약 2011년에 물가가 2010년에 비해서 10배로 뛰었다면 물가지수는 1,000(100×10)이 될 것이다.

그러면 물가상승률은 어떻게 측정할 수 있는가? 물가상승률은 물가지수의 변화율이 된다. 즉

$$\text{물가상승률} = \frac{\text{금년도 물가수준} - \text{전년도 물가수준}}{\text{전년도 물가수준}} \times 100\%$$

한국경제의 경우 2011년 GDP디플레이터는 114.4였고(기준연도 2005년=100), 전년도인 2010년 GDP디플레이터는 112.4(기준년도 2005년=100)이었으므로, 2011년도 물가상승률은 다음과 같이 계산된다.

$$\text{물가상승률} = \frac{114.4 - 112.4}{112.4} \times 100\% = 1.8\%$$

(2) 인플레이션이란

그렇다면 경제흐름에 문제가 될 수 있는 인플레이션(inflation)은 어느 정도의 물가상승을 말하는가? 경제학에서는 인플레이션을 '일반물가수준의 현저한 상승'이라고 정의내리고 있다. 이러한 인플레이션의 정의와 관련하여 유의할 점이 있다.

첫째, 물가수준의 평가대상을 분명히 해야 한다. 일반물가에는 GDP디플레이터, 소비자물가지수(CPI; Consumer Price Index), 생산자물가지수(PPI; Producer Price Index) 등이 있는데, 인플레이션의 척도로서는 주로 소비자물가지수를 사용하고 있다. 〈그림 4-2〉는 1990-2011년 기간 소비자물가지수, 생

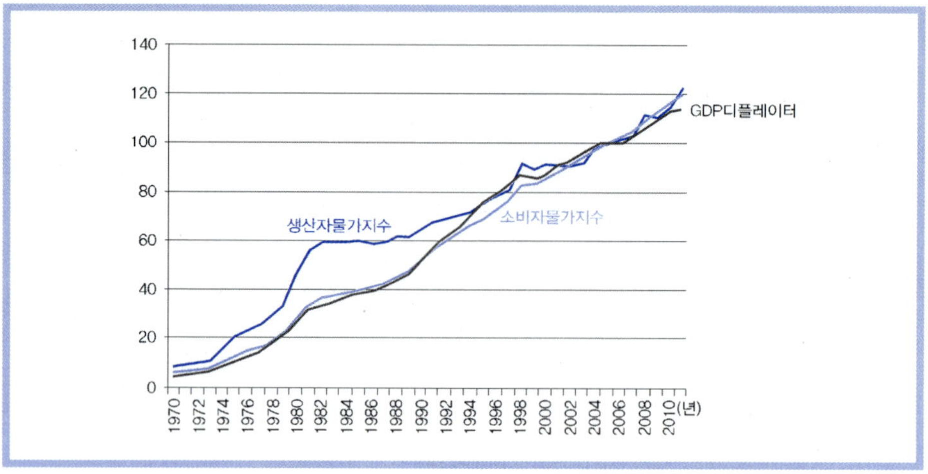

|그림 4-2| 물가지수의 변동추이　자료: 한국은행 경제통계시스템

산자물가지수, GDP디플레이터의 움직임을 보여주고 있다.

둘째, 일반물가가 상승한다고 해서 모든 상품의 가격이 상승하지는 않는다. 예를 들어 2000년대에 들어 와서 일반물가는 꾸준히 상승하고 있지만, 개인용 컴퓨터의 가격은 꾸준히 하락하고 있다.

셋째, 일정기간 동안에 인플레이션은 불규칙적으로 일어난다. 가령 일년을 기준으로 보면, 봄에는 물가가 상승하나 여름에는 감소할 수 있으며, 겨울에는 변하지 않을 수도 있다.

(3) 소비자물가지수의 작성방법

소비자물가지수, 생산자물가지수, GDP디플레이터 중에서 가장 많이 활용되는 물가지수는 소비자물가지수라 할 수 있다. 이제 소비자물가지수의 작성방법을 간단히 알아보자.

〈표 4-4〉는 4개의 상품을 이용하여 간단한 물가지수의 산출방법을 보여 주고 있는데, 이는 2010년을 기준년도로 하여 그해 각 상품 가격을 100%로 잡은 후 2014년도의 가격을 백분율로 환산한 것이다. 예를 들어, 2014년도 달걀 1개의 가격 60원은 2010년도 가격의 150%에 해당하므로, 150%는 달걀에 대한 2014년도의 가격비라 할 수 있다. 물가수준의 변동을 알기 위해서는 2014년의 4개 상품의 가격비 평균을 구하면 되며, 여기서는 141%이다(%는 편의상 생략되어 사용된다). 물론 물가지수는 4개 상품보다 더 많은 상품을 포함하지만 기본

|표 4-4| 2014년 물가지수의 계산(2010년 기준)

상품(단위) \ 연 도	2010년	2014년	
달걀(개)	40=100%	60=150%	
쇠고기(500g)	2,800=100%	3,600=129%	
쌀(8Kg)	5,470=100%	7,420=136%	2010년 가격 대비
밀가루(22Kg)	3,900=100%	5,280=149%	
	4) 400%	4) 564%	
	100%	141%	

|표 4-5| 소비자물가 조사품목 및 가중치 (개, 천분비)

지출목적별	품목수			가중치		
	2005년	2010년	증감	2005년	2010년	증감
계	489	481	−8	1000.0	1000.0	−
• 식료품 및 비주류음료	133	134	1	140.4	135.9	−4.5
• 주류 및 담배	9	8	−1	14.6	12.4	−2.2
• 의류 및 신발	42	34	−8	58.4	62.3	3.9
• 주택, 수도, 전기 및 연료	21	21		170.4	169.7	−0.7
• 가정용품 및 가사 서비스	51	49	−2	41.7	37.9	−3.8
• 보건	27	28	1	51.6	73.1	21.5
• 교통	31	32	1	109.0	109.2	0.2
• 통신	13	8	−5	60.2	57.8	−2.4
• 오락 및 문화	63	64	1	56.3	53.0	−3.3
• 교육	22	20	−2	110.9	114.1	3.2
• 음식 및 숙박	42	42		132.7	120.4	−12.3
• 기타 상품 및 서비스	35	41	6	53.8	54.2	0.4

자료 : 통계청

적인 산출방법에 있어서는 이와 다를 바 없다.

그러나 이와 같은 물가수준의 계산방법을 실제로 사용하기에는 다소 어려움이 있다. 즉, 이 방법은 달걀, 쇠고기, 쌀, 밀가루 등에 똑같은 비중을 두어 계산함으로써 달걀 10%의 변화와 쌀 10%의 변화가 전체 물가수준에 미치는 영향을 동등하게 취급한 것이다. 그러나 실제로 쌀이 대부분의 가계예산에서 달걀보다 더 큰 비중을 차지한다면, 쌀의 가격변동이 물가수준에 미치는 영향이 달걀보다 더 클 것이다. 그러므로 대부분의 물가지수는 각 상품의 중요도에 따라 가중치를 주어 사용된다. 예를 들어, 소비자물가지수의 경우 전형적인 도시근로소비자 가계들이 일정기간 중 구입한 재화와 서비스 중 중요한 품목을 선정한 다음, 그 가계들의 상품에 대한 총지출액 중 이들 품목의 각각이 차지하는 비율을 구하여 각 품목의 가격변동률에 그 비율을 가중시키는 방법을 쓰고 있다.

2010년 현재 우리나라에서는 소비자물가지수를 작성할 때 481개 품목을 선정하고, 여기에 〈표 4-5〉에서 보여주는 가중치를 적용하고 있다. 표에서 보는 바와 같이 가중치를 1,000으로 놓았을 때, 비중이 큰 항목은 주택·수도·전기 및 연료(169.7), 식료품 및 비주류음료(135.9), 음식 및 숙박(120.4), 교육(114.1) 등의 순으로 나타나고 있다. 특히 보건 분야의 품목 수는 28개로 가중치가 2005년 51.6에서 2010년 73.1로 21.5나 크게 증가하였다.

이와 같이 물가수준은 개별가격의 가중평균치이기 때문에 상품의 포괄범위 및 가중치에 따라서 달라질 수 있음에 유의할 필요가 있다.

(4) 물가수준의 국제비교

한국경제의 경우 앞에서 소개한 방법대로 측정한 2011년 소비자물가지수는 120.8이였고(기준연도 2005년=100), 전년도인 2010년 소비자물가지수는 116.1(기준년도 2005년=100)이었으므로, 2011년도 물가상승률은 다음과 같이 계산된다.

$$\text{물가상승률} = \frac{120.8 - 116.1}{116.1} \times 100\% = 4.0\%$$

이러한 물가수준은 과거 고도성장과정에서 두 자리 수의 물가상승률에 비하면 매우 낮은 수준이다. 그러나 국내물가상승률은 아직도 외국의 물가상승률에 비해서는 높은 편이다. 〈그림 4-3〉에서 보는 바와 같이 2011년 우리나라 소비자물가상승률은 4%로 대만(1.4%), 일본(-0.3%) 등 수출경쟁국뿐만 아니라 미국(3.5%), 유로지역(2.7%) 등 주요 선진국에 비해서도 높았다. 또한 아직도 물가가 다시 치솟지 않을까 하는 우려와 함께 공식적으로 발표되는 물가지수가 실

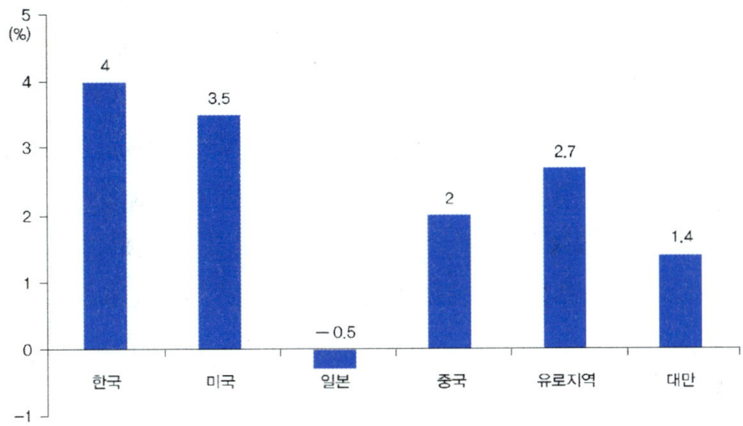

|그림 4-3| 주요국의 소비자물가수준 비교(2011년) 자료: 한국은행

제 소비자들이 피부로 느끼는 물가와는 상당히 차이가 있다고 믿는 사람들도 많은 실정이다.

3) 실업률

(1) 실업률의 측정

앞에서 언급한 바와 같이 완전고용이라는 정책목표의 달성여부는 실업률(unemployment rate)에 의해서 측정된다. 정부는 매월 실업자를 조사하는데, 이에 따르면 가계에 소속된 사람 중 15세 이상의 생산활동가능인구는 취업자, 실업자, 비경제활동인구 중 한 그룹에 속하게 된다. 취업자는 한 직장에서 대부분의 시간을 보내는 사람을 말하며, 실업자란 현재의 임금수준 하에서 일할 능력도 있고 일하고자 하는 의사를 가지고 있음에도 불구하고, 일자리가 주어지지 않는 사람을 말한다. 취업자와 실업자를 합하여 경제활동인구라고 한다. 실업자도 취업자도 아닌 사람은 학생, 노인, 군인, 취업의사가 없는 주부 등으로 비경제활동인구라고 한다.

실업률은 비경제활동인구를 제외한 경제활동인구 중 실업자가 차지하는 비율을 말한다. 즉,

$$실업률 = \frac{실업자}{경제활동인구} \times 100\%$$

그러면 우리나라에서 실업자는 구체적으로 누구를 말하는가? 실업자는 매월 15일이 포함된 1주일 동안에 적극적으로 일자리를 구해 보았으나 전혀 일을 하지 못한 사람이며, 일자리를 구하여야 하나 일시적인 질병, 일기불순, 구직결과 대기 등 특별한 사유로 구직활동을 하지 못한 사람도 포함된다. 반대로 취업자란 매월 15일이 포함된 1주일 동안에 수입을 목적으로 1시간 이상 일한 사람들로 정의되며, 그 밖에 자기에게 이득이나 수익이 오지 않더라도 가족이 경영하는 농장이나 사업장에서 18시간 이상 일한 가족종사자 등도 포함한다.

〈그림 4-4〉에서 보는 바와 같이 2011년의 경우 총인구 4,978만명 중 15세 이상 인구(생산활동가능인구)는 4,105만명이었고, 이중 경제활동인구는 2,510만명(61.1%) 비경제활동인구는 1,595만명(38.9%)이었다. 다시 경제활동인구 중 취업자는 2,425만명(96.6%)이었고, 실업자는 86만명(3.4%)으로 조사되었다. 실업률은 경제활동인구 중 실업자가 차지하는 비율인 3.4%이다. 참고로 생산활동가능인구 중 경제활동인구가 차지하는 비중을 경제활동참여율이라고 하는데, 2011년 우리나라 경제활동참여율은 61.1%였다. 즉 우리나라의 경우 생산활동가능인구 중 약 3분의 2정도가 취업의사를 가지고 있으며, 그 중에서 3% 정도가 일자리를 구하지 못하고 있다.

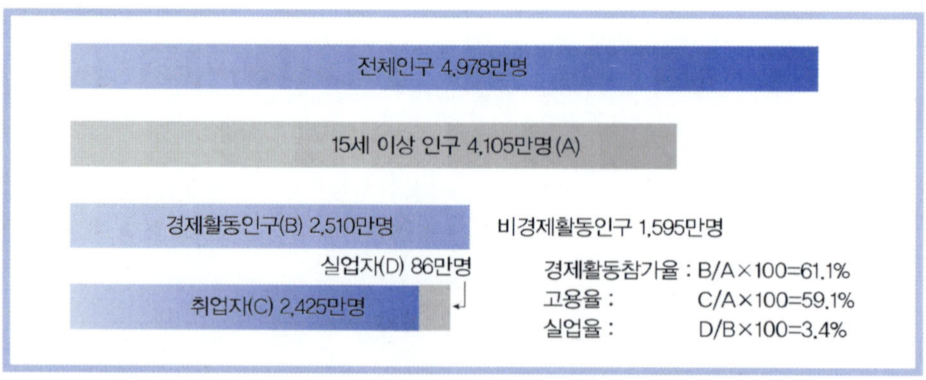

|그림 4-4| 생산가능활동인구의 분해(2011년) 자료: 통계청

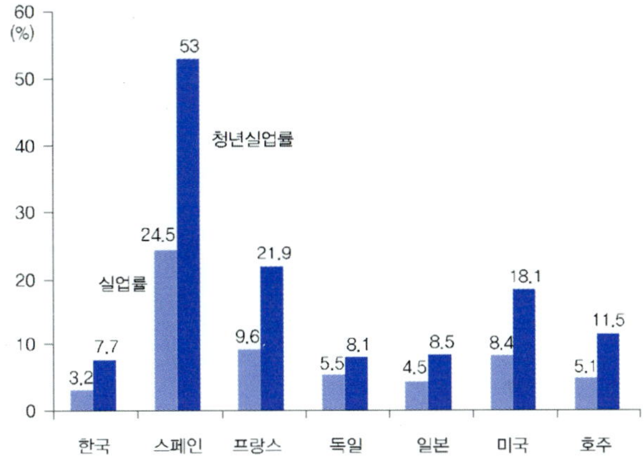

- 청년층 : 한국(15~29), 미국(16~24), 호주, 일본, 독일, 프랑스. 스페인(15~24)
- 미국, 호주(6월), 스페인, 프랑스, 독일, 일본(5월)
- 독일, 프랑스, 스페인 실업률은 15~24세임

|그림 4-5| 주요국의 실업률 비교(2012년 6월 현재)　자료: 통계청

(2) 실업률의 국제비교

주변에서는 대학을 졸업해도 일자리가 없다고 아우성이고, 많은 가계들이 실직의 아픔을 겪고 있다. 언론이나 정치인들도 일자리 창출이 최우선 과제라고 외치고 있다. 그렇다면 2011년 현재 한국경제가 기록하고 있는 3%대의 실업률은 높은 것일까, 낮은 것일까?

우리나라의 실업률은 다른 나라들에 비해서는 상대적으로 낮은 수준이다. 〈그림 4-5〉에서 보는 바와 같이 2012년 6월 현재 우리나라의 실업률은 3.2%로 미국(8.4%), 독일(5.5%), 일본(4,5%) 등에 비해서 낮은 수준이고, 스페인(24.5%), 프랑스(9.6%) 등에 비해서는 더욱 그러하다. 다만 청년실업률이 7.7%로 높아서 실업문제가 심각한 것으로 나타나고 있다. 청년실업의 문제는 우리나라뿐만 아니라 전 세계적으로 문제가 되고 있다.

(3) 실업의 유형

사실 우리는 경제현실을 진단하기 위해서 실업률을 측정하는 것이라 할 수 있다. 그러면 실업률은 우리에게 무엇을 말해 주는가? 실업이라고 해서 모두 나쁜 것일까? 이를 알아보기 위해서는 실업의 발생 원인을 구분해야 하는데, 일반적으로 실업은 그 발생 원인에 따라 세 가지 유형으로 나누어진다.

① 마찰적 실업

어떤 사람들은 직장을 선택할 때 '직장과 직장사이'에 있게 되는 경우가 흔히 있다. 이렇게 되는 이유는 두 가지로 나누어 볼 수 있다. 첫째는 사람들이 직업을 꾸준히 바꾼다는 것이다. 예를 들어 젊은 학생들은 학교를 졸업하고 그들의 첫직장을 구하며, 어떤 사람은 전직을 위해 자발적으로 직장을 그만 두거나 해고당한 다음에 새로운 직장을 구하기도 한다. 둘째는 수많은 기업들이 운명을 달리한다는 것이다. 일부 기업들이 도산하여 문을 닫고 종업원을 해고하는 반면에, 다른 기업들은 창업하여 새로운 종업원을 고용한다. 이러한 계속되는 변화는 '직장과 직장사이'에 있게 하는 실업을 유발시킨다. 항상 일부 기업에는 일자리가 비어 있지만 일부 사람들은 일자리를 찾게 된다. 만약 독자가 대학을 졸업하고 취직을 할 때 첫직장을 선뜻 결정하겠는가? 만약 여러 개의 대안이 있다면, 가장 자기의 적성에 맞거나 월급이 높은 직장을 찾으려고 시간을 보낼 것이다. 직장에 있던 사람이 새로운 직장을 찾을 때도 마찬가지이다. 이와 같이 현재는 실직되었으나 직장을 찾거나 가까운 미래에 직장에 들어가기로 되어 있는 사람들에 대해서 마찰적 실업(frictional unemployment)이라는 용어를 사용한다. 여기서 마찰적이라는 의미는 노동시장이 직장과 근로자를 완벽하게 연결시키지 못한다는 것이다. 따라서 노동자와 사용자간에 일자리에 대한 정보가 완벽하게 제공된다면, 마찰적 실업은 없어질 수도 있다. 대학졸업생들에게 취업정보를 제공하는 리쿠르트사나 각종 직업소개소는 마찰적 실업을 줄이는 기능을 한다고 볼 수 있다. 그러나 정보가 부족한 것이 현실이므로 마찰적 실업은 항상 존재하게 된다.

마찰적 실업은 피할 수 없는 것이지만 어떤 면에서는 바람직할 수도 있다. 왜냐하면 자발적으로 '직장과 직장사이'에 있게 되는 많은 근로자들이 종전보다 더 생산적인 일자리로 옮겨가서 더 높은 임금을 받게 된다면, 개인적으로는 그들의 소득이 증대될 뿐만 아니라 국민경제 전체적으로는 자원배분이 효율적으로 되어 실질산출량이 증대될 수 있기 때문이다.

② 구조적 실업

마찰적 실업에 이어 두 번째로 생각해 볼 수 있는 실업의 유형은 구조적 실업(structural unemployment)이다. 여기서 구조적이란 말은 경제를 구성하는 산업들을 의미하는데, 구조적 실업이란 산업별로 노동에 대한 수요구조가 변화할 때 발생하는 실업이다. 노동에 대한 수요구조는 소비자 수요나 기술의 변화로 인해 발생한다. 예를 들어보자. 석탄에 대한 수요가 급격히 감소하면서 광부들에 대한 수요는 감소하고 그들의 기술은 낡은 것이 되었다. 반대로 컴퓨터 기술이 발전하게 되면서 하드웨어와 소프트웨어를 망라한 분야의 각종 신기술자에 대한 수요는 크게 증가하였다. 이 때 문제는 노동력의 구성이 새로운 직업구조에 곧바로 적합하지 못하게 되어 실업이 발생한다는 것이다. 즉 석탄산업에서 방출되는 광부들이 컴퓨터산업에서 필요한 전문인력으로 대체될 수 없어 실업상태가 된다. 이러한 실업을 구조적 실업이라고 하는데, 일반적으로 상당히 오랜 기간 지속된다. 몇 가지 예를 더 들어보면, 우선 기술진보로 인하여 이미 기술적으로 노후화된 노동자들은 전형적인 구조적 실업의 희생자이며, 불경기지역의 노동자, 교육수준이 낮은 노동자, 연소자나 노령자 등은 구조적 실업의 희생자가 되기 쉽다. 그러므로 직업훈련원은 구조적 실업을 감소시키는 역할을 한다고 할 수 있다.

구조적 실업이나 마찰적 실업은 노동시장이 기업의 빈 일자리와 실업자를 연결시키지 못하기 때문에 발생하기 때문에 그 구분이 불분명하다. 그러나 양자간의 기본적 차이는 마찰적 실업자는 일할 능력을 가지고 있으나, 구조적 실업자는 재교육과 지역간 재배치 없이는 쉽게 일자리를 얻을 수 없다는 것이다. 또한 구조적 실업은 오랜 기간 지속되는 경향이 있으나 마찰적 실업은 지속기간이 비교적 짧다는 점에서 차이가 있다.

③ 경기변동적 실업

경기변동적 실업(cyclical unemployment)은 경기변동의 국면 중 침체기에 발생되는 실업이다. 즉 총수요가 부족하여 발생하는 실업이다. 따라서 경기변동적 실업은 특정부문의 노동수요감소 때문에 발생하는 것이 아니라 노동에 대한 전반적 수요가 감소할 때 발생한다. 1930년대 대공황 당시에 미국의 실업률은 25%에 달하였는데, 이러한 실업이 경기변동적 실업의 대표적인 예이다.

(3) 완전고용의 개념

지금까지 우리는 완전고용(full employment)이란 말을 수없이 쓰면서도, 단순히 실업이 없는 상태 정도로만 이해하였다. 이제 완전고용의 개념에 대해서 보다 자세히 알아보자. 실업률이 0%를 기록된다면 완전고용이 달성된다고 볼 수 있는가? 그렇지는 않다. 경제학자들은 마찰적 실업과 구조적 실업은 피할 수 없는 것으로 보고, 취업률 100% 미만을 완전고용수준으로 정의한다. 구체적으로 완전고용실업률이란 경제 내에 항상 존재할 수 있는 마찰적 실업률과 구조적 실업률을 합한 값이다. 달리 얘기하면 완전고용은 경기변동적 실업률이 0%일 때 달성된다.

이러한 개념의 완전고용실업률은 자연실업률(natural rate of unemployment)이라고 하며, 자연실업률에 대응되는 산출량수준을 잠재적 산출량이라고 한다. 다시 말해서 잠재적 산출량이란 경제가 가용자원을 완전고용할 때 달성가능한 산출량을 말한다.

자연실업률은 경기변동적 실업률이 0%일 때 달성된다고 했는데, 이는 노동시장에서 총수요와 총공급이 균형일 경우를 의미한다. 노동시장이 균형을 이룬다는 것은 빈 일자리 수와 일자리를 찾고 있는 사람의 수가 일치하는 상태이다. 만약 일자리를 찾고 있는 사람의 수가 빈 일자리 수보다 많다면 총수요가 부족하여 경기변동적 실업이 존재하게 될 것이다. 반대로 빈 일자리 수가 일자리를 찾고 있는 사람의 수보다 많다면, 즉 노동의 초과수요가 있다면 실제실업률은 자연실업률 이하가 될 것이다. 이 경우에는 임금이 상승할 가능성이 있으므로 인플레이션이 진행될 가능성이 존재하게 된다.

자연실업률과 관련하여 독자들이 유의할 두 가지 사항이 있다. 첫째 '자연' 이라는 말은 경제가 항상 자연실업률 하에서 운영되어 항상 잠재적 산출량을 달성한다는 뜻이 아니다. 만약 경제가 항상 자연실업률수준에 있는 경우에만 앞에서 살펴본 경기변동도 없게 된다는 것이다. 둘째, 자연실업률의 수준은 일정불변이 아니라 시대와 나라에 따라서 달라진다. 1960년대에는 자연실업률의 수준이 4%—취업률은 96%—로 간주되었으나, 최근에 와서는 5~6% 수준이라는 데 의견의 일치를 보이고 있다. 이와 같이 자연실업률의 수준이 높아지게 된 이유로는 노동인구의 변화와 제도적 변화가 지적되고 있다. 즉 실업률이 상대적으로 높은 젊은 층과 여성이 노동력에서 차지하는 비중이 커 왔고, 실업보험제 등 제도적 요인이 마찰적 실업을 높임에 따라 자연실업률수준이 높아져 왔다는 것이다.

4.4 경제활동지표들 간의 연관성

1) 순투자와 GDP

총투자, 그 중에서도 순투자는 경제성장, 즉 실질GDP의 증가와 밀접하게 연관되어 있다. 즉 순투자의 크기는 경제가 성장하느냐, 그 자리에 머물러 있느냐 아니면 침체하느냐를 보여주는 지표가 되기 때문에 중요하다. 〈그림 4-6〉를 통해서 이 세 경우를 살펴보기로 하자.

첫째, 순투자가 플러스(+)이면($I_n > 0$), 성장하는 경제이다. 다시 말해서 총투자가 대체투자를 능가하는 경우에는 생산설비가 증가하고 있는 상태이므로 성장하는 경제라고 할 수 있다. 〈그림 4-6〉 (a)에서 보는 바와 같이 2014년 1월 1일에 자본스톡이 100이라면 순투자는 0보다 크므로 2014년 12월 31일의 자본스톡은 100보다 커진다. 따라서 이 경제는 2015년 1월 1일에는 2014년보다 더 큰 생산능력을 가지고 경제활동을 시작할 수 있다.

둘째, 순투자가 없는 경우($I_n = 0$)는 정체하는 경제이다(그림 b). 즉 총투자가 대체투자와 일치하는 상황으로 이 경제는 자본재가 소모된 부분만을 겨우 보충해 주는 상태이다. 순투자는 0이므로 2014년 12월 31일의 자본스톡량은 2014년 1월 1일과 같은 100 그대로이며, 2015년 1월 1일에도 2010년도와 같은 자본스톡량으로 경제활동을 시작하게 된다.

셋째, 순투자가 마이너스(−)($I_n < 0$)인 경제는 침체하는 경제이다(그림 c). 총투자가 대체투자에도 미치지 못하는 경우로 2014년 12월 31일의 자본스톡량은 2014년 1월 1일보다 작게 될 것이다. 물론 2015년 1월 1일에는 2014년보다 작아진 자본스톡량으로 경제활동을 시작할 것이다.

이제 〈그림 4-7〉를 통해 한국경제에 있어서 설비투자와 경제성장과의 관계를 살펴보기로 하자. 그림을 보면 1971년부터 2011년까지 설비투자증가율과 경제성장률은 같은 방향으로 움직이고 있음을 알 수 있다. 1970년대 말에 설비투자가 급격히 감소하면서 경제성장률은 마이너스(−)를 기록하였고, 이러한 현상

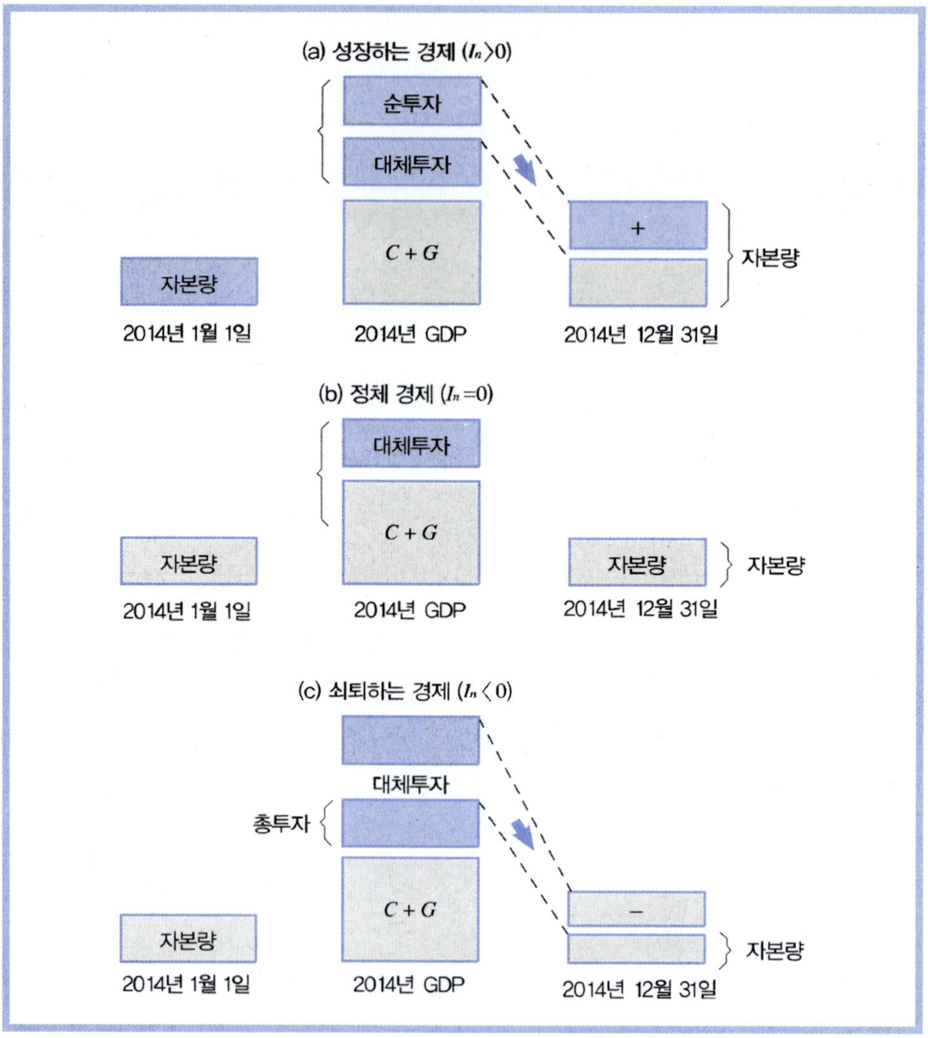

|그림 4-6| 순투자와 경제성장의 연관성

은 1997년 IMF위기 상황에서도 뚜렷하게 나타났다. 따라서 경제가 성장하기 위해서는 설비투자, 엄격히 말하여 순투자가 선행되어야 함을 확인할 수 있다.

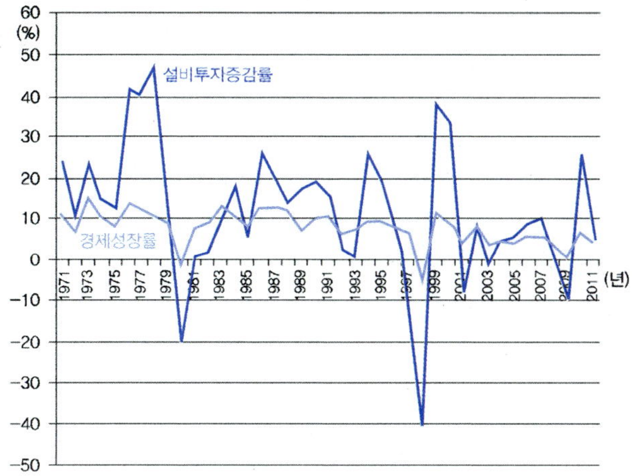

|그림 4-7| 한국경제에 있어서 설비투자와 경제성장 추이　자료: 한국은행

2) GDP와 실업률

실질GDP가 변동하면 실업률, 물가수준 등 다른 거시경제변수들도 변동한다. 이 중에서도 가장 중요한 변수는 실업률이라고 할 수 있다. 일반적으로 실질GDP의 증가율이 둔화되는 경기침체기에는 실업이 증가하고, 실질GDP의 증가율이 크

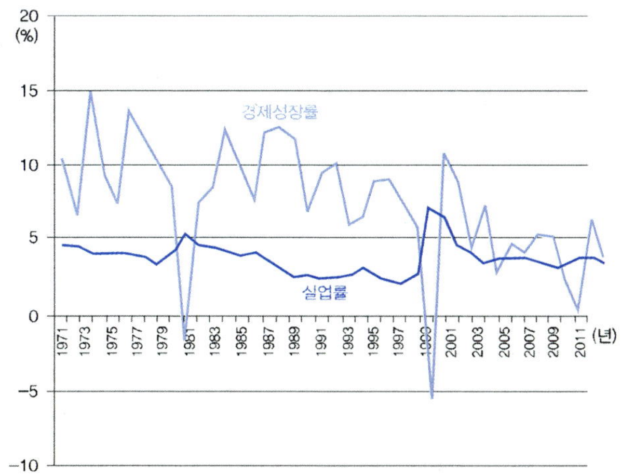

|그림 4-8| 실업률과 실질GDP의 변동　자료: 한국은행

게 증가하는 회복기에는 실업이 감소하는 것으로 알려져 있다. 먼저 우리나라의 실업률 통계를 살펴보고, 실업과 실질GDP와의 관계를 확인해 보기로 하자.

〈그림 4-8〉에는 1971-2011년 기간 동안 우리나라의 실업률과 실질GDP증가율의 추이가 나타나 있다. 그림에서 실선은 실업률의 변동을 나타낸다. 한편 점선은 실질GDP의 변동을 나타내는데, 우리가 예측한 대로 실질GDP의 변동과 실업률 간에는 마이너스(-)의 관계가 있음을 발견할 수 있다. 그림에서 보는 바와 같이 제2차 오일쇼크와 정치적 혼란기를 겪은 1970년대 말과 1980년대 초에 닥쳐온 경기침체는 5% 정도의 높은 실업률을 동반하였으며, 1997년 경 IMF위기 기간에도 경제성장율이 마이너스(-) 5%를 기록하면서 실업률이 8%로 매우 높았다.

3) GDP와 물가

실질GDP의 변동은 물가변동과 밀접히 관련되어 있다. 일반적으로 실질GDP가 크게 증가하는 호경기에는 물가도 상승하고, 실질GDP 증가율이 둔화되는 침체기에는 물가상승률도 하락하는 것으로 예측되고 있다. 〈그림 4-9〉는 1971년부터 2011년까지 우리나라에서 물가지수와 실질GDP의 변동추이를 보여 주고 있다.

먼저 우리나라 물가변동부터 알아보자. 국내물가의 움직임은 앞장에서 공부한 바와 같이 GDP디플레이터, 소비자물가지수, 생산자물가지수 등의 변동에 의해 파악되는데, 여기서는 우리의 일상생활과 관련된 소비자물가지수를 통해서 알아보기로 하자.

1970년대 한국은 세계에서 가장 높은 경제성장률을 기록하였으나 물가상승률 역시 높아서 '고성장 고물가국'으로서의 기쁨과 우려를 함께 해 왔다. 1973년 말에 닥친 제1차 석유파동은 국내물가를 치솟게 하여 1974년에는 소비자물가가 전년대비 24.3%가 상승하였고, 1980년에는 제2차 석유파동이 일어나고 유례없는 흉작, 정치적 및 사회적 혼란이 겹쳐 소비자물가지수가 전년대비 28.7%나 상승하였다. 이렇게 치솟기만 하던 소비자물가지수는 1982년 이래 그 동안의 물가안정을 위한 다양한 정책과 유가인하 등 해외요인에 힘입어 한 자리 숫자의 물가상승을 기록한데 이어, 지금까지 커다란 물가상승은 보이지 않고 있다.

한편 이 과정에서 실질GDP 어떠한 움직임을 보여주고 있는가? 우리가 앞에

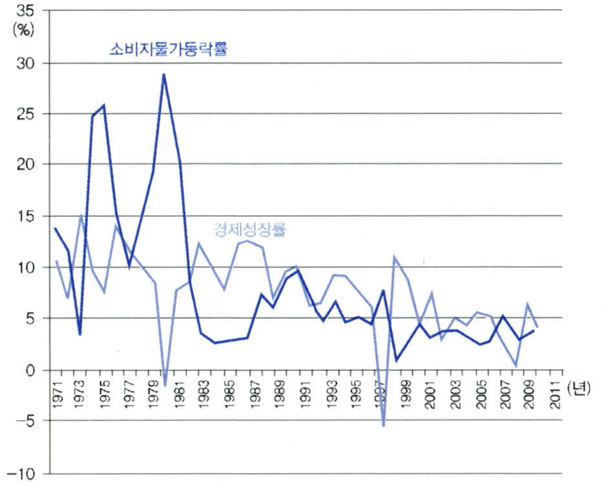

|그림 4-9| 물가상승과 실질GDP의 변동　　자료: 한국은행

서 예측한 대로라면 경기상승 시에는 물가상승률이 높고, 경기침체 시에는 물가상승률이 낮거나 오히려 물가가 하락할 것이다. 그러나 〈그림 4-9〉를 언뜻 보면, 경기변동과 물가의 이러한 플러스(+)의 관계는 찾아보기 어렵다. 오히려 일부기간(1980년대 말과 1990년대 초)을 제외하고는 실질GDP와 물가는 반대 방향으로 움직이고 있다. 1973-82년 기간에는 두 차례에 걸친 오일쇼크로 경기가 침체되면서 물가상승률이 높아지는 현상을 뚜렷이 보여주고 있다. 그 이후에도 이러한 현상이 나타났으며, 현재까지도 이를 관찰할 수 있다.

이와 같이 물가상승을 동반한 경기침체 현상을 경제학에서는 스태그플레이션(stagflation)이라고 부른다. 스태그플레이션 현상은 우리나라뿐만 아니라 미국, 일본 등 선진국에서 쟁점으로 부각되었던 경제문제였다.

제5장

경제활동의 주체 : 가계, 기업, 정부

우리는 경제순환모형을 활용하여 한국경제를 대략적으로 이해할 수 있었다. 그러나 가계, 기업, 정부 등 경제활동의 주체들에 대해서는 구체적으로 다루지 않았으므로 현실감각을 가지기에 아직은 미흡하다. 가령 감명 깊은 영화 한편을 관람했을 때, 그 영화의 주제나 대강의 줄거리를 안다고 해서 그 영화를 완벽하게 이해했다고 할 수 있겠는가? 그렇지 않을 것이다. 오히려 배우들의 역할, 연기능력, 개성 등이 영화를 이해함에 있어서 더 중요할 수 있다. 마찬가지로 경제에서도 경제활동주체들의 역할이나 행동양식을 이해하는 것이 필수적이다. 이 장에서는 한국경제에서 가계, 기업, 정부의 경제활동을 각각 알아본다.

5.1 ▸ 가계

경제를 한편의 영화에 비유한다면, 가계(household)는 '주연급 배우'라고 할 수 있다. 왜냐하면 모든 경제활동은 궁극적으로 가계를 위한 것이기 때문이다. 가계는 평균 4명 정도의 개인들로 구성되지만, 가계는 하나의 독립적인 의사결정 단위로 행동한다. 가계는 재화 및 서비스의 수요자로서, 그리고 생산요소, 특히 노동의 공급자로서 여러 가지 의사결정문제에 직면하게 된다. 예를 들어 어느 지역에서 살 것인가? 무엇을 구매할 것인가? 얼마만큼 저축할 것인가? 어디에서 일할 것인가? 등이다. 가계의 이러한 의사결정은 국민경제의 기본과제인 무엇을 생산할 것인가를 결정하는데 중요한 역할을 한다.

1) 가계의 경제활동 목표: 효용극대화

2013년 현재 한국의 인구는 약 5,000만 명으로 이들 각 개인은 어떠한 형태로든 가계의 구성원이 되고 있다. 어떤 사람은 독신으로 살기도 하며, 어떤 사람은 핵가족을 구성하여 살기도 하고, 혹은 대가족의 일원이 되기도 한다. 이렇게 하여 한국인 5,000만 명은 1,715만 가구를 구성하고 있다.

그러면 한국경제를 구성하는 1,715만 가계는 무엇을 위해서 무수한 의사결정을 하며 행동하는가? 경제학자들은 가계는 그들의 만족감 또는 행복감을 극대화하는 행동을 한다고 가정한다. 한마디로 효용극대화가 가계의 궁극적인 목표라고 보는 것이다. 다른 경제활동주체와 마찬가지로 가계는 그들 자신의 이익을 추구하고, 절대 손해나는 선택을 하지 않는다는 의미에서 합리적인 의사결정단위라고 할 수 있다. 특히 효용극대화는 객관적인 기준에 의한 것이 아니라 가계 나름대로의 주관적인 가치판단에 근거하고 있다. 따라서 각 가계들은 획일적으로 행동하지 않고 여러 가지 다양한 행동을 한다. 예를 들어 어떤 가계는 도시에 살기도 하지만, 어떤 가계는 농촌에 정착하여 살기도 한다. 어떤 가계는 대가족이지만, 어떤 가계는 핵가족이다. 어떤 가계는 소형차에 만족하기도 하지만, 어떤 가계는 고급승용차를 타면서도 불만족스러워 한다.

2) 소비자로서의 가계

우리나라 사람 모두는 학생, 근로자, 기업가, 공무원 혹은 가정주부를 막론하고 먹고, 자고, 입으며 생활한다는 공통점을 가지고 있다. 그러므로 모든 국민의 경제행위는 일단 재화 및 서비스의 소비자라는 측면에서 파악할 수 있다. 그런데 국민들의 소비행위, 특히 주택 및 내구소비재와 관련된 소비행위는 개인보다는 가계단위로 이루어지므로 국민의 소비생활은 가계의 차원에서 분석할 수 있다. 먼저 거시적인 측면에서 가계소비지출의 특징을 알아보고, 가계소비의 패턴 변화를 추적해 보기로 하자.

(1) 가계소비지출의 특징

가계소비지출은 기업의 투자지출, 정부지출, 수출 등 다른 경제활동주체들의 지출에 비추어 볼 때 다음과 같은 특징을 가지고 있다.

먼저 가계소비지출은 제4장에서도 본 바와 같이 GDP의 50% 이상을 차지하고 있어서 소비지출의 크기나 그 구조변화는 경제의 흐름이나 생산구조변화에 지대한 영향을 미친다. 즉 가계의 소비활동은 의류, 가전, 자동차, 건설, 의료, 통신 심지어 교육까지 포함하는 대부분의 산업들에 직접적인 영향을 준다. 구체적인 예로 최근 국민들의 식생활관습이 변하여 라면을 많이 먹게 되니까 식품업계는 다양한 종류의 라면을 생산하게 되었다.

뿐만 아니라 가계소비수준은 현재의 국민생활수준을 직접적으로 드러내므로 가계소비지출은 기업의 투자지출이나 정부지출과는 달리 국민복지수준과 관련하여 중요한 의미를 갖는다.

(2) 가계소비의 구조 및 행태

가계의 소비를 결정하는 요인은 무엇인가? 물가수준, 소득수준, 기호 및 취향, 가치관, 소비환경 등을 들 수 있다. 여기서 말하는 소비환경이란 크게 봐서 산업화, 도시화, 정보화, 국제화 등의 사회 전반적인 추세변화를 지칭하는 것이다. 가령 정보화는 컴퓨터나 통신관련 제품의 소비에 큰 변화를 초래할 것이다. 물론 가계의 실제적인 소비생활은 이들 요인들의 복합적인 상호작용에 의해서 결정될 것이다.

이상의 여러 가지 요인 중에서 가계의 소비생활변화를 가져오는 가장 중요한 요인은 무엇보다도 소득수준이다. 상식적으로 보더라도 소득이 적은 가계의 소비지출수준은 절대적으로 낮을 뿐만 아니라 소비품목도 주로 의식주 문제를 해결하기 위한 것이 대부분이다. 그러나 소득수준이 점차 증대하면서 소비지출의 규모가 증가하고 소비품목도 다양화 또는 고급화될 것이다. 이러한 사실은 개별가계로 보나 국민경제전체적으로 봐도 마찬가지일 것이다.

우리나라 가계의 소비생활도 6.25동란 이후부터 현재에 이르기까지 소득증대와 더불어 크게 변화하여 왔다. 소비구조 및 행태의 변화과정을 1인당 국민소득과 관련지어 보면 대체로 다음과 같이 구분할 수 있다.

① 제 1단계: 1953-1960년대 초반

이 시기의 1인당 국민소득은 100달러 미만으로, 당시 가계소비의 특징은 한마디로 '생계를 위한 소비'였다고 할 수 있다. 〈그림 5-1〉에서 보는 바와 같이 동기간 중 우리나라 가계소비지출 중 60% 정도가 음식료품 구입에 치중되었고, 의복 및 주거를 위한 지출도 적지 않은 비중을 차지하고 있었다. 즉 의식주를 위한 지출이 동기간 중 80% 정도를 차지하고 있었다.

② 제2단계: 1960년대 중반부터 1970년대 중반

이 기간은 1인당 국민소득이 100-500 달러 사이로, 소득수준이 다소 증대되면서 음식료품에 대한 소비지출의 비중이 약간 줄어드는 가운데 의복비와 주거비의 비중도 감소하였다. 반면에 의료비, 교통비, 문화오락비가 포함되는 기타

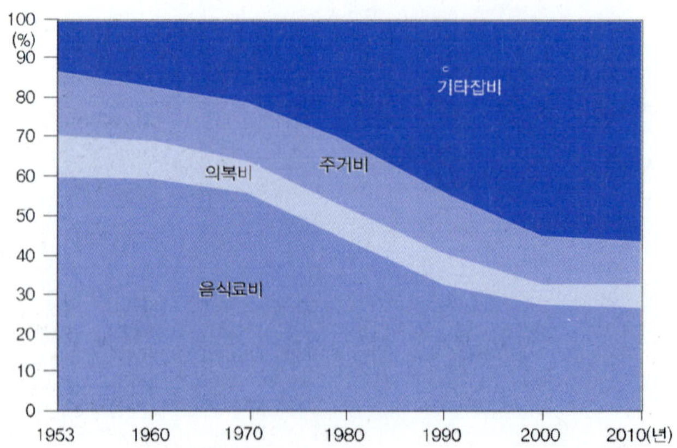

|그림 5-1| 가계소비구조의 변화추세 자료: 통계청, 한국의 사회지표, 각년도

잡비의 비중이 증가하기 시작하였다. 1960년까지만 하더라도 전체소비지출의 4%에 불과했던 교통통신비와 교육문화오락비가 각각 5%를 웃돌게 되었다.

③ 제3단계: 1970년대 중반부터 1980년대 후반

이 기간은 1인당 국민소득이 1,000-3,000달러 사이로, 중화학공업이 급속히 발전하기 시작하였고 이른바 '3종의 신기(神器)'라고 불리던 텔레비전, 냉장고, 세탁기가 한국의 가정에 급속히 보급되었다. 이 단계는 한국사회에 있어서 소비혁명기라고 할 수 있다. 또한 총소비지출 중 음식료품에 대한 비중, 즉 엥겔지수가 현저히 줄어든 시기였다. 즉 1985년 35%의 엥겔지수를 기록하여, 1단계의 60%에 비하면 2배 가까이 감소되었다. 경제학에서는 소득이 증가함에 따라서 총소비지출 중 음식료비의 비중이 감소하는 것을 엥겔의 법칙이라고 부르는데, 제3단계는 엥겔의 법칙이 작용해 왔음을 뚜렷하게 볼 수 있는 시기이다.

④ 제4단계: 1980년대 후반 이후 현재까지

1980년대 후반에는 1인당 국민소득이 4,000달러를 넘어서게 되었다. 이 단계에서 나타난 몇 가지 소비특징을 보면 다음의 두 가지로 요약할 수 있다. 하나는 과거의 추세대로 음식료비의 비중이 계속 감소되면서 서비스에 대한 지출비중이 현저하게 높아졌다는 것이다. 〈그림 5-1〉에서 보는 바와 같이 의료, 교통·통신, 교육·문화·오락 등에 대한 지출을 포함하는 기타 잡비의 비중이 2000년에 55%까지 증가하였고, 현재는 57%에 이르고 있다. 이는 우리나라의 점진적인 서비스화의 추세와도 맞물리는 현상이다. 소비측면에서 그 배경을 보면, 우선 소득수준의 증가로 소비자의 가치관이 근로보다는 여가를 중시하는 쪽으로 변하고 그 내용도 다양화되어 여행, 레저 등과 관련된 지출이 증가하였다. 이와 더불어 가정용 내구재의 보급 확대와 핵가족화에 따른 가사부담의 경감, 고학력화로 인하여 여성, 특히 가정주부의 취업이 증가하면서 조리, 파출부와 같은 가사대행서비스의 수요가 늘었다. 또한 '마이카' 시대가 도래하고 주거지가 도시 주변지역으로 확산되면서 교통비 지출이 늘어난 것도 서비스 소비증가에 크게 기여하였다.

다른 하나의 특징은 생활수준향상으로 소비의 고급화·다양화·개성화가 뚜렷하게 나타났다는 것이다. 소비패턴이 종전과 달리 양보다는 질을 중시하는 경향으로 변하면서 연령별, 계층별, 직업별로 다양화되는 추세를 보이고 있다. 예를 들면, 음식료품의 경우에도 과거의 쌀과 보리 위주에서 벗어나 각종 인스턴트식품에서 고급조리식품으로까지 다양화되었으며, 의류소비에 있어서도 유행적인 요소와 개성이 중요시되고 있다. '미씨족', 'X-세대' 등의 유행어가 이를 잘 말해 주고 있다. 이 밖에도 수입개방의 정도가 커지면서 외제품의 소비가 보다 쉬워지자 과거에는 단지 소망하던 수준에서 이제는 실현시키려는 계층이 더욱 확대되고 있으며, 노년층에 대한 건강상품이나 서비스의 수요가 증대하고, 청소년을 위한 상품의 전문취급점 등도 소비패턴이 다양화된 예라 하겠다.

3) 저축자로서의 가계

저축이란 소득 중에서 소비되지 않은 나머지 부분으로 저축은 소비의 또 다른 측면으로 볼 수 있다. 따라서 우리는 가계의 소비행태를 보면 저축행태를 대략적이나마 짐작할 수 있다. 우리는 앞에서 제4단계, 즉 1980년대 중반 이후 소비행태에 있어서 획기적인 변화가 있었음을 발견하였다. 마찬가지로 저축행태에 있어서도 이 기간을 전후로 하여 큰 변화가 있었다, 즉 〈그림 5-2〉에서 보는 바와 같이 1985년 초반까지는 경제성장에 필요한 투자율(투자액/GDP)에 비해서 국내저축률(저축액/GDP)의 수준이 절대적으로 낮았으나, 그 이후에는 역전되어 국내저축률이 투자율을 상회하는 추세로 돌아서게 되었다. 따라서 우리나라 저축의 특징을 1980년대 중반 이전과 이후로 나누어서 분석할 수 있다.

(1) 1980년대 중반 이전

과거 우리나라 저축행태의 특징은 무엇보다도 그 수준이 낮았다는 것이다. 먼저 전반적으로 국내저축률은 투자율에 크게 못 미치는 상태를 유지해 왔다. 이러한 국내저축률과 투자율의 갭은 해외저축, 즉 외채로 충당해 왔음을 뜻한다. 한국의 국내저축은 다른 나라와 비교해 볼 때도 낮은 편이었다. 〈그림 5-3〉에서보는 바와 같이 우리와 인접해 있고, 사회·문화적 여건이 비슷한 대만과 일본의 저축률은 1970년대와 1980년대에 걸쳐 연평균 30%를 넘어섰던 반면에, 한국의 저축률은 20%대에 머물렀고, 그 차이가 주로 국내저축 중에서도 가계저축이 낮은데 기인하는 것으로 지적되고 있다.

그렇다면 한국의 저축률, 특히 가계저축률이 낮았던 이유는 어디에 이유는 어디에 있었을까? 이는 가계의 저축행태와 직접 관련되는 바, 경제적 요인은 물론

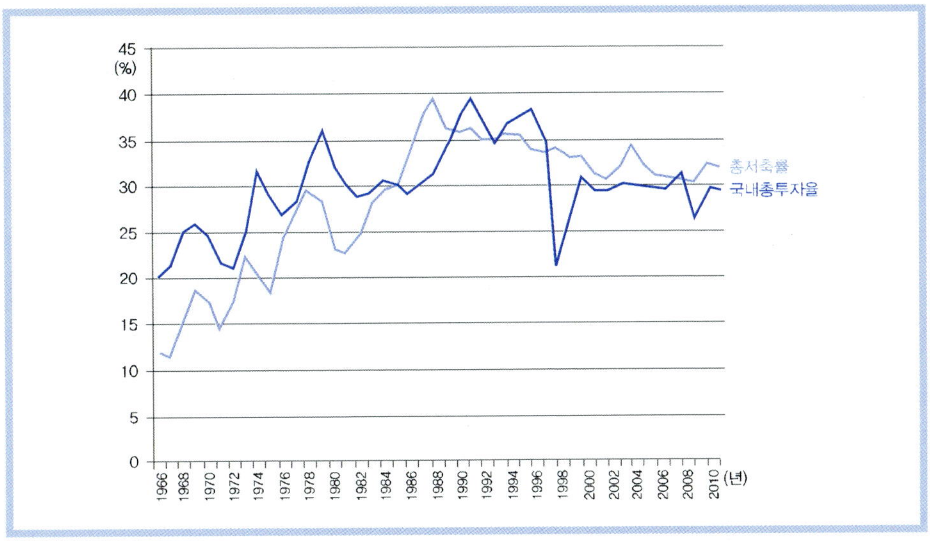

|그림 5-2| 국내저축률과 투자율 추이 자료: 한국은행

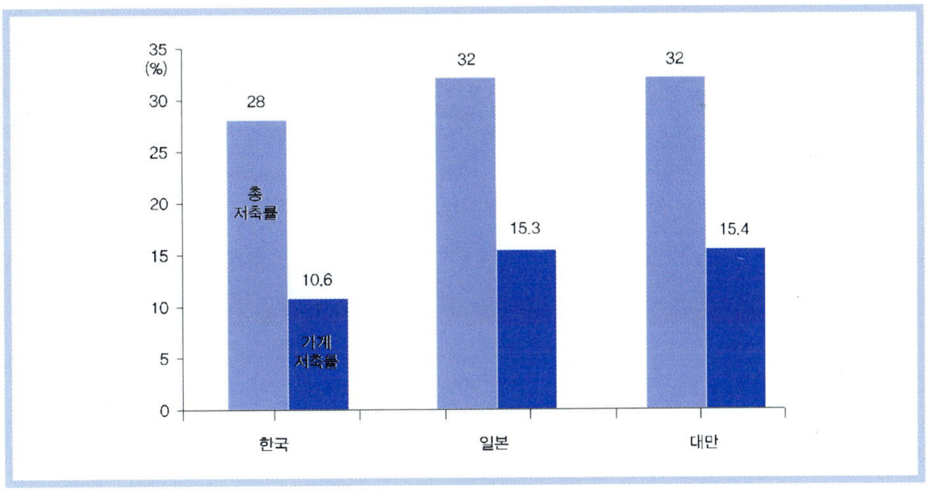

|그림 5-3| 저축률의 국제비교

주: 총저축률은 1972~91년 기간의 평균치이고, 가계저축률은 1985년 기준임.
자료: 한국은행

이거니와 사회 심리적 및 제도적 요인으로 나누어 찾아볼 수 있다.

① 경제적 요인

가계저축이 낮았던 가장 중요한 요인으로는 낮은 소득수준을 들 수 있다. 앞에서 살펴본 바와 같이 1960-70년대에는 대부분의 생계를 위한 소비에 급급했으므로 저축할 여력이 거의 없었다. 다음으로는 상당 기간 지속되었던 인플레이션 현상을 들 수 있다. 인플레이션 현상은 가계가 저축을 하더라도 실질금리를 보장받을 수 없게 만들기 때문에 저축의 장애요인이 된다. 가령 저금에 대한 연이자율이 10%인데 물가상승률이 연간 20%라면 누가 저축을 하겠는가? 1985년 이전 한국의 연평균 물가상승률은 높았던 반면에 평균이자율 수준은 이보다 낮게 유지되어 왔다. 이 기간 중 한국의 실질금리는 특정 기간을 제외하고는 마이너스(-)였는데, 1975년과 1980년을 보더라고 각각 -10.3%와 -5.8%였다.

이와 같은 마이너스(-)의 실질금리로 말미암아 가계의 저축의욕이 크게 떨어지고, 돈이 물가의 실질금리에 대한 영향이 비교적 작은 사금융이나 물가상승에 따라 그 가치가 오히려 상승되는 실물자산 쪽으로 몰리게 된 것으로 보여진다. 특히 인플레이션은 다른 요인 즉, 사회·심리적 요인이나 제도적 요인에 영향을 미치기 때문에 더욱 중요하다. 가령 인플레이션 하에서는 가계의 계획시계가 짧아지고 합리적인 경제활동에 의한 이익의 획득보다는 오히려 인플레이션에 따라서 불규칙하게 나타나는 투기이익을 노리는 행동양식이 나타난다.

② 제도적 요인

1985년 이전 기간에 가계저축을 낮게 한 제도적 요인 중의 하나는 금융시장이 충분히 발달되지 못해서 저축을 끌어들일 만한 유인제도가 미흡하였다는 것이다. 보험, 신탁, 증권시장 등 금융시장이 1980년대 이후에 활성화되기 시작하였기 때문에 가계의 금융자산에 대한 저축은 적을 수밖에 없었다. 반면에 계나 사채시장 등 지하금융시장의 비중이 매우 컸다. 특히, 우리의 평균적인 가계는 대부분 계를 통해서 재산을 증식했던 것으로 알려지고 있다. 그리하여 혹자는 사실상 우리나라 가계의 저축률이 높았다고 주장하기도 하는데, 이는 계나 사채시장을 통한 가계의 재산증식도 저축으로 간주할 경우이다. 그러나 계나 사채시장에서 형성된 자금이 건전하고 생산적인 분야로 투자되기에는 어느 정도 한계가 있었다고 보아야 할 것이다.

③ 사회·심리적 요인

저축은 사회·심리적 요인에 의해서도 영향을 받는다. 첫째, 가계가 장기적 저축계획심리를 갖기가 어려웠다. 기본적으로 북한으로부터 계속적인 남침위협과

정치·사회적 불안정이 대만이나 일본에 비해서 저축동기를 감소시키는 요인으로 작용하였다. 특히, 혼비지출에 나타나고 있는 바와 같이 남에게 과시하기 위한 단기적인 과시소비경향이 팽배해짐으로써 저축을 저해하였다.

둘째, 저축의 개념과 관련되는 요인으로서 우리나라 국민들은 귀금속이나 부동산의 구입 등을 하나의 저축으로 간주하는 경향이 있다는 것이다. 그러나 이러한 형태의 재산증식은 사회 전체적으로 보면 사는 사람의 플러스(+)의 저축과 파는 사람의 마이너스(−)의 저축이 서로 상쇄되어 진정한 의미에서의 저축이라고 할 수 없다. 또한 부동산 투기는 일반물가수준의 상승 기대를 초래함으로써 인플레이션을 자극하는 등 오히려 국민경제적으로 볼 때 큰 해악을 가져올 수 있는 것이다.

(2) 1980년대 중반 이후

1985년 이후 현재까지는 국내저축률이 투자율과 비슷한 수준을 유지하거나, 심지어 투자율을 웃도는 수준을 유지하고 있다. 이렇게 된 요인은 앞에서 거론된 요인들의 영향이 반대로 작용하거나, 그 정도가 완화되었다는 사실에서 찾아볼 수 있다. 먼저 경제적 요인 면에서 일인당 소득이 4,000달러를 넘어서면서(소비측면에서는 4단계) 저축여력이 생기게 되었고, 1980년대 초반부터 소비자물가상승률이 한 자리 숫자를 기록하기 시작하여(〈그림 4-9〉 참조) 실질금리가 플러스(+)로 돌아서게 되었다. 1980년대 이후에 증권, 보험 등 금융시장이 발달되어 왔으며, 안보불안심리가 종전에 비해서는 많이 완화되었다. 그러나 아직도 과시적 소비나 부동산 투기현상은 사회적인 문제로 여전히 남아있다.

4) 근로자로서의 가계

가계가 소비 또는 저축하기 위해서는 소득을 벌어 들여야 한다. 경제순환모형에서 본 바와 같이 가계는 노동, 자본, 토지, 경영능력 등 생산요소를 기업에 공급하고 그 대가로 소득을 얻는다. 가계는 생산요소 중에 무엇을 제공했는가에 따라서 근로자, 주주, 지주, 경영자로서의 역할을 할 수 있다. 노동을 공급하는 근로자이면서도 회사의 주식을 가지고 있다면 주주도 될 수 있다. 그런데 한국의 노동소득분배율이 60%정도이므로 1,715만개에 달하는 한국가계의 대부분은 근로자 계층에 속한다고 볼 수 있다.

그러면 가계의 구성원으로서 근로자들은 어느 업종에서 일하고 있는가? 〈그림 5-4〉에서 보는 바와 같이 총취업자를 100명으로 보면, 농림어업 : 광공업 : 서비스업의 비중이 1965년에는 59 : 10 : 31 꼴이었던 것이 2010년에는 7 : 17 : 76으로 바뀌었다. 특히 농림어업의 비중이 크게 감소되었다. 이러한 현상은 지난 50여 년간에 걸친 급속한 공업화와 서비스화의 과정에서 필요한 노동력이 농어촌에서 흡수되었음을 말해주는 것이다. 직업별로는 〈그림 5-5〉에서 보는

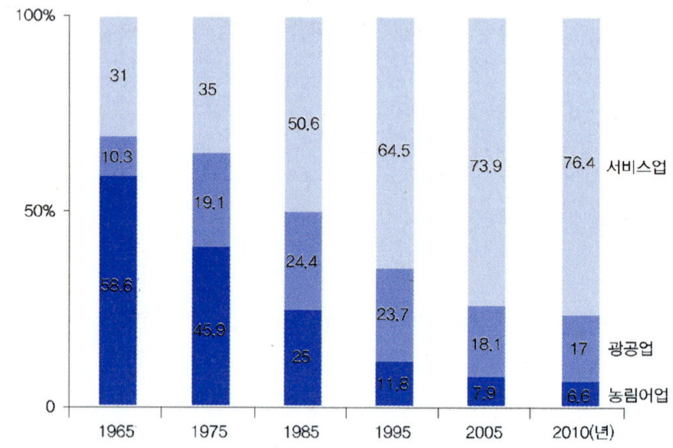

|그림 5-4| 산업별 취업구조 자료: 통계청

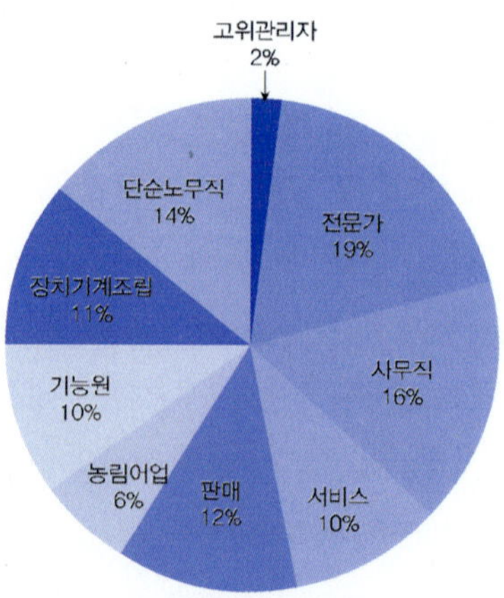

|그림 5-5| 직업별 취업구조(2010년) 자료: 통계청

바와 같이 전문가(19%)가 가장 많고, 사무직(16%), 단순노무직(14%), 판매직(12%) 등으로 이어진다.

5.2 기업

가계의 소비생활이 계속되기 위해서는 재화 및 서비스의 생산이 계속되어야 하고, 재화 및 서비스의 구입원천이 되는 소득 또한 생산활동을 통해서 창출되지 않으면 안 되는데, 이러한 생산활동은 기업에 의해서 이루어진다. 기업은 기계나 공장 등을 가지고 사람을 고용해서 직접 재화 및 서비스의 생산을 담당하는 조직체로서, 현재 한국경제에서 기업부문은 1,237조원에 달하는 재화 및 서비스를 생산해 내고 있다.

1) 기업의 본질 및 목적

가계도 생산활동을 할 수 있음에도 불구하고 굳이 기업이라는 독립적 경제활동 단위가 생성·발전되어 온 까닭은 무엇인가? 두 가지 이유를 들 수 있는데, 하나는 조직을 이루어 단체로 생산하면 시너지 효과로 인해 효율성을 달성할 수 있기 때문이다. 다른 하나는 거래비용(transaction cost)을 획기적으로 줄일 수 있기 때문이다. 예를 들어 독자가 스웨터를 구입할 때 양털을 생산하는 가계, 양털로 견사를 짜는 가계, 견사를 염색하는 가계, 마지막으로 견사로 스웨터를 짜는 가계 등에 가지 않고, 백화점으로 가는 것은 그 어느 누군가가 각 단계에서 발생하는 거래비용을 줄이기 위해 각 생산단계를 통합했기 때문이다. 그 어느 누구가 바로 기업조직을 만드는 기업가(entrepreneur)이다.

따라서 기업은 효율성 혹은 비용절감을 통해서 이윤의 극대화를 추구하는 조직이다. 물론 기업은 판매액의 극대화, 위험의 극소화, 사회에 대한 공헌 등 다른 목적을 가질 수 있으나 이윤극대화가 일차적인 목표라고 할 수 있다.

2) 한국의 기업현황

1945년 해방 직후만 하더라도 한국인이 이전부터 경영하던 기업은 경성방직 등 몇 개 정도에 불과하였으며, 나머지 대부분은 일본인들이 차지하고 있었던 기업들이었다. 그후 6.25를 겪으면서 그나마 있던 생산기반 마저 파괴당하였으나 반세기가 지난 오늘에 와서는 수많은 기업이 발전하고 있으며, 세계 도처에 우리의 기업과 근로자들이 진출하게 되었다.

〈표 5-1〉에서 보는 바와 같이 한국의 사업체수는 2010년 335만 여 개소에 이르고 있는데, 여기에 개인이 경영하는 농림어업사업체 등을 포함시키면 한국의 총기업체수는 더 많아질 것이다. 업종별로 보면 제조업체가 9.7%, 서비스업체가 90.1%를 차지하고 있다. 규모별로는 총 335만 여 개소의 사업체 중에서 약 83.6%가 상시고용인 5명 미만의 영세기업으로 집계되었다. 이들 영세기업은 소매상, 미장원, 다방, 여관 등 우리 주변에서 흔히 볼 수 있는 영세서비스업체들이다. 거꾸로 말하면 총사업체수의 15.9%인 53만 여 개소의 사업체가 상시고용인 5인 이

|표 5-1| 한국의 기업체수

구분		1986년		1996년		2010년	
		사업체수 (개소)	구성비 (%)	사업체수 (개소)	구성비 (%)	사업체수 (개소)	구성비 (%)
전체		1,676,609	100.0	2,807,802	100.0	3,355,500	100.0
산업	농림어업	702	0.1	2,095	0.1	2,400	0.1
	광업	2,655	0.2	2,587	0.1	1,800	0.1
	제조업	218,952	13.1	313,656	11.2	326,800	9.7
	서비스업	1,454,300	86.6	2,489,464	88.7	3,024,500	90.1
규모	1 ~ 4명	1,445,584	86.2	2,400,242	85.5	2,804,700	83.6
	5 ~ 99명	230,597	13.4	395,626	14.1	535,000	15.9
	100~299명	5,834	0.3	8,864	0.3	12,500	0.4
	300명 이상	2,200	0.1	3,070	0.1	3,300	0.1
조직형태	개인사업체	1,557,010	92.9	2,526,709	90.0	2,793,000	83.2
	회사법인	50,189	3.0	147,291	5.2	323,000	10.5
	기타법인	28,530	1.7	78,469	2.8	94,000	2.8
	비법인	14,155	0.8	55,333	2.0	116,000	3.5

주 : 개인이 경영하는 농림어업사업체 등은 제외함.
1986년 조직형태별 구분 중 공공단체 26,725 개소는 제외함.
자료: 통계청, 전국사업체조사보고서

상의 기업체이며, 0.1%만이 300명 이상 고용업체이다. 이들 기업체는 생명을 가진 유기체와 같아서 하루에도 수많은 기업들이 창업되고 또한 도산하고 있다.

그러면 한국에 존재하는 기업들은 어떠한 형태로 조직되어 운영되는가? 일반적으로 기업의 법적인 조직형태는 크게 법인(주식회사 등 회사법인)과 비법인(개인기업)으로 구분할 수 있다. 우리나라의 경우 〈표 5-1〉에서 보는 바와 같이 아직도 대부분의 경우 개인기업이고 회사법인의 수는 상대적으로 적은 편이다. 2010년 총 335만 사업체 중에서 개인기업의 수는 279만 3천 개소(83.2%)인 데 비해 회사법인은 32만 3천 개소(10.5%)이다. 그러나 그 변화추세를 보면 개인기업의 비중은 감소하는 반면에, 회사법인의 비중은 증가는 것으로 나타나고 있다. 1986년 회사법인의 비중은 3%에 불과하였으나 2010년에는 약 10.5%로 증가하였다. 이는 그만큼 한국의 기업부문이 경영관리나 자금조달 면에서 현대화되어 가고 있음을 말해 주는 것이다.

3) 투자 및 자금조달 주체로서의 기업

투자는 개별기업이 성장하기 위한 기본적 활동이기도 하지만, 경제성장의 원동력이 된다. 투자지출은 기계장비의 제작과 공장 등의 건설을 의미한다. 따라서 기업의 투자를 설비투자라고도 한다. 기업의 설비투자지출은 소비지출, 정부지출에 비해서 변동 폭이 크다는 특성을 가진다. 즉 투자는 기업가가 미래를 낙관적으로 전망하여 기대이윤이 클 것이라고 보는 경우에는 크게 증가하지만, 반대인 경우에는 크게 감소한다.

일반적으로 투자자금의 조달비용을 결정하는 이자율이 투자에 영향을 미친다. 하지만 한국의 경우에는 투자수요에 비해 투자자금이 절대적으로 부족했기 때문에 그렇게 민감한 변수는 아니었던 것으로 보여진다. 사실 지난 50여 년간 국민경제전체적으로는 투자율이 연평균 약 20%를 웃도는 왕성한 투자의욕을 보여주었으며, 2011년 한 해만도 약 364조원이 투자되었다.

그러면 이러한 투자자금은 어떻게 조달되었을까? 일반적으로 기업의 자금조달방법은 크게 내부금융(internal financing)과 외부금융(external financing)으로 나눌 수 있다. 내부금융방식은 사내유보이윤과 감가상각충당금, 즉 기업저축을 활용하는 것이고, 외부금융방식은 주식이나 사채발행 등 직접금융과 은행차입, 정부융자, 해외차입 등 간접금융을 통한 것이다.

〈그림 5-6〉을 보면 우리나라 기업들은 투자를 위해 내부금융보다는 외부자금에 의존하여 왔음을 알 수 있다. 총 투자자금 원천 중에서 내부자금 비중이 2005-11년 기간 40.1%로서 외부자금 비중인 45.4%(주식 12.2%+채권 9.5%+대출금 23.7%) 보다는 작았다. 뿐만 아니라 외부금융 중에서도 직접금융보다는 간접금융의 비중이 더 큼을 알 수 있다. 즉 간접금융이 23.7%로 직접금융 21.7%(주식 12.2%+채권 9.5%)보다 크게 나타나고 있다. 이러한 한국기업들의 외부금융 및 간접금융 의존구조는 과거에 더욱 높았으며, 그 결과 한국기업들은 높은 부채비율—낮은 자기자금비율—을 가지게 되었고, IMF 위기관리 시에 그 취약점이 그대로 드러난 바 있다.

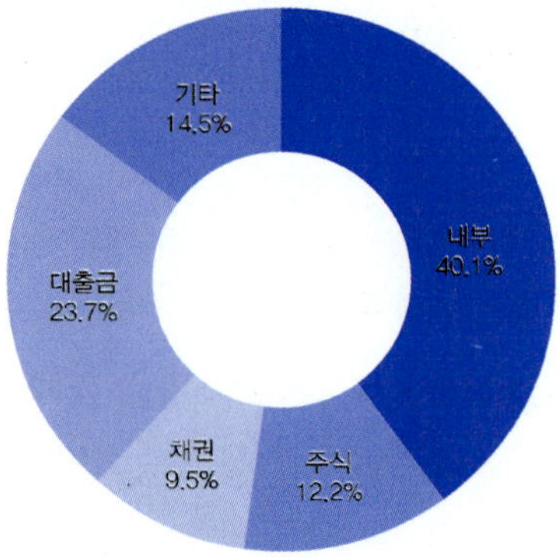

|그림 5-6| 민간기업의 자금조달원천(2005-11년 평균) 자료: 한국은행

|표 5-2| 증권시장을 통한 법인기업의 자금조달 (단위: 건, 억원)

구분	주식				회사채		합 계
	공개 및 공모		유상증자				
	건수	금액	건수	금액	건수	금액	금액
1968년	2	2	10	203	–	–	205
1972년	7	11	31	137	35	99	247
1973년	47	215	52	296	12	35	546
1989년	136	35,446	274	111,245	1,217	69,590	216,282
1995년	56	6,826	1,632	55,838	2,823	235,982	298,647
2005년	76	12,670	279	54,250	1,451	481,030	548,150
2011년	67	24,390	97	104,630	1,692	1,016,580	1,145,590

자료: 금융감독원

이와 같이 한국기업들의 내부금융비중이 낮을 뿐만 아니라, 외부금융 중에서도 간접금융 차입의 비중이 높았던 것은 무엇보다도 정부의 정책에 기인한다. 즉 정부의 저금리정책과 적극적인 외자도입정책에 따라 외부금융 중에서도 금융기관차입과 해외차입에 의한 자금이 조달이 용이하였고, 그간 기업들이 이에 익숙해졌기 때문이다. 또 한 가지는 한국기업의 역사가 짧아 자기자본의 축적이 미흡한데다가, 증권시장의 발달이 더디었기 때문이다.

더 알아보기 | 우리나라의 증권시장의 발달

우리나라에서 현대적 의미의 증권거래소는 1956년 3월에 개장되어 한전주와 시중은행주 등 12개사의 주식이 상장되었다. 그 후 1965년 서울증권시장이 개설된 이래, 경제개발계획에 따른 고도성장을 추진하는 과정에서 증권시장의 역할을 인식하여, 이의 육성을 위한 시책들이 강구되어 왔다. 그러나 투자가들의 인식부족, 인플레이션에 따른 실물 중시, 지하금융시장에서의 고금리현상, 그리고 가족 중심적 기업운영 등 여러 가지 요인들로 인해 그 발전에 어려움이 있었다.

그러다가 1968년 '자본시장육성에 관한 법규'가 제정되고, 1972년 사채(私債)를 동결하는 8·3조치가 취해지고, 1973년 기업공개촉진법이 시행되어짐에 따라, 증권시장의 발전기반이 제도적으로 마련되었다. 이에 따라 증권시장을 통한 자금조달이 용이하게 되어, 〈표 5-2〉에서 보는 바와 같이 1973년도에는 획기적인 기업공개가 이루어지고, 주식을 통한 자금조달의 규모가 크게 증가하였다. 이때 주식공모가 47개 회사에 215억원에 달하는 등 546억원으로 증가하였다. 그 후 기업공개가 지속적으로 이루어진 결과, 2011년 현재 한국증시에는 791개 회사(938개 종목)가 상장되어 있다.

한편 1984년 코리아 펀드가 미국 뉴욕증시에 성공적으로 상장되는 등 증시의 국제화를 추진한 이래, 1991년에는 외국인 국내주식 직접투자가 최초로 이루어졌고, 1992년에는 한국증권시장이 개방되었다. 현재는 외국인 및 외국법인이 국내유가증권을 매입하는 데는 제한이 없다. 1996년에는 벤처기업의 자금조달을 위해 미국의 나스닥(NASDAQ)을 본따 코스닥(KOSDAQ)시장이 개설되었다.

이와 같이 증권시장의 국제화가 이루어지고, 코스닥시장이 발전되어온데 힘입어, 2011년 한 해 동안 증권시장을 통해 총 114조 6천억원이 조달되었다.

4) 기업의 경쟁행태

경쟁은 그 자체로서 하나의 가치이기 때문에 흔히들 경쟁은 바람직하다고 한다. 가령 어떤 육상선수가 혼자 100m를 달리고 우승하였다면, 누가 그것을 인정하겠는가? 경제학에서도 기업 간의 경쟁은 독점과 달리 효율성과 공평성을 가져다준다고 결론짓고 있다.

기업의 경쟁행태는 기업의 규모분포를 통해서 대략적으로 파악할 수 있다. 현재 제조업의 경우 500명 이상을 고용한 대기업은 전체의 1%에 불과하나 부가가치는 전체의 약 50%를 차지하고 있다. 대기업 중에서도 '재벌'이라고 불리는 '대기업집단(big business group)의 영향력은 매우 크다. 현재 우리나라 53대 대기업집단은 총 1,264개의 계열기업을 보유하고 있다.

이러한 기업규모분포상의 문제는 일반 대기업이나 재벌에 소속된 기업군들이 많은 산업분야에서 경쟁을 제한하여 시장을 지배하게 되고, 이것이 곧 경제력이 소수집단에 편중되는 경제력 집중현상을 초래한다는 데 있다. 사실 그간에 우리나라에서도 담합, 과대광고, 염가판매, 원료독점, 과대한 상호출자 등 기업 간 불공정거래가 공공연하게 행해져 왔다고 볼 수 있는데, 최근 정부는 이에 대한 조치를 강화하고 있다. 경제력집중의 문제는 국민경제 차원에서도 중요하므로 제11장에서 주요당면과제로 다루고자 한다.

5) 기업과 정부의 관계

한국에 있어서 기업과 정부의 관계는 외국사람들이 '한국주식회사'라고 부를 정도로 밀접하므로, 이를 언급하지 않고는 한국기업의 특성을 이해하기 어렵다. 한국경제를 하나의 영화에 비유한다면 정부는 기업과 대등한 입장에서 연기하는 배우였을 뿐 아니라 연출가로서 경제계획이라는 '시나리오'에 따라 기업의 동작을 지시하는 역할을 담당해 왔다고 볼 수 있겠다. 만약 이러한 비유가 적절하다고 하면, 이것은 그간 기업의 외형적 성장이 민간기업 자체의 창의나 혁신에 의해서 이루어져 왔다기보다는 정부의 계획적인 동기의 제공과 이에 대한 기업의 호응에 의해서 이룩되었음을 단적으로 말해 주는 것이다.

이러한 기업과 정부의 관계는 다음과 같은 역사적 배경하에서 형성되어 왔다고 본다.

첫째, 해방 후에 1950년대에 걸쳐 이루어진 일본인 귀속재산의 불하와 외국원조의 공개입찰이다. 1945년 9월 미군정이 시작되면서 한국 내의 일본인이 소유하고 있던 재산의 관리가 시작되었다. 미군정은 일본사람의 소유재산 중 일부를 불하하고 나머지는 정부수립과 더불어 한국정부에 이양하였는데, 이 중 일부는 국영기업체가 되었고 그 나머지는 민간기업에 불하되었다. 이러한 귀속재산 처리는 본래 자유기업주의적 경제체제를 지향하여 이루어졌던 것이지만, 실제 불하과정에서 정치권력과 밀접한 특정인에게 불하되고, 불하대금도 장기상환, 특혜금융 등으로 조달되었으며, 독점을 허용하고 원자재를 우선적으로 할당하는 등 많은 특혜가 뒤따랐다. 그 후 1950년의 6·25동란으로 말미암아 귀속재산 불하의 도움으로 그나마 생산기반을 잡아오던 한국의 기업들은 기업경영에 필요한 인적자원 및 물적자원을 거의 파괴당하게 되었다. 이러한 파괴상태의 한국경제를 부흥시키기 위해서 휴전 이후 미국을 비롯한 UN가입국들의 경제적 원조가 시작되었고, 따라서 기업도 외국원조 중심의 색채를 띠게 될 수밖에 없었다. 당시 한국은행에서는 미국의 원조금을 민간기업에게 공개입찰하였는데, 여기서도 정치권력과 유착된 이른바 '나누어 먹기식'이 통하였다.

둘째, 1960년대 정부의 기본경제정책인 수입대체산업의 육성과 외자도입정책이다. 정부는 수입대체산업을 보호한다는 목적 아래 수입금지조치로 관련 있는 국내기업을 지원하였다. 또한 투자재원의 부족을 메우기 위해 정부는 온갖 반대를 무릅쓰고 일본과의 문호개방을 재개하여 일본의 자금을 유입하였다. 이와 때를 같이하여 각종 외자도입이 확대되었고, 이 과정에서 자금배분이 정부의 계획적인 동기제공에 의해 이루어졌기 때문에 기업이 더욱 정부의존적 성향을 갖게 되었다.

셋째, 1970년대의 정부에 의해 강력하게 추진된 수출증대정책과 중화학공업정책이다. 1960년대 말부터 정부는 수출드라이브정책을 지향하여 온 바, 특히 1973년 '오일쇼크' 이후 보호무역주의가 대두되는 등 세계경제여건의 악화에 따라 수출정책이 큰 피해를 입게되자, 국내적으로 저리의 수출금융, 조세감면 등과 같은 특혜조치를 마련하여 수출을 촉진시키고자 하였다. 또한 정부는 1970년대 후반 수출 100억달러 달성이라는 목표를 실현하기 위해 1975년 일본의 종합상사제도를 본따, 강력한 정책지원하에 종합무역상사(general trading company)를 설립하였다. 또한 1970년대 후반에는 중화학 공업분야로 정책방향의 전환이 진행되었고, 민간기업들이 중화학공업분야로 진출하도록 적극 유도하였다.

이외에도 정부가 기업에 미친 영향은 무수히 많다. 예를 들어, 정부가 기업공개를 유도한 것이라든가, 각종 재단설립을 장려한 것이라든가, 공장 새마을운동을 실시한 것 등등 기업의 사회적 책임에서부터 기업인 개개인의 의식구조에 이르기까지 모든 면에 영향을 미쳐왔다.

그러나 1980년대 이후 기업과 정부간의 관계에 많은 변화가 나타나고 있는바, 가장 커다란 특징으로는 과거와 같이 정부가 기업에게 "여기에는 지퍼 달고 저기에는 단추 달아라"는 식의 간섭을 하기에는 한계에 도달하였다는 것이다. 이것은 한국의 기업이 점차 국제화되어 가고 있으며 그 활동규모도 엄청나게 커졌기 때문이다. 구체적인 예로 과거에는 정부가 수출증대목표의 달성을 위해 각종 수출지원정책을 통해 기업의 수출을 유도할 수 있었으나, 이제 수출규모도 5,500억달러 정도로 늘어나 정부의 재정지원 면에서 한계를 보이고 있다. 이를 바꾸어 생각해 보면, 앞으로 기업 자체의 자발적인 창의나 노력 없이는 기업발전이 그만큼 어렵게 되었음을 뜻하는 것이라 하겠다.

5.3 ▸ 정부

1) 정부의 경제적 역할

우리는 흔히 "정부가 한국경제를 주도해 왔다"라는 애기를 들을 수 있는데, 이는 일곱 차례에 걸친 경제개발계획을 추진하면서 정부의 역할과 비중이 컸다는 사실을 말해 주는 것이다. 실제로 그간 정부는 치안, 국방, 행정 등 정부 고유의 활동을 영위함과 아울러 여러 가지 형태로 민간(가계와 기업)의 경제활동에 적극 개입해 왔다.

이와 같은 정부의 경제적 기능은 매우 복잡다양하며 또한 그 범위도 넓기 때문에 이것을 모두 망라하여 논의한다는 것은 불가능에 가깝다. 그러나 정부의 모든 경제적 기능은 대체로 두 가지로 구분하여 볼 수 있다.

우선 정부의 경제적 기능 가운데는 가격제도, 즉 시장경제의 운용을 강화시키고 촉진시키기 위한 것들이 있다. 이런 범주에 속하는 것들은 다음과 같다.

① 시장경제가 순조롭게 운용되도록 하는 법률적 기초와 사회환경을 마련하는 일 : 기업의 법적 지위 확립, 사유재산권의 규정 및 계약의 실행력 부여, 상품의 중량과 품질에 관한 표준제도, 화폐제도의 확립 등

② 공정한 경쟁의 자유를 보장하는 일 : 독점규제 및 공정거래에 관한 법률 제정 등

다음으로 시장경제의 운용을 보완하고 조정하는 기능인데, 이에는 다음의 네 가지를 들 수 있다.

① 공공재를 공급하는 일 : 국방, 고속도로, 교육, 경찰 등

② 사회적 비용의 발생을 규제하거나 사회적 편익을 보상하는 일 : 공해방지법 제정 등

③ 국민들의 최저생활수준을 보장하고 불공평한 소득분배를 바로 잡는 일 : 최저임금법, 농민을 위한 농산물가격지지정책 등

④ 국민경제의 안정 및 성장을 도모하는 일 : 재정 및 금융정책, 수출촉진정책 등

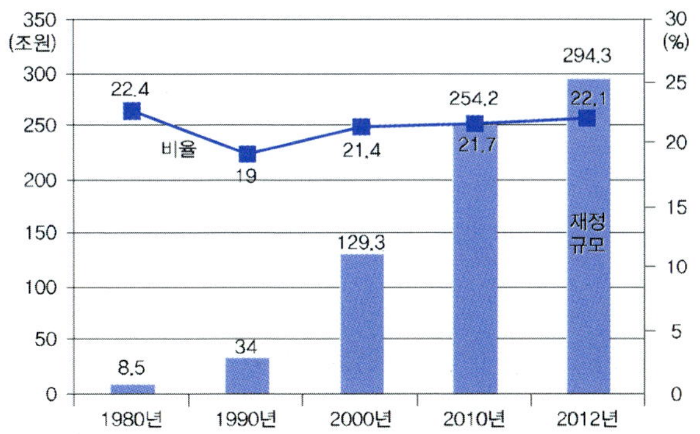

|그림 5-7| 우리나라의 GDP 대비 재정규모 비율 자료: 기획재정부

그러면 정부의 역할은 현실적으로 어느 정도 될까? 정부의 다양한 기능을 양적으로 측정할 방법은 없으나, 가장 좋은 지표는 GDP에 대한 정부의 재정규모 비율일 것이다.

〈그림 5-7〉에서 보는 바와 같이 우리나라 GDP 대비 재정규모비율은 1980년대 이후로 20%를 약간 웃도는 수준을 유지하고 있다. 2012년의 경우는 재정규모가 294조원으로 GDP 대비 22.1%를 기록하였다.[1)]

2) 정부지출

정부는 고유활동과 경제활동의 목적을 달성하기 위하여 그에 따르는 경비를 지출하지 않으면 안 된다. 정부지출은 정부가 수행하는 일 혹은 기능에 따라 일반공공행정비, 국방비, 교육비, 사회개발비, 경제개발비 등으로 구분할 수 있다. 중앙정부 예산(일반회계+특별회계)을 통해 우리나라 정부가 어떤 분야에 얼마만큼씩 지출하고 있는가를 살펴보자.

〈그림 5-8〉에서 보는 바와 같이 2012년도 정부의 재정지출예산은 282조원에

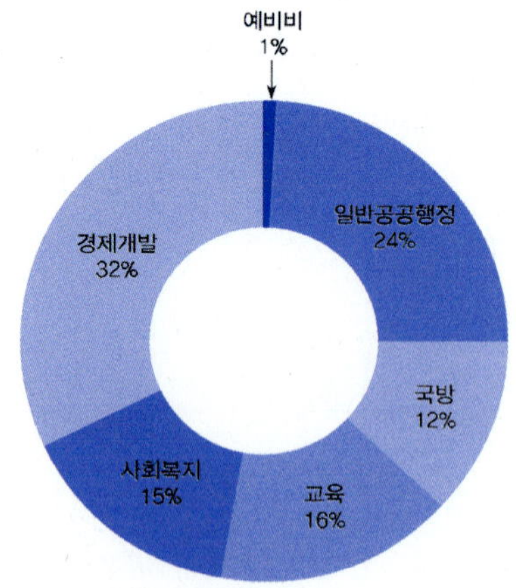

|그림 5-8| 정부지출의 구성(2012년, 282조원) 자료: 기획재정부

---

1) 참고로 OECD 발표 자료에서는 우리나라의 GDP 대비 재정규모비율이 2011년 30.1%로 나오는데, 이는 중앙정부 재정뿐만 아니라 지방정부 재정 및 사회보장기금을 포함한 통계이다. 이 자료에서 미국은 41.7%, 일본은 42.8%이며, 유럽국가 중 가장 큰 비율을 가지 나라는 덴마크로서 57.9%, 프랑스 56.6%, 스웨덴 52.2%, 그리스 50.1%, 영국 49.1% 등이다.

이르고 있으며, 이 중 경제개발비의 비중이 32%로 가장 크다. 경제개발비는 주로 농림수산업, 산업 및 중소기업, 에너지, 교통, 통신, 국토개발, 과학기술 등에 투자하는 자금으로 국민경제에 직접적으로 영향을 미치는 지출항목이다. 정부가 경제개발계획을 주도하던 1960년대와 1970년대 이래로 총예산 중 경제개발비의 비중이 30% 수준을 웃돌고 있다.

다음으로 비중이 큰 항목은 일반행정비로 약 24%를 차지하고 있다. 일반행정비는 공공행정, 공공질서 및 안전, 통일외교 등에 들어가는 비용을 포함한다.

교육비는 총예산의 약 16%를 차지하고 있는데, 교육비에는 초등학교 및 중학교 무상교육비를 비롯하여 국공립, 사립학교 등 각종 학교지원금이 포함된다. 국립대학의 등록금이 사립대학에 비해서 싼 이유는 정부가 국립대학에 교육비 명목으로 지원해 주기 때문이다.

사회개발비는 총예산의 15%를 차지한다. 사회개발비는 사회복지, 보건, 환경, 문화 및 관광 등 국민복지에 직접 관련되는 지출항목으로 종전(1995년 9%)에 비해서 증가하고 있다.

마지막으로 국방비가 12%를 차지한다. 국방비의 비중은 1990년까지는 30%를 넘었으나, 냉전시대가 끝나고 남북 간의 군사적 긴장이 종전에 비해 상대적으로 완화되면서 그 비중이 크게 낮아졌다. 따라서 국방비로 인한 종전의 재정지출구조의 경직성이 완화되었다고 볼 수 있다. 그러나 사회 일각에서는 북한의 핵위협과 군사력에 의한 통일의도가 계속되는 상황에서 그 적정성에 대해 의문을 제기하고 있다.

3) 조세

그러면 2012년 정부가 지출한 282조원은 어떻게 조달된 것인가? 일반적으로 정부의 자금원천은 조세수입, 차입금, 세외수입 등이다. 이중에서 정부 재정수입의 대부분은 특정한 반대급부를 제공하지 않고, 민간 경제주체로부터 강제적으로 징수하는 조세에 의존한다. 2012년의 경우 지출의 약 73%인 206조원이 국세수입액으로, 나머지 27%인 약 76조원은 세외수입으로 조달되었다.

(1) 조세현황

우리나라의 조세부담율, 즉 GDP 대비 조세수입의 비율을 보면, 〈그림 5-9〉

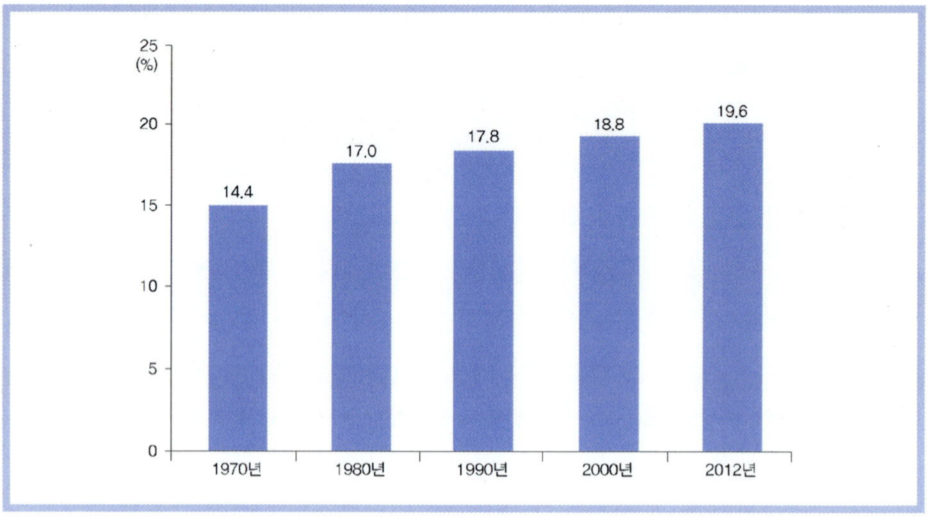

|그림 5-9| 한국의 조세부담률 추이 자료: 기획재정부

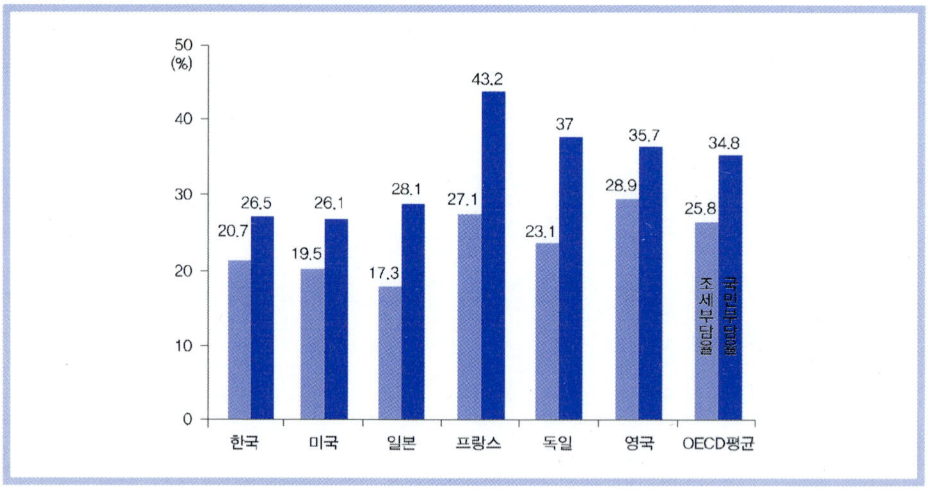

|그림 5-10| 조세부담률의 국제비교(2008년)

주: 국민부담률은 조세부담률에 사회보장기여금(국민연금, 공무원연금 등)을 포함시킨 것임.
자료: 한국조세연구원

에서 보는 바와 같이 1970년 14.4%에서 1980년 17%로 증가한 이후, 18% 전후의 수준을 유지해오다가 2012년에는 19.6%를 기록하였다. 이를 다른 나라와 비교해 보면, 〈그림 5-10〉에서 보는 바와 같이 2008년 기준으로 우리나라 조세부담률은 20.7%로 미국(19.5%)과 일본(17.3%)에 비해서 약간 높으나, 영국

(28.9%), 프랑스(27.1%), 독일(23.1%) 등 유럽국가에 비해서는 상당히 낮은 수준이다. OECD 평균 25.8%에 비해서도 낮은 데, 이는 조세부담률이 높은 유럽국가들 대부분이 OECD회원국이기 때문이다. 특히 조세부담률에 사회보장기여금(국민연금, 공무원연금 등)을 포함한 국민부담률은 2008년 26.5%를 기록하였으나, 일본(28.1%), 프랑스(43.2%), 독일(37%), 영국(35.7%) 등에 비해서는 매

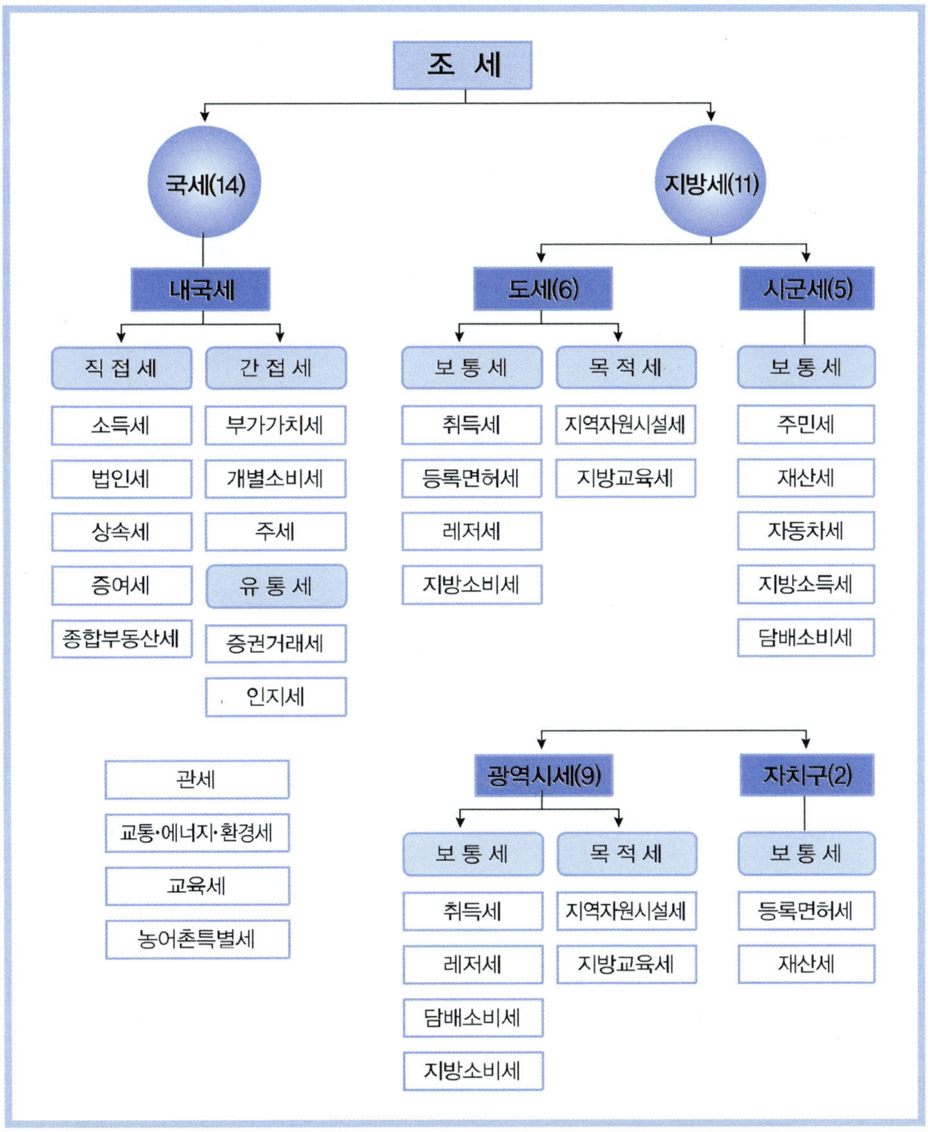

|그림 5-11| 우리나라 현행 조세체계

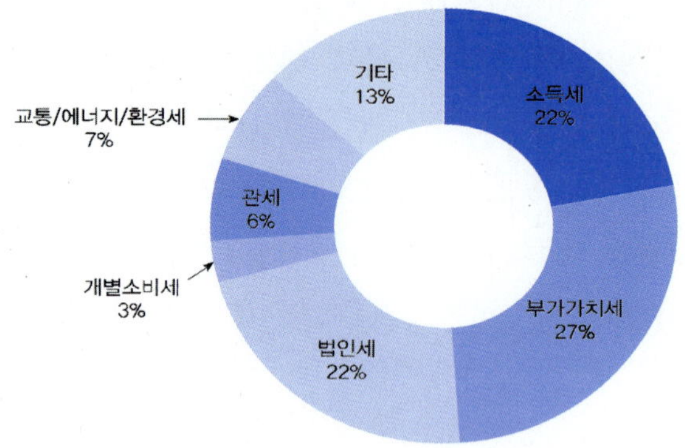

|그림 5-12| 국세수입내역(2012년, 예산기준) 자료: 기획재정부

우 낮은 수준이다. 현재 사회 전반적으로 복지문제를 중시하고 있고, 앞으로도 정부가 사회복지에 힘을 기울일 것이 분명하므로, 국민들의 조세부담률과 국민부담율은 더욱 높아질 것으로 전망된다.

현행 우리나라 조세체계는 〈그림 5-11〉에 정리되어 있다. 조세는 크게 중앙정부가 거두어들이는 국세와 지방정부가 거두어들이는 지방세로 구분된다. 국세(14가지)는 다시 내국세(10가지), 관세, 그리고 목적세(3가지)로 구성되어 있다. 내국세는 세금을 직접 부담하는 사람에게 부과하는 직접세와 상품거래 시 가격에 부과하여 간접적으로 부담케 하는 간접세로 구분된다. 소득세, 법인세, 상속세 등 5개 세목이 직접세에 속하며, 부가가치세, 특별소비세, 주세 등은 간접세에 속한다.

〈그림 5-12〉에서와 같이 2012년의 경우 국세수입의 가장 큰 부분인 27%가 부가가치세로 조달되었다. 그 다음으로 비중이 큰 조세항목은 각각 22%를 차지하는 소득세와 법인세이며, 교통·에너지·환경세(7%), 관세(6%) 등의 순이다.

(2) 조세수입구조상의 특징

우리나라 조세수입구조에서 가장 먼저 지적할 수 있는 특징은 간접세의 비중이 직접세에 비해서 상대적으로 높다는 것이다. 〈그림 5-13〉에서 보는 바와 같이 1970년에는 직접세 대 간접세의 비율이 60 : 40으로 직접세의 비중이 컸으

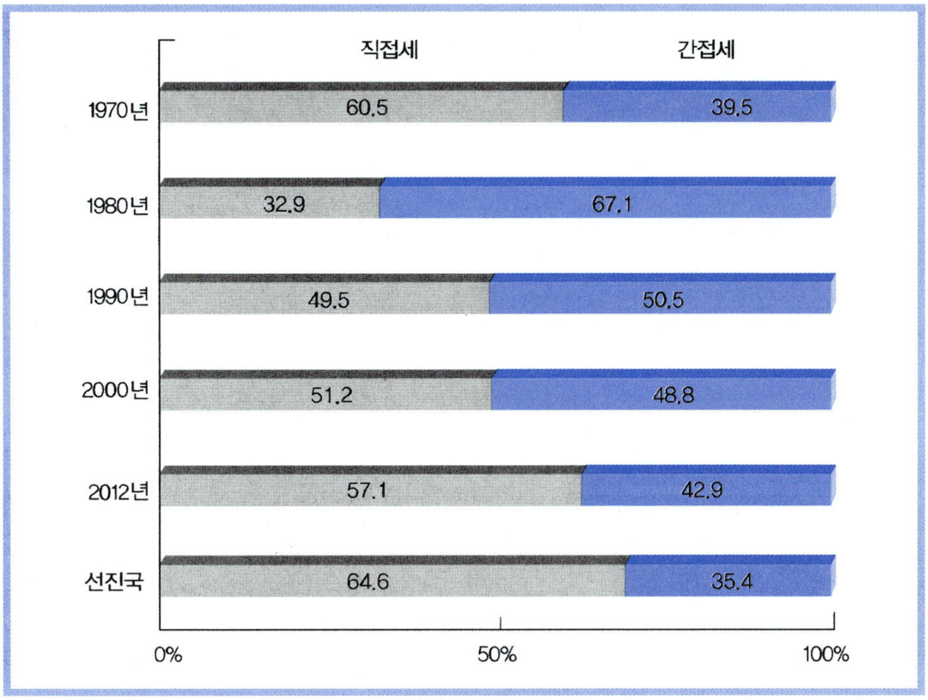

|그림 5-13| 직접세와 간접세의 상대적 비중

주: 선진국은 미국, 일본, 프랑스, 독일의 평균으로 2006년 기준임

자료: 기획재정부

나, 1977년 간접세인 부가가치세(value added tax)가 도입된 후 1980년에는 직접세 대 간접세의 비율이 33 : 67을 기록하여 간접세 중심의 세입구조로 돌아섰다. 그 후 다시 직접세 비중이 증가하면서 2012년 현재 57 : 43으로 직접세의 비중이 간접세보다 더 커졌다. 그러나 이러한 세수입구조는 선진국과 비교하여 볼 때 아직도 간접세의 비중이 높은 편이다. 선진국의 경우는 직접세 대 간접세의 비율이 65 : 35로서 직접세의 비중이 매우 높으며, 특히 미국의 경우에는 80 : 20으로 직접세의 비중이 절대적이다.

이러한 간접세의 높은 비중은 경제가 발전함에 따라서 소비세 또는 유통세가 조세의 중심이 되는 단계에서 흔히 볼 수 있다. 또한 간접세는 직접세와 비교하여 조세저항이 작고 징수행정이 간편하다는 행정상의 이점 때문에 조세수입의 급격한 증대가 요구될 경우에는 이에 의존하는 경향이 커진다. 그러나 간접세는 일반적으로 단일세율구조(부가가치세의 경우 10%)를 유지하고 있어 조세부담이 소득에 대하여 역진적 성격을 갖는 것으로 인식되고 있다. 물론 부가가치세에 있어서 기본생활 필수품의 소비에 대한 특례조치가 있고, 특별소비세에 의한 사치품의 중과세 등으로 간접세 모두가 소득에 대해 역진적인 것은 아니나, 일반적으로 간접세 중심의 현행 세제에서 조세부담이 소득에 대해 역진적이라는 사실은 부인할 수 없다고 하겠다.

두 번째 특징은 법인세 중심으로 조세감면이 지속적으로 확대되어 왔다는 점이다. 경제성장과정에서 정부는 투자재원의 조달, 수출촉진, 중화학공업육성 등 정부주도적인 개발정책을 뒷받침하기 위해 이에 관련된 기업에 각종 세제감면이나 특례조치를 인정하여 왔다. 그러나 이러한 조치가 저축과 투자에 유인을 제공하는지에 대해서는 의문시되고 있다. 뿐만 아니라 현행 법인세제하에서는 가족경영체제를 갖는 회사에게 더 유리한 여건이 조성되어 있는 것을 문제점으로 드는 사람도 있다. 예를 들어, 세부담을 줄이기 위해 기업이윤을 월급으로 과대 지불하거나 사내유보로 돌리는 등의 변칙운영이 가능하다는 것이다.

세 번째 특징은 소득세 중 예금이자, 배당 등 금융자산소득세가 근로소득이나 사업소득에 비해 낮게 부과되고 있다는 것이다. 이는 자산의 실명화가 이루어지지 않는 등 제도적 미비 때문이기도 하였지만, 정책상 지나치게 많은 종류의 소득을 과세대상에 포함시키지 않은 데 기인한다고 볼 수 있다. 이와 같은 금융자산에 대한 세금감면은 1970년대까지 고도성장에 소요되는 투자재원을 조달하기 위한 금융시장을 육성해야 한다는 필요에서 인정되었으나, 자칫 근로의욕이나 사업의욕을 약화시킬 소지도 있었다. 이러한 배경 하에서 1993년 금융실명제가 실시된 것이다. 이에 따라 금융소득종합과세가 1996~98년 기간동안 실시되었고, 2001년부터 다시 부활되었다.[2] 그러나 아직도 예외규정이 많고 차명계좌가 성행하는 등 금융실명제가 정직하게 이루어지지 않고 있는 실정이다.

네 번째 특징은 과거와 달리 재산에 대한 과세가 강화되었다는 것이다. 2005년 기준으로 GDP 중 재산관련세금의 비중은 3.1%로서 OECD 평균인 1.9%보다 훨씬 높고, 미국(3.1%)과 같고 일본(2.6%)에 비해서는 높은 수준이다. 따라서 조세형평이 개선되었다고 평가할 수 있다. 그러나 조세행정과 금융실명제의 허점 때문에 부유층이 마음만 먹는다면 거의 아무런 세부담을 지지 않고 부를 세습시킬 수 있는 실정이다.

2) 1998~2000년 기간은 외환위기로 금융소득종합과세를 일시적으로 유보하였다.

4) 지방정부의 재정

앞에서 우리는 중앙정부라는 경제주체를 중심으로 그 역할과 재정조달행위를 살펴보았다. 사실 우리나라는 상당히 오랫동안 중앙집권적 체제를 유지하여 왔기 때문에 정부라고 하면 당연히 중앙정부를 지칭하는 것으로 인식되어 왔다. 그러나 1995년 6월 주민들에 의해 직접 지방자치단체장들이 선출되면서 지방화 시대가 본격적으로 열리게 되었다. 이는 각 지방자치단체들이 주민들의 입맛에 맞게 일반행정, 주택, 교통, 환경 등 공공서비스를 경쟁적으로 제공하게 된 것임을 의미한다고 볼 수 있다. 이러한 투자수요를 만족시키는 과정에서 필수적으로 뒤따르는 문제가 '돈'이며, 지방자치단체의 독립적인 재정운영이 지방자치제 성패의 관건이 된다고 하겠다. 따라서 현시점에서 지방재정의 현위치를 점검해 보는 일은 매우 중요하다.

(1) 지방재정현황

일반적으로 중앙정부 재정규모와 지방정부 재정규모의 상대적 비중을 보면, 정치체제의 성격을 알 수 있다. 결론부터 말하자면, 우리나라의 경우 중앙정부 중심의 재정구조를 가지고 있으며, 이는 중앙집권적 정치체제의 단면을 보여주는 것이다. 〈그림 5-14〉에서 보는 바와 같이 1970년대에는 재정규모와 조세수입면에서 지방정부의 비중은 보잘 것이 없었다. 1970년 중앙정부와 지방정부의 재정규모는 86:14로 중앙정부의 재정활동이 지배적이었다. 그 후 지방정부의 비중이 커져왔으나, 2012년 현재에도 70:30으로 중앙정부의 역할이 지배적이다. 지방정부의 재정에는 중앙정부가 보조해 주는 '돈'(지방재정교부금)이 있음을 감안하면, 우리나라는 아직도 중앙집권적 정치체제라고 해도 과언이 아니다. 한편, 조세 면에서도 지방세의 상대적 비중은 작다. 1970년 국세 대 지방세의 비율이 91:9로 지방세의 비율이 한 자리에도 미치지 못하였으며, 지방자치체가 실시된 1995년 이후에도 지방세의 비중은 크게 늘어나지 못하고 있다. 2012년 국세 대 지방세 비중은 79:21을 기록하였다.

이러한 결과로 지방정부의 재정자립도는 낮은 수준에 머물러 있을 수밖에 없었다. 〈그림 5-15〉에서 보는 바와 같이 지방정부의 수입원은 지방세, 세외수입, 지방교부세, 보조금, 지방채 등인데, 이 중 지방세와 세외수입을 합한 자체수입의 비중을 지방재정자립도라고 한다. 2012년 지방재정자립도는 57%(지방세 36%

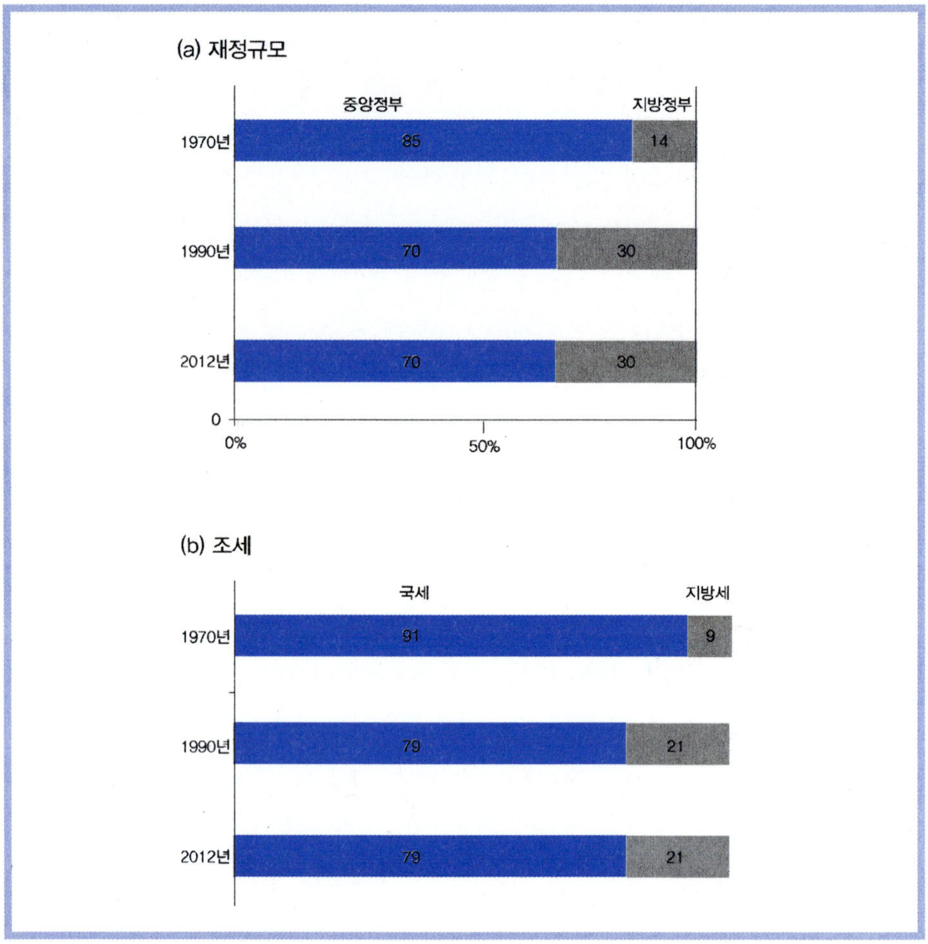

|그림 5-14| 중앙정부와 지방정부 재정의 상대적 비중　　자료: 기획재정부

+ 세외수입 21%) 수준이었다.

〈그림 5-16〉에는 지방자치단체별 지방재정자립도가 나타나 있다. 2012년 전국시도별 평균 재정자립도는 52.3%에 불과한 실정으로, 나머지는 지방교부세, 보조금, 지방채 등에 의해 충당되고 있다. 이는 지방자치제가 실시된 1996년(69.5%)에 비해서도 낮아진 수준이다. 뿐만 아니라 지방자치단체별로 그 격차가 크다는 점이 문제로 지적되고 있다. 서울(90.2%), 경기(72.6%) 등 수도권 및 대도시정부의 재정자립도에 비해서 전남(21.4%), 전북(26.0%), 강원(26.9%) 등

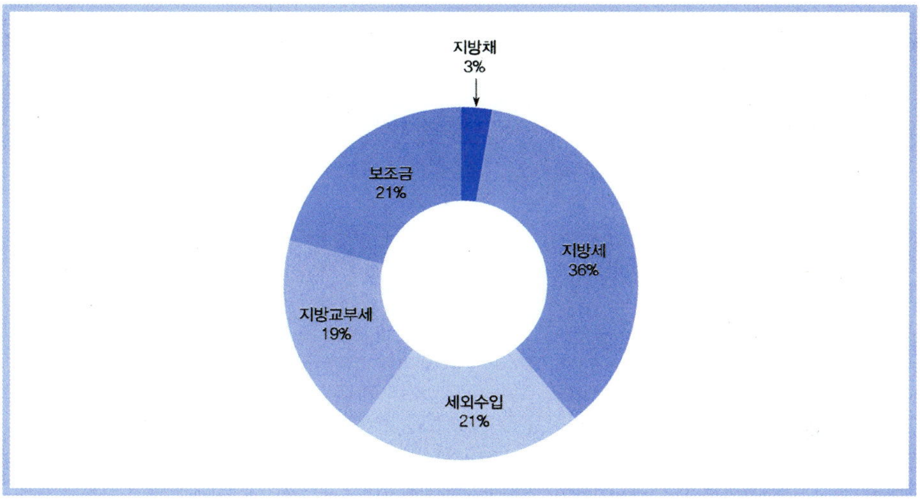

|그림 5-15| 지방정부의 수입구조(2012년) 자료: 지방재정공제회

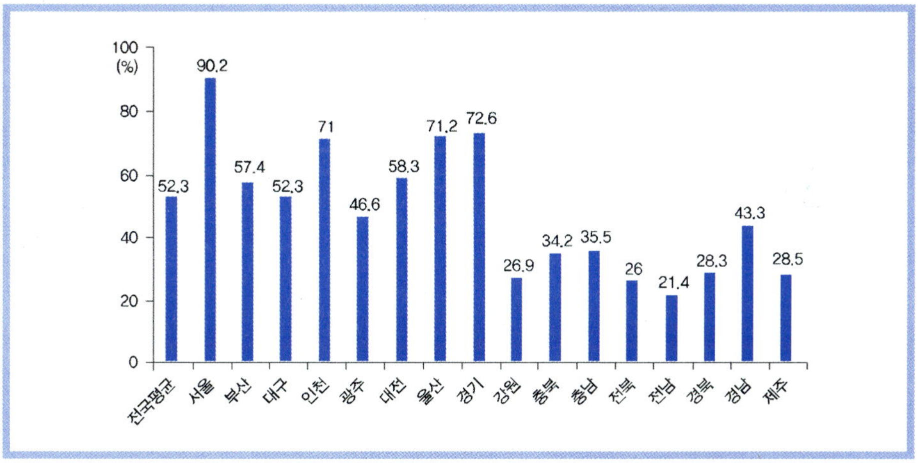

|그림 5-16| 지방정부별 재정자립도(2012년) 자료: 지방재정공제회

의 재정자립도는 매우 낮게 나타나고 있다.

(2) 지방세

현행 지방세 체계는 〈그림 5-11〉에 정리되어 있다. 지방세는 모두 11가지가 있는데, 이들은 징수주체에 따라 도세와 시·군세로 구분되며 용도에 따라 보통세와 목적세로 구분된다. 우리에게 낯익은 주민세나 자동차세는 시·군세로서 보통세에 속하며, 취득세나 등록세는 도세로서 보통세에 속한다.

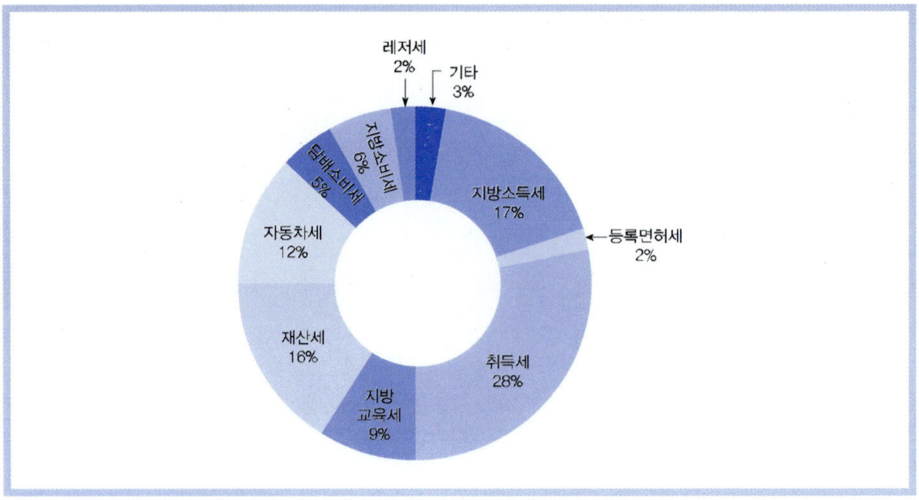

|그림 5-17| 지방세원의 구성(2012년) 자료: 행정안전부

2012년 지방세 수입액은 약 54조원으로 〈그림 5-17〉에서 보는 바와 같이 가장 비중이 큰 조세항목은 28%를 차지하는 취득세이다. 그 뒤를 이어 지방소득세가 17%를 차지하며, 재산세 16%, 자동차세 12%, 지방교육세 9% 등의 순이다. 한때는 국세였다가 지방세로 전환된 담배소비세도 5%를 차지하고 있다.

더 알아보기 : 국민들은 소득세로 얼마정도 내는가?

소득세는 직접세로서 국세수입의 22% 정도를 차지하고 있다. 소득세의 과세 대상은 근로소득, 사업소득, 이자소득, 배당소득, 부동산임대소득, 일시재산소득, 연금소득, 퇴직소득, 양도소득, 산림소득, 기타소득 등 11가지로서, 크게 종합소득세제(근로소득 등 8가지)와 분류소득세제(퇴직, 산림, 양도소득 등 3가지) 방식으로 과세된다.

2012년 현재 소득세 세율구조는 누진세제로서 소득수준에 따라 최저 6%에서 38%까지 5단계로 되어 있다. 〈그림 5-18〉에서 보는 바와 같이 연간 총소득 중에서 과세 대상이 되는 소득, 즉 과세표준소득이 1,200만원 이하일 경우 6%, 1,200~4,600만원일 경우 15%, 4,600~8,800만원일 경우 24%, 8,800만원~3억원일 경우 35%가 계단식으로 각각 적용되고 있다. 그림에는 나타나지 않았지

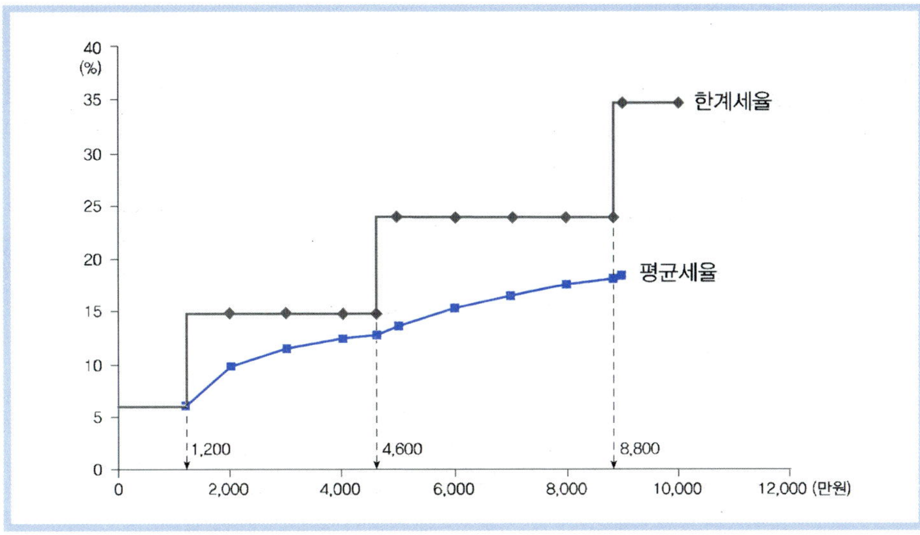

|그림 5-18| 한국의 소득세율 구조　　자료: 소득세법을 근거로 작성

만 3억원을 초과하는 금액에 대해서는 38%를 적용한다.

만약 독자가 회사에 취직하여 연간 총소득이 4,000만원을 번다면 얼마의 소득세를 내야 하는가? 먼저 세율을 5단계로 나누는데 있어서 기준이 되는 과세표준소득을 구해야 하는데, 이는 총소득에서 독자에게 해당하는 소득공제액을 빼면 구할 수 있다. 소득공제(income deduction)란 인적공제, 근로소득공제, 특별공제, 조세특례제한법상공제 등을 말하며, 다시 인적공제는 기초공제, 배우자공제, 부양자공제, 부녀자세대주공제, 장애자공제 등이 있다. 특별공제에는 보험료, 교육비, 의료비, 기부금 등이 포함되며, 조세특례제한법상공제에는 연금저축, 신용카드사용금액 등이 있다.

이제 독자의 소득공제액이 1,000만원이라고 하면, 과세표준소득액은 총소득 4,000만원에서 1,000만원을 뺀 3,000만원이 된다. 여기에 누진소득세율을 적용해 보자. 먼저 1,200만원까지는 1단계 세율인 6%가 적용되고, 이를 초과하는 1,800만원에 대해서는 제2단계 세율인 15%가 적용된다. 따라서 산출세액은 1,200×0.06 + 1,800×0.15 = 342만원이 된다[3].

그렇다면 342만원이 독자의 납세액이 되는가? 여기에 세액공제(tax deduction)

3) 이때 산출세액 342만원을 과표소득 3,000만원으로 나눈 11.4%를 평균세율(average tax rate)이라고 한다. 이것은 각 소득수준 단계마다 적용되는 세율, 즉 한계세율(marginal tax rate)과는 구분된다(〈그림 5-18〉 참조).

를 해 주어야 최종납세액이 결정된다. 세액공제 중 가장 대표적인 것이 근로자에 대한 근로세액공제로, 현재 근로소득공제액은 50만원이다. 따라서 독자의 최종납부세액은 342 - 50 = 292만원이 된다.

소득세는 일반적으로 조세가 부과된 자에게 귀착된다. 다시 말해서 소득세를 다른 사람에게 전가시킬 수 있는 가능성은 거의 없다. 그러나 예외가 있다. 노동조합의 활동이 활발한 사회에서는 소득세를 생계비의 일부로 간주하여 임금인상투쟁을 벌여 성공하는 경우도 있는데, 이때 노동자들에게 부과된 소득세는 그 일부가 고용주들에게 전가된 것으로 볼 수 있다.

제6장

시장가격과 정부

제2장에서 시장경제체제에서는 경제문제가 '가격신호등'에 의해서 해결된다는 것을 배웠다. 이 장에서는 이를 이론적으로 깊게 공부한다. 먼저 대부분의 독자들에게 낯익은 '수요·공급모형'을 통하여 시장에서의 가격결정원리를 알아본 다음에, 정부가 시장에 개입하는 현실적 사례들을 분석한다.

6.1 시장가격의 결정원리 | 6.2 정부의 시장개입 | 6.3 조세부과의 경제적 효과

6.1 ▶ 시장가격의 결정원리

순수한 시장경제체제하에서의 재화 및 서비스에 대한 가격결정은 어떻게 이루어지는가? 이제 우리에게 낯익은[1] 〈그림 6-1〉의 수요·공급모형을 통해서 이에 대해 간단히 알아보기로 하자. 먼저 〈표 6-1〉의 (1)란과 (2)란에서 보듯이 달걀에 대한 수요 '스케줄'은 달걀의 가격과 각 가격에 대응하여 소비자가 구입하려고 하는 달걀량간의 관계를 보여준다. 여기서 가격과 수요량은 역관계에 있음을 알 수 있다. 즉, 구매자는 가격이 상승하면 적은 양을, 가격이 하락하면 많은 양을 구매한다. 이와 같은 가격과 구매량간의 관계를 우리는 '수요의 법칙'이라고 부르며, 따라서 수요곡선은 〈그림 6-1〉의 DD와 같이 우하향의 기울기를 갖는다.

그러면 수요곡선은 왜 우하향하는 것일까? 즉, 수요의 법칙은 왜 성립하는 것일까? 이는 여러 가지 방법으로 설명될 수 있으나 상식적인 수준에서 설명하면, 소비자에게는 가격이 장애물이 되기 때문이다. 장애물이 높으면 사려는 의욕이 떨어지고 장애물이 낮으면 사려는 의욕이 커지는 것은 자명한 이치이다. 백화점에서 연중행사로 '바겐세일'을 하는 것은 가격이라는 장애물을 낮추어서 소비자들을 더 많이 불러 모으려는 의도로서, 바로 수요의 법칙에 근거한 것이라고 볼 수 있다.

한편, 〈표 6-1〉의 (2)란과 (3)란에서 보는 바와 같이 달걀에 대한 공급 '스케줄'은 달걀의 가격과 각 가격에 대응하여 생산자가 공급하려는 달걀량간의 관계를 나타내고 있다. 여기서는 가격과 공급량 간에 양(+)의 관계가 나타나고 있다. 이를 '공급의 법칙'이라고 하는데, 이 법칙은 가격이 높을수록 더 많은 재화를 생산·공급하는 것이 생산자에게 유리함을 말해 주고 있다. 공급의 법칙을 그래프로 표시하면 〈그림 6-1〉의 SS와 같이 우상향의 기울기를 갖는 곡선이 된다.

그러면 공급곡선 왜 우상향하는 것일까? 즉, 공급의 법칙은 왜 성립하는 것일까? 이를 직관적으로 설명하면, 가격은 상품구입의 대가를 지불하는 소비자에게는 장애물이지만, 생산자 입장에서 보면 공급에 대한 유인이 되기 때문이다.

---

1) 독자들은 이미 고교과정에서 수요·공급분석을 통하여 시장의 가격결정원리에 대해 초보적이나마 공부한 바 있을 것이다.

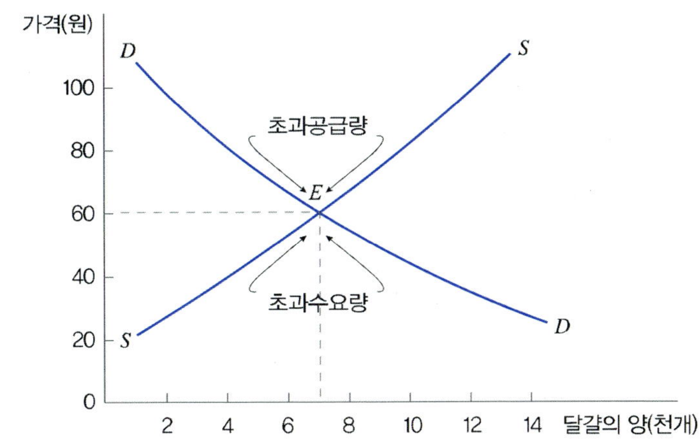

|그림 6-1| 시장수요와 시장공급에 의한 달걀의 균형가격결정

|표 6-1| 달걀에 대한 수요 및 공급 '스케줄'

(1) 총수요량 (주당 : 개)	(2) 가격 (개당 : 원)	(3) 총공급량 (주당 : 개)	(4) 초과공급량(+) 혹은 초과수요량(−)
2,000	100	12,000	10,000(+)
4,000	80	10,000	6,000(+)
7,000	60	7,000	0
11,000	40	4,000	7,000(−)
16,000	20	1,000	15,000(−)

다시 말해서 비용, 기술 등 다른 사정이 일정하다면, 가격이 높아질수록 수입이 커지고 이윤이 증대되므로 가격상승에 대응하여 생산·판매하려는 동기는 커진다.

이러한 상황에서 시장에서의 균형가격과 균형교환량은 수요와 공급이 만나는 E점에서 결정된다. 〈그림 6-1〉에서 보는 바와 같이 달걀 1개의 균형가격은 60원, 균형교환량은 7,000개가 된다. 그런데 경쟁이 존재하는 한 균형가격 이외의 어느 가격도 안정적이지 못하다. 만일 균형보다 높은 가격(예를 들어, 80원)이 형성되었다면 6,000개만큼의 초과공급이 생길 것이고, 이에 따라 공급자들은 그들의 잉여공급분을 다 팔기 위해서 가격을 낮추려 할 것이다. 한편, 균형가격이하의 수준(예를 들어, 40원)이라면 7,000개만큼의 초과수요 혹은 공급부족의 현상이 생길 것이며, 달걀은 다투어 구매하려는 소비자들의 경쟁에 의해 가격을 균형가격수준으로 끌어올릴 것이다. 따라서 오직 균형가격에서만 시장은 균형상태에 이르러 가격변동이 일어나지 않을 것이다. 이와 같이 경쟁적 시장에서는 상호경쟁에 의해 수요량과 공급량이 일치하는 수준에서 가격이 결정되게 마련인데, 이러한 경향을 가리켜 '경쟁적 가격의 배분기능'이라 일컫는다.

그렇다면 시장에서 결정된 균형가격과 균형수급량은 항상 한곳에 머물러 있게 될 것인가? 물론 아니다. 수요와 공급을 결정하는 요인들이 변하게 되면 수요곡선 또는 공급곡선이 이동하게 되어, 균형점이 변한다. 소비자의 기호, 소득, 연관재의 가격, 기대, 구매자의 수 등의 변화는 수요곡선을 이동시키는 요인들이며, 생산비에 영향을 미치는 생산기술, 생산요소가격 등의 변동은 공급곡선을 이동하게 만든다. 이들 두 곡선의 이동을 보면 수요의 변화와 이로 인한 균형가격과 균형교환량의 변화는 모두 양(+)의 관계를 가지는 반면, 공급의 변화와 이로 인한 균형가격 변화는 음(−)의 관계를, 공급의 변화와 균형교환량의 변화는 양(+)의 관계를 갖는다. 독자들 스스로 그래프를 그려서 확인해 보기 바란다.

더 알아보기 | 4가지의 시장형태

앞에서 시장가격은 수요와 공급에 의해서 결정된다고 배웠다. 그런데 수요와 공급에 의해서 가격이 결정되는 시장은 완전경쟁시장에 국한된다. 현실에서는 수많은 유형의 시장들이 존재하며, 다양한 방법으로 시장가격이 결정된다. 경제학자들은 이들을 단순화하여 완전경쟁시장. 독점적 경쟁시장, 과점시장, 독점시장 등 네 가지로 구분한다. 이들 4개의 시장형태는 시장 내에 존재하는 기업의 수가 몇 개인지, 상품이 동질적인지 아니면 차별화되는지, 그리고 신규기업의 시장진입이 쉬운지, 아니면 어려운지에 따라서 구분된다.

〈표 6-2〉에서 보는 바와 같이 완전경쟁시장(perfect competitive market)에서는 동질적인 상품(예: 밀이나 옥수수)을 생산하는 다수의 기업들이 존재한다. 여기서 '다수'란 어떤 한 기업이 시장가격에 영향을 미칠 수 없을 정도로 많

은 수이다. 또한 새로운 기업은 시장에 쉽게 진입하거나 이탈할 수 있다.

독점시장(monopoly)은 하나의 기업이 상품이나 서비스의 유일한 판매자인 시장을 말한다. 시장에는 제품이 하나이기 때문에 차별화되지 않는다. 그러나 다른 상품으로 대체하기 어려운 상품이다. 신규기업은 진입이 봉쇄되어 있어서 기업이 바로 산업이 된다. 우리나라의 경우 전력시장이 독점시장에 속한다.

독점적 경쟁시장(monopolistic market)은 차별화된 제품들(예: 여성의류, 가구, 책, 약, 화장품)을 생산하는 기업들이 상대적으로 많은 시장이다. 따라서 제품개발과 광고활동이 매우 활발하다. 독점적 경쟁시장으로의 진입은 비교적 쉽다.

과점시장(oligopoly)은 소수의 판매자가 존재하는 시장을 말한다. 여기서 '소수(few)'란 가격과 생산량에 대한 의사결정이 기업 간에 상호의존적인 상황을 의미한다. 즉, 각 기업은 경쟁기업의 의사결정에 의해 영향을 받는다. 상품은 동질적일수도 있고(예: 철강이나 알루미늄), 차별화될 수도 있다(예: 자동차나 스마트폰).

이상과 같이 경제학자들은 4가지 시장을 상정하지만, 현실에서는 완전경쟁시장을 찾아보기 어렵고, 독점시장은 매우 드물다. 대부분 시장은 완전경쟁시장과 독점시장 사이에 속한다.

|표 6-2| 4가지 시장형태의 특징 비교

특징	완전경쟁	독점적 경쟁	과점	독점
기업의 수	매우 많음	많음	소수	하나
제품형태	동질적	차별화	동질적 또는 차별화	유일: 대체재 없음
가격통제력	없음	제한된 범위 내에서 약간	상호의존성에 의해 제한; 담합의 경우 상당한 통제력	상당한 통제력
진입여건	매우 쉬움 장벽 없음	비교적 쉬움	상당한 진입장벽 존재	봉쇄
비가격경쟁	없음	광고, 상표 등을 강조	제품차별화의 경우 상당 수준	대부분 PR광고
예	농산물시장	소매업, 의복, 신발	철강, 자동차, 가정용품	전력, 통신

6.2 정부의 시장개입

정부는 실제 시장에서 결정되는 가격이 국민경제적 차원에서 바람직하지 못하다면 시장에 개입하게 된다. 1970년대 석유파동 이후 물가가 급등하는 것을 억제하기 위해 유류제품에 대해 정부고시가격제도를 실시한 것이라든지, 농산물가격이 일정 수준 이하로 떨어지는 것을 막는 것 등이다. 이밖에도 정부는 주택가격, 공공요금 등을 통제하고 있다. 이제 앞에서 간단하게 소개한 수요·공급모형을 활용하여 한국경제에서 중요하다고 생각되는 정부의 시장개입 사례들을 분석해 보기로 하자.

1) 최저가격제도: 쌀가격지지정책

최저가격제도는 시장가격이 특정수준 이하로 하락하는 것을 방지하기 위한 것으로 우리 생활과 밀접히 관련되어 있다. 대표적인 예로 쌀가격지지정책을 들 수 있다. 우리나라에서는 1950년 '양곡관리법'을 제정하면서 쌀에 대해서 최저가격제도를 실시해 왔다. 그러나 세계무역기구(WTO)가 이를 금지하면서 2005년에 폐지되었고, 현재는 공공비축제도가 시행되고 있다. 이제 과거에 시행되었던 쌀가격지지제도를 분석하고, 공공비축제도를 이해해 보기로 하자.

〈그림 6-2〉에서 보는 바와 같이 시중에서 거래되는 가격이 가마당 4만원으로 결정되었다고 하자. 그런데 이 가격수준이 공산품가격이나 기타 농산물가격에 비해서 상대적으로 낮다고 하면, 농부들은 이처럼 낮은 가격수준에서는 아무도 쌀농사를 지으려고 하지 않을 것이다. 그러나 국민경제적 견지에서 볼 때 식량의 자급화와 농가소득의 증대는 중대한 문제이므로 정부는 쌀의 생산의욕을 고취시키기 위하여 쌀에 대한 최저가격(예를 들어, 가마당 5만원)을 설정하고 그 이하로는 매매할 수 없도록 하는 정책을 실시할 수 있다.

이와 같이 쌀에 대해 최저가격제도를 실시하였을 경우 어떤 효과가 나타날 것인가? 우리가 앞에서 본 바와 같이 균형가격(여기서는 가마당 4만원) 이상의 정부통제가격(가마당 5만원)에서는 공급량이 수요량을 초과함으로써 쌀의 초과공급현상이 나타난다.

이 과정을 그림으로 설명하여 보자. 〈그림 6-2〉에서 SS와 DD는 각각 쌀의

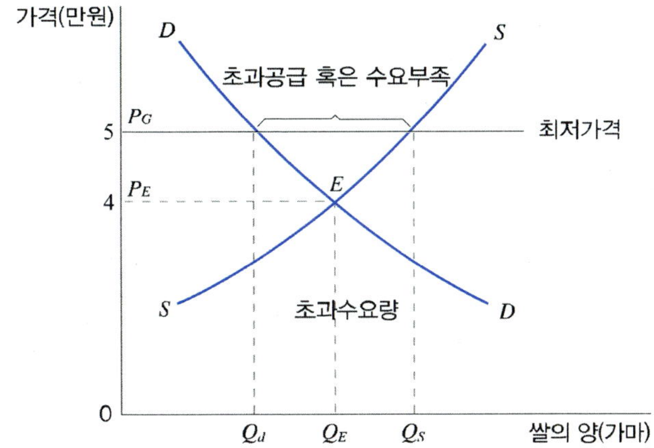

|그림 6-2| 쌀가격 통제의 효과

공급과 수요를 표시하는 곡선이다. 원래 시장균형은 이 두 곡선이 만나는 점 E에서 이루어지며, 이때 시장가격은 P_E, 균형량은 Q_E가 된다. 여기에 정부가 개입하여 만일 쌀의 최저가격을 P_E보다 높은 P_G로 결정한다면, 농민들은 Q_S만큼 공급하려 할 것이고, 소비자들은 Q_d만큼을 구매하려 하므로 Q_dQ_s만큼의 초과공급이 발생하게 된다. 따라서 정부가 설정한 최저가격 P_G를 유지하기 위해서 정부는 쌀의 초과공급문제를 해결해야 한다. 일반적으로 정부가 취할 수 있는 방법으로는 세 가지가 있는데, 앞에서 살펴본 수요·공급의 그림을 통해 보면 쉽게 이해할 수 있다.

첫째로는 수요곡선을 이동시켜 쌀의 초과공급을 해결하는 방법이다. 〈그림 6-3〉에서 보는 바와 같이 수요곡선을 DD에서 $D'D'$로 우상향 이동시켜 줌으로써 새로운 시장균형을 형성하게 하면 된다. 이 경우 새로운 균형점은 E'가 되는데, 쌀의 가격은 정부가 소망하는 수준대로 P_G가 되고, 균형량은 Q_E'가 된다. 정부가 수요곡선을 우상향으로 이동시키기 위해서는 쌀에 대한 새로운 수요를 창출할 수 있도록 수요개발을 위한 연구활동(R&D)을 지원해 줄 수 있다. 이를테면, 쌀로 만든 음식(쌀막걸리 등)을 소비자 기호에 맞게 다양하게 개발하는 것 등이다.

둘째로는 공급곡선을 이동시켜 쌀의 초과공급을 해결하는 방법이다. 〈그림 6-4〉에서 보는 바와 같이 공급곡선을 SS에서 $S''S''$로 좌상향 이동시켜 새로

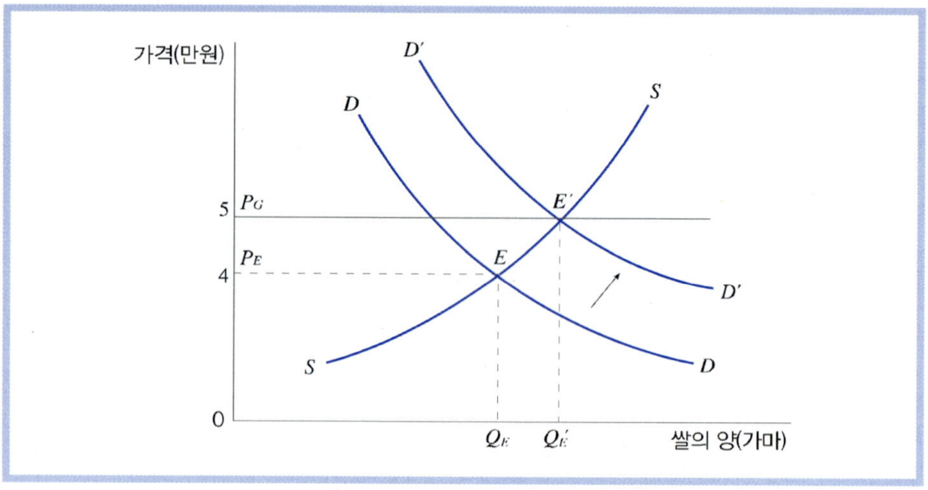

|그림 6-3| 수요곡선의 이동

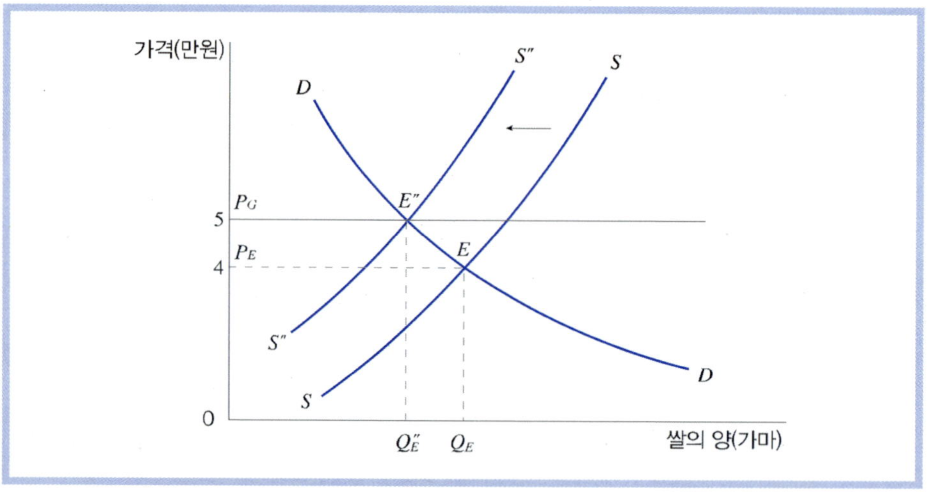

|그림 6-4| 공급곡선의 이동

운 시장균형을 형성하게 하면 된다. 이 경우 새로운 균형점은 E''가 되는데, 역시 쌀의 가격은 P_G가 되고, 균형량은 Q_E''가 된다. 정부가 공급곡선을 좌상향으로 이동시키기 위해서는 쌀의 경작지 할당이나 허가제도, 더 나아가서 쌀 생산을 하지 않는 농가에 대한 보상제도 등을 생각할 수 있다.

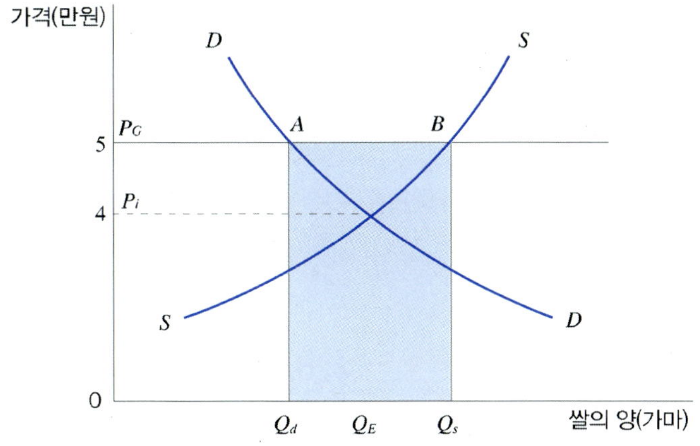

|그림 6-5| 정부수매

셋째로는 수요·공급곡선은 그대로 두고 쌀의 초과공급분을 정부가 구매하는 방법이다. 이는 정부가 지난 50여년간 채택했던 정책이다. 〈그림 6-5〉에서와 같이 정부가 P_G의 가격으로 쌀의 초과공급분을 사들이면 되는데, 정부의 재정 부담은 ■Q_dABQ_S의 면적에 해당한다. 우리나라에서는 정부가 시장가격 이상으로 수매한 쌀을 구매자들에게는 이보다 낮은 가격으로 방출하였다. 이러한 제도를 이중곡가제라고도 부르며, 이는 쌀을 생산하는 농민과 소비자를 동시에 보호하는 기능을 갖는다. 그러나 정부수매제도는 무엇보다 정부의 재정부담을 크게 하여 재정적자를 누적시키는 단점을 가지고 있었다. 실제로 쌀 수매로 인한 재정적자가 누적되어, 1999년에는 양곡채권의 잔액이 4조 8천억원까지 기록하기도 하였다.

정부수매제도는 일종의 정부보조금으로, 1996년 GATT체제하에서 개최된 우루과이라운드(UR)에서 불공정 무역제도로 간주되면서 금지하기로 결정하였고, 10년간의 유예기간을 걸쳐 2005년 폐지되었다. 현재는 정부수매제도 대신 공공비축제도가 시행되고 있다. 이는 정부가 식량안보 차원에서 적정비축량(600만 섬 내외)을 시장가격으로 구매하는 제도이다. 따라서 수매제도에 비해서는 정부의 시장조절 기능이 약화된 제도이다. 하지만 공공비축제는 전쟁, 흉년 등에 대비해 단순히 재고 쌀을 확보하는 것으로, 시장가격에 사고팔기 때문에 WTO가 허용하고 있다. 공공비축제도는 정부가 시장가격으로 쌀을 구입하여, 시장가격이하로 쌀 가격이 떨어지는 것을 방지할 수 있다는 점에서 앞에서 살펴본 수요측면에서의 정부정책이라고 볼 수 있다.

이러한 공공비축제도와 함께 정부는 2001년부터 벼농사 직불제를 시행하고 있다. 이는 3년 이상 벼를 재배한 논에 1ha(약 3,000평)당 20만~25만원의 보조금을 정부에서 지급하는 제도이다. WTO는 농산물가격을 지지하는 수매제도는 일종의 가격보조금으로 금지했지만 농가의 소득안정이나 환경보호를 위한 직불제는 허용하고 있다. 논은 여름에 물을 가두어 홍수를 막고 환경을 보호하는 등 여러 가지 공익적 기능이 있기 때문이다.

2) 최고가격제도: 아파트가격통제

정부에 의한 최고가격제도는 앞에서 살펴본 최저가격제도를 거꾸로 생각하면 쉽게 이해할 수 있다. 이 제도는 시장가격이 특정수준(정부가 생각하는 최고수준)이상으로 상승하는 것을 방지하기 위한 것으로, 우리나라에서는 주택(특히, 아파트)가격통제나 집세통제 그리고 석유파동 이후 정부고시가격제도 등에서 그 실례를 찾아볼 수 있다. 따라서 최고가격제도 역시 우리의 일상생활과 직접 관련되는 것이다.

이미 우리가 1970년대 두 차례에 걸친 석유파동과 최근 아파트 투기 '붐'현상에서 경험한 바와 같이 정부가 최고가격을 설정하는 가장 큰 목적은 급속한 물가상승을 억제하는 데 있다. 왜냐하면 인플레이션 현상은 국민상호간(가령 채권자와 채무자, 봉급생활자 등)의 소득을 임의적으로 재분배시키고, 생산적 자원을 투기적 부문으로 몰리게 하는 결과를 초래할 수 있기 때문이다.

이제 아파트문제와 관련하여 최고가격결정의 효과를 구체적으로 살펴보자. 먼저 아파트에 대한 투기 '붐'이 일어났을 경우에 정부의 아파트 통제에 대해 분석해 보자.

〈그림 6-6〉에는 서울지역 아파트에 대한 수요곡선 DD와 공급곡선 SS가 나타나 있다. 원래 아파트에 대한 시장균형은 E점으로, 여기서의 시장가격은 평당 P_E, 아파트공급량은 H_E만큼이다. 이제 시중의 부동자금이 아파트시장으로 몰려 아파트수요가 $D'D'$로 급격히 증대되었다고 하자. 여기서 수요곡선이 DD에서 $D'D'$로 우상향 이동된 것은 가격 이외의 다른 요인, 즉 부동자금의

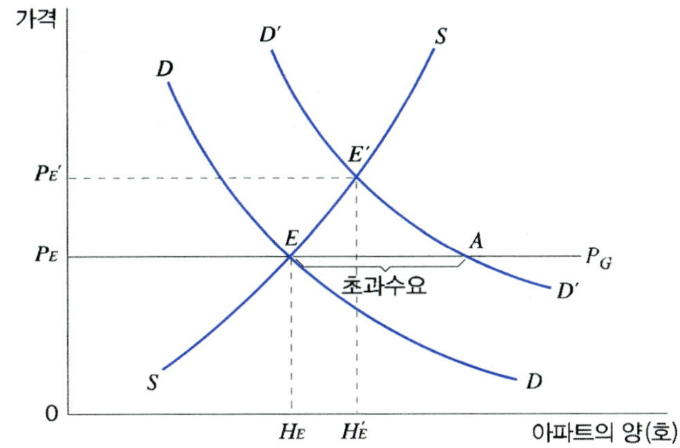

|그림 6-6| 아파트가격의 통제

증가로 인하여 아파트수요가 증대되었기 때문이다.

이렇게 급격한 아파트의 수요증대는 단기적으로 아파트가격을 평당 P_E' 수준으로 상승시킬 것이다. 이러한 현상에 직면한 정부는 서울지역의 아파트 평당가격 P_E'가 과열경기로 인한 것이라 판단하고, 이를 진정시키기 위해 종전 가격수준인 P_E로 통제하려 할 것이다. 그런데 정부가 P_E(즉, P_G)로 가격수준을 유지시키려면 EA만큼의 아파트에 대한 초과수요를 해결해야 한다. 여기에는

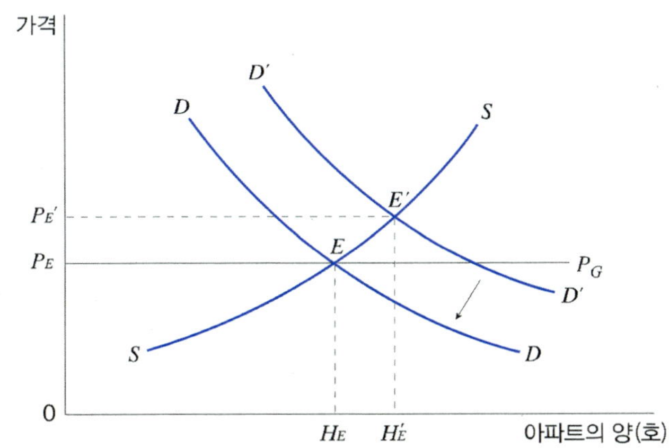

|그림 6-7| 수요곡선 이동

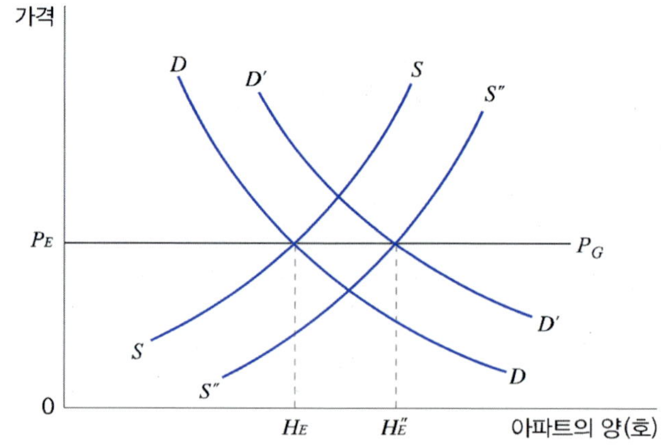

|그림 6-8| 공급곡선 이동

대체로 다음 세 가지 방법이 있을 수 있다.

첫째는 수요측면에서 초과수요를 해결하는 방법이다. 〈그림 6-7〉에서와 같이 아파트에 대한 수요곡선을 $D'D'$에서 DD로 다시 좌하향 이동시키면 된다. 예를 들어, 아파트 구입자들에 대해 정부행정력을 동원하여 강력히 규제하거나, 세무조사를 하면 수요곡선이 좌하향 이동할 수 있다. 이러한 방법은 우리의 생활 주변에서 쉽게 발견할 수 있는 것으로, 구체적으로 아파트를 산 후 1년 이내에 전매할 수 없다는 규정이나 매매시에 양도소득세를 중과하는 것이 그러한 예라 하겠다.

둘째는 공급측면에서 초과수요를 해결하는 방법이다. 〈그림 6-8〉에서와 같이 아파트에 대한 공급곡선을 SS에서 $S''S''$로 우하향 이동시키면 된다. 이는 아파트의 공급을 늘리는 방법으로 주택공급의 특성, 즉 주택건설자금의 부족, 택지부족, 건설노임상승 등의 제한으로 말미암아 단기간 내에는 불가능하며 대략 3~4년 정도의 장기간이 소요될 것이다. 물론 서울지역 이외의 도시(예: 일산, 분당)라면 택지부족상의 문제는 심각하지 않으므로 주택공급이 더 빠른 기간 내에 가능할 것이다.

셋째, 수요와 공급의 변동에 의해서 초과수요가 해소되지 못할 경우 정부는 부족한 아파트를 수요자들에게 직접 배급할 수 있다. 〈그림 6-6〉에서 보는 바와 같이 정부가 아파트의 초과수요분 EA만큼을 통제하는 방법이다. 만일 정부가 아파트 분양에 대해 공정한 분배가 이루어질 수 있도록 적절한 조치(여기서는 배급제도)를 취하지 않는다면, 일반적으로 선착순방식의 분배가 이루어질 것이다. 현재 우리나라에서는 주택청약예금의 횟수, 무주택자 등 몇 가지 기준을 정하여 수요자들에게 부족한 아파트를 분양하고 있다.

6.3 조세부과의 경제적 효과

우리가 재화 및 서비스를 구입할 때 정부가 부과하는 조세, 즉 간접세도 일종의 정부에 의한 시장개입이라고 할 수 있다. 시장에서 결정되는 가격에 부과하는 간접세는 크게 종가세와 종량세로 구분된다. 종가세는 가격 기준으로 부과하는 방법이고, 종량세는 판매량 한 단위당 부과하는 방법이다. 우리나라에서 가장 큰 비중을 차지하는 부가가치세는 종가세에 속한다. 예를 컴퓨터 가격이 100만원이면 여기에 10%인 10만원이 부가가치세가 되며, 따라서 최종가격은 110만원이 된다. 한편 휘발유를 구입할 때 내는 세금은 종량세에 속한다. 즉 리터당 세금이 책정된다. 이제 수요·공급모형을 통해서 간접세의 경제적 효과를 분석해 보자. 종가세는 분석이 복잡하므로 여기서는 종량세의 경우를 살펴본다.

〈그림 6-9〉에는 앞에서 살펴본 〈그림 6-1〉의 수요 및 공급곡선이 다시 나타나 있다. 그림에서 보는 바와 같이 최초 시장균형은 E점에서 이루어지고 있으며, 이때 균형가격은 60원이고 균형수량은 7,000개이다. 만일 정부가 달걀 한 개당 20원씩 세금을 부과한다면, 이 20원의 조세는 실제로 누가 부담할 것인가?

조세를 부담하였을 때 첫 단계의 효과는 공급측에서 나타난다. 구체적으로 말해서, 조세를 부과하면 조세가 추가비용으로 작용하여 생산물의 공급가격이 조세액만큼 증가하게 되므로 공급곡선을 조세액만큼 상향 이동시킨다. 예를 들어, 조세부담없이 달걀 1개당 100원일 때 생산들이 주당 12,000개를 공급하려 했었지만, 1개에 20원씩 조세가 부과되면 생산자들은 개당 120원을 받아야만 종전과 동일한 양을 공급하려 할 것이다. 그러므로 〈표 6-1〉의 12,000개는 가격이 120원일 때, 10,000개는 100원일 때, 7,000개는 80원일 때 등으로 공급되어 각 공급량에 대한 가격은 조세액만큼 증가한다. 이 관계를 그림으로 표시하면 〈그림 6-9〉와 같이 되는데, 여기서의 S는 과세전의 공급곡선이며, S_t는 과세후의

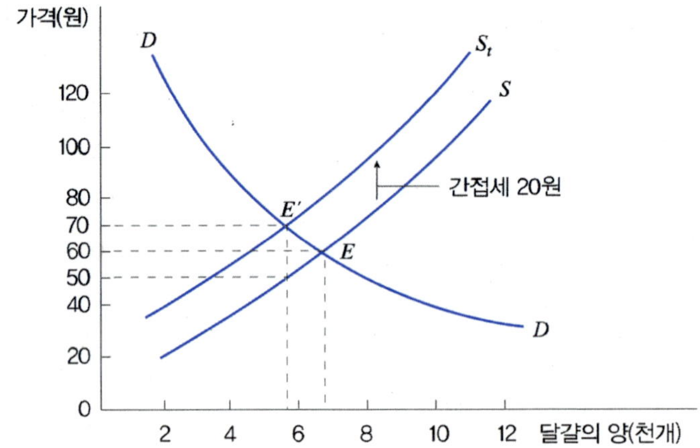

|그림 6-9| 간접세의 귀착

공급곡선이다.

조세부과의 두 번째 효과는 균형가격과 균형량의 변동에서 볼 수 있다. 조세가 부과된 후의 공급곡선과 수요곡선을 살펴보면, 〈그림 6-9〉에서 보는 바와 같이 균형량은 감소하고 균형가격은 상승하여 새로운 균형점(E')이 형성된다. 달걀의 예에서 새로운 균형가격은 70원선에서 결정되며, 그 결과 소비자는 종전에 개당 60원씩에 구입하던 것을 과세후에는 70원씩을 지불하여야 하므로 단위당 10원씩의 조세를 부담하게 되었다. 한편, 생산자는 개당 60원씩 받던 것을 70원씩 받게 되었으나 20원의 세금을 공제하면 개당 실제 수입은 50원밖에 되지 않으므로 결국 생산자도 10원의 조세를 부담하여야 한다. 그러므로 우리가 가정한 예에서는 생산자가 가격인상을 통하여 부과된 조세의 1/2을 소비자에게 전가시키고, 나머지 1/2은 스스로 부담함으로써 생산자와 소비자가 똑같이 조세를 분담하고 있다.

그러나 수요의 탄력성이 〈그림 6-9〉와 다를 때는 조세의 귀착 또한 달리 나타나게 될 것이다. 그러면 수요의 탄력성에 따라 조세의 귀착이 어떻게 달라지는가를 살펴보자. 공급이 일정하게 주어졌을 경우에는 수요가 비탄력적일수록 부과된 조세 중에서 소비자에게 전가되는 조세의 비중이 커진다. 독자들은 극단적인 예로 수요가 완전비탄력적인 경우와 완전탄력적인 경우를 간단히 그려봄으로써 앞의 결과를 한눈에 확인할 수 있을 것이다. 전자의 경우는 부과된 조세

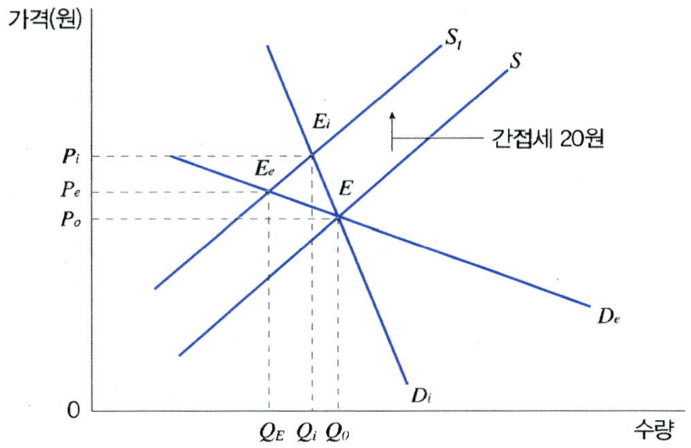

|그림 6-10| 탄력성과 간접세 귀착

가 전부 소비자에게 전가되어 균형량은 변동하지 않는 데 반해, 후자의 경우에는 부과된 조세를 전부 생산자가 부담하며 이 증가된 비용을 보전하기 위해 균형량은 대폭 감소하게 된다. 〈그림 6-10〉은 수요가 탄력적인 경우(D_e)와 비탄력적인 경우(D_i)를 동시에 겹쳐서 그린 것이다. 수요가 탄력적일 때는 부과된 조세 중에서 적은 부분(P_oP_e)만이 소비자에게 전가되고, 나머지 대부분은 생산자가 부담하게 되며, 반대로 수요가 비탄력적일 경우에는 부과된 조세 중에서 대부분(P_oP_i)을 소비자에게 전가시키고, 극히 적은 부분만을 생산자가 부담하게 된다. 또한 수요가 탄력적일수록 균형량의 감소폭도 더 크게 나타나고 있다.

이와 같은 분석을 통하여 왜 정부는 생활필수품에 대해서는 단위당 낮은 세금을 매기고 반대로 사치품에 대해서는 단위당 높은 세금을 매기는지에 대해 이해할 수 있다. 이것은 생활필수품일수록 수요는 비탄력적이어서 낮은 세금을 매겨도 소비자의 부담이 큰 반면, 사치품일수록 수요는 탄력적이므로 높은 세금을 매겨도 소비자의 부담이 그리 크지 않기 때문이다. 우리나라의 경우 특별소비세라 하여 사치품에 대해서는 높은 세금을 매기고 있다.

이상에서 고찰한 조세효과의 분석은 이밖에도 여러 가지 다른 범위로 확대시켜 응용할 수 있다. 이를테면 정부가 보조금을 지급할 경우(보조금은 일종의 '마이너스' 부호를 가진 조세라고 볼 수 있다)[2] 그 혜택은 누가 입게 될 것이며, 탄

2) 그러므로 단위당 일정액의 보조금을 지급하였을 경우 공급곡선은 보조금만큼 우하향으로 평행 이동한다.

력도에 따라 어떻게 달라지겠는가? 또한 특정 생산물을 생산하거나 소비하는 과정에서 사회적 비용과 사회적 편익이 발생한다면, 생산량을 조정함으로써 자원의 효율적 배분을 꾀하기 위하여 조세와 보조금을 어떻게 사용할 것인가? 끝으로 정부의 조세수입은 수요·공급이 탄력적일 때와 비탄력적일 때를 비교한다면 어느 경우가 더 커지는가 하는 문제 등이 있다. 요컨대, 정부의 경제행위를 분석하는 데 수요·공급 및 탄력성 분석은 매우 중요한 수단이 될 수 있다.

더 알아보기 | 시장가격 결정원리 이해를 위한 경제게임

교양경제를 수강하는 학생들은 대학에서 경제학을 배우지 않은 학생들이 대부분이다. 따라서 수요·공급모형을 최대한 짧은 시간에 이해시키기 위해서는 다음과 같은 게임을 하면 효과적일 수 있다. 즉 대학 근처 원룸시장에서의 가격 결정원리를 피부로 쉽게 이해할 수 있다.

1. 경기자: 40명 정도(20명씩 두 팀으로 나눔)
2. 준비물: 카드와 점수표(저자에게 요청 가능)
3. 게임의 규칙

① 구매자(임차인)와 판매자(임대인)로 나누고 구매자는 게임 내내 구매자, 판매자는 게임 내내 판매자이다.

② 구매자들은 하나의 구매주문카드를 받고 게임을 시작한다. 구매주문카드에 적힌 가격(예: 5만원)보다 싸게 흥정하여 거래하면(예: 3만원) 그 차액(2만원)이 이익이다. 반대면 손실을 보게 된다. 일단 거래가 성립되면 앞에 있는 학생에게 구매주문카드를 제출하고, 다른 주문카드를 받아 다시 거래를 시작한다. 거래횟수는 제한이 없다.

* 구매자는 판매자와 함께 기록자(앞에 있는 학생)에게 합의된 가격을 알려주고, 기록자는 점수표에 그 가격이 기록되었는지 확인한다.

③ 판매자들은 하나의 판매주문카드를 받고 게임을 시작한다. 판매주문카드에 적힌 가격(예: 5만원)보다 비싸게 흥정하여 거래하면(예: 7만원) 그 차액(2만원)이 이익이다. 반대면 손실을 보게 된다. 일단 거래가 성립되면 앞에 있는 학생에게 구매주문카드를 제출하고, 다른 주문카드를 받아 다

시 거래를 시작한다.

* 판매자는 구매자와 함께 기록자(앞에 있는 학생)에게 합의된 가격을 알려 주고, 기록자는 점수표에 그 가격이 기록되었는지 확인한다.

④ "시장이 열렸다" 또는 '시작'이라고 선언되면, 모든 구매자들은 모든 판매자들과 거래를 할 수 있다.

⑤ 구매자와 판매자의 목표는 그들이 벌 수 있는 최대의 이득을 얻는 것이다.

⑥ 학생들은 매 라운드에 허용된 시간 내에 가능한 많은 거래를 할 수 있다. 일단 "시장이 폐쇄되었다" 또는 '끝'이라고 선언되면 거래를 중단한다.

⑦ 게임을 하면서 학생들은 점수표에 자기의 실적을 기록한다.

4. 경기진행자는 3번 정도 게임을 진행하고, 라운드별로 칠판에 거래되는 가격의 빈도수를 적어서 학생들과 함께 토의한다.

제7장

노동시장과 소득분배

이 장에서는 경제순환모형의 하단부에 위치하고 있는 요소시장 중에서 노동시장에 초점을 맞추어 공부한다. 아울러 소득분배의 형평성, 저소득층의 문제, 노동운동 등 관련된 문제를 쟁점별로 다룬다.

7.1 ▸ 사례: 'Occupy Wall Street'

2011년 필자는 미국 풀브라이트 재단의 지원으로 시애틀대학에서 연구활동을 하고 있었다. 시애틀은 보잉과 MS의 본사가 있고, 스타벅스의 본고장으로 발전하는 도시였음에도 불구하고, 거리를 지나다 보면 구걸하는 노숙자들을 종종 볼 수 있었다. 가을이 되면서 동부 쪽에서 'Occupy Wall Street' 운동이 일더니, 미국 전역으로 퍼지면서 시애틀에서도 시위를 목격할 수 있었다. 호기심 반, 경제학자로서 의무감 반으로 몇 장의 사진을 찍었다. 시위참여자들은 주로 젊은층 혹은 노숙자들로 보여졌다. 근처 워싱턴주립대학에서는 대학생들이 'Occupy Seattle' 시위를 했다는 소식도 들었다. 'Occupy Wall Street' 운동은 원래 거대 금융기관의 지배력에 대한 저항으로 시작되었지만, '1% : 99%'라는 구호도 등장하면서 소득분배에 대한 불만을 토로하는 시위가 되었다. 일부이긴 하지만 미국 돈으로 연구활동을 하는 필자로서는 괜히 미안한 마음도 들었다. 그러나 아웃사이더처럼 그냥 지나칠 수밖에 없었다.

|그림 7-1| 미국의 'Occupy Seattle'

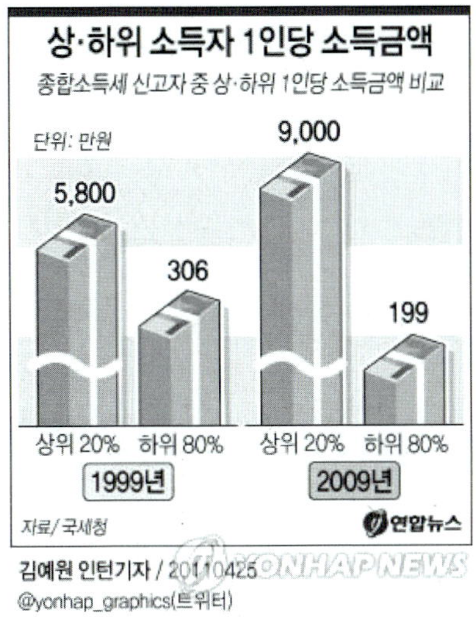

|그림 7-2| 소득분배에 대한 통계자료의 예

귀국해 보니, 우리나라에서도 '20 : 80' 논쟁이 있었다. 미국의 '1 : 99'논쟁이나 직접적 시위보다는 정도가 덜하지만 언론이나 정치인 혹은 일부학자들이 우리나라의 소득분배 상태에 대해서 논하고 있었다. 그 중 눈에 띄는 것이 2011년 4월 연합뉴스 자료였다.

요지는 종합소득세 신고자 중 상위 20% 소득자의 1인당 소득금액은 1999년 5,800만원에서 2009년 9,000만원으로 10년 사이 55%나 늘었으나, 하위 80% 소득자의 1인당 소득금액은 같은 기간 306만원에서 199만원으로 54% 급감했다는 것이었다. 이 자료를 보면 누구든지 한국은 '빈익빈, 부익부'의 나라로 치닫고 있다는 생각이 들지 않을 수 없다. 10년 동안 경제정책을 담당했던 정부들, 즉 국민의 정부(1999년-2002년), 참여정부(2003년-2007년), 현 정부(2008년-2009년)의 책임에 대해서도 생각해보지 않을 수 없게 하는 자료이다.

그렇다면 이 자료에 대해서 독자들은 어떻게 생각하는가? 예를 들면, 하위 80%라는 표현은 너무 주관적 의견이 들어간 것은 아닌지? 성적이 10명 중 2등이면 80%로 비교적 공부 잘하는 학생이라고 볼 수 있는데, 이 학생을 하위권 학생이라고 부르지는 않을 것이다. 또 하위 80%의 1인당 연간소득이 199만원으로 보통 월급에도 미치지 못하는 것으로 보이는데, 이는 현실성 있는 자료인지? 국세청 자료라고 되어 있는데, 국세청에서 통계자료를 잘못 작성하였거나 혹은 세금을 잘못 거두었는지? 아니면 1999년 통계표본과 2009년 통계표본의 차이는 없는지? 만약 이러한 질문들에 대해서 대답하고, 더 나아가서 미국과 한국 중 소득분배가 불평등한 나라는 어디인지를 객관적으로 판정할 수 있는 독자라면, 이 장을 생략하고 지나가도 괜찮을 것 같다.

7.2 노동시장과 임금

1) 임금의 성격

노동시장에서 결정되는 임금(율)은 기업이 노동을 사용하고, 그 대가로서 노동을 제공한 사람에게 지불하는 보수를 말한다. 따라서 임금은 소득분배의 1차적인 수단이다. 그런데 임금은 이를 받는 근로자의 입장이나 이를 주는 기업가의 입장, 더 나아가서 국민경제 전체적인 입장에서 보는 관점이 각각 다르다. 〈그림 7-3〉에서 보는 바와 같이 임금은 근로자에게는 자신과 자신에 의존하는 가족의 생활비의 주요 원천이 되는 반면에, 기업의 입장에서는 생산비용이 되며, 국민경제전체로 봐서는 물가라든가 수출경쟁력과 관련이 있다. 따라서 임금은 물가, 노동생산성, 그리고 국제경쟁력과 밀접히 연관되어 있다.

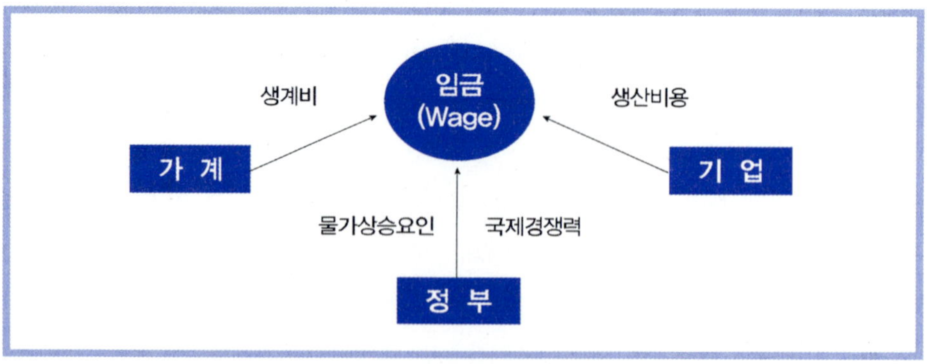

|그림 7-3| 임금의 성격

2) 임금, 물가 및 노동생산성

(1) 임금과 물가

우리는 노사 간의 임금협상시에 "임금인상률이 적어도 물가상승률보다 커야 한다"라는 말을 듣게 된다. 만약 임금인상률이 물가상승률보다 낮으면 어떻게 될까? 이 물음에 답하기 위해서는 명목임금과 실질임금의 차이를 구분해야 한다. 명목임금이란 단순히 노동시간당 지급되는 화폐액을 말하고, 실질임금이란 노동자가 받은 화폐임금으로 구매할 수 있는 상품의 량, 즉 명목임금의 구매력을 말한다. 그러므로 명목임금은 일정한데 일반물가수준이 상승한다면, 근로자가 주어진 임금으로 구입할 수 있는 상품의 량, 즉 실질임금의 크기는 감소한다. 마찬가지로 명목임금이 상승한다 하더라도 물가수준이 명목임금보다 더 빠르게 상승한다면, 실질임금은 하락한다. 반대로 명목임금이 물가수준보다 빠르게 상승하면 실질임금은 상승한다. 따라서 명목임금의 변화율과 실질임금의 변화율 사이에는 다음의 관계가 성립한다.

실질임금의 변화율(%) = 명목임금의 변화율(%) − 물가수준의 변화율(%)

예를 들어 금년 중 명목임금이 10% 증가하고 물가가 5% 상승했다면, 실질임금은 5% 증가한 셈이 된다. 반대로 명목임금이 5% 증가하고 물가가 10% 상승했다면, 실질임금은 5% 감소한 셈이 된다.

그러면 우리나라의 경우 근로자의 명목임금과 실질임금은 어떻게 변화하여 왔는가? 〈그림 7-4〉에서 보는 바와 같이 1971-2011년 기간 명목임금의 연평균 상승률은 13.7%를 기록하였으나, 여기에 물가상승률을 고려한 실질임금상승률은 5.5%에 그치고 있다. 기간을 나누어 보면 과거에 비해서 실질임금증가율이 낮아져오고 있으며, 물가상승률이 낮아짐에 따라서 명목임금상승률과 실질임금상승률이 수렴하는 현상을 보여주고 있다. 여하튼 그간 근로자들의 실질임금이 증가함에 따라서 생활수준은 꾸준히 향상되어 왔다고 할 수 있다.

다만 1980년, 1981년, 1998년 등 정치적 및 경제적 위기에 실질임금증가율이 마이너스(−)를 기록한 것과는 달리, 최근에 실질임금증가율이 연속적으로 마이너스(−)를 나타내고 있어 이에 대한 진단과 처방이 요청된다.

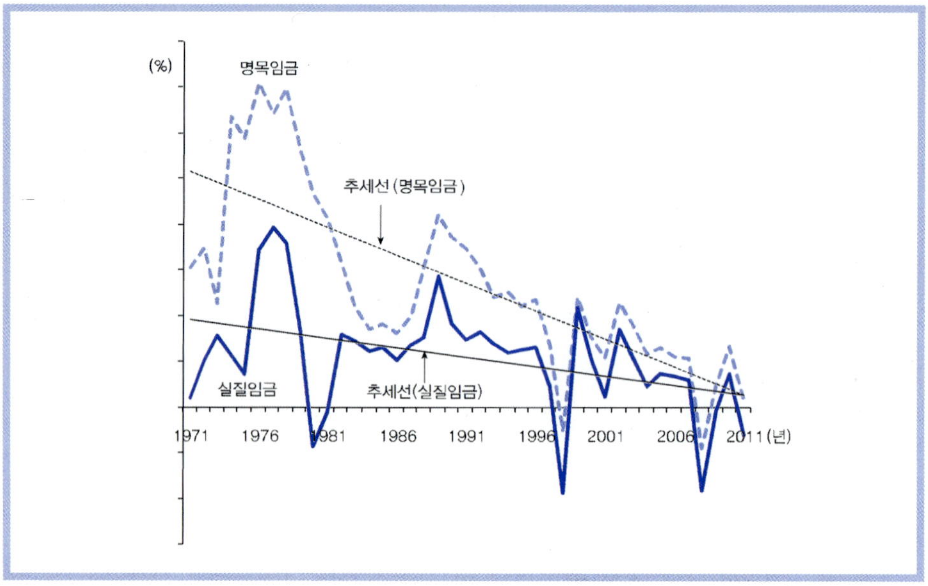

|그림 7-4| 명목임금과 실질임금의 변화율 추이(전산업) 자료: 한국은행

한편 기업과 정부의 입장에서 임금과 물가를 보는 눈은 다를 것이다. 기업입장에서는 임금인상률보다는 물가인상률이 더 높은 것이 유리할 것이다. 이는 당연히 더 높은 이윤수준을 초래할 것이기 때문이다. 정부의 입장에서는 과도한 임금인상과 물가상승은 곧 경제불안정을 의미하기 때문에 바람직하다고 여기지 않을 것이다. 만약 명목임금이 과도하게 상승하면, 근로자의 입장에서는 유리하나 결국 물가상승을 부추길 것이고, 반대로 물가수준이 과도하게 상승하면 기업에게는 유리하나 임금상승을 부추길 것이다. 그러므로 〈그림 7-4〉에서 보는 바와 같이 과거에, 특히 1970년대에 실질임금상승률이 높았다고 하더라도, 이는 큰 폭의 명목임금상승과 물가수준상승의 결과였으므로 정부로서는 1970년대보다는 그 이후가 더 바람직하였다고 생각할 수 있다. 이러한 이유로 정부당국은 급격한 임금상승이나 물가상승을 억제하려는 정책을 취하게 된다. 정부가 과도한 임금상승이나 물가상승을 억제하려는 정책을 소득정책(income policy)이라고 부른다. 다시 말해서 소득정책은 정책당국이 임금과 상품가격의 상승한도를 설정하고 기업과 노동조합을 설득시킴으로써 경제안정을 꾀하려는 정책이다. 소득정책의 대표적인 예는 1962년에 미국에서 실시된 임금-물가지표정책(wage-price guideposts)이다. 우리나라에서도 1996년부터 노·사·정·공익단

체 등 4자로 구성된 공식적인 임금결정기구를 통해서 단위사업장의 노사가 임금협상 시에 기준으로 삼을 임금 가이드라인(guide line)을 제시해오고 있다.

(2) 실질임금과 노동생산성

앞에서 살펴본 바와 같이 임금과 물가가 서로 영향을 주고받으면서 상승한다면, 명목임금은 물가상승압력을 초래하지 않고는 상승할 수 없을 것이다. 그러나 이것은 노동생산성을 감안하지 않았을 경우에 해당된다. 만약 노동생산성이 향상되고 그 만큼을 근로자에게 되돌려 준다면, 물가상승압력을 받지 않고도 명목임금이 상승될 수 있을 것이다. 가령 노동생산성이 10% 향상되고, 이에 따라 명목임금이 10% 상승하였다면 물가상승률은 0%를 기록할 수 있다. 그러므로 명목임금증가율(10%)이 물가상승률(0%)보다 더 클 수 있으며, 이러한 극단적인 경우에는 명목임금증가율은 실질임금의 증가율과 일치한다.

일반적으로 실질임금이 노동생산성과 같은 비율로 상승하면 바람직하다고 볼 수 있다. 예를 들어 물가가 5% 상승하고 노동생산성이 5% 향상되었다고 하면, 실질임금이 5%—명목임금으로는 10%—상승해 주어야 최소한 근로자가 생산에 기여한 몫, 즉 노동생산성의 증가분이 근로자에게 돌아갈 수 있게 된다.

문제는 노동생산성을 어떻게 정확히 측정할 수 있느냐는 데 있다. 생산성이란 노동, 자본 등의 생산요소가 생산에 기여하는 정도를 말하는데, 노동의 생산기여도를 노동생산성이라고 부르고 기계설비의 생산기여도를 자본생산성이라고 부른다. 그런데 현실적으로 어떤 부분이 노동의 기여도이고 어떤 부분이 자본생산성이라고 구분 짓기는 매우 어려울 뿐만 아니라 이것이 자본주의와 사회주의 간 최대 쟁점이 되어온 문제이다. 여하튼 소득분배와 관련하여 일반적으로 생산성이 향상될 때 기계 등의 자본 투입으로 인한 생산성 향상의 몫도 어느 정도 근로자에게 돌아가야 하며,[1] 최소한 앞에서 분석한 바와 같이 노동생산성의 향상 분은 근로자의 몫, 즉 실질임금으로 돌아가야 공정할 것이다.

---

1) 산업혁명 이래 시장경제체제—다른 말로 자본주의 경제체제—에 대한 비판가들의 주된 주장 중의 하나가 바로 노동자가 모든 경제적 성과를 가질 권리가 있다는 것이다. 이들 중 마르크스(Karl Marx)가 대표격인데, 그는 노동가치설과 착취의 개념을 주장하였다. 마르크스는 착취를 노동자의 생산기여도와 실제 받는 임금의 격차로 정의하였으며, 그의 관점에서 볼 때 노동의 생산에 대한 기여도가 100%이므로 이윤, 이자, 지대 등은 모두 노동에 대한 착취라고 보고 있다. 그러나 이러한 주장은 수요공급의 원리에 기초한 현대의 분배이론을 통해 많은 비판을 받고 있으며 실제로도 그 타당성에 의문이 제기되고 있다.

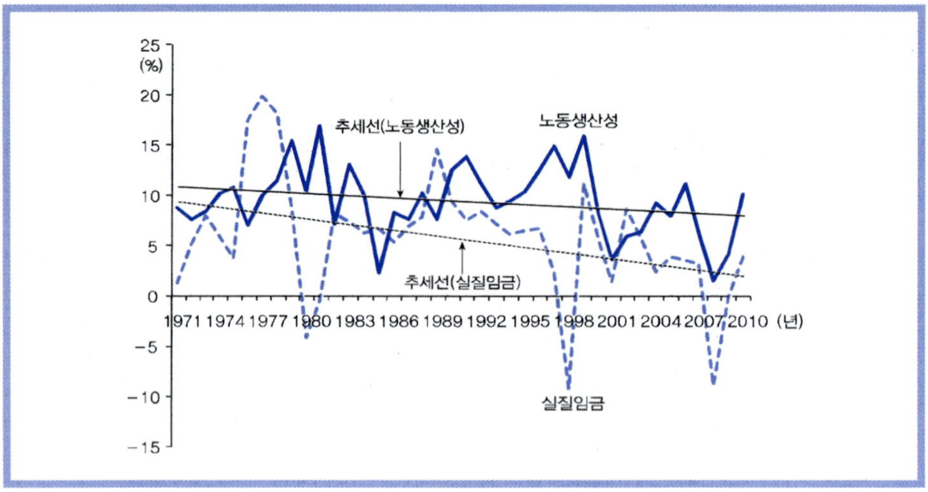

|그림 7-5| 노동생산성과 실질임금의 변화추이(전산업) 자료: 한국은행

그러나 우리나라에서는 실질임금의 상승률이 노동생산성의 증가율에 미치지 못한 것으로 나타나고 있다. 〈그림 7-6〉에서 보는 바와 같이 1970년대 중반과 1980년대 후반 일부기간을 제외하고 실질임금상승률은 노동생산성의 상승률을 밑돌았다. 연평균으로 보면, 1971-2010년 기간에 실질임금의 상승률이 노동생산성의 증가율보다 약 3.7% 정도 낮게 나타나고 있다. 뿐만 아니라 실질임금과 노동생산성의 추세선을 통해 보는 바와 같이 노동생산성과 실질임금의 증가율 차이는 점점 더 커지고 있다. 이는 그만큼 근로자들이 자신의 기여한 몫을 찾아가지 못하는 것이라 할 수 있다.

(3) 임금과 국제경쟁력

국민경제 차원에서 보면 임금은 수출경쟁력과 직결된다. 한국경제가 수출을 통해 고도성장을 달성할 수 있었던 주요인이 저임금이었다는 것은 잘 알려진 사실이다. 과거 우리나라는 일본, 대만 등 주요 경쟁국보다는 임금수준이 절대적으로 낮았기 때문에 수출경쟁력을 유지할 수 있었다.

그러나 〈그림 7-6〉에서 보는 바와 같이 1990년대 중반 이후 우리나라 제조업의 시간당 임금수준이 대만을 앞지른 것으로 나타나고 있다. 2010년 현재 우리나라의 시간당 임금은 16.62달러로 미국(34.74달러), 일본(31.99달러)에 비해서는 낮으나 대만(8.36달러)에 비해서는 높게 되었다. 또한 필리핀(1.90달러)에

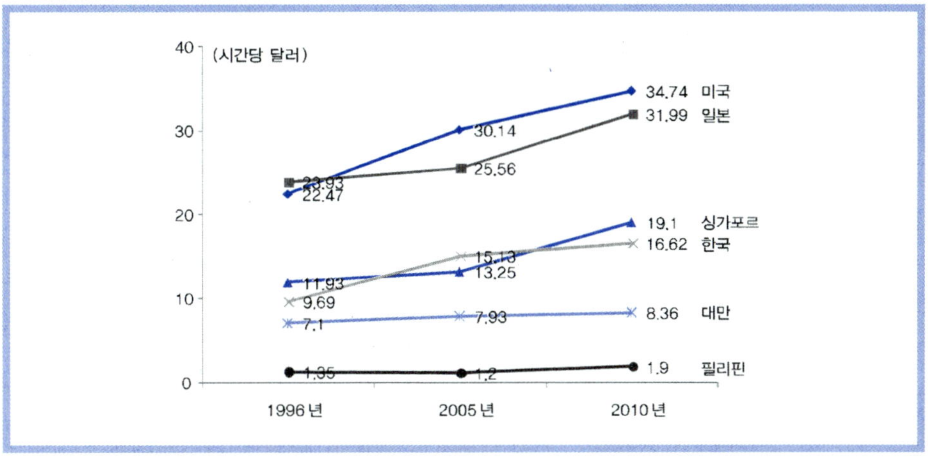

|그림 7-6| 임금수준의 국제비교(제조업)　　자료: 미국노동성 통계국

비해서는 8배 정도가 높은 것으로 나타나고 있다. 자료의 제약 때문에 그림에는 나타나 있지 않지만 중국과 태국 역시 시간당 임금이 1달러 내외로 매우 낮은 수준이어서, 의류, 신발, 가전 등 노동집약적 산업에서 우리나라보다 유리한 위치에 있다.

3) 임금격차

임금(율)은 노동서비스에 대한 대가이므로, 경쟁적인 시장이라면 동일한 노동서비스에 대해서는 동일한 수준의 임금이 지불될 것이다. 그러나 성, 학력, 직종, 업종, 기업규모, 고용형태, 지역 등에 따라서 임금격차가 존재한다.

(1) 성별 임금격차

우리나라에서 성에 따른 임금격차는 여전히 존재한다. 〈그림 7-7〉에서 보는 바와 같이 10인 이상 비농산업에서 2010년 말 현재 남자 근로자의 월 임금총액은 328만원인데 비해서 여성 근로자의 월 임금총액은 211만원에 불과한 것으로 나타나고 있다. 남자 근로자의 임금을 100으로 보면 여성 근로자의 상대적 임금은 64 정도에 그치는 수준이다. 이러한 임금격차는 과거에 비해서는 줄어든 것이다. 그림에서 보는 바와 같이 1980년 여성 근로자의 상대적 임금은 44 정도였으나 그 후 꾸준히 증가하여 64에 이르게 된 것이다.

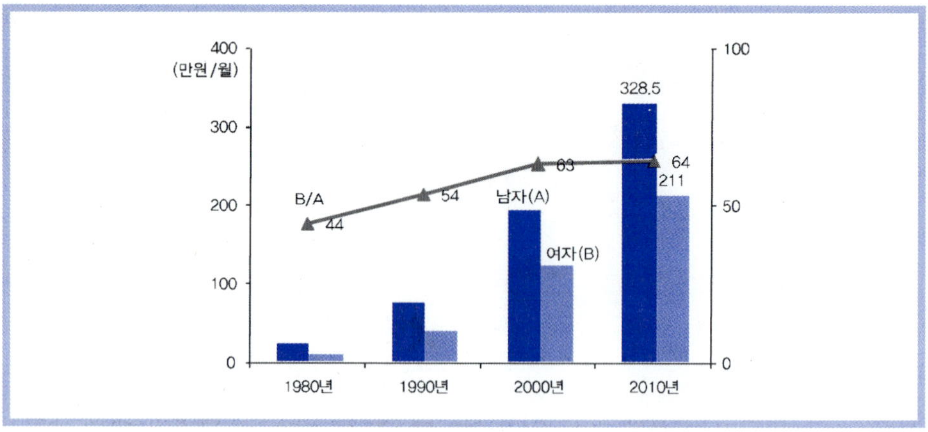

|그림 7-7| 성별 임금격차 자료: 고용노동부

(2) 학력별 임금격차

학력별 임금격차, 특히 대졸자와 고졸자의 임금격차는 소득분배측면뿐만 아니라 교육 등 사회전반에 걸친 문제로 인식되어 왔다. 학력별 임금수준을 보기 위해 대졸자의 임금을 100으로 보면, 1980년의 경우 고졸자가 43, 초(전문)대졸자가 64로 그 격차가 매우 컸으나, 2010년에는 각각 64와 68로 줄어들었다. 특히 고졸자와 전문대졸자의 임금격차는 거의 비슷한 수준이다. 2010년 대졸 근로자의 월 임금총액이 약 371만원인데 비하여 고졸 근로자의 월 임금총액은 239만원이다.

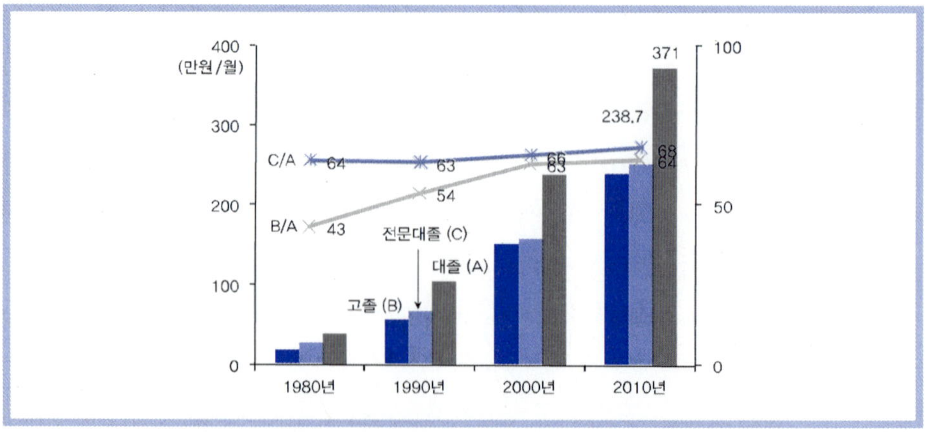

|그림 7-8| 학력별 임금격차 자료: 고용노동부

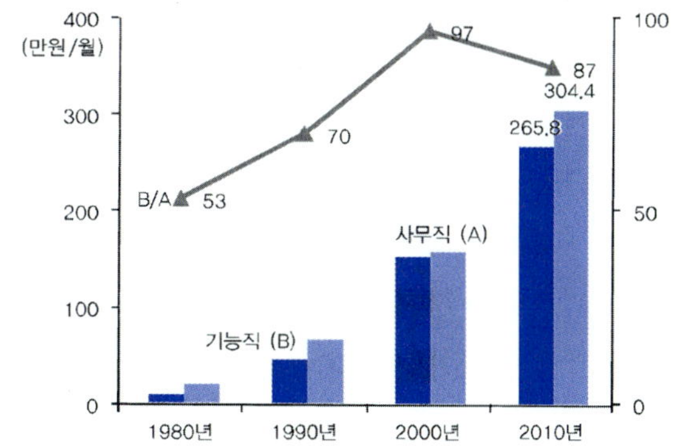

|그림 7-9| 직종별 임금격차 자료: 고용노동부

(3) 직종별 임금격차

흔히들 생산직보다는 사무직의 경우가 근로환경이 더 좋을 뿐만 아니라 임금수준도 더 높을 것으로 생각하는 경향이 있다. 우리나라에서도 예외가 아니다. 〈그림 7-9〉에서 보는 바와 같이 사무직 근로자의 임금을 100으로 볼 때 생산직 근로자의 상대적 임금은 1980년 53에 불과하였다. 그러나 1980년대 후반 이후 노동운동이 자유화되면서 생산직의 임금이 크게 증가하면서 그 격차는 2000년 97 수준까지 좁혀졌다. 그러나 그림에서 보는 바와 같이 지난 10년간 다시 격차가 벌어져 2010년 현재 87 수준을 기록하고 있다. 2010년 생산직 근로자의 월 임금총액이 약 266만원인데 비하여 사무직 근로자의 월 임금총액은 304만원이다.

(4) 산업별 임금격차

〈그림 7-10〉에서 보는 바와 같이 산업별로도 근로자간에 상당한 임금격차가 존재하고 있다. 2010년 금융업 월 임금 총액은 418만원, 제조업은 292만원으로 금융업을 100으로 보았을 때 제조업 종사자의 임금은 70정도의 수준이다. 더구나 금융업과 제조업의 격차는 1980년 52에서 2000년 82까지 좁혀져 왔으나, 2010년 70으로 다시 커지는 경향을 보이고 있다.

(5) 기업규모별 임금격차

앞에서 살펴본 바와 같이 성별·학력별·직종별·산업별로 볼 때 2000년대를

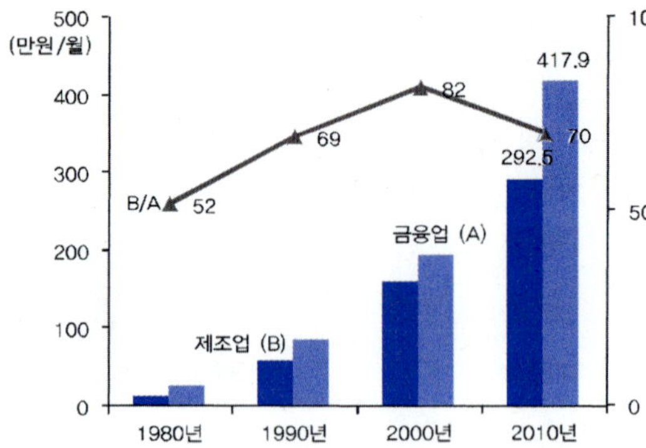

|그림 7-10| 산업별 임금격차 자료: 고용노동부

제외하고 임금격차가 줄어들어 왔다. 그러나 기업규모별 임금격차는 오히려 1980년에 비해서 커지고 있는 추세이다. 〈그림 7-11〉에서 보는 바와 같이 대기업 근로자의 임금을 100으로 볼 때 중소기업 근로자의 상대적 임금은 1980년 91 수준이었다. 그러나 오히려 1990년에 79 수준으로 격차가 벌어지고, 약간 주춤하다가 2010년에는 60 수준으로 크게 떨어졌다. 2010년 대기업 근로자의 월 임금총액이 약 429만원인데 비하여 중소기업 근로자의 월 임금총액은 256만원이다. 이는 취업지망자들이 대기업을 극도로 선호하고, 중소기업을 기피하는 원인이 되고 있다.

(6) 고용형태별 임금격차

IMF 이후 우리나라 고용시장에서 나타난 하나의 중요한 현상은 비정규직 비중의 증가이다. 2002년 전체 근로자 중 비정규직 근로자가 27%를 차지하게 되었으며, 그 이후 꾸준히 증가하여 2011년 현재 34%를 기록하고 있다. 이는 국제적으로도 매우 높은 수준이다.

비정규직 근로자의 임금수준은 정규직 근로자에 비해서 낮을 것임은 분명하다. 그러나 문제는 그 격차가 커져 왔다는 것이다. 〈그림 7-12〉에서 보는 바와 같이 정규직 근로자의 임금을 100으로 볼 때 비정규직 근로자의 상대적 임금은 2002년 67수준이었다. 그러나 그 격차가 벌어져 2010년에는 55를 기록하였다. 2011에는 56으로 증가하기는 하였으나 아직도 정규직과 비정규직의 임금격차는

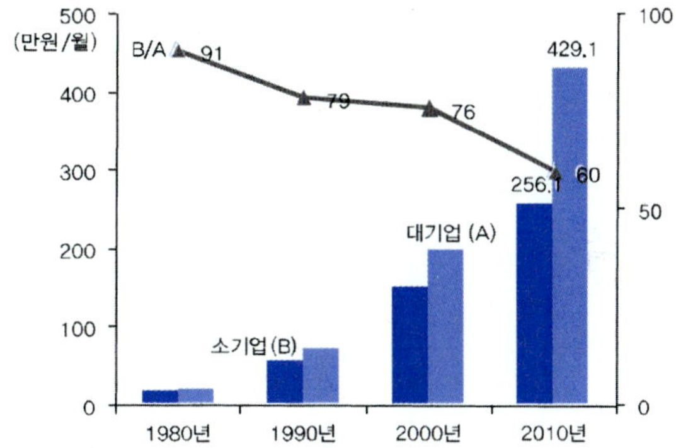

|그림 7-11| 기업규모별 임금격차

주: 소기업은 종업원수 10-29인 기준
자료: 고용노동부

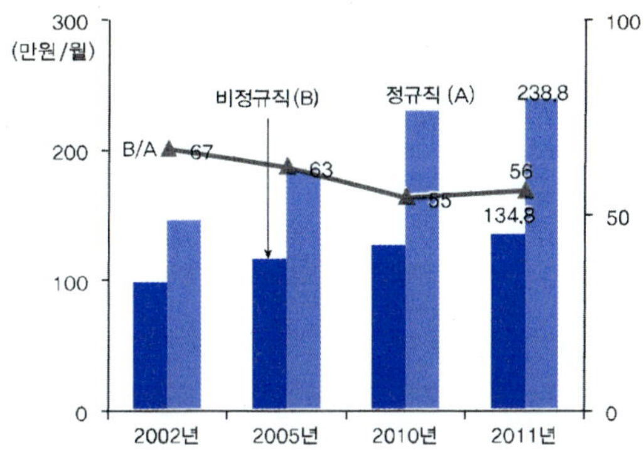

|그림 7-12| 고용형태별 임금격차 자료: 고용노동부

개선될 것 같지는 않다. 2011년 정규직 근로자의 월 임금총액이 약 239만원인데 비하여 비정규직 근로자의 월 임금총액은 135만원으로 나타나고 있다.

(7) 지역별 임금격차

지역별로도 임금격차가 존재한다. 〈그림 7-13〉에서 보는 바와 같이 2011년의 경우 서울특별시의 월평균임금 292만원을 100으로 놓았을 때 제주도는 70 수준으로 가장 낮고, 울산시는 97로 서울특별시와 비슷한 수준으로 나타났다. 70 수준 대에 속하는 지역으로는 대구광역시(74), 광주광역시(76), 강원(77), 충북

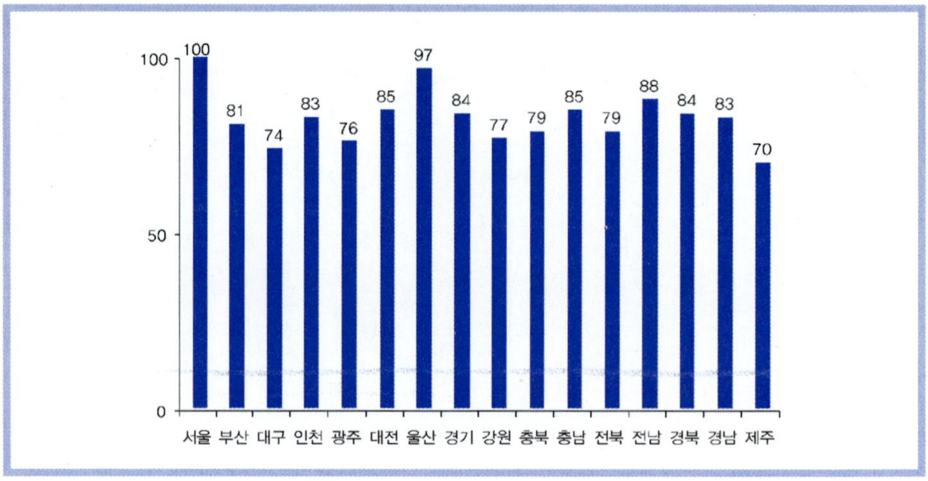

|그림 7-13| 지역별 임금격차(2011년)

주: 서울 월평균임금 292만원을 100으로 놓음.
자료: 한국노동연구원

(79), 전북(79) 등이다. 이러한 지역 간 임금격차는 지역 간 산업구조와 발전정도의 차이에 때문에 발생하는 것으로 보인다.

4) 최저임금제

만약 노동시장에서 임금이 적정하게 결정된다면 정부는 노동시장에 개입할 필요가 없을 것이다. 그러나 현실은 그렇지 못하다. 임금수준이 최저생계비에도 못 미치게 지급되는 일이 발생하는데, 특히 청소년, 여성 등의 노동서비스가 이러한 취급을 받는 경우가 많다. 이에 따라 정부는 노동시장에 개입하게 된다. 이의 구체적인 정책수단이 최저임금제이다.

(1) 한국의 최저임금제

최저임금제도란 정부가 생각하는 수준—생계유지—이하의 임금을 기업이 종업원에게 지급하는 것을 불법화하는 제도로서 미국을 비롯한 대부분의 나라에서 실시되고 있다. 우리나라도 1986년 12월 31일 최저임금법을 제정·공포하고, 1988년 1월 1일부터 이 제도를 실시해 오고 있다. 최저임금제 도입 첫해인 1988년에는 상시고용인 10인 이상의 제조업체에 한정하여 실시하였으나 1990년에는 상시근로자 10인 이상의 전산업으로 확대하였고, 2001년 9월부터는 1인

|표 7-1| 우리나라의 최저임금제도

기간	적용업종	최저임금 (시간급)	최저임금 (월환산액)	전체 근로자수(A)	수혜 근로자수(B)	영향률 (B/A)
1988년	10인 이상 제조업	462.5원	111,000원	2,267,000명	94,000명	4.2%
1990	10인 이상 전산업	690	165,600	4,386,000	187,000	15.9
99.9-01.8	5인 이상 전산업	1,600	361,600	5,031,000	54,000	1.1
01.9-02.8	1인 이상 전산업	2,100	474,600	7,152,000	201,000	2.8
05.9-06.8	1인 이상 전산업	3,100	700,600	14,584,000	1,503,000	10.3
2010	1인 이상 전산업	4,110	928,860	16,103,000	2,566,000	15.9
2013	1인 이상 전산업	4,860	1,098,360	17,500,000	2,582,000	14.7

자료: 고용노동부

이상 전산업에 적용되고 있다. 2013년 현재 최저임금은 전산업에 대해서 시간급 4,860원, 월환산액 1,098,360원이다. 최저임금제도하에서 직접적으로 영향을 받는 근로자의 수는 〈표 7-1〉에서 보는 바와 같이 2013년 기준으로 258만 2천 여명인데 이는 전체 대상근로자의 14.7% 수준이다.

(2) 최저임금제의 경제적 효과

앞에서 살펴본 바와 같이 최저임금제도에 직접 영향을 받는 근로자는 대상근로자의 14.7%로서 이들은 일반적으로 숙련노동자 또는 고학력자라기보다는 비숙련노동자나 십대 근로자들이다. 이제 〈그림 7-14〉를 이용하여 최저임금제가 미치는 경제적 효과를 분석해 보기로 하자. 그림에서 DD는 노동에 대한 시장수요곡선이고 SS는 비숙련노동자의 노동공급곡선이다. 완전경쟁적 노동시장에서는 시장균형은 DD와 SS가 만나는 e점에서 달성되며, 이때의 균형임금은 월 80만원, 균형고용량은 300만명이라고 하자. 이 상태에서 정부가 비숙련노동자들을 위해 최저임금을 100만원으로 규정했다고 하자. 이러한 최저임금제의 효과는 부정적인 측면과 긍정적인측면으로 나누어 분석할 수 있다.

① 부정적 측면

최저임금제의 부과로 인해 나타날 수 있는 첫 번째 효과는 비숙련노동자의 고용감소이다. 〈그림 7-14〉에서 보는 바와 같이 최저임금 100만원에서 기업은

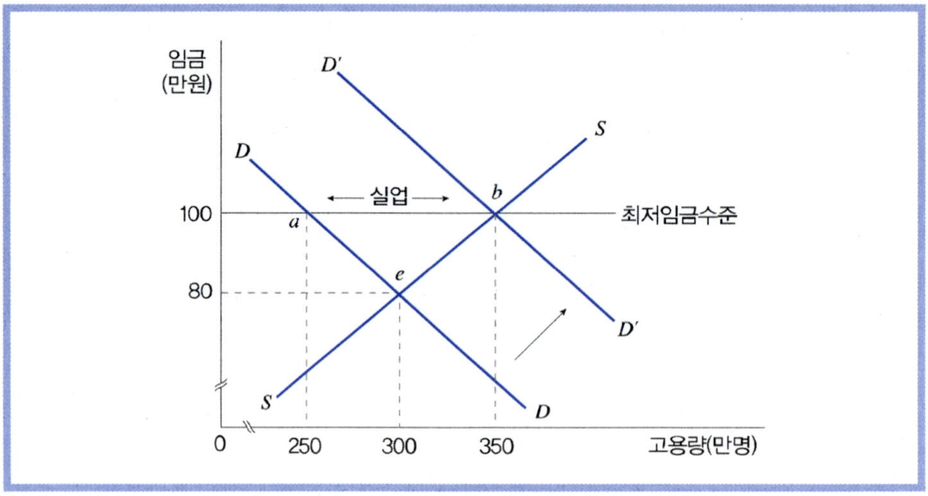

|그림 7-14| 최저임금제의 경제적 효과

250만명을 고용하려 하나(DD곡선의 a점), 350만명이 노동을 공급하려고 할 것이다(SS곡선의 b점). 그 결과 종전의 시장균형임금 80만원에서는 없었던 100만명의 노동초과공급, 즉 실업이 발생한다. 이 중 50만명은 최저임금수준에서 일하기를 원하나 채용되지 못한 사람들이고(SS 곡선 상에서 b점에서 e점으로의 이동), 50만명은 기업이 최저임금수준에서 고용을 줄이려 하기 때문에 채용되지 못한 사람들이다(DD곡선 상에서 e점에서 a점으로의 이동). 이것은 최저임금제의 적용을 받는 사람은 저소득층이므로 오히려 이들의 고용을 줄임으로써 오히려 복지수준을 낮출 수 있음을 말해 준다.

이외에도 최저임금제가 비숙련노동자들에게 줄 수 있는 부정적 효과가 존재한다. 일부 기업들이 임금수준을 높인 것을 만회하고자 종전에 주던 월급 이외의 복지급여—급량비, 피복비, 의료비 등—를 감축시킬 수도 있다. 뿐만 아니라 최저임금제가 실시되기 전에 비숙련노동자를 훈련시키기 위해 활용하던 OJT(On the Job Trainning)나 도제제도를 꺼려할 수 있다. 이러한 부정적 효과는 단기보다는 장기에서 더 크게 나타날 것이다. 왜냐하면 임금상승으로 기업은 첨단장비를 많이 쓰는 쪽으로 기술진보를 진행시켜 결국은 기계가 사람을 대체하게 되는데, 일반적으로 기술진보는 장기적인 현상이기 때문이다. 이에 따라 최저임금제는 산업구조를 고도화시킨다. 즉 노동집약적 산업에서 기술집약적 산업으로, 경공업중심에서 기계공업중심으로 산업구조를 고도화시켜 고생산성·고임금

경제로의 구조변화를 가져올 수 있다. 그러므로 만약 정부가 최저임금제의 이러한 비숙련노동자의 고용감소라는 부정적 효과를 인식한다면, 정책의 초점이 단순한 임금규제보다는 비숙련노동자에 대한 교육훈련에 맞추어져야 할 것이다.

② 긍정적 측면

이상의 결론은 완전경쟁적 노동시장에 대한 분석에서 비롯되었으므로 최저임금제의 부정적 효과는 비현실적이라고 주장하는 사람들도 있다. 현실적으로 노동시장은 불완전 경쟁적이므로 최저임금제는 고용을 감소시키지 않고도 시행될 수도 있다는 것이다. 사실 완전경쟁시장에 비해 고용이 제한되는 불완전경쟁시장에서는 최저임금제로 임금이 상승하면 오히려 더 많은 직장을 창출할 수도 있다.

더 나아가서 최저임금제를 효과적으로 실시하면 노동자들의 생산성이 증가되고, 이것은 노동수요곡선을 $D'D'$로 우상향 이동시켜 실업발생효과가 상쇄될 수도 있다. 그렇다면 최저임금제가 어떻게 생산성을 증가시킬 수 있는가? 첫째로 최저임금제는 주로 생산성이 낮은 비숙련노동자를 고용하는 기업에 적용되므로 최저임금제는 노동을 보다 더 효율적으로 사용하게끔 하는 일종의 충격이 될 수 있으며, 그 결과 노동의 생산성은 향상될 것이다. 둘째로 임금수준의 증가는 가계의 실질임금의 증가를 가져오고, 이에 따라 노동자의 건강과 근로의욕이 향상되면서 생산성이 증가될 수 있다.

7.3 ▸ 소득분배

1) 소득분배문제의 중요성

"누구를 위하여 생산할 것인가"의 문제, 즉 소득분배(income distribution)의 문제는 국민경제의 3대 기본과제중의 하나로서 매우 중요하다. 특히 소득분배가 공평하게 이루어지고 있느냐의 여부는 근로자들의 근로의욕과 직결된다. 가령 자기가 일한 만큼 받지 못한다고 생각하는 근로자가 직장에서 열심히 일하겠는가? 더 나아가서 소득분배의 형평은 우리나라의 여건에 비추어 볼 때 정치 및 사회 안정에 중요한 요인이 아닐 수 없다. 왜냐하면 제1장에서 본 바와 같이 공평한 소득분배의 달성과 저소득층 ― 대부분 저임금층 ― 에 대한 기본생활여건의 충족은 국민들의 성취감을 만족시켜 줄 뿐만 아니라, 각 사회계층간의 관계를 원활히 해줌으로써 사회안정의 바탕을 제공하기 때문이다.

이 점은 일찍이 경제학자 허쉬만(A.Hirshman)에 의해서 강조된 바 있다. 그는 1960년대 경제성장의 성공사례로 높이 평가되고 있던 나이지리아와 파키스탄이 경험한 정치·사회적 불안정의 원인을 '터널효과(tunnel effect)'라는 개념을 통해서 규명하였다. 즉, 교통혼합으로 터널입구에 차량이 밀려 두 줄로 서 있다가 어떤 한 줄의 차량이 먼저 빠지기 시작하면, 다른 줄의 운전사들도 곧 가게 될 것이라고 기대하나 이것이 너무 오랫동안 지체되면 화가 나게 된다는 것이다. 이것은 경제성장과정에서 저소득계층의 소득불평등도에 대한 '사회적 용인도(level of tolerance)'가 장기에 걸쳐 낮아지고, 이에 대한 처방이 없으면 아무리 성공적인 고도성장사회라 하더라도 분배문제로 인한 국가적인 불안정을 감당하지 못한다는 것을 말해 주는 것이다. 이와 같이 소득분배의 형평은 중요한 과제임에도 불구하고 그간 우리나라에 있어 이 문제는 소홀이 다루어져 왔던 감이 없지 않다.

2) 소득분배의 측정

소득분배는 기능적 측면과 인적 측면의 두 가지 면에서 볼 수 있다. 소득의 기능적 분배란 생산요소의 기능에 따라 지급되는 보수, 즉 소득이 근로소득이냐 재산소득이냐 등으로 파악하는 것을 말하는데, 이에 대해서는 제4장에서 살펴보았다.

소득의 인적 분배는 국민소득이 각 개인에게 얼마만큼씩 돌아가느냐를 기준으로 해서 파악하는 것을 말한다. 우리는 흔히 "국민 모두가 잘 살아야 한다" 혹은 "가진 자보다는 가지지 못한 자에 대해서 더 관심을 기울여야 한다"는 말을 들 수 있는데, 이것은 소득분배를 인적 측면에서 보는 것이다. 이와 같이 소득을 사람 중심으로 다룰 때에는 잘 사는 사람, 못 사는 사람 혹은 잘 사는 계층, 못 사는 계층의 파악이 중심이 되므로 이를 소득의 계층별 분배라고도 한다.

소득의 인적 또는 계층별 분배상태는 통상 가계단위에서 파악된다. 이것은 소득을 국민 개개인 수준에서 파악하는 일이 통계처리상 어려울 뿐만 아니라 국민들 중에는 학생, 주부, 노약자 등 소득이 전혀 없는 사람들도 있기 때문이다. 지금까지 계층별 소득분배를 측정하는 데는 로렌츠곡선, 지니계수, 타일지수, 5분위분배율 등 여러 가지 방법들이 상호 보완적으로 사용되어 왔다. 이 중에서 가장 널리 사용되고 있는 5분위분배율과 로렌츠곡선 및 지니계수를 통해 우리나라의 소득분배상태를 살펴보자.

(1) 5분위분배율

2012년 현재 우리나라의 가구수는 1,715만개이다. 이들을 소득의 크기에 따라서 소득이 적은 가구부터 많은 가구 순으로 일렬로 정렬한 다음, 5등분(20%씩 등분)한다고 하자. 이때 5분위분배율이란 소득상위 20%의 평균소득을 소득하위 20%의 평균소득으로 나누어준 값이다. 즉

$$5분위분배율 = \frac{소득상위\ 20\%\ 평균소득}{소득하위\ 20\%\ 평균소득}$$

위의 식에서 보는 바와 같이 5분위분배율이 커질수록, 소득하위에 대한 소득

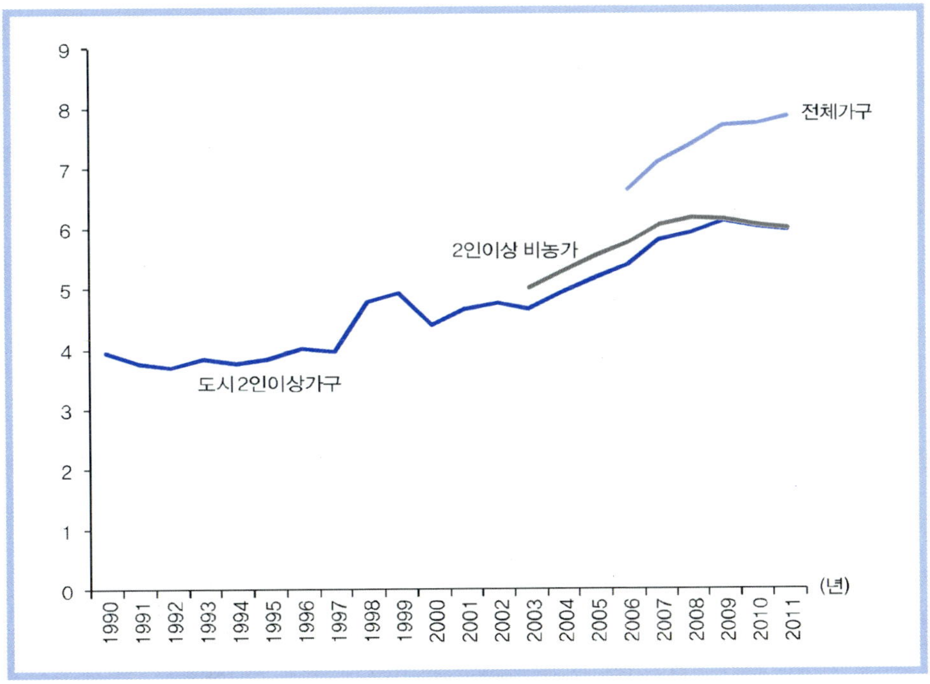

|그림 7-15| 한국의 5분위분배율 추이 자료: 통계청

상위의 값이 커지므로 소득분배는 더 불평등해진다. 반대로 5분위분배율의 값이 작을수록 소득은 평등하게 분배된 것이다.

〈그림 7-15〉에는 5분위분배율에 의한 우리나라 가계의 소득분배 현황이 나타나 있다. 그림에서 보는 바와 같이 2011년 우리나라의 5분위분배율은 도시2인가구를 기준으로 5.96을 기록하였다. 전체가구를 기준으로 보면 7.86으로 더 높게 나타난다.

기간별로 보면 1990년대 초중반에는 도시2인가구를 기준으로 5분위분배율이 4 정도였으나, 1997년 IMF 외환의기 이후 4.78로 크게 증가한 이후 계속 소득분배의 불평등 정도가 심화되어 왔다. 이는 외환위기 당시 정책이 중산층에 불리하게 전개되었던 데다가(예: 고금리정책), 산업 및 기업 구조조정이 진행되면서 대량해고 등으로 신빈곤층이 형성되었고, 고용구조가 악화(예: 비정규직의 증가와 최저임금적용 대상자 급증)되었기 때문으로 보인다.

(2) 로렌츠곡선과 지니계수

소득분배를 측정하는 또 하나의 방법은 가구점유비율과 소득점유비율을 비교하는 로렌츠곡선(Lorenz curve)이다. 만약 소득이 완전히 평등하게 분배되어 있다면, 가구의 10%가 소득의 10%, 가구의 20%가 소득의 20%를 점유하고 있을 것이다. 이 경우 로렌츠곡선은 〈그림 7-16〉에서 보는 바와 같이 대각선이 될 것이다. 이와 반대로 소득이 완전히 불평등하게 분배되어 있다면 한 가구만이 전부 점유하고 있을 것이고, 이 경우 로렌츠곡선은 OBA가 될 것이다. 그러나 이와 같이 소득분배가 완전히 평등하거나, 완전히 불평등한 경우는 없으므로 현실적으로는 OCA와 같이 곡선의 형태를 보일 것이다. 따라서 만약 로렌츠곡선이 대각선에서 멀어질수록 소득분배는 불평등하게 분배된 것으로 판정할 수 있다.

한편 지니계수(Gini coefficient)는 로렌츠곡선의 상황을 하나의 값으로 나타낸 것이다. 지니계수는 완전균등을 나타내는 대각선과 실제 분배를 나타내는 로렌츠곡선 사이의 면적(G)을 완전불균등을 나타내는 삼각형 OAB 면적으로 나눈 비율이다. 지니계수의 값은 0(완전균등분배)에서 1(완전불균등분배) 사이의 값을 가지며, 5분위분배율과 마찬가지로 그 값이 작을수록 소득이 균등하게 분배되었다고 판정할 수 있다.

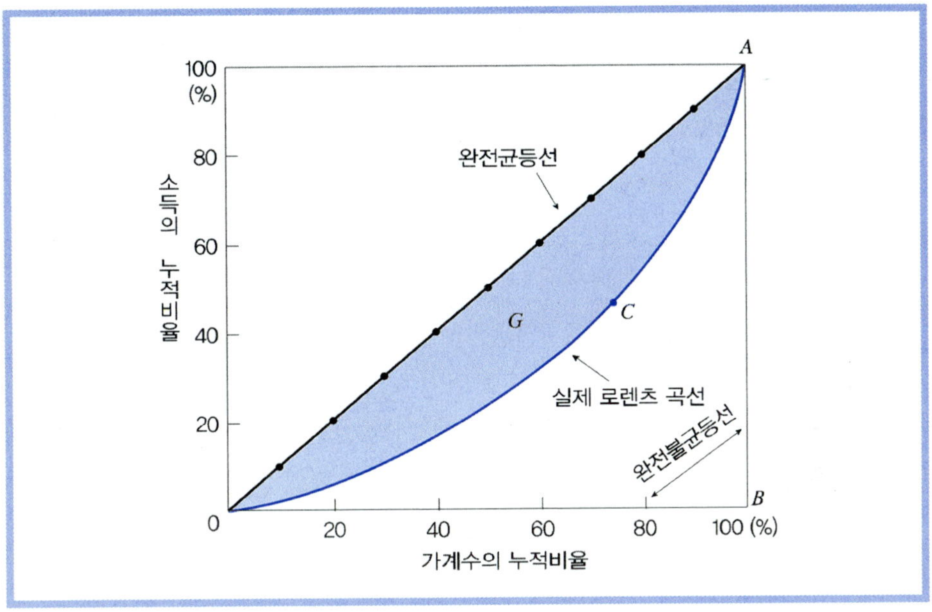

|그림 7-16| 로렌츠곡선

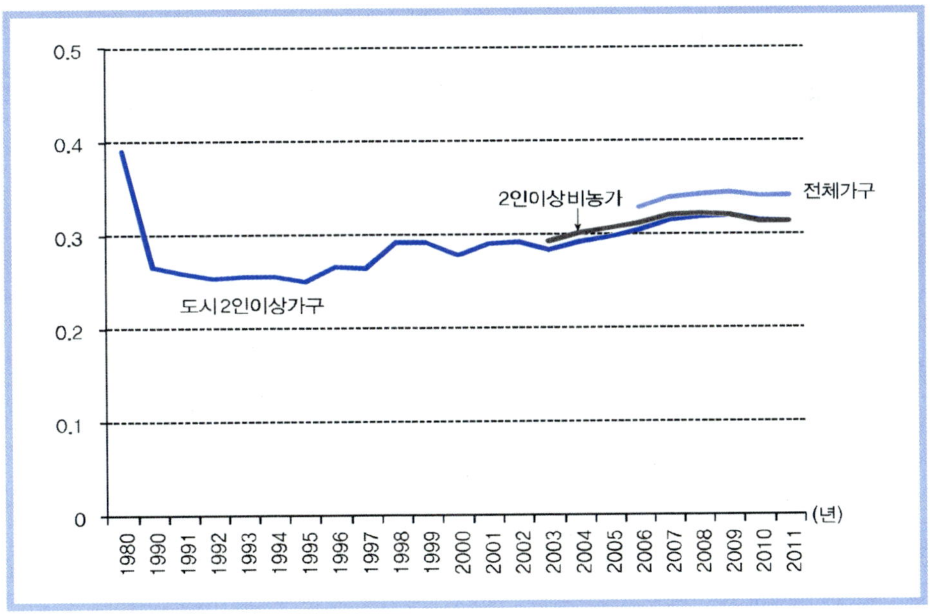

|그림 7-17| 지니계수를 통해서 본 한국의 소득분배 자료: 통계청

국제관례상 지니계수의 균등도의 판정기준은 다음과 같다.

지니계수 < 0.4 → 저불균등 분배
0.4 < 지니계수 < 0.5 → 중불균등 분배
지니계수 > 0.5 → 고불균등 분배

우리나라의 지니계수의 값(도시2인 이상 기준)은 〈그림 7-17〉에서 보는 바와 같이 1980년에는 0.39로 중불균등 분배에 가까웠다. 그러나 1980년대에 계속 감소하여 1996년 0.27로 크게 낮아졌다. 그러나 외환위기 이후 다시 0.3선에 근접하였고, 2000년대 계속 증가하여 2011년 현재 0.313을 기록하고 있다. 전체 가구 기준으로는 0.342이다. 이와 같이 지니계수가 1990년대 말 이후 계속 증가하고 있으나, 국제기준으로 볼 때는 아직도 저불균등 분배 국가라고 할 수 있다.

〈그림 7-18〉에서 보는 바와 같이 세계평균 지니계수는 0.44이며, OECD회원국들의 평균 지니계수는 0.31이다. 국가별로는 중국(0.61), 브라질(0.56) 등이 고불균등 국가이고, 덴마크(0.25), 일본(0.33) 등은 저불균등 상태에 있다. 특히 덴마크 등 북유럽국가들의 지니계수 값은 매우 낮은 것으로 알려져 있다. 우리나라의 지니계수는 2011년 0.34로 국제적으로는 소득분배가 비교적 균등한 국가라고 볼 수 있다.

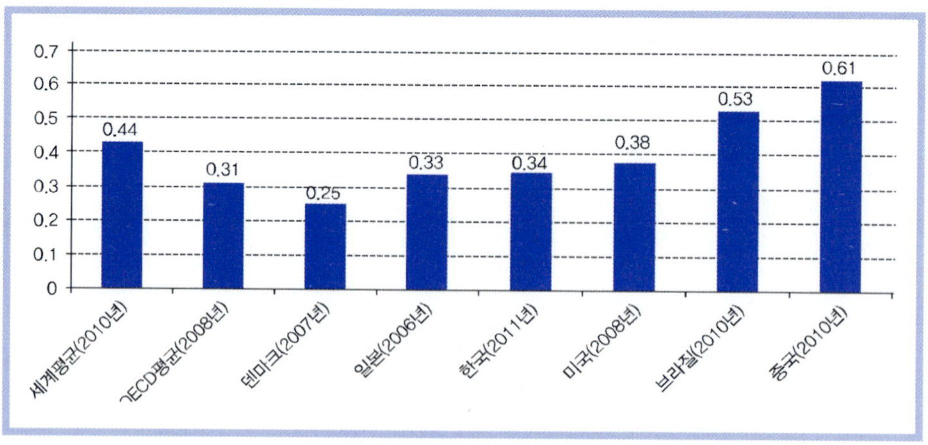

|그림 7-18| 지니계수 국제비교 자료: 국제노동기구와 노동연구원

7.4 저소득층의 문제

근로자들의 근로여건조성 및 사회안정이라는 측면에서 볼 때 저소득계층이 중요한데, 이 중에서도 절대빈곤층이 고려되어야 할 중요한 대상이다. 앞에서 살펴본 바와 같이 저소득계층은 5분위분배율을 기준으로 하면 소득수준의 하위 40% 계층을 말하며, 절대빈곤층은 이 중에서 생활유지가 극히 어려운 노동무능력자를 포함한 생활보호대상자라 할 수 있다. 먼저 저소득층에는 대체로 저임금을 받는 근로자들이 속한다고 할 수 있겠다. 특히, 저임금과 관련하여 임금계층별 근로자의 분포를 보면 낮은 임금계층에 근로자들이 집중되어 있어 최저생계비의 확보가 어렵다는 점이 지적되고 있다.

보건복지부에 따르면 우리나라 생활보호대상자수는 2010년 현재 약 155만명으로 총인구의 3.2%를 차지하고 있다. 이들의 구성을 보면 생활보호법에 의한 시설보호대상자가 6%, '영세민'이라 불리는 자활보호대상자가 94%를 차지하고 있다.

이와 같은 절대적 빈곤문제는 한국사회가 점차 산업화·도시화됨에 따라 그 심각성이 더해 가고 있다고 볼 수 있다. 구체적인 예로 전통적인 대가족제도하에서 상부상조하던 풍조가 급속한 핵가족화로 약해져 가고 있으며, 이에 따라 저소득계층, 특히 절대빈곤층에 대한 정부의 직접적인 보조가 요청되는 일면도 있다.

생활무능력자의 경우에는 정부가 직접 그들이 생활비를 보조해주는 방법밖에는 없을 것이다. 실제로 보건복지부는 2011년도 최저생계비를 4인가족 기준으로 143만 9천원으로 고시하였고, 수급자에게는 소득인정액을 제외한 금액을 일정 범위 내에서 지급하고 있다(〈그림 7-19〉). 교육비, 의료비는 해당가구원이 있을 경우 별도로 지급한다.

이외에도 소득증대가 개선될 소지가 있는 빈곤층의 경우에는 고용제도의 개선, 주택자금보조, 사회보험, 생필품의 안정공급, 교육훈련을 통해 이들의 생산성을 향상시켜 줄 수 있고, 최저임금제 등을 통해 이들에게 생계를 보장하는 임금을 받게 할 수 있으며, 소득세 등 조세를 감면해 줄 수도 있다. 현재 우리나라에서도 정부는 저소득층에 대한 소득세 면제를 비롯한 여러 가지 정책과 최저임

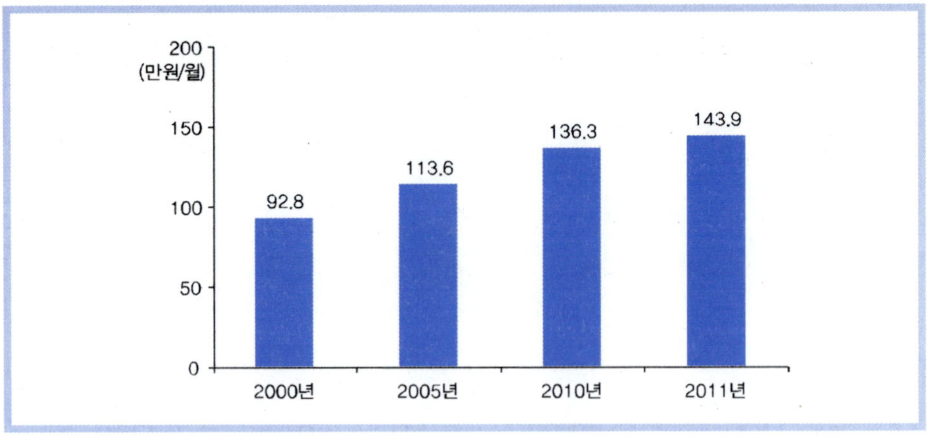

|그림 7-19| 우리나라의 최저생계비 수준(4인가족 기준) 자료: 보건복지부

금제 실시 등 노력을 기울이고 있으나, 아직도 이러한 정책에 대한 제도적 장치가 미흡한 실정이다. 따라서 앞으로 근로자의 근로여건조성 및 사회안정이라는 차원에서 이에 대한 관심과 정책적 보완이 필요하다고 여겨진다.

7.5 노동운동

임금이 결정되는 노동시장은 그 주체가 어디까지나 인간인 까닭에 비인격적인 시장에서 거래되는 이자, 지대, 이윤 등 다른 생산요소와는 달리 노사관계, 작업환경, 정치 등 사회 전반적인 문제와도 관련되어 있다. 특히 노동자들은 노동조합을 결성하여 임금수준에도 영향을 미치며, 정치적 힘을 발휘하기도 한다. 그렇다면 한국에서의 노동조합의 현황은 어떠하며, 얼마만큼 영향력을 가지며, 더 나아가서 바람직한 노사관계는 어떠해야 하는가?

우리나라는 기업역사가 짧기 때문에 엄격한 의미에서의 노동조합이나 노동운동의 전통이 미약하다. 사실 우리나라의 경우 노동운동은 해방 전에는 일제에 대한 독립투쟁으로 연결되었고, 해방 후에는 정치운동의 성격을 띠었다. 따라서 노동운동은 근로자의 임금인상이나 복지향상을 위한 노력은 물론 포함하고 있었으나 투쟁이나 정치적 색채가 강하였다. 그러나 1990년대 이후부터 노동운동이 임금인상이나 복지향상 등 본래의 목적을 추구하는 경향을 보이고 있으며, 한편으로는 정치민주화와 지방자치제 실시를 계기로 하여 노동조직이 본격적으로 정치세력화 되고 있다.

현재 우리나라 노동운동의 성격을 어떻게 규정할 수 있는가? 노동운동의 유형은 대체로 두 가지 기준에 의해서 분류해 볼 수 있다. 하나의 기준은 노사관계가 대립적이냐 아니면 협조적이냐는 것이고, 다른 하나의 기준은 노동조직이 강하냐 아니면 약하냐는 것이다. 이 두 가지 기준에 따라서 〈그림 7-20〉에는 주요국의 노동운동의 유형이 요약되어 있다. 노사관계가 대립적이고 노동조직이 강한 A 유형에는 영국 등이 속한다. 노사관계가 협조적이고 노동조직이 약한 D유형은 찾아보기 어렵다. 노사관계가 협조적이면서도 노동조직이 강한 B유형에는 독일, 일본 등이 속하며, 노동조직은 약하면서 노사관계가 대립적인 C유형에는 미국 등이 속한다고 볼 수 있다.

이제 위의 두 가지 기준을 가지고 우리나라의 노동운동의 유형을 알아보자. 먼저 노동조직부터 살펴보면, 우리나라의 노동조직의 강도는 약하다고 볼 수 있다. 〈그림 7-21〉에서 보는 바와 같이 우리나라 근로자 중에서 노동조합에 가입한 사람은 1990년 이후 지속적으로 감소해 왔다. 뿐만 아니라 임금 근로자 중에서 노동조합원이 차지하는 비중을 나타내는 노동조직률 역시 계속 감소하여 2010년 현재 한자리수(9.7%)를 기록하고 있다. 이러한 노동조직률은 일본의

		노사관계	
		대립	협조
노동조직	강	A 영국	B 독일, 일본
	약	C 미국	D

|그림 7-20| 노동운동의 유형

주: 노동조직률이 15% 이상이면 '강'으로, 이하면 '약'으로 분류

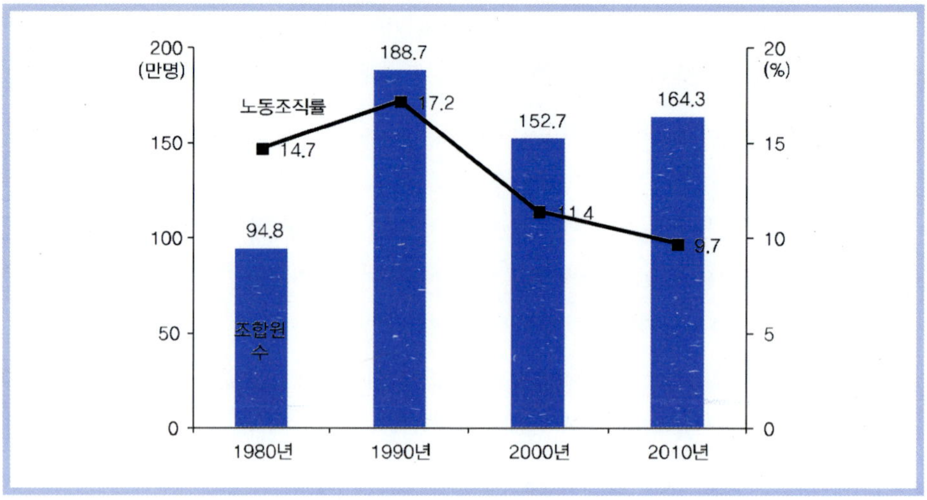

|그림 7-21| 노조원수 및 노동조직률 자료: 고용노동부

18%선에 비해서 뒤떨어지는 수준이며, 조직의 활동영역이나 결속력 면에서도 미흡한 실정이다(〈그림 7-22〉).

한편 노사관계의 성격은 어떠한가? 대립적인가, 아니면 협조적인가? 이는

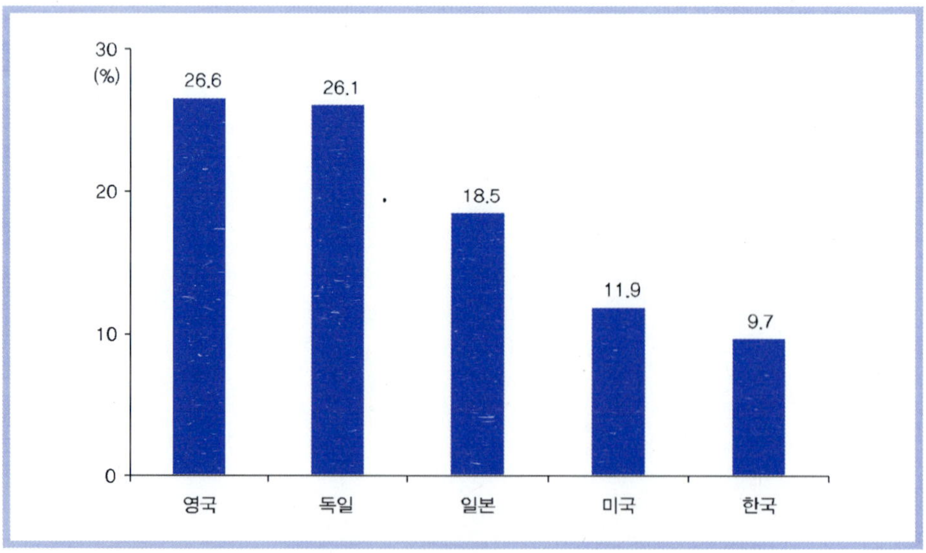

|그림 7-22| 노동조직률의 국제비교(2010년)

주: 독일은 1998년 자료
자료: 노동연구원

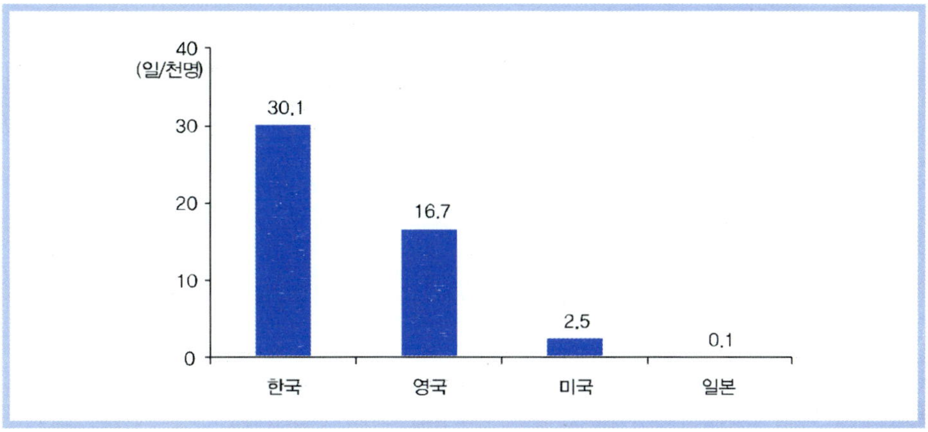

|그림 7-23| 국가별 파업성향(2010년)

주: 파업성향은 임금근로자 1,000명당 노동손실일수
자료: 한국노동연구원

〈그림 7-23〉의 파업성향을 통해서 추정해 볼 수 있다. 그림에서 보는 바와 같이 2010년 우리나라 파업성향, 즉 임금근로자 천 명당 노동손실일수를 보면 30.1로 영국(16.1), 미국(2.5)에 비해서도 높게 나타나고 있다. 일본의 0.13에 비해서는 매우 높은 수치이다. 따라서 우리나라의 노사관계는 대립적인 성격을 띤다고 할 수 있다. 사실 아직도 많은 근로자들은 노동조합의 기능을 대립과 투쟁에서 찾고, 타협과 협조를 비굴시하는 풍조가 없지 않다. 이는 조선시대의 신분제도, 일제하 독립투쟁으로서의 노동운동, 해방 후 좌우이념대립 등 역사에 뿌리를 두고 있으며, 최근 노노분쟁(어용노조배격) 등 선명성 경쟁도 하나의 요인이 될 수 있다. 뿐만 아니라 노사분규의 방법도 농성, 시위 등 과격한 양상을 보이고 있으며, 외국인들이 노사관계의 불안정을 이유로 투자를 꺼려하는 경향도 없지 않다. 한편 기업이나 제3자로서의 정부는 일방적 협조와 타율적 규제를 고집하는 성향도 있다.

이상에서 우리는 한국의 노동운동의 유형이 어디에 위치하고 있는가를 간단히 더듬어 보았다. 요약하면, 우리나라의 노동운동은 노동조직이 비교적 약하고, 노사관계도 여전히 대립적인 C유형에 속한다고 볼 수 있다. 그러면 앞으로 우리나라의 노동운동이 어떤 방향으로 가야 바람직할 것인가? 물론 노동조직을 잘 형성시키고 이를 강화시켜 가면서 근로자의 권익과 근로조건, 더 나아가서는 근로자의 생활향상을 모색해야 할 것이다. 그러나 이러한 목적을 달성하기 위해서는 노사관계가 영국이나 미국과 같이 대립적일 수도 있고, 한편으로는 독일이나 일본처럼 협조적일 수도 있음을 인정해야 한다. 그렇다면 이 두 방향 중 어느 쪽으로 가는 것이 바람직할 것인가? 흔히 많은 사람들이 노동운동의 방향이 대립적인 A유형으로 가는 것을 당연시하는 경향이 있는 듯하다. 그러나 자율화와 개방화라는 한국경제의 여건을 생각해 볼 때, 우리나라의 노동운동의 방향이 노동조직은 강하면서도 노사관계가 협조적인 B유형으로 가는 것이 바람직하지 않나 본다. 앞으로 정부는 시장에 대한 개입을 줄이고 민간중심의 경제체제로의 전환을 꾀하고 있고, 경제의 개방화를 주요과제로 삼고 있으므로 노사 간의 협조적 분위기가 더욱 중요하게 되었다. 수출을 예로 들어보자. 이른바 '글로벌화' 시대에 국제경쟁력이 없으면 아무리 정부와 기업이 수출을 강조한다 하더라도 소용이 없을 것이다. 가령 국내 자동차 회사가 외국에 수출한 승용차를 겉으로 아무리 잘 만들었다 하더라도 노사 간의 대립으로 근로의욕이 저하되어 '볼트'와 '너트'조이는 일을 소홀히 한 결과, 교통사고가 빈번하다면, 국산 자동차의 수출은 어려워질 것은 자명하다. 결국 국제경쟁력은 작업장에서 생산활동을 직접 맡고 있는 근로자들이 회사 일을 얼마나 자기 일처럼 책임감을 갖고 성심껏 일하느냐 하는 분위기의 조성, 즉 협조적인 노사관계에 달려 있다고 볼 수 있다. 그러므로 근로자, 기업경영자, 그리고 정부는 이러한 관점에서 노사문제를 보고, 또한 이러한 방향으로 가기 위한 준비와 노력에 힘을 기울여야 할 것이다.

제8장

화폐와 금융

경제순환모형에서 재화, 서비스, 생산요소 등 실물에 대한 반대급부로서 화폐의 흐름이 있음에도 불구하고 지금까지는 화폐에 대한 언급이 없었다. 이제 화폐(돈)에 초점을 맞추어 한국경제를 분석할 차례가 되었다. 이 장에서는 화폐의 본질과 통화량의 정의에 대해서 알아보고, 은행시스템과 정부의 금융정책을 이해한다.

8.1 ▸ 사례: 하이퍼인플레이션

화폐는 사람의 몸에 흐르는 피(blood)에 비유될 수 있다. 경제순환모형에서 본 바와 같이 돈은 국민경제의 모든 부분을 돌아다니거나 장롱 혹은 금고 속에 머물 수도 있다. 또는 은행이나 증권회사를 통하여 기업으로 흘러들어가 시설확대, 생산증대, 그리고 고용증대에 이바지할 수 있으며, 인플레이션을 유발시키는 요인으로 작용하기도 한다.

통화 남발로 말미암아 물가가 폭등하여 경제가 지진이 난 것처럼 흔들린 적이 있었다. 1920년대 초 독일과 헝가리 등지에서 발생하였던 하이퍼인플레이션(hyper-inflation)의 경우이다. 하이퍼인플레이션은 한 달에 50% 이상(연간으로는 100배 이상) 물가가 상승하는 현상이다. 독일의 경우 1919년 12월 500억 마르크가 유통되고 있었으나, 1923년에는 통화량이 무려 49,658,534,590백억 마르크라는 천문학적 숫자로 팽창한 결과 마르크화의 가치는 휴지에 불과했던 것으로 알려지고 있다. 당시 커피를 주문할 때와 커피가 나올 때 가격이 달라지며, 식당에서 음식을 기다리는 동안 종업원이 가격이 오르는 메뉴판을 들고 다녔다고 한다. 가히 지진에 비유할 수 있는 현상이 아닐 수 없다.

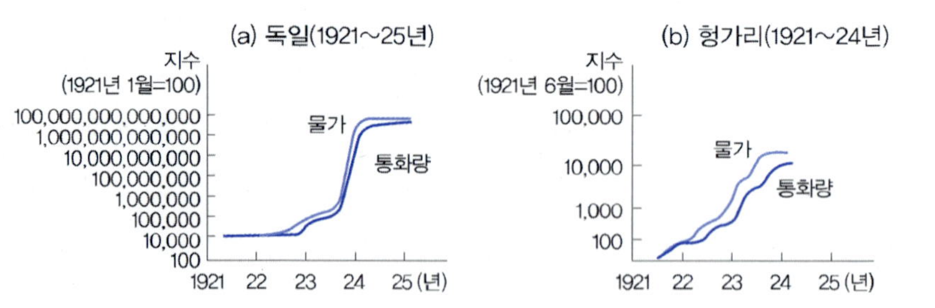

|그림 8-1| 통화량과 물가: 하이퍼인플레이션

주: 통화량과 물가의 변화속도를 보여주기 위해서 종축의 값에 로그(log)를 취했다. 따라서 종축의 길이는 통화량과 물가의 %변화를 보여준다.

자료: Mankiew, N.G., *Principles of Economics*, The Dryden Press, 1997.

8.2 ▶ 화폐란?

1) 화폐의 정의

화폐란 도대체 무엇인가? 이 물음에 대한 대답은 아직도 학자들 간에 의견의 일치를 보지 못하고 있지만, 화폐란 "화폐가 하는 일 그 자체(Money is what money does)" 라는 정의에 대해서는 대체로 수긍하고 있다. 다시 말해서 화폐의 기능을 수행한다면 그 어떤 것이라도 화폐가 될 수 있는 것이다. 화폐가 하는 일은 다음 세 가지로 요약될 수 있다.

첫째, 화폐의 가장 중요한 기능은 교환의 매개기능이다. 만약 화폐가 없다면 전문화와 분업에 입각한 우리의 경제체제는 도저히 유지될 수 없을 것이며, 우리는 아주 원시적인 생산 및 교환체제로 후퇴할 수밖에 없을 것이다.

둘째, 화폐는 가치의 저장수단이 된다. 물론 화폐가 아닌 다른 실물자산이라든가 혹은 금융자산도 가치의 저장수단으로 사용될 수 있으며, 더욱이 이들은 수익을 가져올 수 있다. 이런 자산을 보유하는 대신 화폐를 보유하게 되면 이로 인한 수익은 없으나, 그 대신 필요한 경우에는 언제라도 재화나 서비스로 교환할 수 있기 때문에 유동성(liquidity)이 높다는 장점을 지니고 있다. 이러한 이유로 사람들은 화폐를 가치저장의 수단으로 사용하는 것이다.

셋째, 화폐의 교환매개수단이라는 기능과 관련하여 화폐는 가치척도를 나타내는 기준으로서의 계산단위가 된다는 것이다. 화폐경제사회에서 모든 재화는 가격으로 표시되며, 가격은 곧 그 재화를 얻는 데 필요한 화폐의 양을 나타내고 있다. 이와 같이 우리는 화폐를 계산단위로 사용함으로써 상품의 교환에서 생겨나는 무수한 가격들을 단일화할 수 있고, 거래당사자들이 합리적인 의사결정을 할 수 있도록 한다.

이와 같이 화폐는 거래를 쉽고 빠르게 하고, 한 상품의 가격을 명확히 나타내주며, 일정한 기간 동안 가치를 저장하는 수단으로 가능하기 때문에 유용한 것이다. 그러나 이러한 유용성은 아무런 대가(즉, 기회비용)없이 얻어지는 것은 아니다. 만약 화폐를 보유하고 있는 대신 이를 주식, 채권, 저축성예금 등에 투자한다면 일정한 이자소득을 누릴 수 있다. 이와 같이 화폐를 보유하는 데는 일정한 비용(기회비용)이 따르며, 이 비용은 바로 화폐를 다른 수익성 자산에 투자하지 않았기 때문에 생기는 이자손실인 것이다.

더 알아보기 그레샴의 법칙(Gresham's law)

"악화(bad money)가 양화(good money)를 구축한다"는 말이 있는데, 경제학에서는 이 현상을 발견한 사람의 이름을 따서 그레샴의 법칙이라고 부른다. 영국의 재정담당관이자 외환금융업자였던 그레샴(1519-1579년)이 살던 16세기는 금이 화폐로 통용되던 시대였다. 당시 금은 화폐로서 실질가치를 지니고 있었다. 가령 1파운드는 금 10g의 가치를 가지고 있었다. 그런데 문제는 새로 발행된 주화는 명목가치 1파운드와 실질가치 10g이 일치하지만, 이 주화가 시장에서 유통되면서 가장자리가 닳아 없어지면서 명목가치 1파운드는 10g보다 작은— 예를 들어, 9g—가치를 가지게 된다는 것이었다. 심지어 어떤 사람들은 새 돈이 나오면 그것을 자루에 넣어 흔들어 금가루를 모으기도 하였고, 어떤 사람들은 주화의 가장자리를 칼로 도려내기도 하였다. 따라서 헌 돈(나쁜 돈)은 1파운드라는 명목가치를 가지지만 10g이라는 실질가치를 가지지 못하기 때문에 사람들은 물건을 사고 대금을 지불할 때, 새 돈(좋은 돈) 보다는 헌 돈(나쁜 돈)을 지불하게 된다는 것이다. 즉 시장에서는 헌 돈만 유통되고, 새 돈은 장롱 속으로 들어가, 결국 시장에서 헌 돈이 새 돈을 밀어내게 된다는 것이 바로 그레샴의 법칙이다.

그렇다면 그레샴의 법칙은 현재에도 성립하는가? 그렇지 않다. 현대에 와서 대부분의 화폐는 종이나 니켈 등으로 실질가치를 지니지 못하기 때문이다. 단지 정부가 화폐라고 했기 때문에 화폐로 통용되는 법화(法貨, legal tender)인 것이다. 정보가 화폐로 통용될 전자화폐의 시대에도 이러한 문제는 발생하지 않을 것이다.

한편 그레샴의 법칙은 정보의 비대칭성(asymmetric information)의 문제를 내포하고 있다는 점에서 주목을 받은 바 있다. 1960년대 애커로프(Akerof)가 레몬시장(lemon market; 품질이 안 좋은 재화가 거래되는 시장으로, 중고차시장, 보험시장 등)을 예로 들어 정보의 비대칭성의 문제를 제기하자, 경제학자들은 이를 현대판 그레샴의 법칙이라고 하였다. 즉 헌 돈을 가지고 지불하는 사람은 그 돈의 실질가치가 명목가치에 미치지 못한다는 사실을 알지만, 대금을 지불 받는 사람은 그 것을 알지 못하고 거래하기 때문이며, 이로 말미암아 악화만이 시장에서 통용되는 현상이 초래된다는 것이다. 중고차의 경우에도 차를 파는 사람은 자기 차에 대한 정보를 가지고 있으나, 사는 사람은 그렇지 못하므로 품질이 나쁜 중고차들만 시장에서 거래될 가능성이 있다.

2) 한국경제에서의 화폐

앞에서 살펴본 바와 같이 교환의 매개체, 가치의 저장, 그리고 가치의 측정수단으로서 통용되는 것이 바로 화폐라고 할 수 있다. 역사적으로 볼 때 조개껍질, 상아, 가축, 돌, 노예, 담배, 각종 금속 등 그 자체로서도 사용가치가 있는 상품(commodity)이 화폐의 기능을 수행하여 왔다. 우리나라의 경우에도 고려시대나 이조시대에 구리나 은으로 만든 '엽전'이 화폐로 통용되었다고 배웠을 것이다. 그러면 우리 시대에 있어서 무엇이 화폐로 통용되고 있는가?

정답부터 말하자면, 〈표 8-1〉에서 보는 바와 같이 우리나라는 협의통화(M_1), 광의통화(M_2), 금융기관유동성(Lf), 광의유동성(L) 등 네 가지의 통화개념을 사용하고 있다. 이제 이에 대해서 자세히 알아보자.

(1) 협의통화: M_1

우리가 흔히 화폐 또는 돈이라고 부르는 것은 전문적인 경제용어로는 협의통화에 해당한다. 협의통화는 M_1이라고도 한다. M_1에는 두 가지 종류의 화폐가 포함된다. 하나는 주화나 지폐와 같이 중앙은행(한국은행)이 발행하는 화폐 중에서 가계, 기업 등 민간이 보유하는 화폐이고[1], 다른 하나는 은행에 가서 언제라도 수표나 통장을 제시하고 꺼내 쓸 수 있는 요구불예금(demand deposit)이다.

그렇다면 언제든지 입금과 출금이 가능한 은행의 저축성예금은 어떤가? 이 역시 유동성이 높은 돈으로서 M_1에 속한다. 따라서

1) M_1에서 금융기관이 보유하고 있는 현금통화가 제외되는 이유는 다음과 같다. 예를 들어, 일반은행이 금고 속에 보유하고 있는 현금, 즉 시재금(vault cash)은 민간이 보유하고 있는 것과 외형상 차이가 없으며, 똑같이 중앙은행의 부채이다. 그러나 이들을 통화에 포함시키면 통화량이 실제보다 과대평가된다. 가령 갑이라는 사람이 가지고 있는 현금 1,000원은 분명 통화중의 1,000원이 되지만, 만약 갑이 이것을 시중은행에 예금할 경우에 은행의 시재금을 통화에 포함시킨다면 갑의 요구불예금 1,000원과 은행의 시재금 1,000원, 모두 2,000원이 통화로 계산될 것이다. 그러므로 금융기관이 보유하고 있는 현금을 통화로 보지 않음으로써 이러한 이중계산을 피할 수 있다.

|표 8-1| 통화 개념별 포괄범위 및 구성내역 비교

(a) 포괄범위

협의통화 (M_1)	= 현금통화 + 요구불예금 + 수시입출식 저축성예금
광의통화 (M_2)	= M_1 + 정기예·적금 및 부금* + 시장형 상품(CD, 표지어음, RP 등) + 실적배당형 상품*(금전신탁, 수익증권, CMA 등) + 금융채* + 종금사 발행어음 등 * 만기 2년이상 제외
금융기관유동성 (L_f)	= M_2 + M_2 포함 금융상품 중 만기 2년이상 정기예적금 및 금융채 등 + 한국증권금융의 예수금 + 생명보험회사의 보험계약준비금 등
광의유동성 (L)	= L_f + 정부 및 기업 등이 발행한 유동성 시장금융상품(증권회사 RP, 여신전문기관의 채권, 예금보험공사채, 자산관리공사채, 자산유동화전문회사의 자산유동화증권, 국채, 지방채, 기업어음, 회사채 등)

(b) 구성내역

			광의유동성(L)
		금융기관유동성(L_f)	정부, 기업 발행 유동성상품 등
	광의통화(M_2)	예금은행 및 비은행금융기관 기타예수금 등	(좌동)
협의통화(M_1)	정기예금 등 2년미만 금융상품	(좌동)	(좌동)
결제성예금	(좌동)	(좌동)	(좌동)
현금통화	(좌동)	(좌동)	(좌동)

$$\text{협의통화}(M_1) = \text{민간보유현금통화} + \text{요구불예금} + \text{수시입출식 저축성예금}$$

우리나라에서 M_1은 경제 내 어느 누군가의 부채(debt)의 성격을 갖는다. 민간보유현금통화와 예금통화는 각각 정부와 은행의 부채이다. 먼저 예금통화는 예금을 받는 은행의 빚이라는 사실은 분명하다. 그러면 민간보유현금통화는 왜 정부의 빚인가? 그것은 정부가 현금통화를 찍어낸 장본인이므로 만약 현금통화가 통용될 수 없게 된다면, 결국 정부에 그 책임을 물을 수밖에 없기 때문이다.

그러면 우리나라에서 M_1의 크기는 얼마나 될까? 〈그림 8-2〉에서 보는 바와

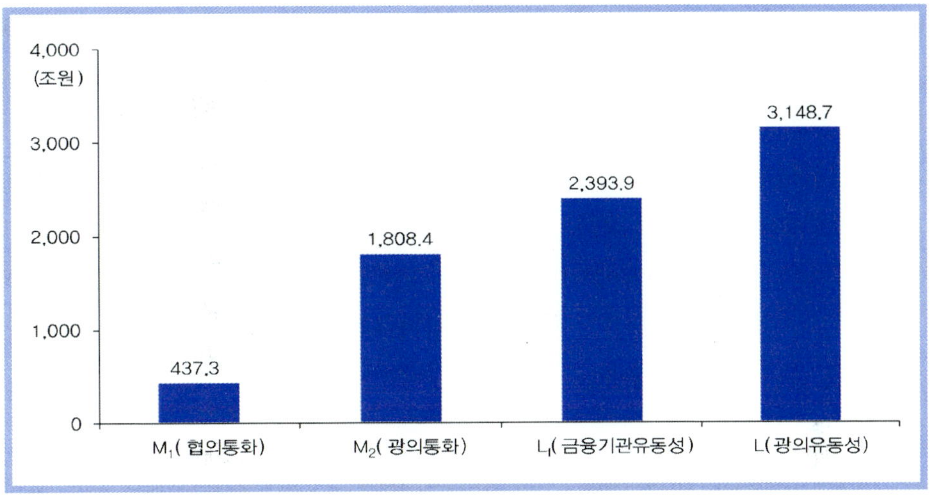

|그림 8-2| 우리나라 통화량(2012년 7월 현재) 자료: 한국은행

같이 2012년 7월말 현재 M_1은 약 437조원으로, 그 구성은 〈그림 8-3〉과 같다. 즉, M_1 437조원 중에서 41조원이 민간보유현금통화(9%)이고, 101조원은 요구불예금(23%)이고, 나머지 295조원은 수시입출식 저축성예금(68%)이다. 우리나라는 과거에 현금통화의 비중이 높았었는데, 해마다 예금통화의 비중이 늘어나 통화의 대부분을 예금통화가 차지하게 된 것이다. 이는 지불관습이나 은행제도의 발달과 지불관습의 변화에 따른 것으로 볼 수 있다.

한편, 현금통화는 주화와 지폐로 구성되어 있다. 2012년 현재 주화는 1원짜리

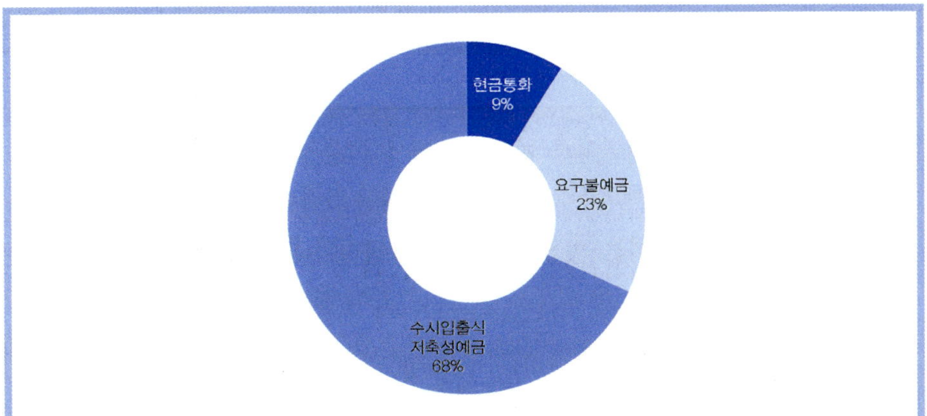

|그림 8-3| 우리나라 M_1의 구성(2012년 7월 현재 437.3조원) 자료: 한국은행

동전에서 500원짜리 니켈화에 이르기까지 다섯 종류가 있는데, 주화는 2조원으로 M_1중 1%에도 미치지 못한다. 주화는 거래를 원활히 하기 위한 돈이라는 의미에서 편의화폐(convenience money)라고도 한다. 지폐는 정부가 발행하는 한국은행권으로 M_1의 11%를 차지하고 있다.

(2) 광의통화: M_2

화폐는 거래의 수단으로 통용될 수 있기 때문에 중요하다. 뿐만 아니라 사람들이 화폐를 갖게 되면 더 소비하려고 하기 때문에도 중요하다. 즉, 화폐는 총수요에 영향을 미친다.

화폐가 총수요에 미치는 영향에 초점을 맞추면, 통화의 개념 중 M_1만 가지고는 만족스럽지 못하다. 왜냐하면 입출 불가능한 정기예금이나 단기국공채와 같은 준화폐(near money)는 유동성이 있어서 총수요수준에 영향을 미칠 수 있기 때문이다. 요구불예금이 아닌 3년 만기 정기예금을 생각해 보자. 물론 정기예금은 바로 지급수단으로 사용될 수 없지만, 유동성을 가지는 금융자산이다. 정기예금은 이자만 포기한다면 만기 전이라도 쉽게 그리고 확실하게 현금 또는 요구불예금으로 전환되어, 소비용도로 사용될 수 있다. 가령 500만원의 정기예금을 가진 사람의 소비행태와 500만원의 요구불예금을 가진 사람의 소비행태는 똑같지는 않을 것이나, 그 차이가 그렇게 크지는 않다는 말이다.

한국은행은 화폐의 총수요에 대한 영향을 고려하여, 준화폐를 포함하는 화폐의 개념으로 광의통화를 사용하고 있다. 광의통화는 M_2라고 불린다.

광의통화(M_2) = M_1 + 기간물정기예적금 + 시장성상품 + 실적배당형상품 + 금융채 +기타(투신증권저축, 종합금융회사 발행어음)
단, 유동성이 낮은 장기(만기 2년 이상) 금융상품 제외

M_2는 M_1을 구성하는 교환의 매개체(현금과 요구불예금, 수시입출식 저축성예금)에다가 큰 손실 없이 쉽게 현금화될 수 있는 금융상품들을 합한 것이다. 이 중 기간물 정기예적금은 만기가 있는 정기예적금이고, 시장성상품에는 양도성예금(CD), 환매조건부채권(RP), 표지어음 등이 있고, 실적배당형상품에는 금전신탁, 수익증권 등이 포함된다. 물론 이들 금융상품들은 상대적으로 유동성이 높은 만기 2년 미만만이 해당된다.

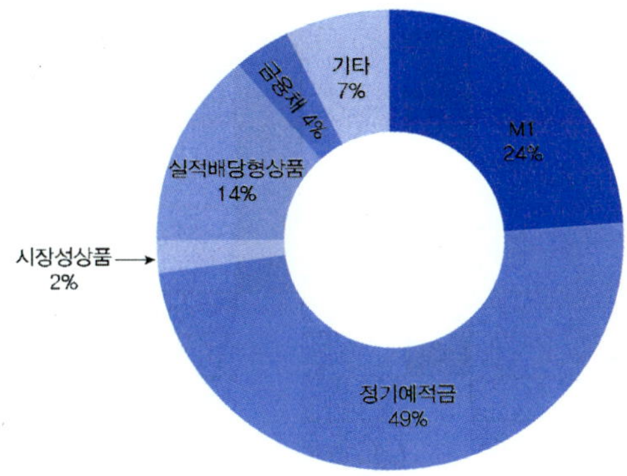

|그림 8-4| 우리나라 M_2의 구성(2012년 7월 현재 1808.4조원) 자료: 한국은행

우리나라의 M_2는 〈그림 8-2〉에서 보는 바와 같이 2012년 7월 현재 1,808조원에 달하고 있다. M_2의 구성은 〈그림 8-4〉와 같다. M_2 중 M_1의 비중은 24%이며, 정기예적금이 49%로 가장 큰 비중을 차지하고 있다. 실적배당형상품은 14%(259조원), 금융채는 4%(64조원), 시장성상품은 2%(37조원) 등이다. 투신증권저축, 종합금융회사 발행어음 등을 포함하는 기타는 7%(128조원)를 기록하고 있다.

(3) 금융기관유동성: L_f

위에서 M_2를 산정한 이유와 마찬가지로 우리는 금융기관유동성 L_f를 정의 내릴 수 있다. L_f는 M_2에서 고려된 중앙은행 및 예금은행 등 예금취급기관 이외에 증권금융회사, 투자회사, 보험회사 등 비통화금융기관의 예수금 등도 포함한다. 물론 M_2에서는 제외된 만기가 2년 이상 되는 양도성예금, 표지어음 등도 포함한다.

금융기관유동성(L_f) = M_2 + M_2 포함 금융상품 중 만기 2년 이상 상품
+ 비통화금융기관 예수금(증권금융회사, 보험회사 등)

우리나라의 L_f는 2012년 7월말 현재 2,394조원에 이르고 있다. 그간 금융시장의 구조변화와 금융자산의 다양화로 인하여 L_f의 규모는 크게 확대되어온 결과이다. L_f의 구성은 〈그림 8-5〉와 같다. L_f중 결제성예금(요구불예금+저축예금+기업자유예금)은 20%를 차지하며, 정기예적금이 절반 정도를 차지한다. 수

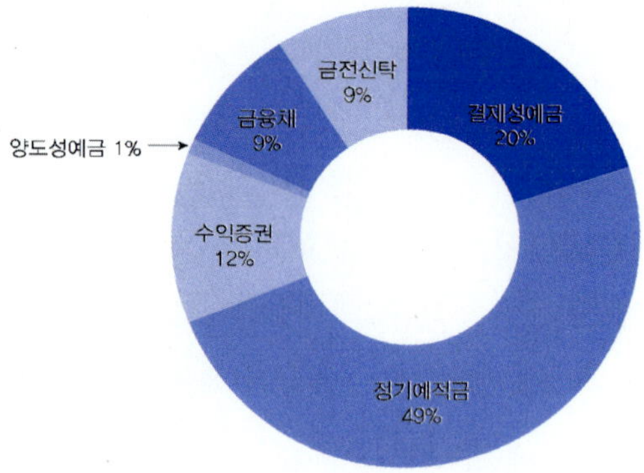

|그림 8-5| 우리나라 L_f의 구성(2012년 7월 현재 2,393.9조원)

주: 결제성예금 = 요구불예금 + 저축예금 + 기업자유예금
자료: 한국은행

익증권이 14%를 차지하며, 금융채와 금전신탁의 비중은 각각 9%이다. 양도성예금의 비중은 1% 정도이다.

(4) 광의유동성: L

M_1, M_2, L_f가 금융기관(통화기관과 비통화금융기관)의 유동성에 국한되어 있다면, 광의유동성(L)은 정부와 기업에 의한 유동성까지도 포함하는 개념이다. 즉 정부가 발행하는 국채와 지방채, 그리고 기업이 발행하는 기업어음, 회사채,

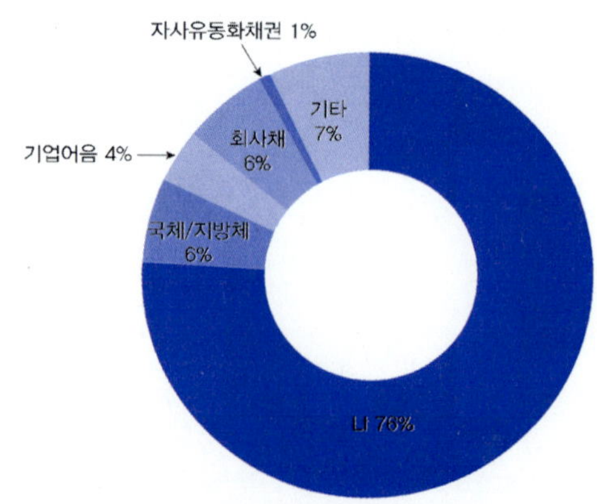

|그림 8-6| 우리나라 L의 구성(2012년 7월 현재 3,148.7조원) 자료: 한국은행

자산유동화채권 등이 포함된다.

광의유동성(L) = L_f + 정부 및 기업 등이 발행한 유동성 시장금융상품

우리나라의 광의유동성(L)은 2012년 7월말 현재 3,149조원에 이르고 있다. 〈그림 8-6〉에서 보는 바와 같이 L_f가 76%를 차지하고, 나머지 24%는 정부와 기업이 발행한 유동성이 차지하고 있다. 국채/지방채는 187조원으로 6%를 차지하며, 기업어음과 회사채는 각각 4%와 6%를 차지하고 있다.

더 알아보기 신용카드도 화폐인가?

우리는 일상생활에서 '국민카드', '비자카드' 등과 같은 신용카드(credit card)로 상품을 구입한다. 따라서 신용카드를 화폐로 생각할 수 있는데도 불구하고 위에서 고려하지 않는 이유는 무엇일까? 신용카드는 상품구입에 편리한 수단일 뿐이지 실제적으로는 화폐가 아니기 때문이다. 신용카드는 물건을 구입할 때 카드발행회사로부터 단기대출을 받는 증명서에 불과하다. 가령 독자가 신용카드로 컴퓨터를 구입하고 카드에 서명했다고 하자. 이것은 카드발행회사가 컴퓨터 판매업자에게 돈을 대신 지불해 주고, 나중에 독자가 은행에 돈을 갚겠다는 것을 의미한다. 물론 독자는 신용카드회사에 일정한 수수료를 지불해야만 한다. 여하튼 독자는 궁극적으로 컴퓨터 값을 지불하기 위하여 현금이나 예금 등 통화가 있어야 하므로 신용카드 자체는 화폐가 아니다.

그런데 최근에는 전자화폐(electronic money)가 등장하고 있다. 교통카드처럼 일정금액이 카드에 저장되어 거래되는 경우는 화폐의 기능을 한다고 볼 수 있다. 즉, 정보가 화폐가 된다. 미래에는 지폐나 동전이 없어지면서 정보가 화폐로 통용되는 전자화폐의 시대가 올 것으로 전망되고 있다.

8.3 화폐의 수요와 공급: 화폐시장의 균형

그러면 2012년 7월 현재 437조원에 달하는 협의통화(M_1)는 누구에 의해서 보유

되고, 누구에 의해서 제공되고 있는가? 화폐도 하나의 상품으로 볼 수 있으므로 수요와 공급측면에서 분석할 수 있다.

1) 화폐의 수요

현재 우리나라의 협의통화(M_1)는 437조원에 달하고, 노동가능인구(15세 이상)는 4,105만명이므로 일인당 약 1,065만원씩 통화를 보유하고 있는 셈이 된다. 물론 이보다 많이 보유하고 있는 사람도 있고, 이보다 적게 보유하고 있는 사람도 있을 것이다. 그러면 사람들이 일정량의 돈을 보유하려고 하는 이유는 무엇일까? 왜 지갑 속에 주화나 지폐를 가지고 다니며, 왜 가까운 은행의 예금구좌에 잔고를 보유하고 있는가? 화폐보유의 동기는 다음 세 가지로 볼 수 있다.

첫째로 사람들은 거래를 착수하고 또한 거래비용을 줄이기 위해서 화폐를 보유할 것이다. 학생 같은 경우에는 현금을 가지고 다녀야만 대학의 구내식당에서 점심을 사 먹을 수 있을 것이다. 만약 현금을 가지고 다니지 않는다면, 점심때마다 돈을 예금해 놓은 은행으로 달려가야 할 것이다. 그러면 시간이 낭비되고, 이렇게 낭비되는 시간은 거래에 대한 기회비용이 될 것이다. 마찬가지 이유로 사람들은 은행에 예금형태로 화폐잔고를 보유한다. 예를 들어 집세를 내거나 장롱을 구입하는 거래를 원활히 하기 위해서이다. 만약 예금잔고를 전혀 가지지 않고 다른 금융자산—주식(예:포항제철 주식)이나 국공채—만을 가지고 있다면, 집세를 내거나 장롱을 구입할 때 증권회사에 가서 그 금융자산을 팔아야 하며 그 대금으로 집세나 장롱 값을 지불할 수밖에 없을 것이다. 이 경우에도 거래에 대한 기회비용이 발생한다. 그러므로 예금형태로 화폐를 보유함으로써 거래비용을 줄일 수 있게 되는 것이다. 이와 같이 개인이 거래를 위한 목적으로 보유하는 돈은 한 달 또는 매주마다 변동할 수 있다. 그러나 경제 내에서 한 사람의 지출은 다른 사람의 수입이 되므로 전제적으로 볼 때는 변동 폭이 그렇게 심하지 않을 것이다.

물론 기업들도 거래를 위해서 화폐를 보유한다. 특히 기업의 화폐보유액은 종업원들에게 임금을 지급하기 바로 하루 전에 가장 클 것이다. 당연히 임금이 지급된 직후에 가계의 화폐보유액은 최고치를 기록할 것이다. 그리고 가계가 소득을 지출함에 따라서 화폐보유액은 감소하고, 기업의 화폐보유액은 증가할 것이다.

둘째로 사람들은 미래의 예상치 못한 사건에 대비하여 화폐를 보유한다. 가령 장기여행을 떠날 때 거래에 필요한 돈 이외에도 비상금조로 얼마를 더 가지고 가는 것이 보통인데, 이러한 비상금은 예비적 동기로 보유하는 화폐라고 할 수 있다.

셋째로 화폐는 미래에 주식이나 채권의 가치가 떨어질 것을 우려하여 보유되는 경우가 있다. 가령 주가가 일주일 후에 폭락할 것이라고 예측하면, 당연히 주식을 팔고 이를 현금화시킬 것이다. 이 경우 화폐는 주가가 떨어질 때까지만 일시적으로 보유되며, 다시 주식시장을 낙관적으로 전망하여 주식을 사게 되면, 이러한 이유로 보유한 화폐는 감소할 것이다. 이와 같이 자산가치의 증대를 목적으로 보유하려는 돈은 투기적 동기로 보유하는 화폐라고 한다.

투기적 동기로 보유하는 화폐는 이자율과 밀접히 연관되어 있다. 극단적으로 즉 이자율이 0이라면 화폐를 그대로 보유할 것이며, 이자율이 높은 상황에서는 화폐를 보유하지 않을 것이다. 따라서 〈그림 8-7〉에서 보는 바와 같이 화폐수요와 이자율은 역의 관계를 가진다.

2) 화폐의 공급

화폐의 공급은 누구에 의해서 이루어지는가? 물론 화폐의 정의에서 알 수 있듯이 화폐발행권이 있는 한국은행이라고 쉽게 대답할 수 있겠다. 그러나 통화공급

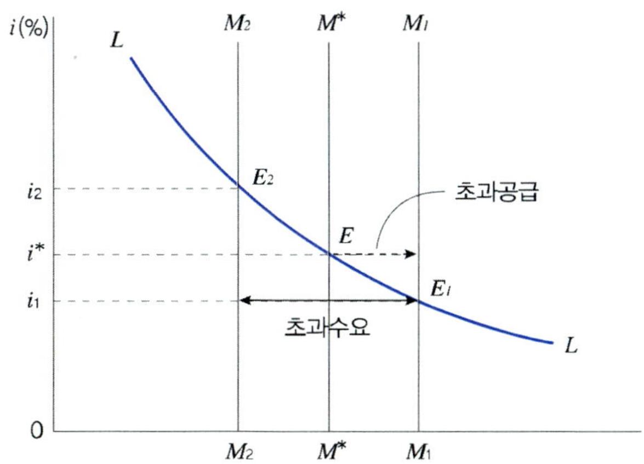

|그림 8-7| 화폐시장의 균형

의 과정은 독자들이 생각하는 대로 그렇게 단순하지만은 않은데, 이는 통화공급량의 크기는 한국은행뿐만 아니라 금융기관, 일반국민(가계와 기업), 정부 등 여러 경제주체에 의해서 영향을 받기 때문이다. 이에 대한 이유는 뒤에서 밝혀지겠으나, 시중은행은 통화창출능력을 가지고 있으며, 정부가 자금부족 분을 단순히 중앙은행으로부터의 차입에 의존하느냐 아니면 공채를 발행하여 조달하느냐에 따라서 통화공급의 크기가 달라진다. 특히 중앙은행의 금융정책은 통화공급에 절대적인 영향을 미친다. 뿐만 아니라 민간이 통화를 현금통화로 보유하느냐 아니면 예금형태로 보유하느냐 하는 선택도 통화공급량에 영향을 미친다. 이하에서는 통화공급에 관한 내용이 자세히 다루어질 것이다.

3) 화폐의 수요와 공급: 화폐시장의 균형

화폐시장의 균형은 화폐에 대한 수요와 공급이 일치할 때 이루어진다. 〈그림 8-7〉에서 보는 바와 같이 화폐에 대한 총수요곡선 LL과 화폐의 공급곡선 M^*M^*와의 E점에서 화폐시장의 균형이 이루어지며, 이때의 이자율수준 i^*를 균형이자율이라 한다.

이제 중앙은행이 화폐공급의 크기를 변화시켰을 때 균형이자율에 미치는 영향을 살펴보자. 화폐수요곡선이 LL로 주어졌을 때 i^* 수준의 이자율에서 화폐수요량과 화폐공급량이 일치되고 있었는데, 어떤 이유로 화폐공급량이 M^*M_1만큼 증가되었다면 M^*M_1만큼의 화폐공급초과가 발생되어 사람들은 그 초과현금으로 증권을 구입하게 될 것이다. 증권수요의 증가는 증권가격의 상승을 가져올 것이고 이에 따라 이자율이 하락됨으로써 사람들은 투기적 동기 혹은 예비적 동기로 현금을 보다 많이 보유하려고 할 것이다. 결국 이자율이 i_1 수준까지 하락되면 사람들이 보유하려는 화폐의 양(즉, 화폐수요)과 실제로 보유하고 있는 화폐의 양(즉, 통화량)은 일치될 것이다. 반대로, 어떤 이유로 화폐공급량이 M_1에서 M_2로 M_1M_2만큼 감소된다면 M_1M_2만큼의 초과수요가 생기므로 사람들은 보유하고 있던 증권을 현금화시키려 할 것이고, 이것은 다시 증권가격의 하락 — 곧 이자율상승 — 을 가져와 이자율이 i_2로 상승되어야만 비로소 화폐의 수급이 균형을 이루게 될 것이다. 즉, 통화량의 증가(혹은 감소)는 이자율의 하락(혹은 상승)을 가져온다.

8.4 금융기관과 통화

1) 한국의 금융기관

〈그림 8-8〉에서 보는 바와 같이 우리나라의 금융기관은 크게 예금취급기관과 기타금융기관으로 구분된다. 예금취급기관은 다시 한국은행과 기타예금취급기관으로 나누어지며, 기타예금취급기관은 예금은행과 비은행금융기관으로 구분된다. '은행의 은행' 혹은 '정부의 은행'으로 불리는 중앙은행에 대해서는 뒤에서 살펴보기로 하고 여기서는 예금은행과 비은행금융기관에 대해서 알아보자.

(1) 예금은행

예금은행은 M_1과 직접 관련 있는 기관으로서, 우리나라의 예금은행은 〈그림 8-8〉에서 보는 바와 같이 시중은행, 지방은행, 그리고 특수은행으로 구성되어 있다. 이들은 공통적으로 은행법의 적용을 받는다. 시중은행은 주로 단기대출업무를 주로 해 왔으나, 1961년 이후 정부의 통제가 점차 강화되면서 장기대출도 취급하게 되는 한편, 정부의 정책목적상 우선적으로 자금배당이 필요하다고 인정한 사업들에 대한 정책금융을 광범위하게 취급하게 되었다. 최근에는 금융통화위원회의 허가를 얻어 신용카드, 팩토링, 증권, 보험 등 다양한 업무를 수행하고 있다.

특수은행은 일반은행이 영리성만을 추구하여 자금을 공급할 때 소홀히 취급되는 부문을 지원하기 위해서 설립된 금융기관이다. 우리나라에는 중소기업을 위한 기업은행, 농민을 위한 농협, 그리도 어민을 위한 수협이 등 3개의 특수은행이 있다. 따라서 특수은행은 공익을 위하여 설립된 은행이다. 그러나 최근에 와서는 재원조달의 어려움으로 일반예금을 취급하는 등 일반은행화 하는 경향을 보이고 있다. 단지 일반은행과 다른 점은 정부의 직접적인 감독을 받으며, 운영자금의 대부분이 정부출자에 의존하고, 해당 특정분야에 대출이 집중된다는 것이다.

예금취급기관	중앙은행	한국은행	
		외국환평형기금	
	기타예금취급기관	예금은행	시중은행, 지방은행, 외국은행국내지점, 특수은행
		수출입은행	
		종합금융회사	은행 및 증권사 종금계정 포함
		자산운용회사 투자신탁계정	
		신탁회사	은행, 증권사 및 보험사 신탁계정 포함
		상호저축은행	
		신용협동기구	상호금융, 새마을금고, 신용협동조합
		우체국예금계정	
		증권사 CMA계정	
기타금융기관	보험회사 및 연금기금	보험회사	생명보험회사, 손해보험회사 등
		연금기금	공무원연금, 군인연금, 사립학교교원연금, 대한교원공제회 등
	기타금융중개기관	증권기관	증권금융회사, 증권회사
		투자회사	뮤추얼펀드
		여신전문금융기관	리스회사, 신용카드회사, 신기술금융사, 할부금융회사 등
		유동화전문기관	유동화전문회사, 주택저당채권유동화회사
		공적금융기관 등	국민주택기금, 국민투자금융 등
	금융보조기관	자산관리공사 등	자산관리공사, 자금중개회사, 선물회사, 신용보증기관, 신용평가회사 등

|그림 8-8| 우리나라의 금융기관(2012년 현재)

* IMF의 통화금융통계 매뉴얼에서 제시하는 금융기관 분류체계 기준

(2) 비은행금융기관

1980년대부터 우리나라의 금융시장에는 은행법의 적용을 받지 않는, 따라서 엄격한 의미에서 은행시스템에는 포함되지 않는 신용협동조합, 생명보험회사 등 각종 금융기관들이 설립되어 왔다. 이러한 금융기관들을 은행시스템내의 금

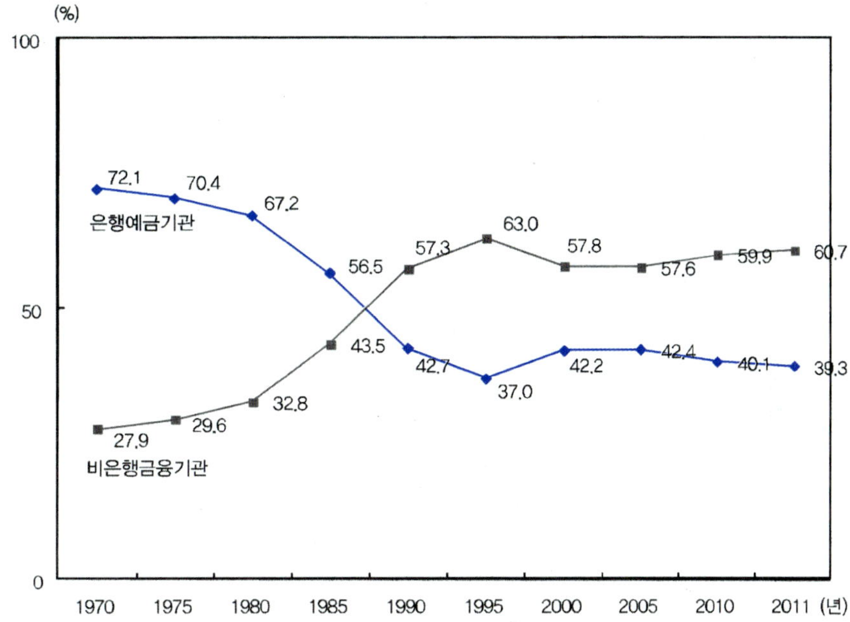

|그림 8-9| 비은행금융기관의 상대적 위치(자산기준) 자료: 한국은행

융기관과 구분하기 위하여 비은행금융기관이라고 부른다.

우리나라의 비은행금융기관으로는 〈그림 8-8〉에서 보는 바와 같이 저축기관(상호신용금고, 신용협동조합), 투자회사(종합금융회사, 증권금융회사, 투자신탁회사), 보험회사 등이 있다. 이들은 고유 업무 이외에도 예금을 취급하고 있다.

우리나라 비은행금융기관들의 위상을 보면 〈그림 8-9〉에서 보는 바와 같이 1980년대 후반에 자산비중이 은행예금기관의 자산비중을 앞서기 시작하여, 2011년 현재 60.7%를 차지하고 있다. 이는 1970년대 이후 다양한 형태의 비은행금융기관들이 신설되었고, 여수신 금리 및 자금운용에 있어서 은행에 비해서 규제가 덜하였으며, 금융상품에 대한 수요가 다양화 및 고도화됨에 따라서 전통적인 은행서비스에 대한 수요가 감소된 데 기인한다.

2) 예금은행의 신용창조

금융기관으로서 예금은행은 여러 가지 기능을 수행하지만 무엇보다도 가장 중요한 것은 통화를 창출하는 기능이다.

앞에서 언급했듯이 통화는 현금통화와 예금통화로 이루어져 있는데, 예금은행은 예금통화와 관련하여 통화공급에 영향을 미친다. 즉, 예금은행은 가계나 기업으로부터 받은 예금을 다시 대출할 때 신용을 창조함으로써 통화공급에 영향을 미친다. 이제 이를 구체적인 예를 통해 살펴보자.

지금 서울물산이라는 회사가 2,000만원의 사업자금이 필요하여 A은행에서 돈을 대출받기로 했다고 하자. 그러면 A은행은 서울물산의 신용상태를 점검한 후 차용증서와 담보물을 받고 대출을 해 줄 것이다. 이때 A은행이 서울물산에게 요구불예금 형태로 대출금을 지불했다면 A은행은 보유현금의 감소없이 단지 서울물산의 요구불예금 계정에 2,000만원을 증가시켜 주기만 하면 된다. 그리하여 A은행으로서는 수익자산(차용자인 서울물산의 차용증서)을 얻는 대신 요구불예금을 창조하였으며, 서울물산으로서는 차용증서를 주고 대신 받은 요구불예금을 토대로 수표를 발행하여 쓸 수 있게 된 것이다.

지금까지의 과정이 단순하게 보일지는 모르나 자세히 살펴보면 놀라운 사실을 발견하게 된다. 즉 A은행의 대출이 이루어진 후 전에 없던 신용이 창조된 것이다. 서울물산이 A은행에 준 것은 화폐로 통용될 수 없는 차용증서이지만, 서울물산이 받은 것은 현금으로 교환하거나 화폐로 직접 통용될 수 있는 요구불예금인 것이다. 요컨대, A은행은 대출을 통하여 화폐가 아닌 차용증서를 '화폐화(monetarization)'한 것이다.

그러면 A은행은 차용증서를 가지고 오는 모든 고객에게 무한히 돈을 대출해 줌으로써 통화를 창출할 수 있는가? 물론 그렇지는 않다. 여기에는 법적인 제한이 따르게 되는데, 중앙은행이 예금은행으로 하여금 의무적으로 예금잔액의 일정한 비율을 지불준비금으로 중앙은행에 예치하게 하거나 또는 그들의 금고에

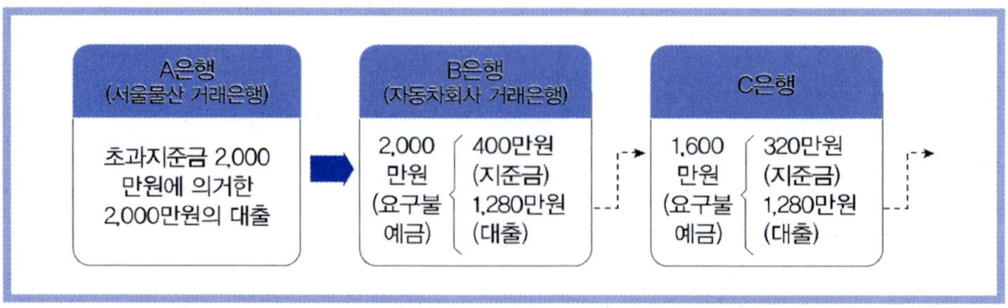

|그림 8-10| 은행조직 전체의 신용창조(지준율 20%)

시재금(vault cash)으로 보관하도록 하고 있다. 이는 필요지불준비금(required reserve) 또는 법정지불준비금(legal reserve)이라고 불린다. 법정지불준비율제도는 예금은행이 보유현금의 부족으로 예금자의 인출요구에 응할 수 없게 되는 사태를 미연에 방지하여 예금자를 보호하기 위해 강구된 제도로서, 실제로 예금은행들은 법정지불준비금을 초과하여 다소 여유있게 지불준비금을 가지고 있는 것이 보통이다. 이와 같이 법정준비금을 초과하여 보유하고 있는 지불준비금을 초과지불준비금(excess reserve)이라고 하며 법정지불준비금과 초과지불준비금을 합한 것을 실제지불준비금(actual reserve)이라 부른다. 앞의 예에서 A은행이 2,000만원의 대출금을 요구불예금으로 지불할 경우 A은행의 초과지불준비금이 줄어들거나 지불준비금 부족이 초래되어 더 이상의 신용창출을 억제하게 된다.

이상에서 우리는 A은행이라는 하나의 은행의 신용창조에 대해서 살펴보았는데, 사실 신용창조의 과정은 여기서 끝나는 것이 아니다. 가령 A은행의 초과지준금이 2,000만원을 넘어서고 있어서 이를 서울물산에게 현금으로 대출하고, 이를 받은 서울물산은 자동차회사로쿠터 트럭을 구입했다고 하자. 이때 대금을 받은 자동차회사는 다시 자신의 거래은행인 B은행에 요구불예금의 형태로 2,000만원 전부를 예금한다고 하자. 그러면 B은행은 예금액 2,000만원을 받아들인 결과 같은 금액만큼의 새로운 지불준비금을 가지게 되며, 이에 따라 B은행은 법정지준율(20%라 하자)에 해당하는 400만원을 제외한 1,600만원이라는 새로운 초과지준금을 갖게 되어 그만큼 B은행의 신규대출능력이 커지게 된다. 역시 B은행도 수익을 얻기 위하여 1,600만원 모두를 기업이나 가계에 현금으로 대출해 준다면 그만큼 통화가 증가된다. 앞에서와 마찬가지로 다시 이 돈이 C은행으로 전부 예입된다면, 다시 법정지준금 1,600×0.2=320만원을 뺀 나머지 1,280만원만큼의 초과지준금이 증대되고 이에 따라 대출능력이 증대하여, 이를 대출하게 되면 통화가 증가한다. 그리고 그 이후에도 이러한 과정은 계속될 것이다. 〈그림 8-3〉은 이상의 과정을 잘 요약해 주고 있다. 즉 A, B, C의 3개의 은행에 의해 창출될 화폐는

2,000만원 + 1,600만원 + 1,280만원 = 4,880만원

이 된다. 더 나아가서 만일 은행조직 내에 예금은행들이 무수히 많고, 각 은행

들이 초과지준금 전부를 즉시 대출하며, 이 대출된 돈이 상거래과정을 거쳐 모두 다시 다른 은행에 요구불예금으로 예금된다면, 결국 이러한 과정을 거쳐 창조된 총신용액은 2,000만원 × 1/0.2 = 2,000만원 × 5 = 1억원이 될 것이다.

이상의 논의를 통해 한 나라의 통화공급은 은행들의 지불준비금의 크기와 중앙은행(한국은행)이 정한 법정지불준비율에 크게 의존하고 있음을 알 수 있다. 그러나 이는 어디까지나 은행이 초과지준금을 전부 대출하고, 민간이 이를 다시 전부 은행에 예입한다는 다소 비현실적인 가정에서 도출된 것이며, 실제로 통화공급은 중앙은행뿐만 아니라 은행과 민간의 행태에 의해서도 영향을 많는다. 즉, 은행이 초과지준금을 전부 대출하지 않거나, 가계나 기업이 이미 대출되어 유통되는 돈을 전부 은행에 예입하지 않는다면 신용창조의 크기는 상대적으로 줄어들 수밖에 없는 것이다. 이를테면 "말을 물가에 끌고 갈 수는 있지만 말에게 물을 먹일 수는 없다"는 속담처럼 중앙은행이 법정지준율을 낮게 책정하여 은행에게 대출할 수 있는 능력을 증대시켜 줄 수는 있지만 실제로 은행으로 하여금 대출계약을 성립시키고 통화량을 증가시키는 것까지는 할 수 없다. 만일 민간이 은행으로부터 차입하기를 원치 않는다든지 또는 은행이 유동성을 보유하기 위해 대출을 꺼릴 경우에는 법정지준율이 낮아 초과지준금이 남아 돌더라도 통화공급은 증가하지 않을 것이다. 이러한 현상은 1930년대 세계적인 공황시에 나타났는데, 당시 미국의 은행들은 은행파산을 두려워한 나머지 유동성이 적은 대출이나 채권과 같은 자산을 보유하기보다는 유동성이 확실한 초과지불준비금을 보유하였던 것이다.

이와 반대로 우리나라의 경우는 지난 30여 년간 항상 자금의 수요가 공급을 초과하는 현상이 지속되어 왔으므로, 은행들은 법정지불준비금 부족을 면할 정도로 최대한 대출해 온 것으로 나타나고 있다. 〈그림 8-11〉에서 보는 바와 같이 실제지불준비금(현금+한국은행 예치금)에서 법정지불준비금을 뺀 초과지불준비금이 실제지불준비금에서 차지하는 비중이 항상 1% 미만이었고, 최근에도 이러한 현상이 계속되고 있다.

그러나 대출 대상이 크게 달라졌다. 〈그림 8-12〉에서 보는 바와 같이 예금은행의 금융대출 중 가계대출이 차지하는 비중이 1995년에는 25%에 불과하였으나, 2005년에는 50%로 증가하였다. 이는 그간 기업들이 투자를 꺼려한데다가 은행들도 기업대출보다는 위험도가 낮은 가계대출(주로 부동산담보 가계대출)

을 선호한데 따른 것이다. 다시 산업대출의 비중이 커지고 있으나, 2011년 현재 가계대출의 비중은 40%를 넘어서고 있다.

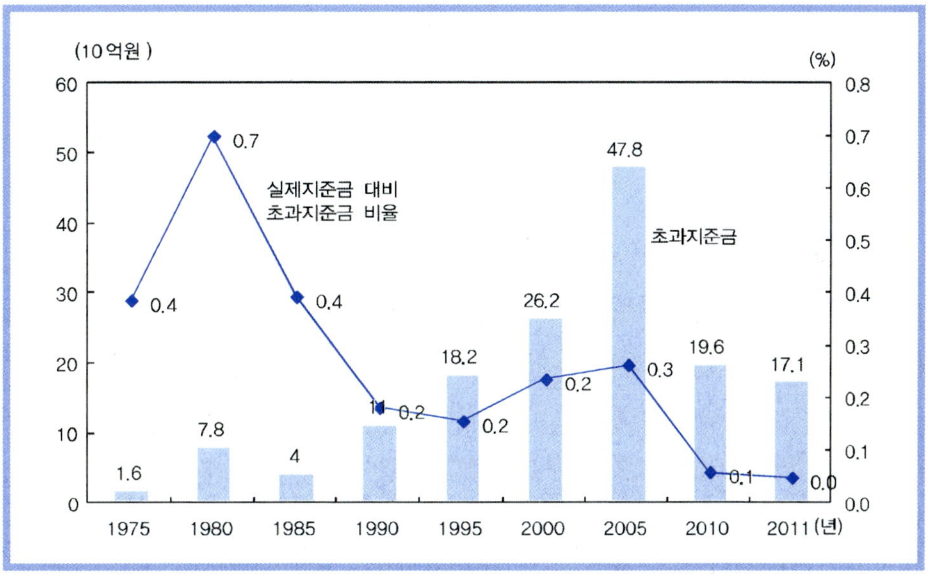

|그림 8-11| 예금은행의 초과지불준비금 보유 추이 자료: 한국은행

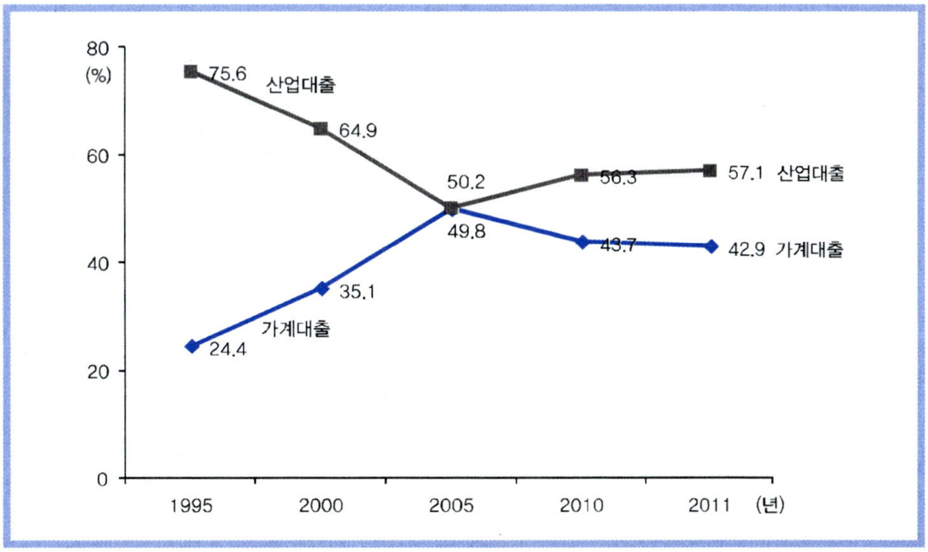

|그림 8-12| 예금은행 금융대출 중 가계대출의 비중 추이 자료: 한국은행

3) 비은행금융기관과 통화

앞에서 설명한 바와 같이 비은행금융기관은 여수신 업무에 있어서는 은행과 거의 같은 역할을 하지만 요구불예금을 취급하지 못하기 때문에 예금통화를 창출할 수 없다. 그러나 비은행금융기관이 축적한 저축을 기업이나 기타 자금사용자에게 대출하는 과정에서 공급되는 신용이 예금은행의 신용에 첨가되어 전체 금융시스템의 총신용 공급량을 증가시키게 된다. 예를 들어, 갑이라는 사람이 예금이자율의 차이에 자극을 받아 예금은행인 A은행에 있는 예금을 수표로 인출하여 을이라는 상호신용금고에 예입(요구불예금의 형태가 아님)한다고 하자. 이 상호신용금고가 이를 다시 거래은행인 B은행에 있는 자기의 요구불예금 계정에 예입하게 되면 예금소유자만 변동되었을 뿐, 은행 전체의 예금채무액은 불변이다. 그러나 전에 없었던 상호신용금고의 채무만이 증가된 셈이므로 금융제도 전체로서의 예금채무액은 그만큼 증가하게 된다. 이와 같이 상호신용금고가 이들이 지불준비금을 은행예금의 형태로 가지고 있는 한, B은행에 예입한 자금을 대출이나 자산에 사용한다 하더라도 은행제도의 지불준비액은 불변이므로 은행의 대출에는 별다른 영향을 미치지 못한다. 따라서 상호신용금고에 의한 대출활동은 민간에 대한 신용공여액의 순증가분이 되는 셈이다.

이와 같이 금융중개기관의 대출활동이 신용공급액에 영향을 미치게 되므로 일부 경제학자들은 중앙은행이 의도하는 통화관리정책이 본래의 목적대로 수행되지 않을 가능성이 크다고 주장한다. 예를 들면, 경기가 급등하여 중앙은행이 긴축적인 통화관리정책을 편다 할지라도 금융중개기관이 경기호황하에서 상승하는 이자율에 자극되어 더욱 열정적이고 효율적으로 저축자들로부터 자금을 흡수하여 사용자들에게 대출하기 위해 노력하고, 또 그들의 활동이 성공적이라면, 통화의 유통속도가 증가하게 되어 중앙은행이 의도하는 긴축적 통화정책의 목적을 저해하게 될 것이다. 이러한 이유로 어떤 사람들은 효과적인 통화관리정책을 수행하기 위해서는 금융당국이 이들 금융중개기관들의 여수신활동에 대한 효과적인 조절수단을 보유해야 한다고 주장하고 있다.

8.5 정부와 통화

가계와 기업은 수입보다 지출이 많을 경우에 부족한 금액만큼을 차입하게 된다. 이와 마찬가지로 정부도 정부 고유의 활동을 수행하는 과정에서 조세만으로는 필요한 경비를 조달하기 어려울 때에는 차입을 하게 된다. 어느 국민경제에 있어서나 정부의 재정적자는 해외나 국내자금으로 보전되는데, 국내로부터 재원을 조달하는 경우 단순히 중앙은행으로부터 차입[2)]하거나 공채(public debt)를 발행하여 자금을 조달할 수 있다. 이와 같이 정부가 재정적자를 차입을 통해서 메우는 과정에서 통화공급량이 영향을 받게 되므로 우리나라에 있어서 중앙은행, 즉 한국은행 차입과 공채에 대해서 알아보기로 하자.

1) 한국은행 차입

정부가 균형예산을 편성하고 이를 그대로 집행한다 하더라도 수입과 지출의 시차 때문에 정부의 재정수지는 한 회계연도 내에서 단기적으로 일치하지 않으며, 한국은행은 이러한 일시적 자금부족을 한국은행의 정부자금계정에서 당좌대월 형식으로 보전해 주고 있다. 또한 정부가 적자예산을 편성하고 이를 집행하는 경우에도 한국은행이 정부에 대하여 대출을 해주며,[3)] 이 과정에서 통화량이 영향을 받는다.

우리나라 정부의 종합재정수지 추이는 〈그림 8-13〉과 같다. 여기서 종합재정수지란 중앙정부회계, 기금(예: 국민연금), 그리고 지방정부회계를 모두 포함하는 개념이다. 그림에서 보는 바와 같이 2005-2010년 기간에 종합재정수지는 흑자기조 속에서 2009년에는 적자를 기록하였으며, 재정수지가 흑자일 경우는 국채발행 수준이 낮았고, 적자일 때는 국채발행 수준이 높았다. 반면 한은차입에 의한 자금보전 수준은 낮게 나타나고 있다. 이는 1970-80년대 재정적자가

---

2) 정부의 차입행위는 중앙은행과 밀접히 연관되어 있는 바, 이는 경제순환모형에서도 알 수 있듯이 재정과 금융 간에는 불가분의 관계가 있기 때문이다. 흔히 중앙은행을 정부의 은행이라고 부르는데, 중앙은행은 국고금의 수납업무를 담당하고 국채의 인수나 모집, 국채의 이자지불 및 상환 등의 업무를 대행한다. 더 나아가서 중앙은행은 정부에 대해서 여러 가지 형태로 자금을 공급한다.

3) 정부의 일시적인 자금부족이나 재정적자를 이와 같이 중앙은행의 대출을 통해서 보전해 줄 수 있게 한 것은 정부가 진 금전적 채무를 불이행하는 일이 없도록 하기 위해서이다. 만약 정부의 채무가 불이행될 경우에 초래될 사회적 혼란은 심각할 것이다.

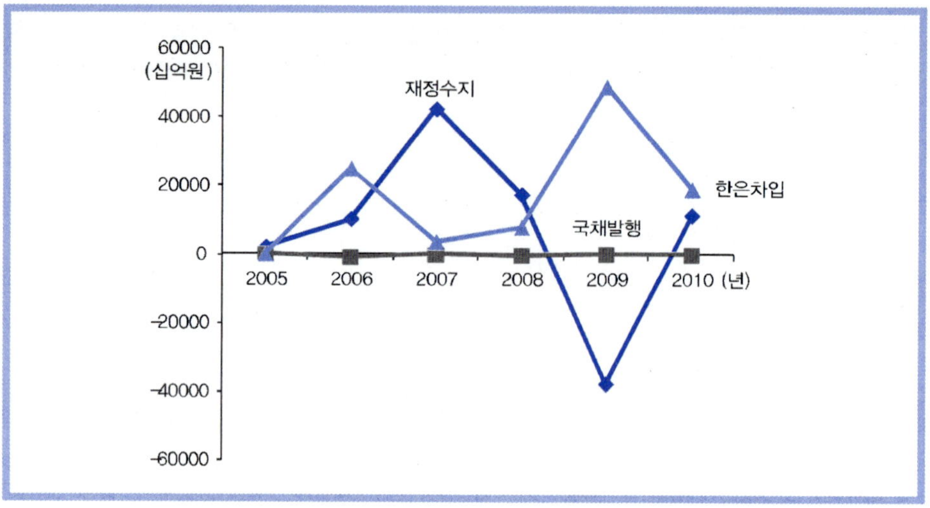

|그림 8-13| 재정수지, 한은차입 및 국채발행 자료: 한국은행

주로 한은차입에 의존하였던 것과는 대조되는 정책변화이다.

2) 공채(Public debt)

(1) 공채의 현황

우리나라는 1949년 건국국채를 시작으로 지금까지 여러 가지 종류의 공채를 발행하여 왔다. 공채는 크게 발행주체에 따라 국채, 지방채, 특수채로 구분된다. 먼저 국채는 중앙정부가 발행하는 공채로서 2009년 현재 그 잔액이 약 337조원에 이르고 있다. 현재 발행되고 있는 대표적인 국채는 국민주택채권이다. 지방채는 지방자치단체가 발행하는 공채로 지하철공채가 이에 속한다. 특수채란 산업은행과 같은 특수목적 은행이 정부사업을 추진하기 위해 발행하는 장기채권을 정부가 보증한 것으로 산업금융채권, 중소기업금융채권, 주택채권, 통화안정증권 등이 있다.

그간의 공채발행추이를 국채에 국한하여 살펴보면, 건국과 더불어 곧 6.25전쟁의 발발로 전비조달을 목적으로 공채발행이 증가되었으나 건전재정유지를 통한 경제안정정책이 실시되어 국채발행이 중단된 1964년부터는 공채잔액이 감소되었다. 그러나 그후 경제개발계획 추진을 위한 재원조달 때문에 다시 증가추세를 보여 왔다.

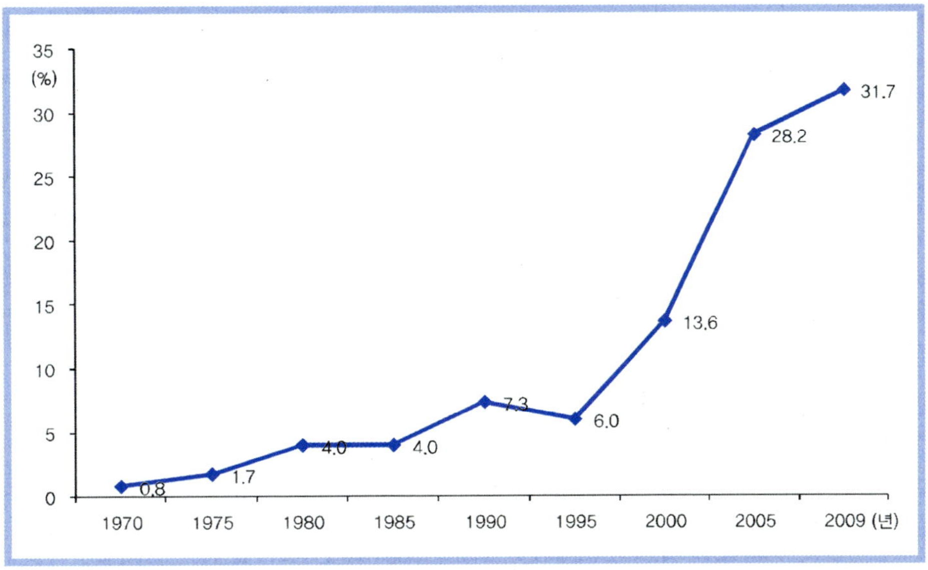

|그림 8-14| 공채의 대 GDP 비율(%)　　자료: 기획재정부, 재정금융통계, 각년도

우리나라 국채발행의 대 GDP비율을 보면, 〈그림 8-14〉에서 보는 바와 같이 1970년대에는 2%미만에 머물다가, 1980~1990년대에는 4~7%선을 유지하였고, 2009년에는 31.7%(절대금액으로는 337조원)로 크게 증가하였다. 이는 외환위기를 계기로 정부가 구조조정자금 등 공적자금을 마련하기 위해 국채시장을 활성화시키고, 기획재정부, 금융감독위원회, 한국은행 등이 공동으로 국채시장 육성 정책을 시행함에 따라 국채시장의 선진화가 부분적으로 정착된 데 기인한다. 각종 매스컴에서 발표하는 채권금리 기준지표도 이제는 회사채(3년 만기)가 아니라 국고채(1년 만기)가 된 것도 이를 반영하는 것으로 볼 수 있다. 그러나 국채발행의 대 GDP비율이 아직까지는 미국, 일본 등의 60%선 대에 비해서는 낮은 수준이고, 대부분 이른바 "끼워팔기식"으로 거래되는 등 유통시장이 매우 미흡하다.

(2) 공채와 통화공급

그러면 정부당국이 재정적자(여기서는 1,000억원)를 보전하기 위해 공채를 발행하여 매출하는 경우 이것이 통화공급에 미치는 영향에 대해 살펴보자. 이때 정부가 공채를 중앙은행, 일반은행, 민간(가계와 기업) 중 누구에게 판매하느냐에 따라 통화공급에 미치는 영향은 다르다는 점에 주의하여야 한다.

첫째, 정부가 발행한 공채를 중앙은행이 매입하는 경우를 보자. 이 경우는 중앙은행이 공채매입을 위해 1,000억원만큼의 화폐를 신규로 발행하여 정부에 지불해야 하므로 그에 상당하는 통화공급이 증대된다. 따라서 공채를 중앙은행이 직접 인수·매입하는 경우는 앞에서 살펴본 한은차입의 경우와 그 효과가 마찬가지라 하겠다.

둘째, 정부가 발행한 공채를 일반은행이 매입하는 경우이다. 이때 거래는 다음과 같이 이루어질 것이다. 우선 정부가 공채를 발행하고 이를 일반은행이 매입하는데, 그 대금으로 일반은행은 중앙은행에 자신이 예치한 예금, 즉 중앙은행예치금에 대해 수표를 발행하여 지불하거나, 은행이 가지고 있는 화폐(시재금) 중에서 지불할 것이다. 이 경우 일반은행의 지준금은 공채의 매입액만큼 감소될 것이며, 이에 따라 일반은행의 초과지준금이 그만큼 작아져서 대출능력이 제한되고 통화공급은 감소될 것이다. 이와 같이 공채를 일반은행이 매입하는 경우는 은행의 신용창출능력이 감소하므로 정부의 공채발행에 의한 지출증대로 인한 통화팽창을 어느 정도 상쇄시키게 된다.

셋째, 정부가 발행한 공채를 민간(가계 및 기업)이 매입하는 경우이다. 가령 갑이라는 회사가 정부의 공채를 매입한다면 다음과 같은 거래가 진행될 것이다. 먼저 갑회사는 정부로부터 공채를 매입하고 그 대금으로 자기 거래은행인 A은행앞수표를 발행한다. 그러면 A은행에 대한 갑회사의 요구불예금이 감소하는 반면, A은행의 지준금도 그만큼 감소될 것이며 결국 대출능력이 제한되어 통화공급은 감소하게 될 것이다. 따라서 이 경우도 일반은행이 공채를 매입하는 경우와 마찬가지로 정부의 공채발행에 의한 지출증대로 인한 통화팽창을 상쇄시키게 된다.

그런데 일반은행이 공채를 구입하는 경우가 민간이 공채를 구입하는 경우보다 통화공급이 제한되는 효과가 더 클 것이다. 이것은 전자의 경우가 후자의 경우보다 초과지준금의 크기를 더욱 크게 감소시키기 때문이다. 가령 정부가 일반은행에게 1,000억원 상당의 공채를 매출하였을 경우에는 일반은행 조직 전체의 초과지준금을 1,000억원 감소시킨다. 반면, 민간에게 매출하였을 경우에는 민간이 공채매입대금을 은행의 요구불예금에서 인출하여 지불하므로 은행의 지준금뿐만 아니라 요구불예금 역시 1,000억원 감소되기 때문에 법정지준율이 20%라면 초과지준금은 800억원만 감소될 것이다. 즉, 민간에게 공채를 매출하였을 경우에는 마치 일반은행 조직 전체가 200억원의 초과지준금의 감소를 상쇄하기 위해 1,000억원의 요구불예금잔고를 감소시킨 것과 같다.

요컨대, 정부가 공채발행을 통해 정부지출을 증가시킬 때 통화팽창의 효과는 중앙은행매입의 경우가 가장 크고 민간매입, 일반은행매입의 순일 것이다.

우리나라에 있어 국채의 상당 부분이 중앙은행의 직접인수에 의하여 발행됨으로써 실질적으로 정부의 중앙은행 장기차입과 다를 바가 없었기 때문에 통화증발에 의한 인플레 요인이 되었다. 중앙은행의 직접발행이 아니더라도 실질금리와 괴리된 저금리로 발행되었기 때문에 금융기관이 미소화분을 인수하는 경우가 많아 간접적으로 신용창출을 하게 되거나 혹은 일반대출재원을 잠식하는 부작용을 낳았다.

2000년에는 정부가 국채전문유통시장(증권거래소)에서의 불특정 일반투자자들의 국채거래를 유도하는 시책을 발표하였으나, 아직도 일반국민이 의무적으로 매입하는 첨가소화국·공채가 주로 거래되고 있는 실정이다.

8.6 ▶ 중앙은행과 금융정책

1) 화폐와 경제불안정

제4장에서 살펴본 바와 같이 시장경제체제는 투자지출의 변동이 심하기 때문에 경제가 내재적으로 불안정하다는 특성을 지닌다. 뿐만 아니라 화폐와 관련하여서도 예금은행은 본래 영리를 추구하는 기업이기 때문에 신용창출기능을 통하여 통화량을 과도히 팽창 또는 축소시킴으로써 경제활동의 진폭을 과도하게 확대시키는 경향이 있다. 따라서 중앙은행은 금융시장에 나타나는 바람직하지 못한 움직임을 조절하고 국민경제의 안정적 성장을 위하여 여러 가지 정책을 수행하게 되는 것이다. 물론 통화당국인 중앙은행의 잘못된 통화관리도 경제불안정의 직접적인 원인이 되기도 한다. 먼저 한국경제에서 통화와 물가와의 관계를 살펴보기로 하자.

통화량이 산출량이나 물가에 미치는 영향에 대해서는 경제정책담당자나 경제학자마다 견해가 다르다. 예를 들어 통화의 경제에 대한 영향력을 과대평가하는 사람들은 통화량이 경제변동의 모두를 설명하는 것처럼 말하기도 한다. 우리나

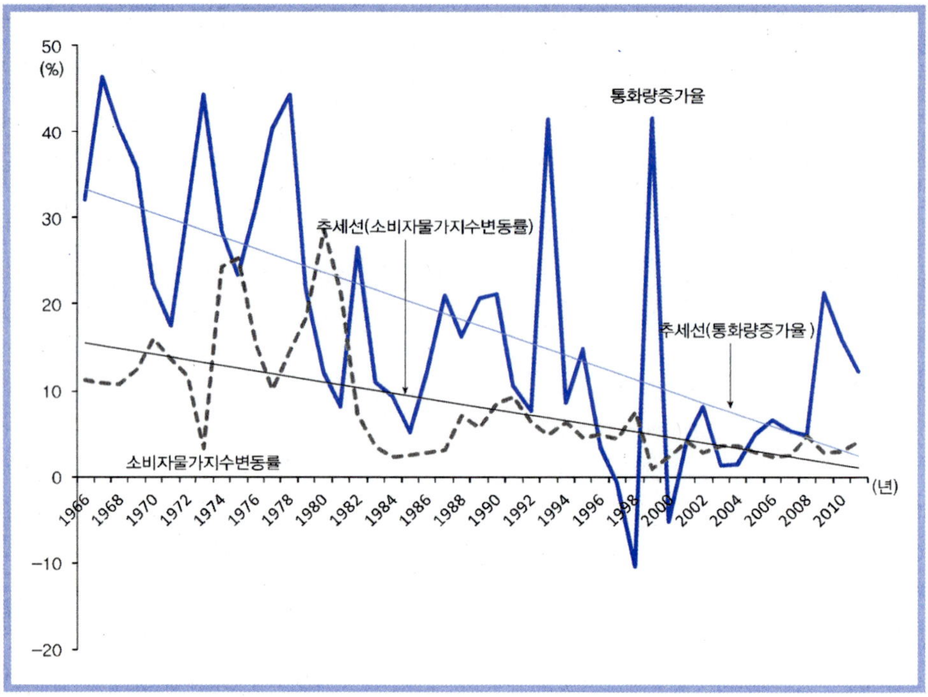

|그림 8-15| 화폐발행액과 소비자물가지수의 변동 추세(1966−2011년) 자료: 통계청

라의 경우에도 실제로 시중에 풀린 돈이 정부가 관리하는 목표통화량 수준을 넘어서기만 하면 물가급등과 경기과열을 우려하는 목소리가 높아진다. 반대로 투자지출의 변동, 임금상승, 생산성 등 비통화 요인을 경기변동의 주요인으로 보는 입장도 있다. 이와 같이 여러 가지 주장이 가능하지만 분명한 사실은 통화가 경제불안정의 하나의 요인이 된다는 것이다.

〈그림 8-15〉는 1966-2011년 기간 우리나라의 소비자물가지수와 통화발행액의 변동추이를 보여주고 있다. 그림에서 보는 바와 같이 우리나라의 소비자물가는 통화발행액과 함께 움직여 왔음을 알 수 있다. 약간의 시차는 있지만 통화발행액의 증가율이 컸을 때에는 소비자물가의 상승률이 컸으며, 통화발행액의 증가율이 작을 때에는 소비자물가의 상승률 역시 작게 나타나고 있다. 전체 추세를 보더라도 통화발행과 소비자물가는 같은 움직임을 보이고 있다.

2) 금융정책의 수단

통화량의 변화가 총수요의 변동을 가져와 국민경제의 산출량, 고용 및 물가에 영향을 미칠 수 있다면, 중앙은행은 어떻게 통화량을 조절할 수 있는가? 다시 말해서 중앙은행이 예금은행의 초과지불준비금의 크기를 변경시키기 위해서 어떠한 정책수단을 동원할 수 있는가? 우선 우리가 위에서 배운 것을 토대로 생각해 볼 수 있는 것으로, 법정지불준비율을 변경시키는 방법이 있다. 이외에도 공개시장조작, 재할인율의 조정 등이 있다.

(1) 지불준비율의 변경

한국은행은 법정지불준비율을 변경시킴으로써 은행의 대출능력을 직접 변화시켜 통화량에 영향을 미칠 수 있다. 만약 한국은행이 금융긴축을 의도한다면 법정지불준비율을 높이면 되는데, 이 경우 일반은행의 '초과'지불준비금이 '법정'지불준비금으로 전환되어 통화창조가능액이 줄어들게 된다.

간단한 예를 들어 보기로 하자. 어느 은행의 실제지불준비금이 5억원이고 요구불예금이 20억원 들어와 있다고 하자. 법정지불준비금이 10%라면 이 은행의 필요지불준비금은 2억원이 된다. 그런데 실제지불준비금은 5억원이므로 이 은행의 초과지불준비금은 3억원이 된다. 이 은행은 3억원의 초과지불준비금을 대출할 수 있고, 은행조직 전체로서는 최고 30억원까지 새로운 통화를 창출할 수 있다.

즉,

$$\begin{aligned}
\text{초과지불준비금} &= \text{실제지불준비금} - \text{법정지불준비금} \\
&= \text{실제지불준비금} - \text{지준율} \times \text{요구불예금} \\
&= 5\text{억원} - 0.1 \times 20\text{억원} \\
&= 3\text{억원} \\
\text{통화창조가능액} &= \text{초과지불준비금} \times \text{통화승수} \\
&= 3\text{억원} \times 1/0.1 \\
&= 30\text{억원}
\end{aligned}$$

이제 중앙은행이 법정지불준비율을 원래 10%에서 20%로 인상했다고 하자, 그러면 통화창조가능성은 30억원에서 5억원으로 크게 위축될 것이다. 즉,

초과지불준비금=실제지불준비금-법정지불준비금
=실제지불준비금-지준율×요구불예금
=5억원-0.2×20억원
=1억원
통화창조가능액=초과지불준비금×통화승수
=1억원×1/0.2
=5억원

우리는 이상에서 법정지불준비율의 변경이 은행조직 전체의 통화창조능력에 두 가지 면에서 영향을 미치고 있음을 알 수 있다. 하나는 초과지불준비금 자체에 영향을 미치는 것이고, 다른 하나는 통화승수를 변화시킨다는 것이다. 위의 예에서 법정지불준비율이 10%에서 20%로 증가한 결과, 먼저 은행의 초과지불준비금이 3억원에서 1억원으로 줄어들고, 그 다음으로 통화승수가 10에서 5로 감소하게 된다. 결국 은행 전체의 통화창조가능성이 종전의 30억원에서 5억으로 위축된 것은 초과지불준비금의 크기와 통화승수의 값이 모두 감소했기 때문인 것이다.

이와 같은 법정지불준비율정책은 뒤에서 소개되는 공개시장조작이나 재할인율정책과 같이 은행이 보유하고 있는 초과지불준비금을 간접적으로 변경시키려는 것이 아니라 직접적으로 변경시키는 매우 강력한 정책수단이다. 우리나라에서는 1965년 이후 지금까지 지불준비율정책이 가장 중요한 통화정책수단으로 이용되고 있다. 요구불예금에 대한 법정지불준비율은 〈그림 8-16〉에서 보는 바와 같이 1978년 이후 27%의 고율을 유지하다가 1980년대에는 4% 정도를 유지하였고, 다시 1990년대에 10%로 높아졌다가 현재는 7%선을 유지하고 있다.

(2) 재할인율의 변경

영리추구를 목적으로 하는 일반은행들은 법정지불준비율을 위반하지 않는 범위 내에서 지불준비금을 유지하려고 할 것이다. 은행이 보유하는 지불준비금은 이자수익이 없지만 대출금이나 증권은 수익을 가져다주기 때문이다. 이와 같이 은행이 최소한의 초과지불준비금을 유지하려고 한다면, 은행은 항상 법정지불준비율을 위반할 위험도 감수해야 한다. 그런데 만약 은행이 추가적인 자금원을 확보할 수 있다면 초과지불준비금의 최소보유전략이 가능하게 된다.

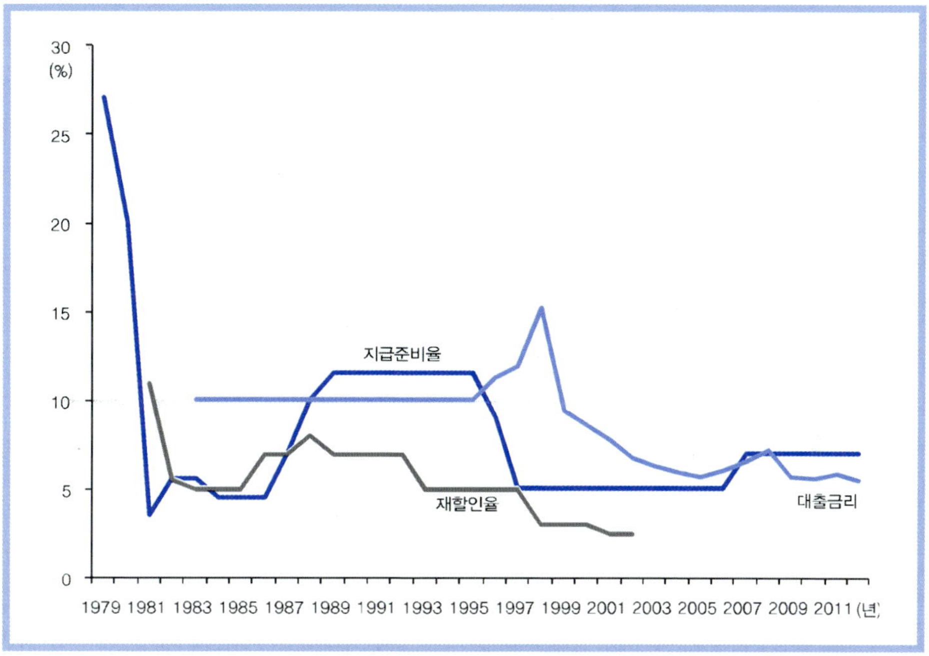

|그림 8-16| 법정지불준비율과 재할인율의 변동추이 자료: 한국은행

이러한 추가적인 자금원 중의 하나가 중앙은행으로부터의 차입이다. 다시 말해서 '은행의 은행'으로서 중앙은행은 일반은행에게 대출을 해준다. 일반은행이 중앙은행으로부터 차입을 할 경우 일반은행은 차용증서를 발행하거나, 혹은 민간대출에 대한 유가증권으로 보유하고 있던 약속어음을 담보로 제공한다. 이때 중앙은행은 일반은행이 대출시 대출이자를 요구하는 것처럼 일반은행에 대한 대출에 대하여 이자를 요구하게 되는데, 이때 적용하는 이자율을 재할인율(rediscount rate)이라 한다. 바로 이 재할인율을 변경시킴으로써 중앙은행은 은행의 초과지불준비금에 변화를 주어 통화량을 조절할 수 있다.

이제 일반은행이 차용증서를 발행하고 중앙은행으로부터 자금을 차입했다고 하자. 중앙은행으로부터의 차입에 대해서는 은행이 법정지불준비금을 보유할 필요가 없으므로 차입금액 전액이 초과지불준비금이 된다. 은행의 입장에서 보면, 재할인율은 지불준비금을 증가시키는 데 드는 비용이기 때문에 재할인율의 인하는 중앙은행으로부터 새로운 지불준비금을 획득할 수 있게 함으로써 상대적으로 낮은 이자율로 민간에게 대출할 수 있게 하여 통화팽창을 가져오게 된다. 반대로 재할인율이 높아지게 되면 중앙은행으로부터 차입한 은행이 손실을 면하기 위해서 대출이자율을 인상하지 않으면 안될 것이므로 사람들은 은행으로부터 차입을 기피하게 될 것이다. 이러한 양적인 효과 이외에도 재할인율의 변경은 중앙은행의 통화정책을 가능하게 하는 신호가 된다. 다시 말해서, 재할인율의 변경은 중앙은행의 금융정책의 방향을 알 수 있는 수단이 된다. 그러나 일반은행의 중앙은행 차입이 빈번하지 않기 때문에 재할인율정책은 금융정책 중 상대적으로 미약한 정책이다.

우리나라의 경우에도 통화량의 조절수단으로서 재할인율의 기능이 미약한 실정이다. 즉, 재할인율이 은행의 차입을 조절하기 위해서 조정되기보다는 일반은행의 대출이자율과 일정한 관계를 유지시키기 위해서 대출이자율의 변경과 거의 동시에 변경되어 왔다. 그러나 현재는 재할인율정책을 시행하지 않고 있다.

(3) 공개시장조작

공개시장조작은 주로 국채를 공개시장에서 매매함으로써 일반은행의 초과지불준비금을 변화시켜 통화량의 변화를 초래하는 정책을 말한다. 중앙은행이 일반은행들이 보유하고 있는 채권을 매입하게 되면, 중앙은행은 일반은행의 지불준비금을 늘려주는 방식으로 대금을 지불하게 되므로 지불준비금이 증가한다. 반대로 중앙은행이 일반은행에 채권을 매출하면, 은행조직의 지불준비금은 감소된다. 중앙은행은 일반은행뿐만 아니라 직접 민간기업이나 가계와도 거래를 할 수 있으나, 어느 경우이든 일반은행의 지불준비금을 변동시킨다는 점에서 근본적으로 그 효과는 같다.

이와 같은 효과를 가지는 공개시장조작이 원활하게 이루어지려면 중앙은행이 일반은행의 초과지불준비금의 크기를 조절할 필요가 있도록 채권시장이 충분히 발달되어 있어야 한다. 즉, 정책상의 필요에 따라 필요한 규모의 채권을 필요한 시기에 가격의 커다란 변동없이 매매할 수 있도록 유동성 높은 채권이 충분이 공급되어 있어야 한다.

이러한 조건 때문에 공개시장조작을 본격적으로 활용하고 있는 나라는 미국과 영국 등 소수에 불과하다. 우리나라의 경우에도 채권시장의 발달이 미흡한 실정이므로 진정한 의미에서의 공개시장조작이 행해지지 않고 있다. 다만, 외형상으로 공개시장조작과 유사한 통화안정증권과 국채 및 공채의 매매조작을 중앙은행이 제한된 범위 내에서 실시해 오고 있다.

제9장

세계속의 한국경제

한국경제는 수출주도형 성장정책에 힘입어 고도성장을 달성하였다. 그 과정에서 해외시장의 역할은 매우 컸고, 지금은 세계 8대 교역국으로 부상하였다. 따라서 한국경제를 제대로 이해하기 위해서는 해외시장에 대한 분석이 필수적이다. 이 장에서는 이른바 '글로벌시대'에서 우리나라가 다른 국가와 맺고 있는 국제경제관계의 현실을 공부한다.

9.1 ▸ 국제무역은 왜 일어나는가?: 비교우위의 원리

우리나라는 고도성장을 달성하기 위해 수출과 수입, 즉 국제교역에 전념할 수밖에 없었다. 그렇다면 고도성장이 국가 간 교역이 이루어지는 원인이 되는가? 물론 그러한 측면이 있지만, 경제학에서는 국가 간 교역이 발생하는 근본적인 이유를 비교우위의 원리(principle of comparative advantage)에서 찾는다.[1] 이 이론은 경제학의 기본개념인 기회비용(opportunity cost)의 개념을 되살린다면, 쉽게 이해할 수 있다. 아마 대부분의 독자들은 "어떤 일을 할 때의 기회비용은 그 일을 하기 위해서 포기한 다른 일의 가치"라고 배웠을 것이다. 이제 구체적인 예를 통해서 비교우위의 원리를 이해해 보기로 하자.

김철수라는 공인회계사(certified public accountant; CPA) — 이하 CPA — 가 자기 집이 낡아서 새로 페인트칠할 계획을 세우고 있다고 하자. 그리고 이 CPA는 전문 페인트공보다 더 능숙하고도 빨리 작업을 마칠 수 있다고 하자. 이러한 경우에 이 CPA는 자신이 직접 집을 페인트칠하기 위해서 회계사무실을 비워야 하는가, 아니면 페인트칠은 페인트공에게 맡기고 사무실 일을 보아야 하는가? 이 질문에 대한 답은 각 경우의 기회비용에 의존한다. 즉, 회계사무실 일을 보기 위해서 페인트공을 고용하는 비용과 자신이 직접 페인트칠을 하기 위해서 포기해야만 하는 소득을 비교하여 의사결정을 하게 된다. 이제 의사결정과정을 이해하기 위해서 다음과 같이 가정하자.

- 이 CPA는 시간당 5만원을 벌고 페인트공은 시간당 1만원을 번다.
- 이 CPA는 페인트칠을 20시간 만에 작업을 끝낼 수 있는데 비하여 페인트공은 30시간이 걸린다.

우리는 이상의 상황에서 언뜻 이 CPA는 페인트공에 비해서 회계업무도 잘하고 페인트칠도 잘하기 때문에 두 일을 모두 하는 것이 유리하다고 생각할 수 있다. 그러나 그렇지 않다. 즉 전문 페인트공을 고용하고 자기는 회계업무를 보는 것이 유리하다. 왜 그런 것일까? 자신이 직접 페인트칠을 하는 데 대한 기회비용은

1) 비교우위의 이론을 주장한 사람은 영국의 경제학자 리카르도(D. Ricardo)이다. 그 이전에 스미스(A. Smith)는 절대우위론을 주장하였다.

CPA의 작업소요시간 20시간 × 포기된 소득 5만원 = 100만원이다.

반면에, 페인트공을 고용하는 경우의 기회비용은

페인트공의 작업시간 30시간 × 1만원 = 30만원이다.

이러한 상황에서 CPA는 어떤 결정을 할 것인가? 합리적인 사람이라면 기회비용이 더 적은 쪽을 선택할 것이다. 즉 페인칠을 직접 하면 100만원이 들지만, 페이트공에게 맡기면 30만원만 지불하면 되므로, 그는 회계업무에 전념하고 페인트공을 고용하여 비용을 절감할 수 있다. 요컨대 이 CPA는 회계업무와 페인트칠에 모두 (절대)우위를 가지고 있으나, 그의 상대우위 혹은 비교우위는 회계업무인 것이다. 따라서 이 CPA와 페인트공간에 거래가 성사된다.

이러한 원리는 페인트공에게도 그대로 적용된다. 페인트공은 페인트칠하는데 전념하고 그 소득으로 CPA를 고용하면, 회계서비스를 받는 비용을 절감할 수 있다. 예를 들어 페인트공이 직접 연말소득공제서류를 작성하는데 10시간이 걸리는 데 비하여 CPA는 1시간이 걸린다고 하자. 이 때 페인트공이 직접 연말소득공제서류를 작성하는 데 드는 기회비용은

페인트공의 서류작성시간 10시간 × 포기된 소득 1만원 = 10만원이다.

반면에, CPA를 고용하는 경우 기회비용은

CPA의 서류작성시간 1시간 × CPA의 시간당 인건비 5만원= 5만원이다

이러한 상황에서 CPA는 어떤 결정을 할 것인가? 합리적인 사람이라면 기회비용이 더 적은 쪽을 선택할 것이다. 즉 회계서류 작성을 직접 하면 10만원이 들지만, 이를 CPA에게 맡기면 5만원만 지불하면 되므로, 그는 페인트칠에 전념하고, 얻은 소득으로 CPA를 고용하여 비용을 절감할 수 있다. 요컨대, 이 페인트공은 회계업무와 페인트칠에 모두 열등하지만, 그의 상대우위 혹은 비교우위는 페인트칠인 것이다. 따라서 이 페인트공과 CPA간에 거래가 성사된다.

위에서 CPA와 페인트공을 각각 A국과 B국으로 놓으면, 비교우위의 원리는 국가 간에도 성립한다. 국가들도 비교우위의 원리 하에서 한 제품생산에 특화함으로써 그들이 원하는 상품을 저렴하게 얻을 수 있다. 즉, A국은 B국에 비하여 상대적으로 효율적인(따라서 가격이 싼) 상품을 많이 생산하여, 이를 상대적으

로 비효율적인(따라서 가격이 비싼) 상품과 교환하면 이득을 얻을 수 있다. 이는 B국에 대해서도 성립하므로 국가 간 교역은 쌍방 모두에게 이득이 된다.

9.2 한국경제에서 해외시장의 중요성

1960년대 이전까지만 하더라도 한국은 국제사회에서 이른바 '전쟁의 나라', '헐벗고 굶주리는 나라'로 통하였고, 미국으로부터의 원조가 국제거래의 대부분을 차지하는 실정이었다. 그러나 1960년대 이후 유례없는 고도성장을 이룩하자 한국은 '번영의 나라'라는 이미지를 가지게 되었으며, 오늘날 통상관계를 맺지 않은 나라가 거의 없을 정도로 개방화되었다.

〈표 9-1〉에서 보는 바와 같이 우리나라는 1965년 수출이 약 2억달러, 수입이 약 5억달러에 불과하였으나 2011년 수출이 5,552억달러, 수입이 5,244억달러에 이르게 되었다. 우리나라는 무역규모 기준으로 세계 8위의 교역국으로 부상하였고, 이는 그만큼 세계경제에서 한국경제가 차지하는 역할이 커졌음을 말해 주는 것이다.

이와 같이 한국경제가 개방화되었으나 무역규모에 비해 국내경제규모가 작기 때문에 한국경제의 대외의존도—수출입이 GDP에서 차지하는 비중—가 매우 높게 되었다. 우리나라의 대외의존도는 1965년에 21%에 불과하였으나, 2011년에는 100%에 가까운 수준이 되었다. 이러한 우리나라의 대외의존도는 다른 나라들에 비해서도 매우 높은 편이다. 〈그림 9-1〉에서 보는 바와 같이 일본의 대

|표 9-1| 우리나라 수출입규모 및 대외의존도 변화추이 (단위: 억 달러, %)

구분	1965년		1985년		2011년	
	금액	대GD비율	금액	대GD비율	금액	대GD비율
수출	1.7	6	302	32	5,552	50
수입	4.6	15	311	33	5,244	47
합계	6.3	21	612	65	10,766	97

주: 통관기준임
자료: 통계청

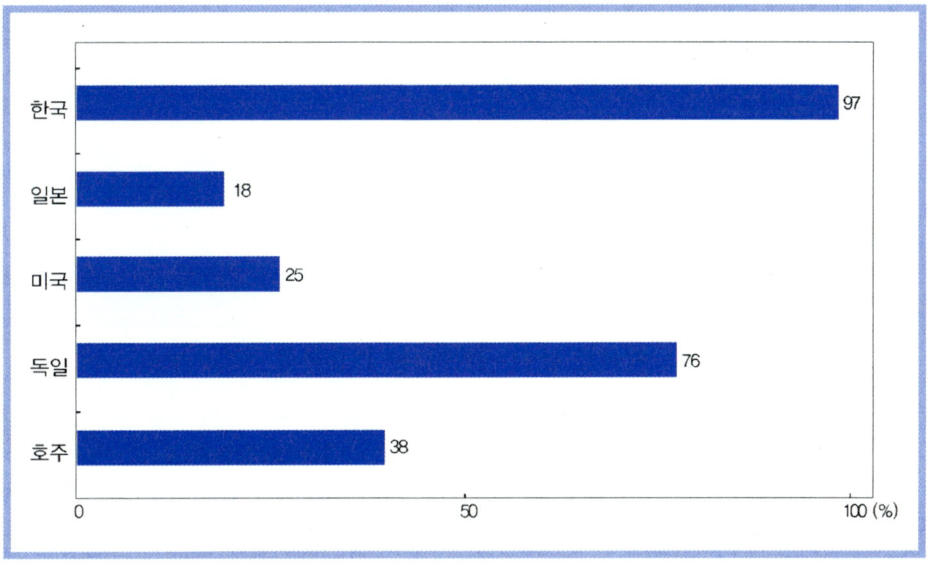

|그림 9-1| 세계 주요국의 대외의존도 비교(2011년) 자료: 통계청

외의존도는 18% 정도에 불과하며, 자유무역을 기본원칙으로 삼고 있는 미국도 대외의존도가 25%로 낮은 수준이다. 독일의 대외의존도는 76%로 비교적 높으나 EU내의 거래를 포함하므로 과대평가된 것이라 볼 수 있다. 이와 같이 우리나라의 대외의존도가 100%에 가깝다는 것은 세계경제여건의 조그마한 변화에도 국내경제가 크게 영향을 받을 수밖에 없기 때문에 문제가 된다.

우리나라의 대외의존도가 높은 이유는 이미 제1장에서 배운 바와 같이 국내시장이 협소하고 부존자원이 빈약할 뿐 아니라 자본축적도 미약하였던 여건 하에서 고도성장을 추구하여 왔기 때문이다. 다시 말해서 낮은 국민소득으로 인해 국내시장이 협소한 상황에서 고도성장을 달성하기 위하여 무엇보다도 수출수요를 확보하여야 했고, 자원과 자본이 빈약한 가운데서 수출을 뒷받침하기 위하여 외국으로부터 원료와 기계설비를 수입해야만 하였다.

한편 우리나라의 교역상대국도 미국, 일본, 중국 등 3국에 편중되어 있다. 〈그림 9-2〉에서 보는 바와 같이 1990년대에는 주로 수출과 수입 모두 미국과 일본에 크게 의존하고 있었다. 현재에는 미국과 일본의 비중이 줄어 들었으며, 중국이 등장하면서 중국의존도가 크게 증가하였다. 그림에서 보는 바와 같이 2010년 우리나라의 수출상대국은 중국(25.1%), 미국(10.7%), 일본(6%) 등의 순으로 이어지고 있다. 수입대상국 역시 중국(16.8%), 일본(15.1%), 미국(9.5%)

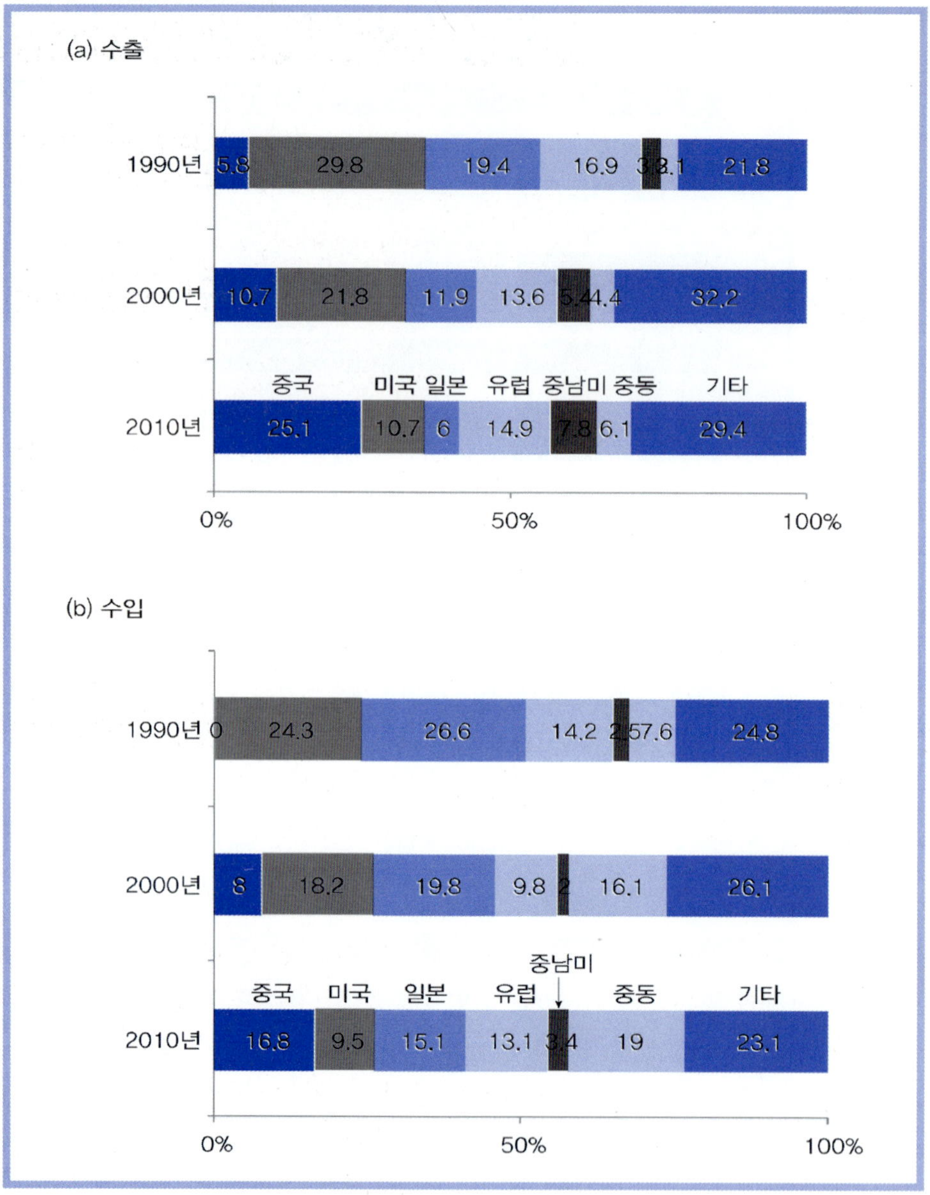

|그림 9-2| 교역상대국별 수출과 수입 비중 추이　자료: 한국무역협회

등으로 이들 3국에 편중되어 있다. 이와 같이 특정국가에 대한 수출입의존도가 높다는 사실은 한국경제가 그만큼 미국, 일본, 중국 등의 자국 내 사정에 영향을 받을 가능성이 크다는 것을 말해 준다.

우리나라의 높은 대외의존도는 세계경제가 지속적으로 확대되어 왔던 1960-

70년대에는 비교적 크게 문제되지 않았었다. 이 당시에 선진국들은 개발도상국의 경제발전에 도움을 준다는 입장을 견지하고 있었기 때문에 우리나라는 상품, 자본, 기술 등의 국제거래에서 큰 어려움이 없었다. 그러나 1980년대에 들어오면서 미국을 비롯한 선진국들이 국제무역질서의 개편을 주장하기 시작하였고, 이것은 우루과이라운드(UR) 협상의 타결과 세계무역기구(WTO; World Trade Organization)의 창설로 이어졌다. 이에 따라 우리나라는 농산물 및 서비스시장을 개방할 수밖에 없었으며, 특허 등 지적소유권에 대한 국제적 규범이 마련됨에 따라서 기술면에서 커다란 제약을 받게 되었다. 뿐만 아니라 종전처럼 정부가 수출에 대해 금융지원, 보조금 등 혜택을 줄 수도 없게 되었다. 대표적인 예가 제6장에 배운 쌀의 정부수매제도 폐지이다. 이와 같은 일련의 세계무역질서의 변화는 대외의존도가 높은 한국경제에 새로운 도전으로 다가오고 있다.

마지막으로 해외시장과 관련하여 우리가 관심을 갖지 않을 수 없는 문제가 환율 및 국제통화질서의 변화이다. 과거에는 각국이 고정환율제도를 채택하고 있었으나, 점차 변동환율제도로 전환되고 있으며, 이에 따라 환율변동이 세계경제에 미치는 영향력이 매우 커지게 되었다. 구체적인 예로 1995년 3월 1달러당 100엔 선이 무너지자 일부 경제학자들이 세계경제의 붕괴가능성 마저 예측하기도 하였다. 이는 기본적으로 국내거래는 단일 통화에 의해 이루어지나, 국제거래는 서로 다른 통화로 이루어지며, 각국은 나름대로의 통화제도를 가지고 국내경제실정에 맞는 정책을 시행하기 때문에 나타나는 현상이다.

9.3 국제경쟁력

최근 '국경 없는 지구촌' 혹은 '세계화' 등의 구호가 말해 주듯이 세계에서 한국의 위치에 대한 인식이 그 어느 때보다도 부각되고 있다. 이는 무엇보다도 경제활동의 주체, 특히 상품을 생산하여 세계무대로 수출하는 기업의 경쟁력(competitiveness) 강화가 중요해졌음을 의미하는 것이라 하겠다.

그렇다면 국제경쟁력(international competitiveness)이란 무엇을 말하는 것일까? 이는 경제학자들의 오랜 연구과제였을 뿐만 아니라 현실적으로도 정부정책이나 기업경영전략에 있어서 매우 중요한 개념이었음에도 불구하고 명확한 정의나 일반이론이 없다. 달리 말해서 자기가 처한 입장에 따라서 국제경쟁력의 개념을 다르게 보고 있다. 가령 국제경쟁력이 정치가 입장에서는 국제수제흑자로, 경제학자 입장에서는 단위당 낮은 임금수준 혹은 가격수준으로, 과학자 입장에서는 높은 기술수준으로, 기업경영자 입장에서는 세계시장에서의 경쟁전략 능력으로 각각 이해되고 있다. 물론 각각의 견해는 틀린 것은 아니지만, 국제경쟁력이라는 종합적인 개념을 한 측면에서만 보았다는 점에서 불충분하다.

우리는 국제경쟁력을 두 가지 관점에서 파악하고자 한다. 하나는 수출입 성과를 보고 국제경쟁력을 판단하는 것이다. 만약 우리나라의 신발 수출실적이 좋다고 하면 우리나라는 신발이라는 상품에 국제경쟁력이 있다고 본다. 이러한 국제경쟁력을 현시된 국제경쟁력(revealed international competitiveness)라고 부르기로 하자. 다른 하나는 국제경쟁력의 결정요인을 보고, 그 요인이 다른 나라에 비해서 유리하면 국제경쟁력이 있다고 판단하는 것이다. 가령 다른 조건은 동일한데 임금수준이 다른 나라에 비해서 낮다고 하면 국제경쟁력이 있다고 본다.

1) 수출입 성과를 통해서 본 한국의 국제경쟁력

(1) 수출

제2차 세계대전 직후에 일본이 경제재건을 시작할 당시에 국제시장에서 'Made in Japan'이라는 상표는 조잡하고 값싼 상품의 대명사처럼 통용되었다. 그러나 지금은 카메라, 복사기, 자동차와 같은 일본상품은 세계 일류가 되었다. 일본 상품들이 국제경쟁력을 가지게 된 것이다.

한국도 일본과 마찬가지로 공업화를 시작한 1960년대 초에는 'Made in Korea'라는 이름으로 국제시장에서 가발, 스웨터 등 값싼 상품의 수출국으로 인식되었으나, 이제는 양질의 많은 상품을 수출하기에 이르렀으며 승용차와 같이 상품에 따라서는 선진국의 강력한 경쟁상대로 등장하게 되었다. 이제 우리나라의 수출실적을 통해서 어떤 상품에 경쟁력을 가지고 있는지 알아보자.

1960년대에 우리나라의 수출은 농수산물과 광산물 등 일차산품이 주종을 이루었으나, 경제개발계획이 실시된 이후 공산품의 비중이 증가하기 시작하여 현재는 〈그림 9-3〉에서 보는 바와 같이 공산품의 수출이 총수출의 96%를 넘어서

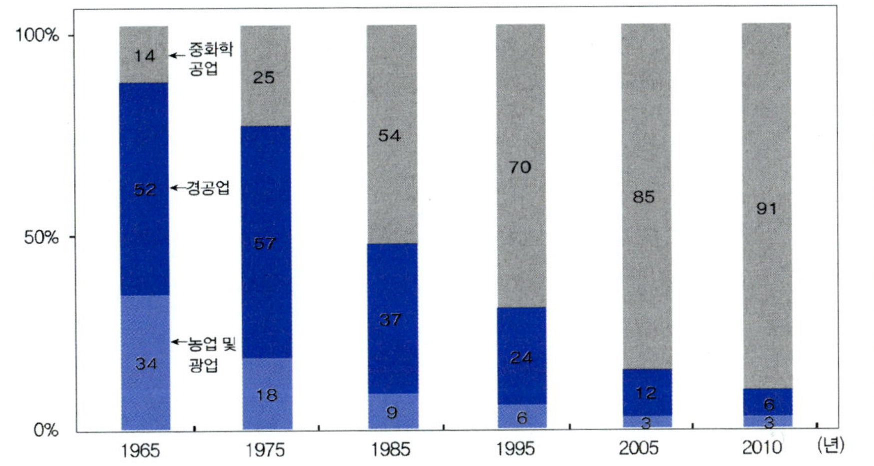

|그림 9-3| 한국의 상품구조별 수출 자료: 한국무역협회

|표 9-2| 한국의 10대 수출상품 (단위: 억달러, %)

순위	1970년			2011년		
	상품	금액	비중	상품	금액	비중
1	의류	3.41	40.8	선박	566	10.2
2	합판	0.92	11.0	석유제품	516	9.3
3	가발	0.90	10.8	반도체	501	9.0
4	광산물	0.32	5.9	자동차	453	8.2
5	전자제품	0.29	3.5	평판디스플레이	287	5.2
6	과채류	0.20	2.3	무선통신기기	273	4.9
7	신발류	0.17	2.1	자동차부품	231	4.2
8	연초	0.14	1.6	철강판	209	3.8
9	철강제품	0.13	1.6	합성수지	195	3.5
10	금속제품	0.12	1.5	컴퓨터	92	1.7
	합계	6.60	79.0	합계	3,325	59.9

주: 구성비는 총수출액 중에서 차지하는 비중임.
자료: 통계청

고 있다. 공산품 중에서도 경공업제품보다는 중화학제품의 비중이 커졌다. 그림에서 보는 바와 같이 중화학 공업제품의 비중이 1965년에는 10%를 웃도는 수준에 불과하였으나 2010년에는 91%로 크게 높아졌다.

우리나라 국제경쟁력을 상품별로 보면, 〈표 9-2〉에서 보는 바와 같이 1970년에는 의류, 합판, 가발, 광산물, 전자제품, 신발류 등의 순으로 수출이 많이 되었으나, 40여년이 지난 2011년에는 선박, 석유제품, 반도체, 자동차, 무선통신기기, 철강, 합성수지, 컴퓨터 등이 상위권에 들게 되었다. 따라서 현재 우리나라는 이러한 분야에서 국제경쟁력을 가지게 되었다고 볼 수 있다.

(2) 수입

이제 수입실적을 통해 한국의 국제경쟁력을 알아보기로 하자. 먼저 용도별로 보면, 〈그림 9-4〉에서 보는 바와 같이 2010년 현재 총수입 중에서 원자재가 59%, 기계류가 31%, 소비재가 10%를 차지하고 있다. 이러한 수입구조는 과거에 비해서 기계류의 비중이 약간 높아지고, 양곡을 포함한 소비재의 비중이 상대적으로 낮아졌을 뿐 크게 달라지지 않은 것이다. 따라서 우리는 원유, 원당, 원모, 생고무등 원자재는 국내에서 조달이 불가능하므로 어쩔 수 없다 하더라도, 기계류의 경쟁력은 오히려 떨어졌다고 볼 수 있다.

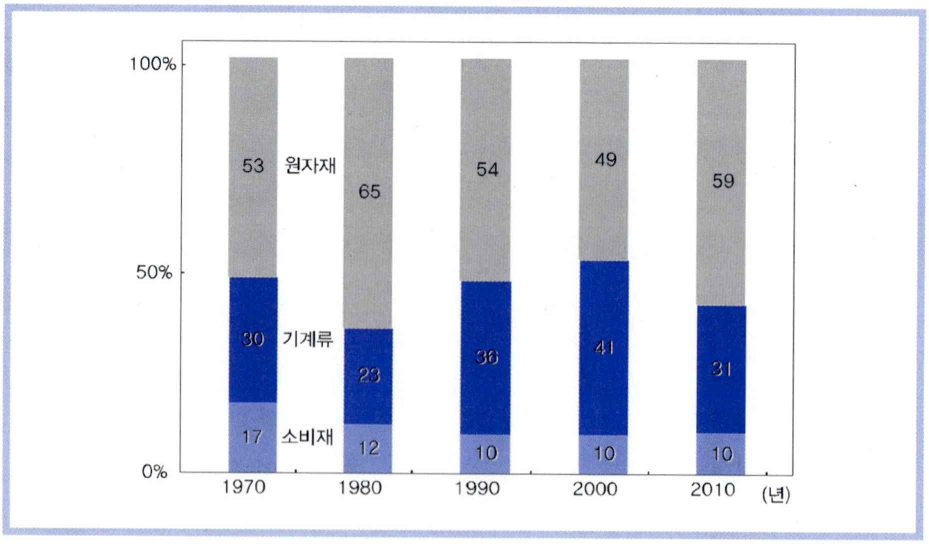

|그림 9-4| 한국의 용도별 수입구조 자료: 한국무역협회

|표 9-3| 한국의 10대 수입상품 (단위: 억달러, %)

순위	1970년			2011년		
	상품	금액	비중	상품	금액	비중
1	쌀	1.45	7.3	원유	1,008	19.2
2	원목	1.25	6.3	반도체	325	6.2
3	원유	1.25	6.3	천연가스	238	4.5
4	섬유기계	0.81	4.1	석유제품	229	4.4
5	소맥	0.80	4.0	석탄	185	3.5
6	차량	0.70	3.5	철강판	129	2.5
7	고철	0.62	3.1	철광	114	2.2
8	유기화합물	0.62	3.1	컴퓨터	107	2.0
9	화섬사	0.58	2.9	반도체제조용 장비	97	1.8
10	화공기계	0.55	2.8	정밀화학 원료	89	1.7
	합계	8.62	43.5	합계	2,521	48.1

주: 구성비는 총수입액 중에서 차지하는 비중임.
자료: 한국무역협회

〈표 9-3〉에는 우리나라의 10대 수입상품이 열거되어 있다. 표에서 보는 바와 같이 1970년에는 쌀, 원목, 원유, 섬유기계, 소맥 등의 순으로 수입이 많이 되었으나, 40여년이 지난 2011년에는 원유, 반도체, 천연가스, 석유제품, 석탄 등의 순으로 이어지고 있다. 아직도 원유, 천연가스, 석탄 등 원료에 대한 수입이 주종을 이룬다고 할 수 있다. 따라서 현재 우리나라는 이러한 제품에서 국제경쟁력이 약하다고 볼 수 있다.

(3) 상품수지

이상에서 우리는 수출과 수입을 각각 살펴보았는데, 이제는 수출과 수입을 동시에 고려하여 한국의 경쟁력을 평가해 보자. 먼저 우리나라가 다른 나라에 상품을 수출한 금액과 다른 나라로부터 상품을 수입한 금액의 차이를 나타내는 상품수지를 보면, 〈그림 9-5〉에서와 같이 우리나라는 1990년 중반까지는 상품에 대한 수입액이 수출액보다 많았었으나, 그 이후에는 상품수지에서는 흑자를 기록하고 있다. 따라서 우리나라의 국제경쟁력은 전반적으로 과거에 비해서 향상되었다고 볼 수 있다.

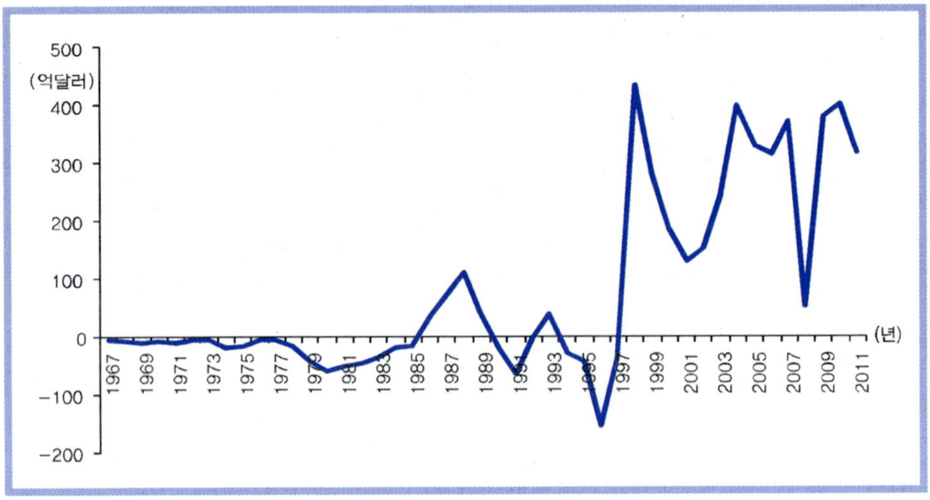

|그림 9-5| 우리나라의 상품수지 추이 자료: 통계청

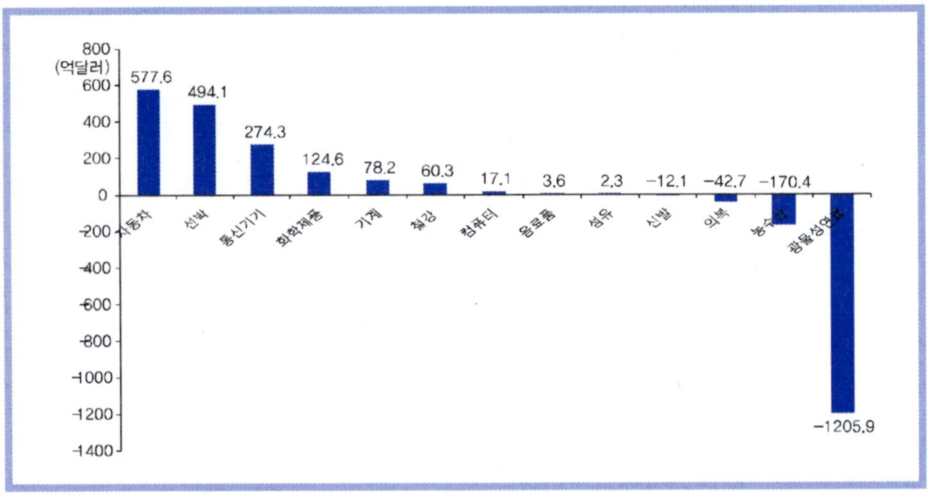

|그림 9-6| 주요상품의 무역수지(2011년) 자료: 통계청

이제 상품을 보다 세분하여 무역수지를 살펴보자. 〈그림 9-6〉에서는 2011년 주요 제품의 수출액과 수입액을 동시에 보여주고 있다. 그림에서 보는 바와 같이 우리나라는 농산물, 광산물(원유 포함), 신발, 의복 등의 상품에서 적자를 내고 자동차, 선박, 통신기기, 화학제품, 기계, 철강, 컴퓨터 등의 상품에서 흑자를 나타내고 있다. 따라서 우리나라는 현재 자동차, 선박, 통신기기, 화학제품, 기계, 철강, 컴퓨터 등에 국제경쟁력을 가지고 있다고 볼 수 있다.

2) 국제경쟁력 결정요인으로 본 한국의 국제경쟁력

이제 국제경쟁력 결정요인 측면에서 한국의 국제경쟁력을 알아보기로 하자. 즉 지난 40여 년간 한국은 어떤 요인으로 어떤 상품에서 국제경쟁력을 유지할 수 있었는지를 알아보고 미래를 전망하여 보자.

(1) 국제경쟁력 결정요인: Porter의 다이아몬드

앞에서 언급한 바와 같이 국제경쟁력의 개념 자체뿐 아니라 그것을 결정하는 요인에 대해서도 의견이 다양하므로, 국제경쟁력 요인 측면에서 국제경쟁력을 평가하는 것은 쉬운 일이 아니다. 하지만 국제경쟁력에 대한 논의를 종합해 볼 때 포터(M. Porter)에 의한 다이아몬드(diamond) 모형이 가장 체계적이고 현실적인 것으로 여겨진다. 따라서 먼저 이 모형을 알아보고, 여기에 맞추어 한국의 국제경쟁력을 평가하고자 한다.

포터는 국제경쟁력을 실질생산성(real productivity)라고 정의하고, 이를 결정하는 요인으로 〈그림 9-7〉에서 보는 바와 같이 생산요소여건, 수요여건, 기업전략 및 국내경쟁, 지원 및 연관산업 등 네 가지를 들었다. 물론 이들 요소 각각이 국제경쟁력에 영향을 미치지만, 이들 간의 상호보강작용 통해서도 국제경쟁력이 결정된다고 하였다.

① 생산요소여건

생산요소여건은 산업에서 경쟁하는 데 필요한 부존여건을 비롯하여 교육, 기술 등을 포함한다. 예를 들어 풍부하고 질 좋은 노동자, 풍부한 천연자원, 수송을 원활하게 하는 사회간접자본 등이 갖추어져 있다면 국제경쟁력을 획득할 수 있지 않겠는가? 싱가포르의 경우에 조선수리업에서 국제경쟁력을 가지고 있는데, 이는 지리적 위치상 중동지역을 왕복하는 한국과 일본의 선박들이 중간지점인 싱가포르에서 정박하게 되기 때문이라는 해석이 가능하다. 우리나라의 경우에도 봉제, 신발산업에서 경쟁력을 가지게 된 것도 낮은 임금과 질 좋은 노동자에 기인하였음은 널리 알려진 사실이다.

그러나 보다 중요한 국제경쟁력 결정요인은 생산요소를 창출하는 능력이라고 하겠다. 즉 교육, 기술개발 등의 요인이다. 과학기술 수준이 높은 미국이 컴퓨터, 화학, 항공 등의 산업에서 경쟁력을 가지고, 미국보다는 과학기술 수준은 낮지만 기술을 모방 혹은 활용한 일본이 자동차, 가전제품, 복사기, VTR 등에

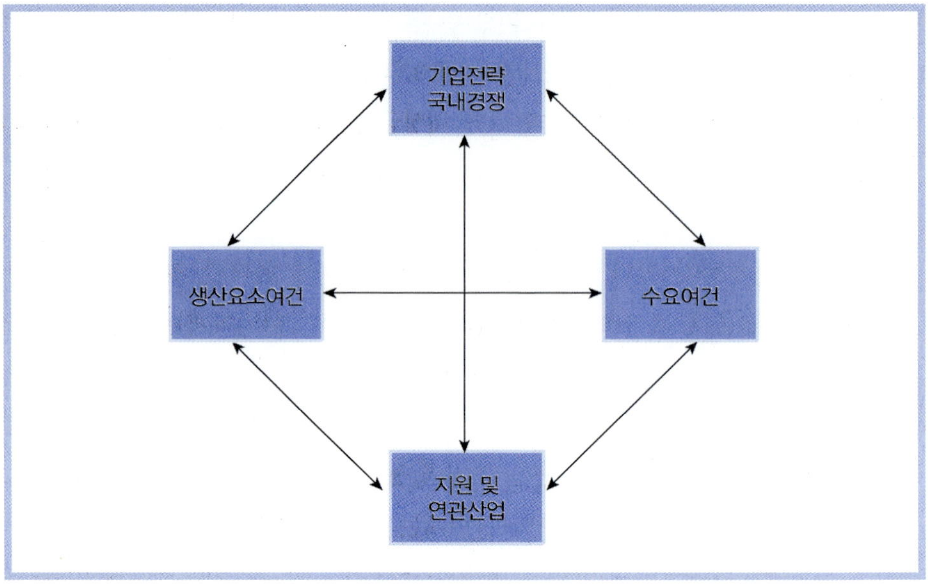

|그림 9-7| 국제경쟁력 결정요인: 다이아몬드 모형

서 경쟁력을 가지는 것이 그 대표적인 예이다. 더 나아가서 오히려 불리한 조건이 경쟁력의 요인이 될 수도 있다. 대표적인 예로 일본의 JIT(just-in- time)시스템을 들 수 있다. 즉, 일본기업들은 자국내 지가와 임대료가 급등하자, 공장의 공간을 줄이기 위해서 부품을 수시로 적정하게 배분케 하는 JIT시스템을 고안해 내었고, 그 결과 미국 등 경쟁국에 비해서 엄청난 비용절감을 달성할 수 있었다.

② 수요여건

수요측 요인은 제품에 대한 국내수요의 특성과 해외수요요인, 두 가지로 구분된다. 먼저 국내수요의 특성은 국제경쟁력과 어떤 관계를 가지는가? 예를 들어 설명해 보자. 일본사람은 가족생활을 기록으로 남기는 습성이 다른 민족보다도 강하다고 한다. 일례로 일본사람들은 전시에도 월급의 3배나 되는 독일제 카메라를 선뜻 구입하였다고 한다. 후지산에 추락하는 여객기 안에서도 추락순간임에도 불구하고 한 일본인은 가족에게 편지를 썼다는 기사를 읽은 적도 있다. 그러므로 일본이 카메라, 펜 등에서 국제경쟁력을 보유하게 된 것은 결코 우연이 아니라고 할 수 있다. 영국사람은 정원을 가꾸는 취미가 보편화되어 있는데, 영국은 정원관리기계에 국제경쟁력이 있는 것으로 알려지고 있다. 자동차의 경우에서도 이러한 사례를 찾아볼 수 있다. 독일사람들은 스피드를 즐기는 데 비하여 스웨덴사람들은 안정성을 중시한다고 한다. 이에 따라 독일제 자동차(벤츠)는 성능 면에서, 스웨덴제 자동차(볼보)는 안정성 면에서 세계 최고라고 한다.

뿐만 아니라 국내소비자들이 까다롭게 굴면 국제경쟁력을 획득할 수 있다. 쉽게 말해서 물건 사는데 주인 눈치 살피는 우리의 풍토에서는 국제경쟁력을 가지기 어렵다는 얘기다. 일본사람들은 오디오제품에 대해서는 대부분이 전문가일 정도로 상품을 비교하고 평가하므로, 제조업체들이 이에 훈련이 된 결과 세계무대에서 오디오제품에 경쟁력을 가지게 되었다고 볼 수 있다. 이탈리아사람들도 까다롭기로 유명한데, 특히 맛과 스타일에 민감하다고 한다. 그러므로 이탈리아가 패션, 봉제, 보석, 가구, 조명, 음식, 포도주 등에서 국제경쟁력을 가지게 된 것도 우연이 아니다.

한편, 해외요인도 중요하다. 수입국의 소득수준이나 경제여건, 해외국민들의 기호 등도 국제경쟁력의 한 요인이 된다.

③ 기업전략 및 국내경쟁

기업전략의 차이가 국제경쟁력의 차이를 가져오는 것은 자명하다. 우리가 한국축구의 '월드컵 4강 신화'하면, 히딩크를 연상하는 것은 그의 전략과 전술이 세계적인 수준의 축구경쟁력을 키웠기 때문일 것이다. 이는 세계시장이라는 전쟁터에서 싸우는 기업가와 그들의 전략에도 그대로 적용된다.

국내경쟁의 경험 여부도 국제경쟁력이 결정요인이 된다. 우리 속담에 "집에서 새는 바가지 나가서 샌다"라는 말이 있듯이 국내에서 치열한 경쟁을 경험해본 기업만이 세계 무대에서도 이길 수 있기 때문이다. 가령 일본의 자동차회사는 10여 개 되는데, 일본이 자동차를 미국 등 선진국에 수출할 수 있었던 것은 이들 간 국내에서의 치열한 경쟁이 바탕이 되었다는 분석도 있다.

④ 지원 및 연관산업

지원 및 연관산업의 존재 유무도 국제경쟁력의 중요한 결정요인이 된다. 지원산업(supporting industry)이란 부품이나 소재를 공급하는 산업을 말한다. 반도체산업이 경쟁력을 가지고 있으면 VTR이나 컴퓨터산업이 경쟁력을 가질 수 있고(예: 한국의 삼성전자), 금속소재에 경쟁력을 가지면 기계산업이 경쟁력을 가질 수 있다는 말이다(예: 스위스의 시계).

⑤ 요인간 상호보강작용

위에서 살펴본 요인들은 개별적으로 중요하지만, 보다 중요한 것은 이들 요인간의 상호보강작용이다. 다이아몬드가 그 분자간의 결합력이 강하기 때문에 단단한 것처럼, 요인간 밀접한 상호작용이 국제경쟁력 유지의 관건이 되기 때문이다. 복잡한 요인간 상호작용을 다 설명하기는 어려우므로, 〈그림 9-8〉에서 보는 바와 같이 기업전략 및 국내경쟁, 지원 및 연관산업, 생산요소여건 등이 수요여건에 미치는 영향만을 사례를 들어 설명하고자 한다.

먼저 기업전략 및 국내경쟁이 수요여건에 미치는 영향이다. 예를 들어 이탈리아제 가구는 전세계적으로 유명한데, 이는 가구업체간 치열한 경쟁으로 국내수요를 확장시키고, 소비자들을 더 정교하고 예견력 있게 만든 결과로 얘기되고 있다. 지원 및 연관산업이 수요여건에 미치는 영향의 사례로는 스위스의 시계와 일본의 가전제품을 들 수 있다. 'Swatch'라는 브랜드에서 알 수 있듯이 스위스의 시계는 소비자들에게 전세계적으로 알려지고 있는데, 이는 금속, 기계 등 성공적 지원 및 연관산업의 명성이 뒷받침하고 있기 때문이다. 일본의 가전제품이 전세계적으로 인정받고 있는 것도 반도체산업의 발전에 힘입은 바 크다. 생산요

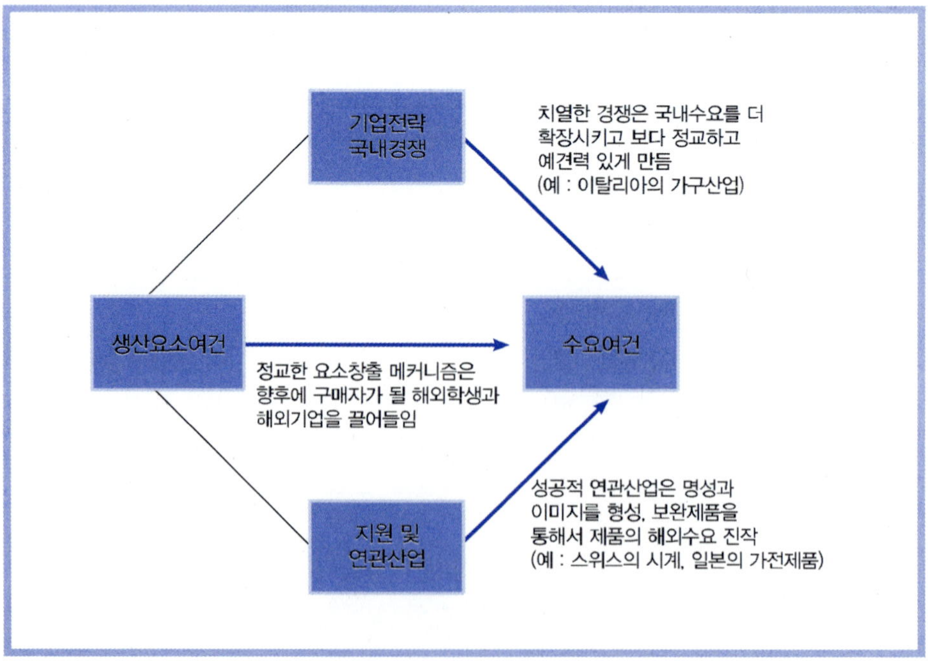

|그림 9-8| 다이아몬드의 상호보강작용 : 수요여건에 대한 영향

소여건이 수요여건에 영향을 미치는 예로는 미국에서 교육받은 해외유학생을 들 수 있다. 이들은 미국에서 학위를 마친 후 고국에 돌아와서도 자신이 미국에서 쓰던 미국산 기계나 실험장비(예: IBM 컴퓨터)를 사용하게 되는 경향이 있다. 요인간 나머지 상호작용들에 대해서는 독자들 스스로 사례들을 찾아볼 수 있을 것이다.

⑥ 국제경쟁력의 동태적 측면

어떤 상품에 대한 국제경쟁력은 하루아침에 획득되는 것이 아니다. 즉, 그 나라가 가지고 있는 고유의 요인이 시간에 걸쳐 서로 상호작용하면서 단계적으로 형성된다. 이러한 국제경쟁력의 동태적 측면은 이탈리아 스키부츠의 사례에서 찾아볼 수 있다. 이탈리아는 전통적으로 하이킹용 신발이 발달되어 있었는데, 하이킹용 신발은 스키부츠의 연관산업으로서 스키부츠 경쟁력 획득의 씨앗이 되었다. 〈그림 9-9〉에는 이탈리아의 스키부츠산업이 경쟁력을 획득해 가는 동

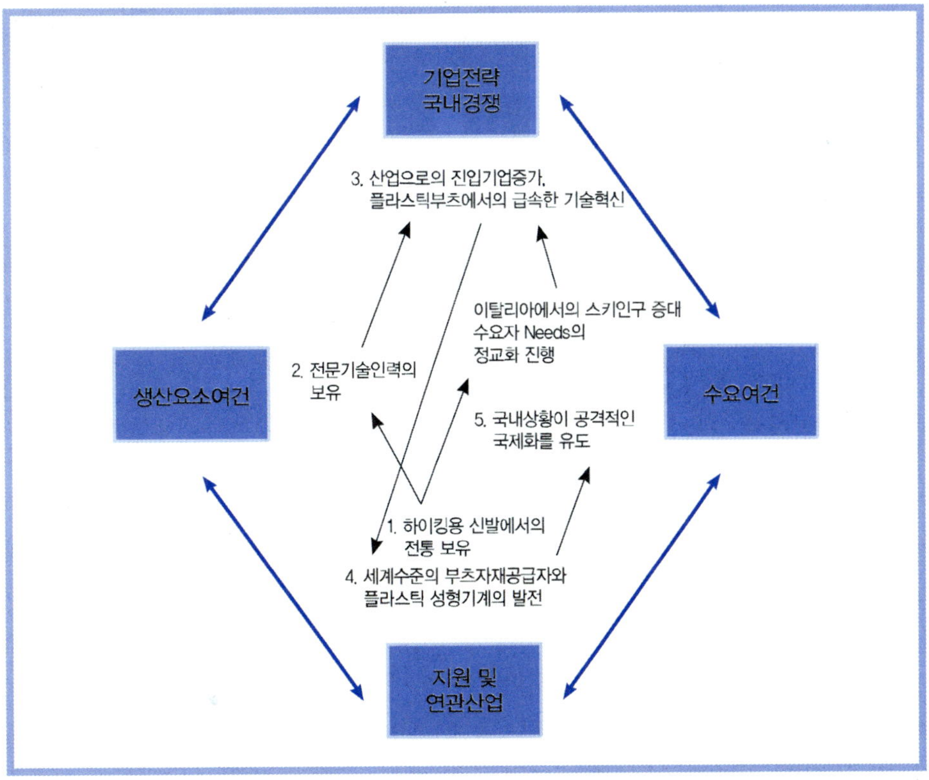

|그림 9-9| 국제경쟁력의 동태적 발전 과정 : 이탈리아 스키부츠의 사례

태적인 단계를 순차적으로 표시해 놓았다.

(2) 포터의 다이아몬드 모형에 의한 한국의 국제경쟁력 평가

이제 포터의 다이아몬드 모형에서 제시된 국제경쟁력 결정요인을 기준으로 하여 한국의 국제경쟁력을 검토해 보기로 하자.

① 생산요소여건

한국은 과거에 주로 생산요소여건에 바탕을 두고 국제경쟁력을 유지할 수 있었다고 볼 수 있다. 그 중에서도 풍부한 양질의 노동력과 교육 등이 국제경쟁력의 원천이었다. 우리나라에서는 의무교육이 실시되며, 고교졸업생들의 약 89%가 대학에 진학하고, 정부예산의 16%가 교육투자이며, 대부분의 남자들은 약 2년간의 군생활을 통해서 훈련을 받는다. 뿐만 아니라 기업들도 사내 및 사외에서 종업원을 교육시키고 교육성과가 승진에 반영된다. 그 결과 비교적 저임금의 숙련노동자들이 공급될 수 있었고, 이는 우리나라가 지난 1960년대와 1970년대에 가발, 신발, 봉제 등에서 그리고 최근에는 가전, 자동차, 조선 등 단순조립제품에서 경쟁력을 유지하는 요인이 되었다. 예를 들어, 조선분야에서 유조선은 평균 30개월이 걸려야 건조가 가능하나 한국사람들은 18개월만에 납품하는 것으로 알려져 있다. 물론 기술도 중요한 요인이었다. 그러나 독자적인 기술개발이 아닌 선진국에서 이미 표준화 또는 보편화된 기술을 도입하는데 의존하였다.

② 수요측 요인

우리나라 국제경쟁력은 생산요소여건에 비해서 수요측 요인의 역할은 상대적으로 미약하였다. 특히 성장초기에는 내수시장이 협소하였을 뿐만 아니라 수요가 고도화되거나 소비자가 까다롭지도 못하였다. 처음에는 단지 해외수요에 발맞추어 규모의 경제를 실현하였을 뿐이다. 그러나 최근에 국민소득이 증대되고, 인구가 5,000만명에 이르게 되면서 국내시장에서도 규모의 경제를 실현하게 되었다. 예를 들어, 삼면이 바다로 둘러싸인 우리의 경우 조선은 기본적으로 국내수요가 있었고 수출시장확대로 경쟁력을 얻었다. 철강, 시멘트 등은 국내수요에 의해서 발전되어 수출산업이 되었고 피아노는 많은 국민들의 음악적 관심에서 경쟁력을 얻게 되었다. 그러나 여전히 국내시장에서 수요의 고도화와 수요의 까다로움은 결여되어 있다.

따라서 한국기업들은 해외시장에 비해 국내시장에 민감하지 못한 편이다. 국내시장은 잠재력은 가지고 있으나, 아직도 기업들이 무시하는 경향이 없지 않은 실정이다.

③ 기업전략 및 국내경쟁

물론 기업간 경쟁요인도 경쟁력유지에 도움이 된 것으로 평가되고 있다. 철강산업을 제외한 자동차, 가전, 조선 등의 주요 산업에서 4~5개의 기업들이 심지어는 감정적으로까지 치열하게 경쟁한 결과, 해외에서 경쟁우위를 지킬 수 있었다는 것이다. 그러나 정부가 수입대체산업육성, 합리화법의 시행 등으로 경쟁분위기를 깬 측면도 없지 않았다.

④ 지원 및 연관산업

마지막으로 지원 및 연관산업의 역할을 보자. 철강산업과 시멘트산업의 발달은 해외건설의 경쟁력에 도움을 주었고 반도체, 가전, 통신, 컴퓨터 등의 산업군집이 형성되었다. 그러나 다른 나라에 비해서는 산업군의 폭과 깊이가 미약한데, 특히 부품, 장비, 기계부문 등 핵심 산업군의 발달이 미흡하다.

지원산업요인과 관련하여서는 수출지원산업으로서의 종합무역상사(GTC; General Trading Company)의 역할을 빼놓을 수 없을 것이다. 1975년 설립된 종합무역상사제도는 일본판 다국적기업이라 할 수 있는 종합상사를 본 따서 만든 것이다. 일본의 종합상사는 수출의 50% 이상, 수입의 60% 이상을 담당하고 있는데, 일본의 경제발전과정에서 교역증대의 교두보 역할을 담당한 것으로 평가되고 있다. 우리나라에 있어서도 종합무역상사의 역할은 매우 컸다. 종합무역상사의 수출실적이 1975년 총수출의 13%였던 것이 매년 증가하여 1983년에는 총수출의 50%까지 이르게 되었다. 그 후 최근까지 다소 감소추세를 보이고 있으나 여전히 높은 비중을 차지하고 있다.

이와 같이 종합무역상사가 기능을 발휘할 수 있었던 것은 제조업체인 국내 주요 대기업과 연계되어 있었기 때문이었다. 다시 말해서 종합무역상사는 대기업의 수출창구 역할을 성공적으로 담당하였다. 물론 종합무역상사가 소속 대기업집단을 과대하게 팽창시켰다는 비판도 없지 않으나 수출증대 면에서는 순기능을 했다고 볼 수 있다. 뿐만 아니라 종합무역상사는 해외지사망을 확대·설치함으로써 현지의 시장정보를 수집할 수 있는 정보능력을 제고시켰으며, 한편으로는 지사원을 중동, 남미, 대양주 등의 새로운 지역에 파견함으로써 국제적 감각을 갖춘 인재의 양성이라는 면에서도 긍정적인 역할을 담당하였다.

3) 국제경쟁력 제고방안

미래 한국의 국제경쟁력은 어떤 요인에 의해서 좌우될 것인가? 앞에서 강조한 바와 같이 과거 한국의 국제경쟁력은 생산요소여건, 특히 저임금, 단순조립기술 등 기초요소에 뿌리를 두고 있었다. 정부도 생산요소 측면에서의 여건개선을 위해서 수출보상제도, 조세 및 금융 면에서 지원제도 등 특혜 일변도의 정책을 펴왔다. 그러나 현 시점에서 볼 때 기초요소에 뿌리를 둔 경쟁력과 정책방향은 한계에 이른 것으로 보여진다. 국제경쟁력을 유지하기 위하여 임금수준을 더 이상 억제한다는 것은 노사관계나 사회분위기상 어렵게 되었을 뿐만 아니라, 이미 태국, 말레이시아, 중국 등 개발도상국들에 비해서 임금과 조립기술 면에서 경쟁우위를 유지할 수 없게 되었다. 정부의 수출정책 면에서도 일부 사람들은 과거와 같이 정부지원하에서 수출증대가 가능하다고 생각하는 경향이 있는 듯하나, 한국의 수출규모를 생각하면 이는 매우 어려운 방법이다. 즉, 현재 수출규모 5,000억달러의 10%를 정부가 지원한다고 가정하면, 약 500억달러가 되므로 정부의 재정능력이나 거시경제적 목표에 비추어 볼 때 거의 불가능하다고 할 수 있다.

국제경쟁력 제고와 관련하여 혹자는 원화를 평가절하하면 되지 않겠느냐고 말하기도 한다. 즉, 원화가 평가절하되면 수출상대국의 화폐(예컨대, 미국의 달러화)로 표시된 한국상품의 가격이 하락하기 때문에 수출이 증가한다는 것이다. 그러나 환율정책을 통한 수출증대책은 과거의 경험이나 제도상으로 보더라도 자주 사용하기에는 어려움이 있었다. 예를 들어, 1960년대 말 우리나라가 만성적인 국제수지적자를 면치 못하고 있을 때 정부는 달러에 대한 원화가치를 280원에서 300원으로 평가절하시켰고 그후 1971년에는 다시 370원으로 평가절하시켰으나 국제수지는 별로 개선되지 않은 것으로 기록되고 있다(〈그림 9-5〉 참조). 뿐만 아니라 평가절하에 의한 수출증대는 진정한 국제경쟁력의 제고라고 보기 어렵다. 왜냐하면 국제경쟁력은 실질생산성 그 자체로서, 국제경쟁력이 있다면 오히려 자국의 화폐가 평가절상되기 때문이다.

따라서 과거와는 다른 요인을 강조함으로써 경쟁력을 창출하고 유지해야 할 것이다. 첫째로, 생산요소여건 면에서 일반화된 기초요소보다는 전문화된 고도요소를 통해서 경쟁력을 얻어야 한다. 즉, 풍부한 노동력이나 사회간접자본 등보다는 정보통신망, 대학연구소 등을 활용하여 국제경쟁력을 창출하여야 한다. 둘째는 지원 및 연관산업의 육성은 여전히 중요하다. 특히 부품, 기계를 포함하는 산업군의 형성이 요청된다. 또한 종합무역상사의 역할도 재정립해 보아야 할 필요가 있다. 셋째 이제는 수요측 요인으로 눈을 돌려야 한다. 먼저 기업들이 국내시장의 중요성을 인식하고 고도화되고 까다로운 수요자의 입맛을 맞추어 주는 훈련이 선행되어야 한다. 해외시장과 관련하여서는 기존의 미국과 일본 등 해외시장을 심화시킬 뿐만 아니라 중남미, 아프리카, 동남아 등 여러 지역으로 다변화시켜야 하고, 해외구매자의 기호와 유행을 파악하여 품목을 다양화하여야 한다. 해외정보를 정확히 파악하여 이에 적절히 대처하는 것도 경쟁력 유지에 중요하다.

최근 국제경제관계 속에서 두드러지게 나타나고 있는 특징 중의 하나는 국제시장에서 게임의 규칙이 과거와는 판이하게 달라졌다는 것이다. 우리의 주시장인 선진국, 특히 미국의 보호주의적 경향이 높아 가고 있으며, 한편으로는 자유무역 움직임인 WTO체제가 출발하였다. 따라서 수출을 증대하기 위하여는 국제경제환경에 대한 정보의 신속한 파악과 대응이 그 어느 때보다도 절실히 요구되고 있다.

요컨대 미래에는 국제경쟁력의 수요측 요인이 경쟁력 창출 및 유지의 관건이라고 볼 수 있다.

9.4 국제수지표

1) 국제수지표란?

한 나라의 국제무역 및 금융거래를 한눈에 보여주는 것이 바로 국제수지표(BOP; balance of payment)이다. 국제수지표란 일정기간동안에 있어서 우리나라의 가계, 기업, 정부가 국경을 넘어서 행한 모든 대외거래를 체계적으로 분류·정리·기록한 것으로서 기업의 손익계산서와 같다고 보면 된다. 현재 우리나라라 국제수지표는 한국은행에서 작성하여 발표하는데, 국제수지표는 크게 경상계정과 자본계정으로 구성되어 있다. 경상계정에는 우리나라 사람과 외국사람 간에 이루어진 재화 및 서비스의 수출입이 기록되고, 자본계정에는 투자 및 자본의 유출입이 기록된다. 이러한 경상거래와 자본거래의 결과는 준비자산증감으로 반영된다. 뒤에서 언급되겠지만 국제수지표는 우리나라의 대외거래관계의 상황을 진단하고 처방을 내리는 자료로 사용되고 있다.

국제수지표를 기록하는 방법은 모든 개별거래를 차변과 대변에 같은 금액을 동시에 기록하는 복식부기의 원리에 입각하고 있다. 복식부기에 대해서 초보적인 지식을 갖춘 사람이면, 개별거래를 대변과 차변으로 어떻게 구별할 것인가에 관심을 갖게 마련인데, 국제수지표 작성에 있어서는 어떤 거래가 외국으로의 지불을 수반하면 차변에 기록하고, 반대로 외국으로부터의 수취를 수반하면 대변에 기록한다. 차변을 지불(화폐의 유출), 대변을 수취(화폐의 유입)라고 한다. 만약 우리나라의 수출업자가 상품을 수출하면 수취(+)에 기록되는데, 그것은 수출 자체가 수취가 아니라 수출이 이루어지면 수입국에서 우리나라에 대한 지불이 수반된다는 이유에서이다. 마찬가지로 수입은 지불에 기록되는데, 이는 우리나라의 수입업자가 수입대금을 지불해야 한다는 이유에서이다. 이러한 복식부기의 원리는 서비스나 자본거래에도 그래도 적용된다. 예를 들어, 우리나라가 외국에서 자본을 차입할 경우 차용증서를 외국에 주고(즉, 수출하고) 이를 받은 외국이 우리나라에 자본을 빌려주는(즉, 지불하는)것이므로 수취(+)에 기록된다.

2) 한국의 국제수지표

우리나라가 일년 동안 세계 180여 개국 이상의 나라들과 행한 대외거래는 모두 열거할 수 없을 만큼 무수할 것이며, 그 거래형태 또한 복잡 다양할 것이다. 이러한 국제거래들을 한눈에 볼 수 있도록 정리해 놓은 것이 국제수지표로서, 〈표 9-2〉에는 2011년 우리나라의 국제수지표가 나타나 있다.

(1) 경상계정

모든 나라가 다 그러하듯이 우리나라의 경우에도 국제수지표에서 가장 중요한 항목이 바로 상품의 수출과 수입이다. 수출액과 수입액의 차이를 상품수지

|표 9-4| 한국의 국제수지표(2011년) (단위: 억달러)

계 정	수취(+) 또는 지불(−)
Ⅰ. 경상계정	
(a) 상품의 수출	+5,525
(b) 상품의 수입	−5,216
(1) 상품수지	+309
(c) 서비스의 수출	+950
(d) 서비스의 수입	−994
(2) 서비스수지	−44
(3) 본원소득수지	+24
(4) 이전소득수지	−25
(5) 경상수지: (1)+(2)+(3)+(4)	+265
Ⅱ. 자본금융계정	
(6) 자본수지	+2
(7) 금융계정	
(e) 직접투자	−157
(f) 증권투자	+103
(g) 파생금융상품	−17
(h) 기타투자	−111
(소계)	−182
(국제수지총계:(5)+(6)+(7))	+85
(i) 준비자산	−139
(8) 오차 및 누락	+54

주: 통관기준을 국제수지기준으로 평가하였기 때문에 수출입통계가 〈표 9-1〉과 차이가 있음.
자료: 통계청

(goods balance)라고 하며, 수출이 수입을 초과하면 '상품수지흑자'라 하고 반대일 경우에는 '상품수지적자'라 한다. 〈표 9-4〉에 나타난 바와 같이 2011년 우리나라의 수출액은 5,525억달러, 수입액은 5,216억달러로 수출액이 수입액보다 309억달러가 많았다. 즉, 309억달러의 상품수지흑자를 기록하였다.

상품의 수출입에 못지 않게 중요한 항목이 서비스의 수출입으로, 이들로부터 발생하는 수취와 지불의 차이를 서비스수지(services balance)라고 한다. 예를 들어, 외국인이 우리나라에 와서 항공기나 버스를 이용하고 대금을 지불하였을 경우에 서비스의 수출로 기록되며, 반대로 우리나라 사람이 외국에 가서 항공기나 버스를 이용하고 돈을 지불하였다면 서비스의 수입으로 기록된다. 서비스의 거래에는 이밖에도 지불항목으로서 통신료, 외국상표나 특허권의 사용료, 외국 보험회사에 지불한 보험료 등이 있다. 물론 반대인 경우에는 수취항목으로 기록된다. 2011년 서비스수취가 950억달러였는데 반해, 서비스지불이 994억달러에 달함으로써 서비스수지는 44억달러의 적자를 나타내었다. 이미 보편화된 해외관광과 해외교육비는 적자의 주요 요인이 되고 있다.

본원소득수지(income balance)는 급료 및 임금 또는 투자소득에 대한 대외수지를 기록한 계정이다. 예를 들어, 해외근로자들이 세계 각지에서 벌어들인 소득은 수취로 기록되고, 반대로 우리나라에 있는 외국인 근로자들이 벌어들인 소득은 지불에 기록된다. 2011년 소득수지는 24억달러의 흑자를 나타내었다.

마지막으로 이전소득수지는 대가를 수반하지 않은 재화 및 서비스, 금융자산의 수급을 기록하는데, 해외교포의 국내송금액, 종교단체의 증여, 정부간의 무상원조 등이 포함된다. 우리나라는 2011년 한 해 동안에 외국에 대가없이 돈을 제공한 것이 받은 것보다 25억달러나 많았다. 즉, 25억달러만큼의 이전소득수지적자를 기록하였다.

이제 이상에서 살펴본 상품수지, 서비스수지, 본원소득수지 그리고 이전소득수지를 합쳐서 생각해 보자. 이렇게 하면 한쪽에는 상품 및 서비스의 수출과 외국으로부터의 이전수입이 포함되고, 다른 한쪽에는 상품 및 서비스의 수입과 외국에 대한 이전지출이 포함될 것인데, 이 두 금액의 차이를 경상수지(balance on current account)라고 한다. 경상수지는 한 나라가 해외로 상품뿐만 아니라 서비스를 판매함으로써 얻는 돈으로 다시 해외로부터 수입할 수 있는 능력을 나타내어 주므로, 경상수지는 단순한 상품수지보다는 통계적으로 더 의미가 있다고 하겠다. 표에서 보는 바와 같이 우리나라는 2011년 중에 약 265억달러에 달하는 경상수지흑자를 기록하였다.

(2) 자본금융계정

그러면 경상계정에서 나타난 265억달러의 흑자는 어떻게 처분될 것인가? 이는 한국의 상품 및 서비스의 수출금액이 수입금액을 넘어섬을 의미하므로, 해외로부터 빌린 돈을 갚는다거나 외국에 돈을 빌려 준다거나, 아니면 해외에 투자할 수 있다. 반대로 경상수지가 적자라면, 이는 수입금액이 수출금액을 초과함을 의미하므로 외국으로부터 돈을 빌린다거나, 해외자산을 매각함으로써 이를 메울 수 있다. 이와 같이 자금의 흐름을 나타내는 금융거래는 상품의 수출입과 관련하여 발생하기 때문에 무역활동과 금융활동을 분리시켜 얘기하기는 어렵다. 즉, 경상계정과 자본계정 서로가 서로를 반영한다. 이 점을 염두에 두면서 자본계정을 살펴보기로 하자.

자본금융계정은 2011년 동안 우리나라가 외국과 행한 실물자산 또는 금융자산의 거래를 기록한다. 자본금융계정은 자본수지와 금융계정으로 구분된다. 먼저 자본수지는 자본이전과 비생산 비금융자산의 취득 또는 처분이 포함된다. 자본이전은 현금 또는 현물로 이루어지는데 현금인 경우에는 투자보조금, 해외이주비 등이 포함된다.

한편 금융계정에는 직접투자, 증권투자, 파생금융상품, 기타투자, 준비자산 등이 포함된다. 첫 번째 항목인 직접투자의 경우, 가령 미국의 모토롤라사가 우리나라에 현지공장을 세워 운영하면 수취(+)로, 반대로 우리나라 현대자동차가 미국 현지에 공장을 세워 운영하면 지불(−)로 기록된다. 두 번째 항목인 증권투자의 경우, 외국인 투자자가 우리나라 증권시장에서 포항제철의 주식을 구입하면 수취(+)로, 반대로 우리나라 투자자가 미국 증권시장에서 IBM의 주식을 구입하면 지불(−)로 기록된다. 세 번째는 파생금융상품이다. 파생금융상품이란 외환, 예금, 채권, 주식 등과 같은 기초자산으로부터 파생된 금융상품으로 선물(future), 옵션(option), 스왑(swap), 선도(forward) 등이 있다. 만약 파생금융상품의 거래로 이익이 실현되면 수취(+)로, 손실이 실현되면 지급(+)으로 기록한다. 네 번째 기타투자는 직접투자, 증권투자, 파생금융상품에 포함되지 않는 외국과의 모든 금융거래를 기록한다. 만약 우리나라 기업이 원유 등의 상품을 외상으로 수입하면 수취(+)가 되고, 반대로 우리나라가 외국기업에 신용을 제공하면 지불(−)로 기록된다. 우리나라는 2011년 직접투자에서 157억달러의 적자, 증권투자에서 103억달러의 흑자를 보였고, 파생금융상품에서 17억달러의 적자, 기타투자에서 111억달러의 적자를 기록하였다.

이상과 같은 경상수지 흑자 265억달러, 자본수지 흑자 2억달러, 그리고 금융계정의 항목의 지불 182억달러를 합쳐서 우리나라는 2011년 85억달러의 흑자를 기록하였다. 그런데 금융계정 중 다섯 번째 항목인 외화의 증가를 나타내는 준비자산 항목은 54억 달러 많은 마이너스(−) 139억 달러로 기록되고 있다. 왜 그런 것일까? 이 54억 달러는 대외거래를 기록하는 과정에서 나타난 오차 및 누락에 기인한 것이다.

2011년 경우 우리나라의 준비자산은 139억달러로 외환보유고에 증가를 가져

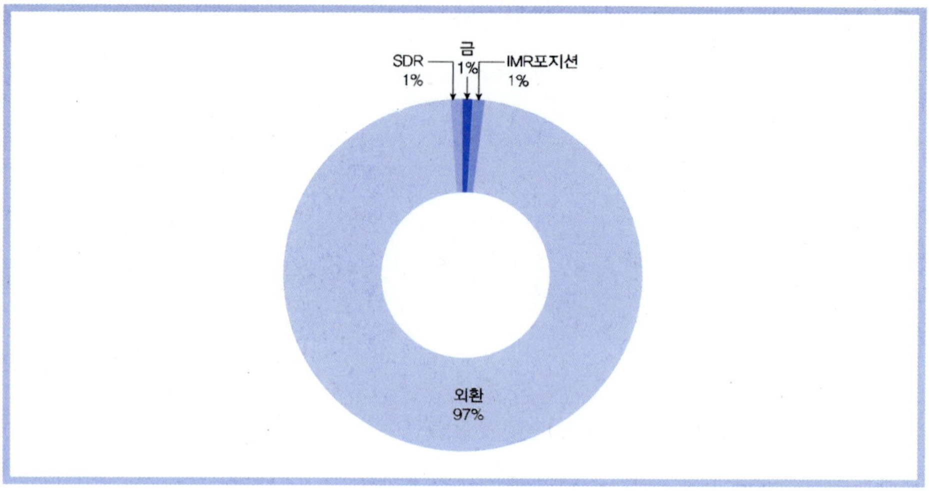

|그림 9-10| 외환보유액의 구성(2011년 말, 총 3,064억 달러) 자료: 한국은행

왔다. 외환보유액은 통화당국(한국은행 또는 정부)이 국제유동성으로 보유하는 대외자산으로서 필요한 경우 언제든지 대외지불에 사용할 수 있는 금융수단이다. 우리나라의 외환보유액은 한국은행이 보유하고 있는 외화와 금, IMF의 특별인출권(SDR), IMF포지션 등으로 구성되는데, 2011년 말 현재 3,064억 달러를 기록하고 있다. 이 중 외화가 2,892억달러로 전체의 97%를 차지하고, 금, IMF의 특별인출권(SDR), IMF포지션이 각각 1%씩 차지하고 있다(〈그림 9-10〉).

그러나 1997년 말에는 한국경제의 구조적 취약성(기아 및 한보사태, 그리고 금융체제의 개편지연 등)으로 말미암아 대외신용도가 급격히 하락하면서, 활용 가능한 유동성이 50억달러 미만으로 감소하였다. 이에 따라 우리 정부는 국제통화기금(IMF; International Monetary Fund)에 200억달러(IMF 총기금의 10%)의 지원을 요청하는 처지에 놓이게 되었었다.

3) 국제수지의 불균형은 왜 나쁜가?

2011년 우리나라는 전체적으로 국제수지흑자를 기록하였다. 그렇다면 국제수지흑자는 바람직하고 국제수지적자는 항상 문제가 되는 것일까? 물론 아니다. 예를 들어, 우리나라의 경우 상품수지가 적자를 보인다고 할 때 생산자(기업) 입장에서는 바람직하지 않지만, 소비자 입장에서는 오히려 소망스러울 수 있다. 다시 말해서 상품수지적자는 한국기업들이 세계시장에서 경쟁력이 약화된 결과

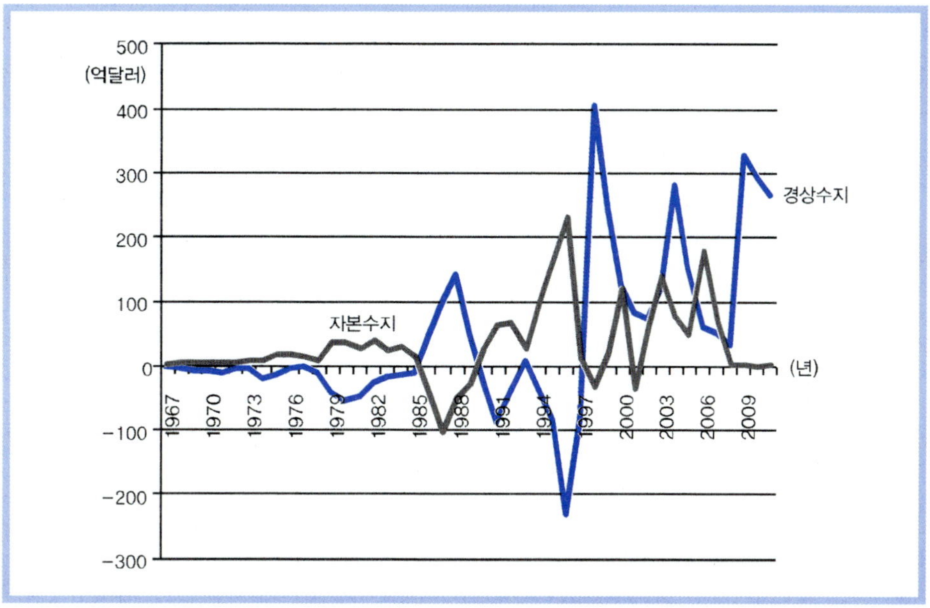

|그림 9-11| 우리나라의 국제수지 추이

주: 2008년부터는 IMF의 개정된 국제수지기록 방법에 의함.
자료: 한국은행

로 발생한다는 의미에서 문제가 되나, 소비자(가계)는 수출로 나간 상품보다 수입을 통해서 더 많은 상품을 구입할 수 있다는 점에서 유리하다.

이와 같이 국제수지 불균형에 대해서 일률적으로 평가하기가 어려움에도 불구하고, 우리는 두 가지 평가기준을 제시할 수 있다. 하나는 국제수지 불균형의 원인이 무엇이냐는 것이다. 예를 들어, 기본적으로 상품의 국제경쟁력이 약화되어 국제수지가 적자가 된다면, 이는 바람직하지 못하다고 평가할 수 있다. 다른 하나는 국제수지의 불균형이 얼마나 지속되느냐이다. 〈그림 9-11〉에서 보는 바와 같이 1967~1986년 기간처럼 경상수지적자가 20여년간 계속된 경우와 같이 불균형이 장기적으로 지속되면 문제가 된다. 왜냐하면 국제수지적자가 장기간 지속될 경우에 외환보유고가 감소하여, 궁극적으로는 고갈사태에 이르러 한국의 대외신용도가 크게 손상될 수 있기 때문이다. 뿐만 아니라 이 과정에서 정부가 국제수지적자를 극복하기 위하여 평가절하, 무역장벽의 설치 등 무리한 정책을 취하게 되는 것도 커다란 비용이 아닐 수 없다. 요컨대 국제수지적자는 바람직하지 못한 원인으로 장기간 지속되는 경우에 문제가 된다고 보면 무방할 것이다. 그러나 1997년말 IMF자금요청사태처럼 정부당국이 대외신용도를 유지하는 데 실패한다면, 단기간의 적자도 문제가 될 수 있음에 유의해야 한다.

9.5 외환시장과 환율

1) 국제무역과 외환시장의 연계성

앞에서 언급한 바와 같이 국제거래가 국내거래와 다른 점은 국내거래는 단일통화에 의해 이루어지나, 국제무역은 이질통화에 의해 이루어진다는 것이다. 예를 들어 한국기업이 미국에 수출할 때 한국기업은 수출대금을 원화로 받기를 원할 것이다. 그러나 미국기업은 달러만을 가지고 있으므로 국제무역이 성립하기 위해서는 달러와 원화를 교환해야 하는 문제가 생긴다. 이러한 문제는 원화로 달러를 구입할 수 있는 외환시장(foreign exchange market)이 존재하기 때문에 해결될 수 있다. 말해서 외환시장은 한국의 수출과 수입을 원활하게 해주는 기구라고 할 수 있다.

2) 환율

외환시장에서는 이질통화간의 교환비율인 환율이 결정되는데, 환율은 다른 국가통화의 일정단위를 기준으로 하여, 자국통화의 몇 단위와 교환되는가를 표시된다. 예를 들어 달러화 1달러와 교환되는 우리나라 원화 1원의 교환비율이 800으로 표시될 때, 즉 $1 = ₩800을 환율(exchange rate)이라고 한다. 그러므로 $1 = ₩900이 되는 경우를 환율이 상승했다고 하며, 반대로 $1= ₩700원이 되는 경우를 환율이 하락했다고 한다. 여기서 독자들이 유의할 점은 환율상승은 원화의 가치하락, 즉 평가절하(depreciation)를 의미하며 환율하락은 원화의 가치상승, 즉 평가절상(appreciation)을 의미한다는 것이다. 다시 말해서 환율변동과 환가치 변동은 역관계에 있게 된다.

그러면 환율은 어떻게 결정되는가? 이 문제는 기본적으로 환율제도의 형태에 달려 있다고 볼 수 있다. 환율제도는 크게 변동환율제도와 고정환율제도로 구분된다. 변동환율제도하에서 환율은 상품에 대한 가격이 수요와 공급에 의해서 결정되는 것처럼 외환시장에서의 수요와 공급에 의해서 결정되며, 고정환율제도 하에서 환율은 정부의 시장개입에 의해서 일정하게 유지된다.

3) 우리나라의 환율제도

우리나라는 정부수립 이후 고정환율제도를 채택하여 오다가 1964년 5월에 단일변동환율제도, 1980년 2월에 복수통화바스켓제도, 그리고 1990년 3월에 시장평균환율제도로 각각 바뀌었고, 현재는 변동환율제도를 채용하고 있다.

1964년 5월부터 시행되어 온 단일변동환율제도 하에서는 〈그림 9-12〉에서 보는 바와 같이 환율이 계단식으로 미달러화에 고정되어 왔다. 예를 들어 1972-74년 기간에는 $1 = ₩400으로 고정되어 있었고, 1975-79년 기간에는 $1 = ₩484로 고정되어 있었다. 그러나 이러한 고정환율은 1970년대에 걸친 두 차례의 석유파동으로 인한 물가상승을 반영하지 못하여 고평가됨으로써, 국제수지 조정이라는 본연의 기능을 수행하지 못하였다.

이에 따라 1980년 1월에 원화의 달러에 대한 환율을 484원에서 580원으로 대폭 인상하여 현실화함과 동시에 같은 해 2월 환율제도를 복수통화바스켓제도로 전환하여 환율을 유동화시켰다. 그러나 이 방법에 의한 환율은 환율산출시 미국

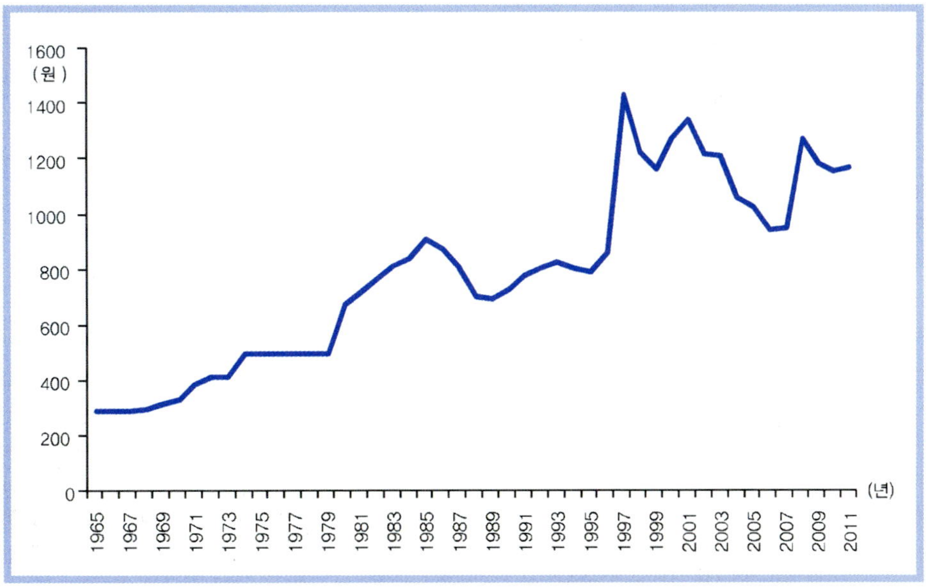

|그림 9-12| 우리나라 환율변동 추이(대미달러화 기준)　자료: 한국은행

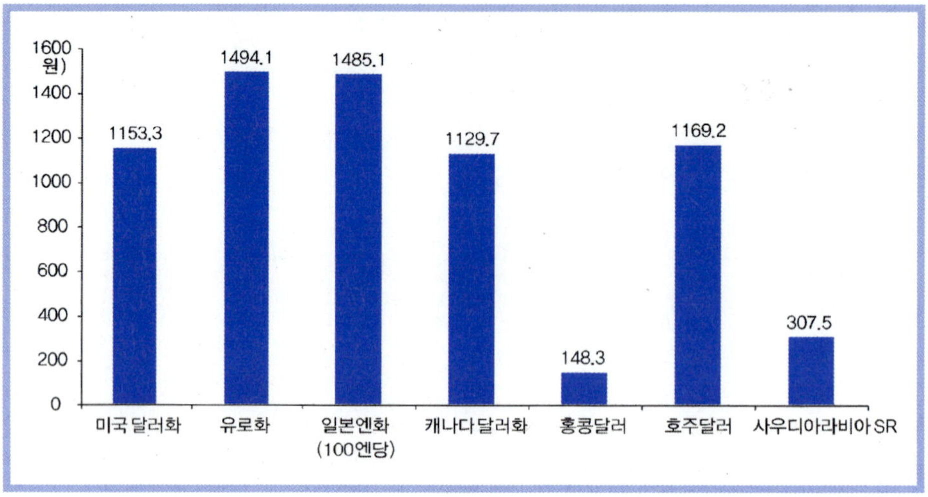

|그림 9-13| 주요통화의 원화환율(2011년 말 기준) 자료: 한국은행

과 일본의 가중치가 높아서 달러화나 엔화에 크게 좌우되는 불합리성을 가지고 있었다. 뿐만 아니라 한은총재에 의한 시장실세의 반영장치라는 정책조정가능성 때문에 미국 등으로부터 원화절상의 압력을 받아 왔다.

이와 같은 문제점을 해결하기 위해서 1990년 시장평균환율제도가 도입되었다. 이로써 정부에 의한 관리변동환율제도에서 벗어나 환율이 외환시장에서 외환의 수요와 공급에 영향을 받게 되었다. 이 제도는 정부가 시장평균환율을 고시하고 은행 간 거래환율을 시장평균환율의 10% 범위 내에서 변동하도록 제한하는 방식이었다. 그러나 IMF사태로 1997년 11-12월 기간 중 환율이 2배 가까이 폭등하는 사태를 맞게 되자, 상하한 폭을 폐지하면서, 지금의 변동환율제로 이행하게 되었다.

〈그림 9-13〉에는 주요국 통화에 대한 원화 환율이 나타나 있다. 2011년 말 환율은 1달러당 1,153원, 1유로당 1,494원, 100엔당 1,485원, 1캐나다달러당 1,129원을 기록하였다.

4) 환율과 수출

흔히들 환율이 떨어지면(평가절상되면) 수출경쟁력이 약화되고 반대로 환율이 상승하면(평가절하되면), 수출경쟁력이 강화된다고 말한다. 예들 들면 $1 = ₩1,000에서 $1 = ₩2,000이 되면, 우리나라의 수출이 증가할 것으로 예측한

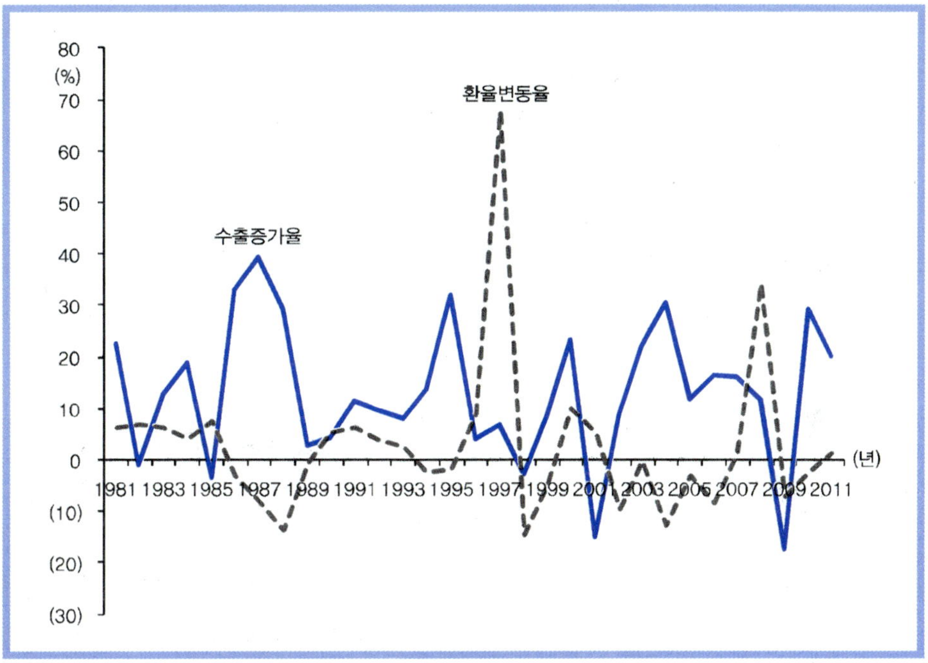

|그림 9-14| 수출과 환율의 관계 자료: 한국은행

다. 이는 환율이 상승한 만큼 미국 달러표시 가격이 절반으로 감소하여, 미국에서 우리나라 상품에 대한 수요가 증가할 것이기 때문이다. 반대로 \$1 = ₩1,000에서 \$1 = ₩500이 되면, 우리나라의 수출이 감소할 것으로 예측한다. 이는 환율이 상승한 만큼 미국 달러표시 가격이 두 배로 상승하여, 미국에서 우리나라 상품에 대한 수요가 감소할 것이기 때문이다.

이제 이러한 환율과 수출경쟁력의 관계를 실제 자료를 통해서도 확인해 보자. 〈그림 9-14〉에는 환율변동률과 수출증감률이 나타나 있는데, 2000년대 중반을 제외하고 대부분의 구간에서 환율변동률과 수출증감률은 비슷한 패턴을 보여주고 있다. 그런데 좀 더 자세히 살펴보면, 환율변동의 수출변화 효과는 시차를 가지고 나타나고 있음을 볼 수 있다. 이를 경제학에서는 J커브 효과라고 부른다.

하지만 환율이 상승했다고 하여, 즉 평가절하의 결과로 수출이 증가한다면 진정한 국제경쟁력이 향상되었다고 할 수 있겠는가? 오히려 상품의 국제경쟁력이 증가하여 수출이 증가한 결과로, 자국 화폐에 대한 수요가 증가하여 화폐가치가 평가절상되는 것이 진정한 국제경쟁력이라고 보는 것이 타당할 것이다. 이는 장기적 관점과 단기적 관점의 차이라고 할 수 있다. 즉 환율상승(평가절하)은 단기적으로 수출을 증가시키지만, 장기적으로는 상품의 국제경쟁력이 강화되어 오히려 환율이 하락(평가절상)되는 것이 바람직할 것이다.

9.6 한국경제와 국제무역질서

1) 한국경제와 WTO

우리나라는 1995년 3월 WTO(World Trade Organization)가 탄생되기 전에는 GATT(General Agreement of Trade and Tariff) 회원국이었다. GATT는 국제무역 자유화를 위해서 1948년 탄생한 모임으로서 첫째, 모든 회원국 간 무역에 있어서 차별적 대우를 하지 않을 것, 둘째 다자간 협상에 의해 관세를 감소시킬 것, 셋째 무역의 양적 제한(쿼타)를 금지할 것 등을 주요 내용으로 하고 있었다. 기본적으로 GATT는 다자주의 하에서 관세인하협상을 위한 모임이었다. GATT 체제하에서 관세인하를 비롯한 각종 무역장벽이 제거되었으며, 특히 8번째 협상라운드인 우루과이라운드는 그 동안 숙제로 부각되었던 다음과 같은 문제들이 다루어졌다.

- 농산물에 대한 무역장벽제거와 국내보조금 지급 금지
- 세계무역의 약 20%를 차지하는 서비스무역의 자유화
- 특허, 상표권 등 지식재산권(intellectual property right)에 대한 국제적 규약의 설정

GATT는 우루과이라운드를 마지막으로 1995년 3월에 WTO체제로 대체되었다. 하지만 GATT의 기본원칙이 WTO에서도 적용되고 있으며, 농산물 교역자유화, 서비스무역, 지적소유권 등이 계속 다루어지고 있다. 또한 국제무역과 관련된 환경문제, 노동문제, 독과점문제 등이 새로운 과제로 다루어지고 있다.

우리나라도 WTO 회원국으로서 155개 회원국들이 모여서 결정한 국제무역질서에 따르고 있다. 구체적인 예로 제6장에서 설명한 바와 같이, 1995년 우루과이라운드 협상의 결과로 쌀시장을 개방하였으며, 2005년부터는 정부수매제도를 폐지한 바 있다.

2) 한국경제와 FTA

WTO와 별도로 진행되는 무역자유화 움직임은 경제통합(economic integration)이다. 경제통합이란 두 개 이상의 국가가 그 시장을 하나로 통합하는 것이다. 경제통합의 첫 번째 형태는 자유무역지대(free trade area)이다. 자유무역지역 내에서는 교역상의 모든 제한이 철폐되어 자유로운 재화의 이동이 보장된다. 자유무역지대의 대표적인 예로는 유럽자유무역지역(EFTA), 북미자유무역지역(NAFTA) 등이 있다. 물론 자유무역지대를 형성하기 위해서는 당사국들 간 자유무역협정(FTA; free trade agreement)가 필요하다. 예를 들어, NAFTA는 1988년 미국과 캐나다의 자유무역협정을 바탕으로 하고 있다.

경제통합의 두 번째 형태는 관세동맹(custom union)이다. 관세동맹은 통합의 정도 면에서 자유무역지대보다는 한 걸음 더 발전한 것이라 할 수 있다. 관세동맹 회원국들은 자유무역지역에서와 같이 회원국 간 교역상의 모든 제한을 철폐하면서도 비회원국에 대해서는 관세 및 수입할당 등에 있어서 공동보조를 취해야 한다. 다시 말해서 관세동맹은 각 회원국들이 외부에 대해서는 동일한 무역조건을 설정하고 있으며, 회원국 간의 교역은 마치 국내에서의 상거래와 같이 이루어지는 셈이다. 제2차 세계대전 후의 베네룩스관세동맹과 아프리카지역의 경제통합이 이에 속한다.

경제통합의 세 번째 형태는 공동시장(common market)이다. 공동시장은 회원국 간 모든 재화 및 서비스의 자유로운 이동은 물론이고, 생산요소의 자유로운 이동까지도 보장한다. 가령 각 지역의 임금격차나 고용조건에 따라서 노동력이 마음대로 이동될 수 있으며, 투자기회에 다른 자본의 자유로운 이동도 마찬가지이다. 결국 공동시장은 재화 및 서비스의 생산 및 소비를 최적화할 뿐만 아니라 생산요소들의 최대효율까지도 기대하는 것이다. 이러한 공동시장의 예로는 유럽공동시장(EC), 중앙아메리카공동시장(CACM), 카리브공동시장(CCM) 등이 있다.

우리나라는 경제통합의 첫 번째 유형인 자유무역협정을 2004년 4월 칠레와 체결하여 시행 중에 있다. 2012년 3월에는 미국과의 자유무역협정이 발효되었다. 정부는 현재 일본, 중국 등 인접국을 비롯하여 EU와의 자유무역협정을 추진 중인 것으로 알려지고 있다.

제10장

경제성장

우리는 앞에서 한국의 경제성장에 대해서 이미 여러 차례 언급하였다. 고도성장이었다든가, 수출주도형이었다든가, 성장으로 인해 분배가 희생되었다든가 등등. 이제 경제성장에 초점을 맞추어 한국경제를 보다 자세히 이해할 차례가 되었다. 이 장에서는 장기적인 관점에서 한국의 경제성장문제를 분석하고 전망한다.

10.1 ▶ 경제성장이란?

1) 정의 및 측정

지난 50여 년간에 걸쳐 한국경제는 유례없는 고도성장을 이룩하였다. 우리 국민들 모두 이를 일상생활에서 피부로 느끼고 있고 외국에서도 성공사례로 높이 평가하고 있다. 특히 일부 개발도상국들은 한국의 성장경험을 자국의 모델로 삼고 있다. 그러면 우리가 흔히 들어온 경제성장은 무엇이고 어떻게 측정되는 것일까?

경제성장은 한 경제의 GDP증가로 정의된다.[1] 따라서 경제성장률은 GDP증가율을 뜻한다. 예를 들어 어떤 한해에 GDP가 경상가격으로 1,000조원이었는데, 그 다음 해에 경상가격으로 1,100조원이라면 쉽게 10%의 경제성장을 했다고 말할 수 있다. 그러나 이 숫자를 경제성장의 측정에 그대로 사용하기에는 적절하지 못하다. 왜냐하면 GDP가 경상가격으로 산출된 것이므로 물가상승분이 포함되어 있기 때문이다. 가령 재화나 용역의 산출량이 전년도와 동일함에도 불구하고 물가수준이 전년도에 비해 10% 상승했다면 GDP규모도 지난 해에 비해 10% 증가하게 된다. 이런 경우에 우리는 경제가 성장했다고 볼 수 없을 것이다. 그러므로 물가효과를 제외한 순수한 산출량, 즉 실질GDP가 한 나라 경제의 성장을 측정하는 기준이 되어야 함을 알 수 있다. 다시 말해서 명목GDP에서 물가효과를 차감해서 실질GDP를 계산하고, 그 규모의 변동 정도를 경제성장률로 정의해야 한다. 따라서

$$\text{경제성장률} = \frac{\text{금년도 실질GDP} - \text{전년도 실질GDP}}{\text{전년도 실질GDP}} \times 100\%$$

경제성장에 관한 통계와 관련하여 독자들이 유의해야 할 점이 있다. 그것은 한나라의 실질GDP의 절대규모만을 가지고는 생활수준을 파악할 수 없다는 것이다. 예를 들어 인도의 GDP는 스위스의 실질 GDP보다 50%나 더 큼에도 불구하고 생활수준은 이와 반대로 스위스가 인도보다 60배나 높은 것으로 알려지고

1) GDP의 측정에 대해서는 제4장을 참조할 것.

있다. 이는 인구를 고려하지 않았기 때문인데, 생활수준을 보기 위하여 실질 GDP의 크기를 인구수로 나눈 일인당 실질GDP가 사용되고 있다.

2) 경제성장의 요인

우리는 제4장에서 GDP를 측정하면서 왜 경제성장이 한나라의 중요한 정책목표가 되는지를 배웠다. 즉 성장하는 경제는 실질GDP가 증가하는 경제로서, 증대된 산출량을 기존의 욕구를 만족시키거나 새로운 계획을 착수하는데 사용할 수 있다. 뿐만 아니라 성장하는 경제는 현재의 소비, 투자, 정부지출을 유지하면서도 빈곤을 완화시키고, 환경문제를 해결하는 기반을 마련할 수 있다.

그렇다면 한 나라의 경제성장을 결정하는 요인은 무엇인가? 경제성장은 실질 GDP로 측정되므로 이를 결정하는 요인이 바로 경제성장의 요인이 된다. 경제성장은 어떤 한 측면 또는 어떤 한 요인으로 설명할 수 없는 복합적인 현상이지만, 〈그림 10-1〉에서 보는 바와 같이 공급요인과 수요요인으로 나누어 볼 수 있다. 먼저 공급측 요인의 어느 하나, 즉 노동력이 증가하면 경제는 성장한다. 물론 자본설비, 자연자원 등 다른 생산요소의 양이 증대되더라도 마찬가지 결과를 가져올 것이다. 그러나 생산요소의 양이 고정되어 있다고 하더라도 생산성이 향상되면 역시 경제성장이 가능하다. 특히 생산성이 중요한 데 생산성은 교육, 기술 등에 의해서 영향을 받는다. 물론 현실적으로 생산요소의 증가와 생산성의 향상은 개별적으로 분리되어 나타나는 현상이 아니라 동시적으로 발생하므로 〈그림 10-1〉은 현실을 단순화시킨 것임에 유의해야 한다. 이러한 공급측 요인은 경제가 성장할 능력, 즉 성장잠재력을 결정하는 요인이라고 볼 수 있다.

하지만 성장잠재력이 있다고 해서 항상 그것이 실현되는 것은 아니다. 다시 말해서 공급측면에서의 생산력 증대만이 실제로 결정되는 GDP의 성장을 보장해 주지 않는다. 성장잠재력이 실제로 실현되기 위해서는 자원이 완전고용되게 하는 힘이 있어야 하는데, 이러한 힘이 바로 총수요이다. 우리가 경제순환모형에서 본 바와 같이 GDP는 지출측면에서도 볼 수 있으므로 확장되는 생산능력이 활용되기 위해서는 GDP에 대한 구매력인 총수요가 적절하게 증대되어야 한다. 다시 말해서 실제 경제성장은 GDP에 대한 구매력인 소비수요, 투자수요, 정부지출, 순수출 등이 생산능력에 발맞추어 증가하여야만 비로소 가능한 것이다. 경제

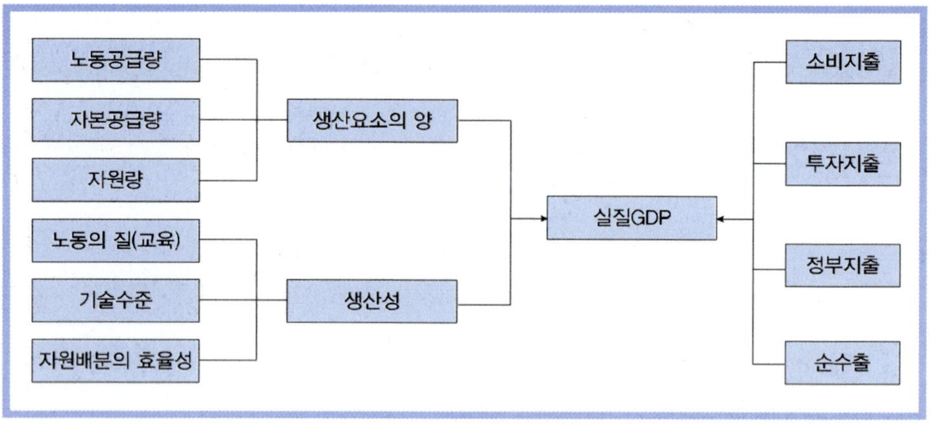

|그림 10-1| 경제성장의 요인

성장의 총수요 측면에서의 결정요인은 〈그림 10-1〉의 오른쪽에 나타나 있다.

이러한 총수요 요인은 국민경제의 총공급 능력과 항상 일치하지 않는다. 만약 총수요가 부족하면 국민경제의 성장잠재력은 실현되지 않는다. 역사를 돌이켜 보더라도 총수요는 경제성장에서 매우 중요한 역할을 수행하였다는 사실을 쉽게 알 수 있다. 1930년대 세계적인 대공황 당시 미국의 경우 1929년 실질GDP는 약 3천억달러(1972년 가격 기준)에서 1933년 약 2천억달러로 감소하였는데, 이것은 상품을 생산할 사람과 공장의 기계는 충분히 남아 돌았음에도 불구하고 상품의 구매능력이 부족했기 때문이었던 것으로 분석되고 있다.

우리나라의 있어서도 경제성장률이 -6.7%로 급격히 하락한 1998년도에는 사회불안으로 기업의 투자의욕이 떨어지고 수출전망이 나빠진 결과, 기업가는 공장의 기계설비가 가동되지 못해서, 근로자는 일자리가 없거나 해고될 염려로 근심과 걱정의 나날을 보냈음은 잘 알려진 사실이다. 지금도 우리나라에서는 매년 30만명 이상의 신규노동자가 증가하는데, 이는 우리 경제의 성장잠재력을 증대시킨다. 그러나 신규노동자들이 생산할 수 있는 추가생산량이 실제로 실현되기 위해서는 신규근로자들이 직장을 구할 수 있어야 하며, 이들의 능력을 충분히 활용하는 기업이 있어야 한다. 요컨대 경제가 실질적으로 성장하려면, 공급요인뿐만 아니라 수요요인도 뒷받침되어야 한다.

이상에서 우리는 경제성장의 요인을 총공급과 총수요 측면에서 각각 살펴보았다. 그러나 이는 실제 현상의 한 부분만을 얘기한 것이라 하겠다. 왜냐하면 〈그림 10-1〉에서처럼 양자의 상호작용에 의해서 실제 GDP가 결정되기 때문이다. 예를 들어 노동공급의 감소(실업)는 기업의 기계구입의욕(투자)을 감소시킬 뿐만 아니라 연구 및 개발에 대한 투자지출을 줄일 것이고, 노동자들은 새로운 기계설비나 기술도입을 반대할 수도 있다. 거꾸로 기업의 투자 및 연구개발의욕이 낮아지면 실업이 증가하게 된다. 이러한 영향을 계량적으로 직접 측정하기는 어려우나 상당히 중요한 것임을 부인할 수 없다.

10.2 ▶ 한국의 경제성장

1) 경제성장의 추이 및 배경

〈그림 10-2〉에서 보는 바와 같이 그동안 한국의 GDP는 절대액 면에서 꾸준히 증가되어 왔으나 경제성장의 속도, 즉 경제성장률을 기준으로 보면 3단계로 구분할 수 있다.

(1) 제1단계: 경제개발 이전기

제1단계는 경제개발 이전 기간이다. 1962년 경제개발계획이 시작되기 전 우리나라는 경제규모도 작았을 뿐만 아니라 성장속도도 매우 느렸던 전형적인 후진국에 속하였다. 1955년 경상 GDP가 1천억원 정도에 불과하였으며, 1955-62년 기간 연평균 경제성장률이 3%에 그치는 수준이었다.

(2) 제2단계: 고도성장기

제2단계는 1962-1997년 기간으로 고도성장기이다. 1962년은 경제개발계획 시작된 해로서 한국경제에 있어서는 하나의 전환점(turning point)이 되었다. 1962년부터 1997년 기간 연평균 성장률은 8% 정도로 이 기간 우리나라는 국제사회에서 '성장의 챔피언'으로 불리었다. 이에 따라 우리나라의 일인당 GDP는 1997년 11,500달러에 이르게 되었으며, 국제사회에서는 이른바 선진국으로 불리는 OECD회원국으로 자림하게 되었다.

그렇다면 우리나라가 고도성장을 추구하고 이를 실제로 실현해온 배경은 무엇인가? 〈표 10-1〉을 통해서 경제개발을 착수할 당시의 여건을 알아보자. 먼저 정치·군사적인 면에서 남한은 북한의 계속적인 군사적 위협에 대응하기 위하여

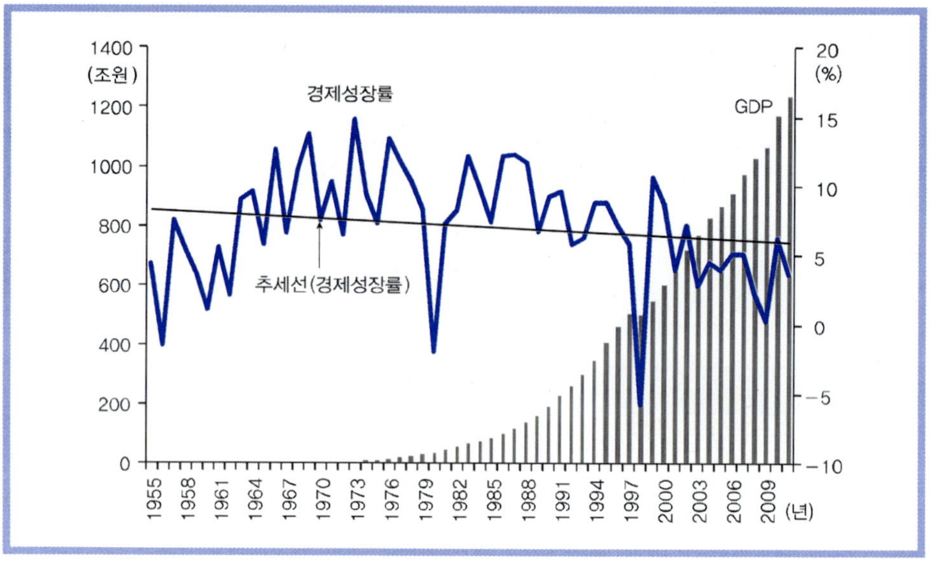

|그림 10-2| 한국의 경제성장 추이(1955-2011년) 자료: 한국은행

|표 10-1| 경제개발계획과 주요경제지표 (단위: %)

5개년계획	1차	2차	3차	4차	5차	6차	신경제
기 간	1962-1966	1967-71	1972-76	1977-81	1982-86	1987-91	1993-97
경제성장률 (목표치)	7.9 (7.1)	9.6 (7.0)	9.2 (8.6)	5.8 (9.2)	9.6 (7.5)	9.9 (7.2)	6.9 (7.0)
국방비/GDP	4.3	3.9	4.2	5.6	5.5	4.1	3.1
인구증가율	2.7	2.2	1.7	1.6	1.4	1.0	1.0
실업률	7.6	5.0	4.1	4.1	4.0	2.6	2.4
국내저축률	8.0	15.2	19.2	24.1	27.1	36.9	34.9

자료: 통계청

GDP의 일정부분(약 5% 내외)을 국방비로 지출해야만 하였다. 경제면에서는 인구가 연간 약 3%씩 증가하는 가운데 도시와 농촌을 막론하고 유휴노동력이 산재하여 8%에 가까운 높은 실업률을 기록하고 있었으며, 국내자본형성이 미흡하였기 때문에 후진국에서 흔히 볼 수 있는 이른바 '빈곤의 악순환'을 면치 못하고 있었다. 1960년대는 정치, 경제, 사회 등 모든 면에서 불안정한 상황이었고, 정

책당국은 국가안보와 사회안정의 기본요소인 고용기회확대와 국민의 경제생활 안정을 도모하려는 노력으로서 고도성장목표를 설정할 수밖에 없었고, 실제로 이를 추구하였다.

(3) 제3단계: 중성장기

제3단계는 1998년 IMF외환위기 이후 현재까지로 중성장 단계이다. 이 기간 중 연평균 성장률은 4% 수준으로 고도성장기의 절반 수준으로 떨어졌다. 특히 중국에게 성장의 챔피언 자리를 내어주고, 고용이 둔화되면서 우려의 목소리가 나오고 있다.

2) 한국의 경제성장요인

이제 〈그림 10-1〉를 토대로 하여 한국경제의 고도성장요인을 공급측 요인과 수요측 요인으로 나누어 설명해 보기로 하자.

1) 공급측 요인

(1) 노동공급

경제성장요인으로서의 노동공급은 노동공급량과 노동의 질이라는 두 가지 측면에서 살펴볼 수 있다. 먼저 노동공급량은 취업자의 수와 이들의 평균노동시간에 의해서 결정된다. 취업자의 수는 총인구 중에서 경제활동인구의 크기에 의해서 제한을 받는다. 우리나라의 경우 〈그림 10-3〉에서 보는 것처럼 1965년 이후 인구와 경제활동인구는 연평균 각각 2%, 3%의 속도로 꾸준히 증가해 왔다. 그 결과 총인구와 경제활동인구는 1965년 각각 2,871만명, 886만명이었으나 2011년에는 각각 4,978만명(1.7배), 2,510만명(2.8배)으로 증가하였다. 이와 함께 취업자수도 1965년 821만명에서 2011년에는 2,425만명(3배)으로 늘어났다.

한편 취업자들의 평균노동시간은 주로 사회적 관습이나 법에 의해서 결정되며, 부수적으로는 노사간의 계약에 의해서 결정된다. 우리나라의 경우 주당 평균노동시간이 1971년 52시간에서 1986년 55시간으로 증가해 왔으나, 그 후 감소하여 왔고, 주 5일 근무제가 확산되면서 현재는 44시간으로 줄어들었다.

241

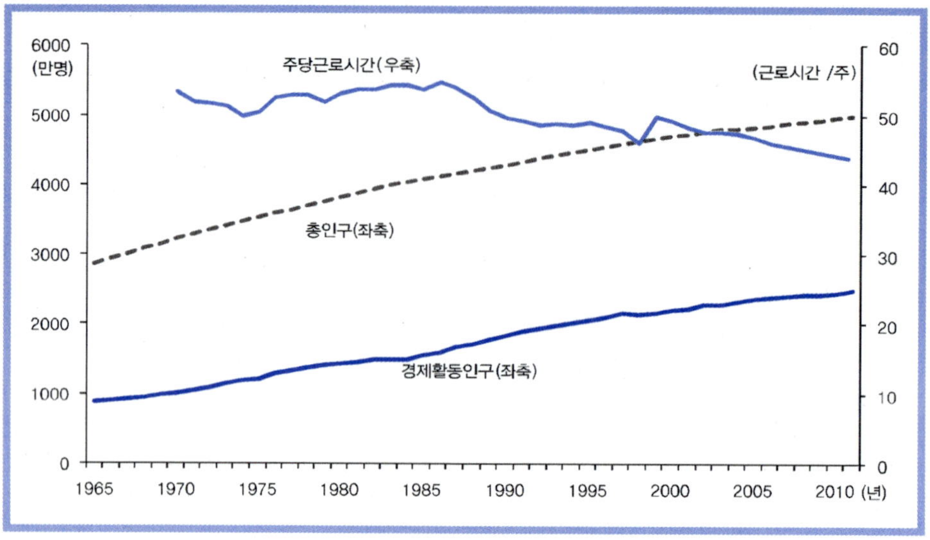

|그림 10-3| 인구, 경제활동인구 및 근로시간 추이 자료: 통계청

(2) 노동의 질-교육

노동공급량이 고정되어 있더라도 노동의 질이 향상되면 생산성이 증가하여 경제가 성장한다. 한 국민경제에 대한 노동력의 질을 측정하는 가장 단순하고도 쉬운 지표는 교육수준이다. 노동자에 대한 직업 및 직장교육은 생산성을 증가시킨다. 일반학교교육도 모든 직종에서의 업무수행능력을 함양시켜 주기 때문에 넓은 의미에서 직업교육이다. 그러므로 보다 폭넓은 혹은 보다 높은 수준의 교육기회가 주어진다는 것은 가용자원의 생산성을 향상시키는 기술진보와 같은 것이다. 또한 교육은 인적자본(human capital)에 대한 투자라고 볼 수 있는데, 이는 교육의 효과가 실물자본재의 순투자와 같은 효과를 갖기 때문이다.

우리나라의 경우 국민들의 교육열은 실로 대단한 것이었으며 교육부문 또한 급속히 성장한 결과 우수한 근로자층을 형성시켰고 각종 경제활동을 성공적으로 수행할 수 있는 기반을 구축시켜 주었던 것으로 평가되고 있다. 특히 대부분의 남성이 경험하는 군 생활은 잘 훈련된 노동력을 배출하는데 공헌했던 것으로 얘기되고 있다. 제6절에서 교육과 경제성장과의 관계를 자세히 살펴보고자 한다.

(3) 투자와 자본축적

경제성장의 두 번째 요인은 투자이다. 물론 여기서 말하는 투자는 기계장비의 구입, 공장의 건설 등 실물자본 그 자체를 말하는 것이다. 기업경영자들은 어떤 투자계획이 있을 때, 투자로부터 기대되는 수익률이 투자자금의 기회비용, 즉 시장이자율보다 클 때 그 투자에 착수한다. 그런데 만약 저축률이 높은 국민경제라면 이자율이 낮게 되어 투자가 활발해질 것이다. 왜냐하면 저축은 기업이 돈을 빌리고 투자하는데 원천이 되기 때문이다. 투자가 증가하면 자본이 축적되어 경제가 성장한다.

우리나라의 경우 1960년대에 저축률이 매우 낮았음에도 불구하고 경제개발계획의 착수와 공업화 진전에 따른 정부와 민간기업의 활발한 투자활동에 힘입어 자본축적이 본격화되었다. 물론 국내에서 조달하지 못한 투자자금은 외국에서 돈을 빌려 옴으로써 충당하였다. 그 결과 〈그림 10-4〉에서 보는 바와 같이 1970년 한해 동안 투자규모가 7,070억원에 불과하던 것이 2011년에는 339조 4천억원으로 증가하였다. 이는 그간의 물가상승을 감안한다 하더라도 급격한 증가임을 알 수 있다. 1971-2011년 기간 연평균 투자증가율은 17.2%를 기록하였다. 그러나 투자증감율의 추세선에서 보는 바와 같이 투자증가 추세가 둔화되고 있다.

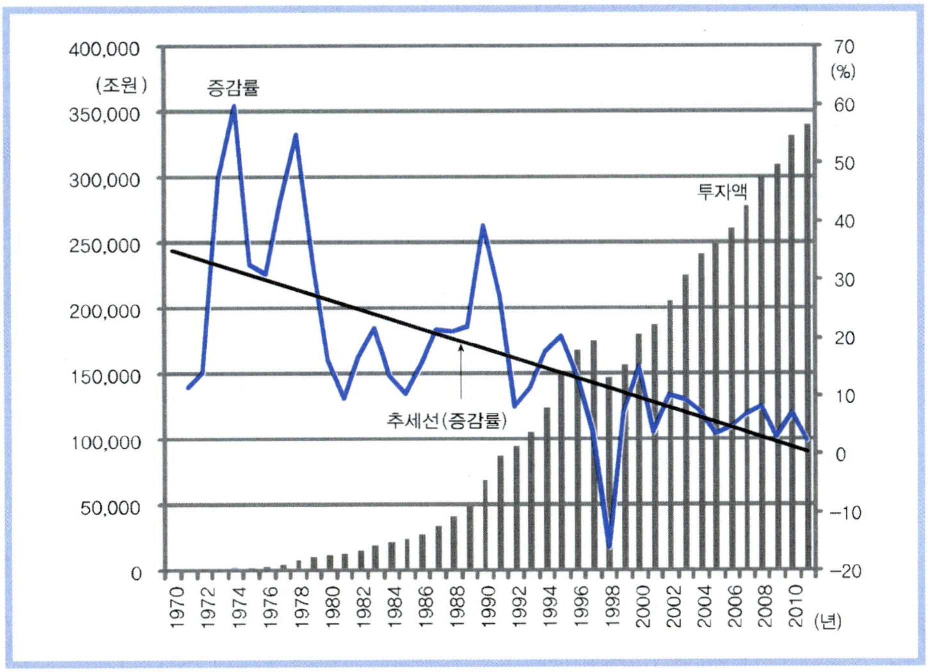

|그림 10-4| 국내자본형성의 추이 자료: 한국은행

이와 같이 매년 기계장비에 대한 투자가 계속 되면서 자본이 축적되어, 근로자 일인당 기계사용량, 즉 노동장비율이 크게 증가하였다. 제조업의 경우 노동장비율이 1968년 60만원에서 2010년 1억 5천만원으로 증가하였다.

더 나아가서 경제성장을 위해서는 민간투자뿐만 아니라 정부의 사회간접자본에 대한 투자도 중요하다. 고속도로, 항만, 수도시설, 공항 등 사회간접자본이 제대로 갖추어지면 생산비를 낮춤으로써 총공급능력을 확대시킬 수 있다.

(4) 기술진보

일찍이 경제학자 슘페터가 "기술혁신은 경제성장의 원동력"이라고 갈파했듯이 기술진보는 경제성장의 중요한 요인이다. 기술진보의 이러한 역할은 서구사회의 경제성장경험에서 쉽게 발견할 수 있다. 200여 년 전 영국을 시작으로 일어난 산업혁명을 거론하지 않고서도 제2차 세계대전 후 잿더미 상태의 일본이 선진국의 기술을 배우고 이를 더 발전시킴으로써 경제성장을 이룩한 사실은 이를 잘 말해 주고 있다.

그러면 기술진보란 무엇인가? 일반적으로 기술진보는 보다 많은 생산을 위하여 제한된 자원을 새로운 방법으로 활용하는 과정으로, 신제품의 개발, 기존 제품의 생산방법 개선, 시장개척, 경영관리방식의 변화 등이 포함된다. 또 기술진보는 기존의 자원을 다른 방법이나 다른 조합으로 사용할 때 나타나기도 하지만 어떤 경우에는 새로운 자본설비에 체화(embody)되어 나타나기도 한다. 예를 들어 1985년에 제작된 컴퓨터에는 1985년 당시의 기술수준이 체화되어 있고 2010년도에 제작된 컴퓨터에는 2010년의 기술수준이 체화되어 있다는 것이다.

이러한 기술진보는 바로 바로 일어나지 않는다. 앞에서도 잠깐 언급한 바 있지만 기술진보는 다음의 세 단계를 거치는 복잡한 과정으로 R&D투자가 요구된다.

- 발명: 신제품의 개발이나 기존제품의 생산공정 개선
- 혁신: 발명을 실제 생산에 응용하여 상업화시키는 과정
- 모방: 이미 활용되는 기술이 모방되는 단계

발명단계에서는 재정적 지원이 힘을 발휘하나 혁신이나 모방단계에서는 시장유인, 즉 수익성이 중요한 역할을 수행한다.

우리나라의 경우에는 발명이나 혁신을 통한 기술진보보다는 모방에 의한 기

술진보가 중요한 역할을 수행하였다. 즉 선진국에서 이미 발명되고 상업화된 기술을 모방함으로써 경제성장을 이룩하였다. 뿐만 아니라 선진국에서 많은 자본설비를 수입함으로써 그 자본설비 속에 체화된 기술에도 힘입은 바 크다. 앞으로도 우리나라에서 기술요인이 경제성장의 관건이 될 것이 분명하므로 제5절에서 기술진보와 경제성장에 대해서 자세히 언급하고자 한다.

(5) 자연자원

앞에서 살펴본 노동력이나 자본설비와는 달리 자원은 기후, 천연자원, 산림, 어자원 등과 같이 자연에 의해 주어지는 선물이다. 자연자원은 경제성장과 밀접히 연관되어 있다. 19세기 중반 석유 발견의 예에서 볼 수 있듯이 자연자원의 발굴은 공급능력을 확대시키나, 반대로 자원의 고갈은 공급능력을 감소시킨다.

한 나라가 자연자원의 양과 질을 증대시킴으로써 경제성장을 이룩하는 데는 여러 가지 방법이 있다. 하나는 재생 불가능한 자원의 고갈속도를 늦추거나 새로운 자원을 발견하는 것이다. 금속, 유리, 종이 등은 재생하여 쓰거나 강철 대신 플라스틱을 쓰는 것처럼 대체자원을 개발하는 것도 한 방법이다. 관개시설과 산림관리를 통해 토양의 힘을 유지하고 목재를 지속적으로 획득할 수 있다.

우리나라는 자원빈국(resource-poor country)일 뿐만 아니라 토지에 비해서 인구압력이 큰 공간희소국(space-poor country)으로서 경제성장의 제약요인이었다. 우리나라는 지하자원의 종류는 다양하지만 사실상 석유, 금, 동 등 공업화에 필요한 지하자원이 극히 부족하고 원목, 원면, 생고무 등 지표자원 또한 부족하다. 이러한 여건 하에서 고도성장을 추구하여 왔기 때문에 산업생산에 필요한 천연자원의 대부분을 수입에 의존하였다. 이에 대해서는 제9장에서 살펴본 바 있다.

(6) 자원배분의 효율성

기술진보와 교육수준의 향상과 관련된 것이기는 하지만 자원을 보다 효율적으로 동원하고 조직·관리하는 것 역시 경제성장의 중요한 요인이 된다. 경제성장요인으로서의 자원배분의 효율성은 사회환경에 크게 의존한다. 구체적으로 말해서, 정치체제, 가치체계 그리고 경제체제의 특성이 경제성장의 환경적 요인이 되는 것이다.

첫째, 경제활동에 대해 가지는 국민들의 의식구조가 긍정적이냐 부정적이냐

하는 것이 경제성장의 성과를 좌우한다. 우리나라의 경우 '사농공상(士農工商)'이라는 유교적인 직업관이 말해 주듯이 '공상'활동을 천시하는 풍토가 지배적이었으나 일제식민지시대, 해방, 6·25동란, 그리고 경제성장과정을 거치면서 점차 물질적인 풍요가 바람직한 목표로 간주되어 왔다. 이에 따라 오늘날에 와서 발명가나 기업가들은 자부심을 가지고 일하고 있으며, 이들의 사회적 지위 또한 종전보다 더욱 높아졌다. 특히, 1960년대와 1970년대에 걸쳐 농촌과 도시에서 진행된 새마을운동은 "우리도 한번 잘 살아보세"라는 구호 아래서 근로자들의 근로의욕을 크게 북돋아 주었음을 부인할 수 없을 것이다. 이러한 경제활동에 대한 긍정적 자세. 특히 기업가의 조직·관리능력과 자부심은 자원의 효율적 배분과 사용에 매우 중요한 요소가 되고 있다.

둘째, 경제성장은 정치적 안정과 관련되지 않을 수 없다. 정치체제가 기본적으로 사회질서, 개인소유권, 기업의 법적 지위, 계약의 실행력 등을 보장해 줄 때 경제활동이 활발해지고, 궁극적으로 경제성장이 이룩되는 것이다. 반대로 1970년대 말에서 1980년대 초에 걸친 정치적 혼란이 경제성장에 미친 역효과는 실로 엄청난 것이었다.

셋째, 경제체제 측면에서 보면 정부의 역할이 매우 중요하다. 즉, 정부가 시장경제에 개입하지 않고 그대로 방임해 두느냐, 아니면 경제계획을 세워서 경제를 주도하느냐에 따라서 자원배분의 효율성은 크게 달라진다. 우리나라의 경우 지난 경제성장과정에서 정부는 경제계획의 수립에서부터 민간부문의 행정지도에 이르기까지 실로 폭 넓은 역할을 담당해 왔는데, 우리는 뒤에서 경제성장과 정부의 역할에 대해서 자세히 살펴볼 것이다.

2) 수요측 요인

경제성장의 수요측 요인은 소비지출, 투자지출, 순수출(수출-수입) 등 GDP의 지출측면을 구성하는 요인들이다. 〈그림 10-5〉에는 지난 50여 년 간에 걸친 우리나라의 총수요구조 변화가 나타나 있다. 경제성장이 본격적으로 시작되기 전인 1963년에 우리나라의 수요는 거의 국내수요였고 최종수요 중 수출비중은 4.6%에 불과하였다. 그러나 1985년에는 수출비중이 30%를 넘어서게 되었고, 2010년 현재 수출비중이 53.7%를 차지하고 있다.

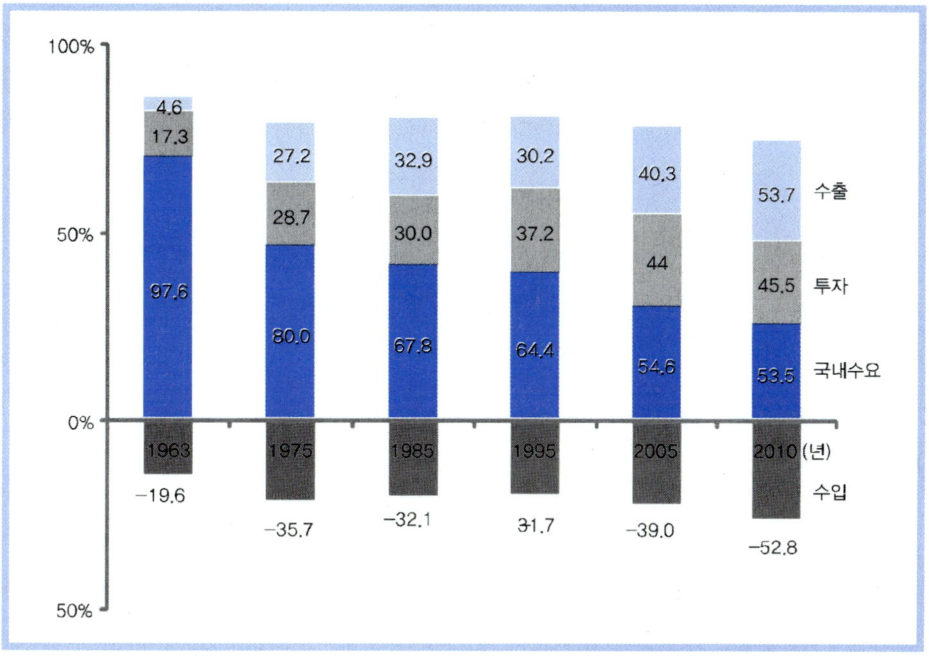

|그림 10-5| 수요구조의 변화　　자료: 한국은행, 산업연관분석에서 작성

3) 경제성장요인의 상대적 중요성

(1) 공급측 요인의 상대적 중요성

경제성장은 노동, 자본 등 생산요소의 단순한 양적 증가와 교육, 기술진보, 자원배분의 효율성 등 생산성의 향상에 의해서 이룩된다고 할 수 있지만 실제로 이들 요인을 분리해서 설명하기에는 한계가 있다. 그럼에도 불구하고 이들 요인의 성장기여도를 대략적이나마 추정해 보는 일은 적어도 각 요인들의 상대적인 중요성을 이해하는데 도움을 줄 수 있다.

다행히도 우리나라 경제성장요인에 대해 세계경제연구원에서 계량기법을 사용하여 추정해 놓은 연구가 있다(〈표 10-2〉).[2] 여기서 볼 수 있는 가장 큰 특징은 1960-70년대와 1980-90년대간의 고도성장요인의 상대적 중요성에 커다란 차이를 보이고 있다는 점이다. 첫째는 〈표 10-2〉에서 보는 바와 같이 1963-

2) 이러한 방법을 미국의 경제학자 데니슨이 처음 사용하였다고 하여 데니슨의 방법이라고 한다. 데니슨의 방법에서 나타나는 통계수치는 노동, 자본, 기술, 교육 등 성장요인 상호간의 관계에 대해서는 해답을 주지 못하는 한계가 있다.

|표 10-2| 한국경제성장의 공급측 요인 분석 (단위: %)

성장요인	1963-79년		1979-95년		1963-95년	
	기여성장률	성장기여도	기여성장률	성장기여도	기여성장률	성장기여도
생산요소의 증가	4.2	57	4.0	50	4.0	53
노 동	3.2	43	2.2	28	2.7	36
자 본	1.0	14	1.8	22	1.3	17
생산성의 증가	3.2	43	4.0	50	3.6	47
교육수준	0.2	3	0.4	5	0.3	4
기술진보	1.2	16	1.7	21	1.5	19
자원배분의 개선	0.5	7	0.4	5	0.4	6
규모의 경제	1.3	17	1.5	19	1.4	18
경제성장률	7.4	100	8.0	100	7.6	100

자료: 김광석, 우리경제의 성장원인과 성장잠재력 전망, 세계경제연구원, 1998

79년 기간 생산요소의 양적 증가와 생산성 향상의 경제성장기여도가 57%: 43%로 전자가 후자보다 앞섰으나, 1979-95년 기간에는 동비율이 50%: 50%로 같게 되었다. 즉 경제성장의 요인 중 양보다는 질이 상대적으로 중요하게 작용하였다. 둘째는 이러한 변화를 주도한 것은 노동, 자본, 그리고 기술의 역할 변화였다. 표에서 보는 바와 같이 1963-79년 노동의 성장기여도는 43%였으나 1979-95년 기간에는 28%로 크게 낮아진 반면에, 기술진보의 성장기여도는 동기간에 16%에서 21%로 증가하였다. 자본의 성장기여도도 14%에서 22%로 크게 증가하였는데, 이 역시 기술진보에 기인하는 부분이 포함되어 있을 것이다. 왜냐하면 최신기술이 자본(기계설비)에 체화되는 측면이 있기 때문이다.[3] 따라서 기술진보의 상대적 중요성이 커진 것은 분명한 것으로 보인다.

그러나 미국, 일본, 독일 등 선진국에서는 이미 1950-60년대에 이미 생산요소보다는 생산성이 성장에 더 크게 기여한 것으로 보고되고 있다. 〈그림 10-6〉에서 보는 바와 같이 이들 국가에서는 생산성의 성장기여도가 50% 이상으로 나

3) 구체적인 예를 들어 컴퓨터로 제어되는 선반이 1977년에 우리나라에서 처음으로 개발되었는데, 이는 제작 당시에 존재하던 기술수준이 그 기계에 체화된 것으로 볼 수 있다. 이 기계는 그 이전에 사용되어 왔던 수동식 선반에 비해서 속도나 정확도 면에서 상당한 차이를 보이는 것으로 알려져 있다.

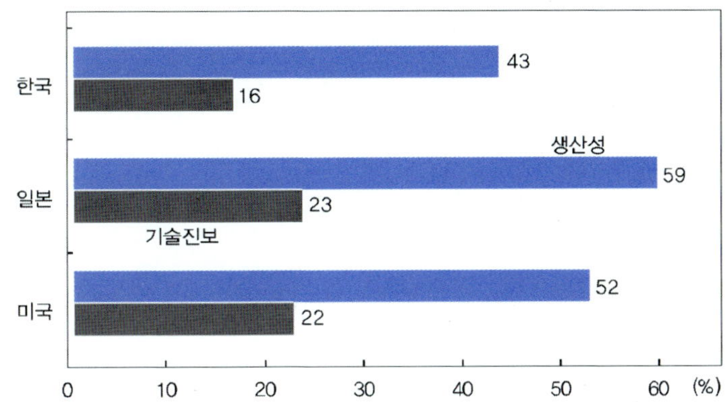

|그림 10-6| 생산성 향상의 성장기여도 국제비교

주: 한국 1963-82년, 미국 1948-89년, 일본 1953-71년, 독일 1950-62년 자료임.
자료: 송병락, 한국경제론, 1995, p.369

타나고 있으며, 기술진보의 성장기여도도 이미 20% 이상을 기록했던 것으로 분석되고 있다. 따라서 이들 국가에서는 1990년대에 들어와서 정보화의 추세와 맞물려 생산성 및 기술진보의 성장기여도가 더 크게 증가한 것으로 추정할 수 있겠다.

(2) 수요측 요인의 상대적 중요성

우리나라의 경제성장경험을 돌이켜 보면, 수출주도형 경제성장이라고 불리어질 만큼 수출이 성장에 크게 기여하였다. 1960년대 초 국내수요만으로는 공급확대와 더불어 총수요를 증대시키기에는 한계에 부딪쳤기 때문에 해외시장의 개척을 통해서 성장의 견인력을 키워왔다.

수요측 성장요인의 상대적 중요성을 보면, 〈표 10-3〉에 나타난 바와 같이 수출증가의 성장기여도는 계속 증가하여 왔다. 우리나라 수출의 성장기여도는 1963년에 약 10%에 불과하였으나 1960년대에는 22%, 1970년대에는 27%, 1980년대에는 30%, 그리고 1990년대 후반에는 60%에 가까운 것으로 분석되고 있다. 특히 1985년 이전까지는 중화학공업의 성장에서 수출의 중요성은 매우 컸음을 발견할 수 있다.

따라서 한국의 경제성장과정에서 수출이 가히 '성장의 엔진' 역할을 담당해왔다고 할 수 있다. 사실 우리나라의 경우 국내소비수요만으로는 고도성장에 한

|표 10-3| 한국경제성장의 수요측 요인 기여도

기간	산업	소비증가	투자증가	수출증가	수입대체	투입-산출 계수의 변화	합계
1963~1970	전 산 업	81.8		21.9	-1.8	-1.9	100
1970~1975	중화학공업	24.0	23.5	35.9	3.6	13.0	
	경 공 업	57.8	7.9	32.5	-0.8	2.6	
	전 산 업	54.8	15.5	27.3	-1.3	3.7	100
1975~1980	중화학공업	25.6	22.7	41.3	7.1	3.3	
	경 공 업	51.7	13.1	31.7	1.4	2.0	
	전 산 업	48.1	21.2	27.3	1.6	1.8	100
1980~1985	중화학공업	39.1		48.2	8.7	3.9	
	경 공 업	37.6		50.5	0.4	11.5	
	전 산 업	59.1		32.9	3.5	4.5	100
1985~1990	중화학공업	62.3		28.9	3.6	5.1	
	경 공 업	57.4		39.4	-5.7	8.8	
	전 산 업	71.5		22.9	0.4	5.2	100
1990~1995	전 산 업	77.0		29.7	-8.4	1.8	100
1995~2000	전 산 업	45.4		58.8	0.5	-4.1	100

자료: 한국은행, 산업연관분석 해설

계가 있었으므로 많은 기업들이 수출을 통해 활로를 개척하였고, 수출을 통해 벌어들인 외화는 다시 원자재 수입에 사용되었다. 뿐만 아니라 수출산업이 확장되면서 매년 쏟아져 나오는 새로운 노동력에 일자리를 마련해 주고, 이들의 소득을 향상시킴으로써 궁극적으로는 사회안정에도 기여하였다. 우리나라는 대외의존도가 높기 때문에 앞으로의 경제성장도 국제경제환경의 변화, 특히 수출환경의 변화에 달려 있다고 볼 수 있다.

10.3 경제성장과 정부

한국의 경제성장은 '정부주도형' 이라고 불릴 만큼 정부가 고도성장을 이끌어 왔다. 중앙정부는 경제개발계획을 수립하였고, 이에 따라 자원을 동원하고, 효율적으로 배분 및 관리함으로써 고동성장의 '키(key)'를 늦추지 않았다.

정부의 이러한 역할은 데니슨의 측정방법에서와 같이 정확하게 통계수치로 나타낼 수는 없으나, 우리나라의 주어진 여건에서 볼 때 필요불가결한 요인이었음을 부인하기 어려울 것이다. 물론 일률적으로 성장에 대한 경제개발계획의 역할을 평가하기는 어려운 일이지만, 최소한 성장의 초기단계에서 경제개발계획의 역할은 자못 컸다고 볼 수 있을 것이다. 정부는 외국에서 '한국주식회사'로 불릴 정도로 금융기관을 장악하고, 성장목표를 달성하기 위해 재벌, 즉 대규모 기업집단을 동원하였다. 예를 들면 정부는 1970년대 중화학공업정책을 추진하기 위해서 강력한 정치적 힘을 바탕으로 1972년 8·3조치(일종의 명령)를 통해 사채(私債)를 동결하고, 기업에 대한 특혜금융을 강화하였다.

아울러 정부는 경제성장을 위한 여러 가지 거시경제적 정책수단들을 동원하였다.

1) 경제개발계획

우리나라의 경제개발계획은 1950년대에도 수차례 수립된 바 있으나 뚜렷한 성과를 거두지 못하였으며, 1960년대에 들어와서야 비로소 본격적으로 체계화되어 실행될 수 있었다. 1962년 제1차 경제개발5개년계획(1962-1966년)이 착수된 이래로 신경제5개년계획(1993-1997년)까지 일곱 차례에 걸친 경제개발계획이 수행되었고, 일단 우리나라의 경제개발계획은 경제성장이라는 기준에서 볼 때 성공적이었던 것으로 평가된다. 〈표 10-1〉에서 보는 바와 같이 정치적 혼란을 겪었던 제4차 경제개발계획(1977-1981년)을 제외하면 실제성장률은 목표성장률을 상회하거나 근접하였다.

경제개발계획은 우리나라뿐 아니라 일본, 프랑스에서도 실시되어 왔으며, 제2장에서 배운 바와 같이 구소련, 헝가리 등 중앙집권적 계획경제체제에서는 경제운용의 열쇠였다. 그러나 우리나라의 경제개발계획은 구소련이나 헝가리에서와 같이 명령(command)이라기보다는 프랑스에서와 같이 유도계획(indicative plan)의 성격이 강하다. 구체적으로 ① 경제계획의 방향설정과정에 학계, 업계, 언론계 등 각계각층이 참여하였고, ② 민간부문의 자발적인 경제활동을 유도했으며, ③ 각계각층에 정부정책의 방향을 알리고, ④ 계획에의 참여와 협조를 구하는 측면에서 경제계획이 실시되었다. 이러한 유도계획적 성격은 1차에서 6차로 오면서 더욱 강해져 왔다. 경제성장의 초기단계에서는 정부가 계획수립에 주도적인 역할을 담당하여 계획의 내용도 정부가 정한 목표를 달성하는데 주안점을 두었으나, 경제규모가 커지고 경제구조가 복잡다양화 됨에 따라서 경제운용도 시장경제원리를 강조하는 쪽으로 그 성격이 바뀌어 왔다. 신경제 5개년계획에서는 '작은 정부'가 하나의 목표가 되었으며, 양적 성장보다는 소득분배의 형평, 금융실명제 등 질적 성장을 강조하였다.

현재 우리나라 경제성장에 있어서 경제계획의 역할은 크게 약화되고 있으며, 정부의 역할은 단지 경제예측이나 성장정책의 수행에 그치고 있다. 다만 2000년대 들어와서 경제성장보다는 균형(지역간, 계층간, 기업간)을 강조하는 정부가 들어서면서, 재정조달과 관련하여 '큰 정부'로 다시 회귀하는 조짐을 보이고 있다.

2) 경제성장정책

경제성장을 위한 정책수단은 수요측과 공급측에서 찾아볼 수 있다. 대부분의 경제학자 ― 케인즈 경제학자 ― 들은 경제성장을 촉진시키기 위해서는 재정·금융정책을 통해서 총수요를 확대시켜야 한다고 주장한다. 그들은 경제성장의 둔화원인을 불충분한 총수요수준과 이에 따른 GDP수준에서 찾는다. 특히 그들은 투자수요를 부추기기 위해서는 팽창금융정책을 통해서 이자율을 낮추어야 한다고 주장한다. 또한 과열투자로 인플레이션이 유발되지 않도록 필요하다면 재정정책을 통해서 정부지출과 소비를 관리할 수 있다고 본다.

이와 반대로 공급측면을 중시하는 경제학자들은 경제의 성장잠재력을 증진시키는 공급측 요인에 초점을 맞춘다. 이들은 무엇보다도 조세삭감에 의해서 저축, 투자, 근로의욕, 사업의욕을 북돋아 주어야 한다고 주장한다. 예를 들어보자. 이자소득에 대한 세금을 감면해 주면, 저축에 대한 수익이 늘고 저축이 증대될 것이다. 한편 법인세율을 낮추거나 투자세액공제제도를 강화하면, 투자가 활발해질 것이다. 산업정책도 성장잠재력을 키우는 공급측면의 성장정책이라고 볼 수 있다. 이러한 공급측면의 성장정책은 경제의 성장잠재력을 증대시키는 요인에 초점을 맞춘 것으로 장기적 관점에서 수립되는 것이라고 볼 수 있다. 이와 대조적으로 총수요측면을 강조하는 경제학자들은 총수요를 관리함으로써 높은 수준의 GDP수준을 유지하려는 단기정책이라고 할 수 있다.

우리나라의 성장경험을 돌이켜 보면, 그간의 성장정책들은 위에서 언급한 두

부류의 정책으로 분류될 수 있을 것이다. 예를 들어 1960년대 중반 이후 외자도입을 통해 기업에게 장기저리의 투자자금을 쓰게 한 것은 총수요측면의 정책수단이다. 한편 저축을 장려한 것이라든가, 중화학공업에 대해 각종 세제혜택을 부여한 것이라든가, 규제완화조치를 취한 것 등은 공급측면의 성장정책이다.

10.4 ▶ 경제성장과 투자재원조달

한국경제는 고도성장을 달성하는 과정에서 각종 공장, 기계, 도로, 항만 등 자본이 필요하였으며, 이를 위해서 많은 투자재원을 투입하였다. 그러면 고도성장에 소요된 재원은 어떻게 조달된 것일까? 이를 알아보기 위해서 투자재원을 조달하기 위한 일반적인 방법을 간략히 소개하기로 한다.

1) 투자재원조달의 원천

자본축적을 위해서는 투자가 필요하며, 투자재원의 확보는 저축이 전제되어 있어야만 가능하다. 다시 말해서, 우선 GDP중에서 전부를 소비하지 않고 일부를 남기는 저축이 있어야 하고, 그 다음에 이 저축을 재원으로 하여 기계, 공장, 설비와 같은 자본재를 마련하는 데 투자하는 것이다. 일반적으로, 한 국가의 저축은 크게 국내저축(domestic saving : S_d)과 해외저축(foreign saving : S_f)으로 나누어 볼 수 있다. 국내저축을 통해 투자재원이 조달되고 자본이 축적된 경우는 흔히 학생들이 즐겨 쓰는 말로는 민족자본이 형성된 것인데, 이는 다시 누가 저축한 것이냐에 따라 가계저축(household saving : S_h), 기업저축(corporate saving : S_s), 그리고 정부저축(government saving : S_g)으로 나누어진다. 여기서 정부저축은 조세를 포함한 정부수입에서 지출되지 않은 금액과 정부부문의 고정자본소모충당금을 합친 것이다. 따라서 조세수입의 증가가 정부저축의 증대를 유발할 수 있다. 민간저축이라는 말이 자주 사용되고 있는데, 이는 가계저축과 기업저축의 합을 나타낸다. 특히, 기업 및 정부저축의 주된 목적이 자신의 투자재원조달에 있으며, 이 점이 미래의 노후보장이나 주택마련 등을 위한 가계저축과 다른 점이다.

일반적으로 저개발국들은 국내저축률이 낮은데, 이와 같이 경우는 투자도 적어져 자본축적이 더디어지고 경제성장이 급속하게 이루어질 수 없을 것이다. 이러한 사정은 굳이 "현재 가난하기 때문에 앞으로 더욱 가난할 수밖에 없다"는 논리 즉, 넉시(R. Nurkse)가 말한 '빈곤의 악순환'을 얘기하지 않더라도 잘 이해될 수 있다. 만약 저개발국이 고도성장목표를 정하여 높은 투자율이 낮은 국내저축률을 크게 상회한다면 양자 간의 갭은 어떻게 메울 수 있을 것인가? 이때 동원될 수 있는 재원조달의 방법이 바로 외국의 원조나 차관 등 해외저축이다.

2) 한국의 투자재원조달

이제 한국경제성장에 소요되었던 투자재원이 어떻게 조달되었는지 알아보기로 하자.

〈그림 10-7〉에서 보는 바와 같이 경제개발계획이 시작되기 이전인 1953~1961년 기간 중에는 연평균 총투자율이 12%로 낮은 수준이었음에도 불구하고 연평균 국내저축률은 4%에 불과하여 총투자 가운데서 국재저축에 의해 조달된

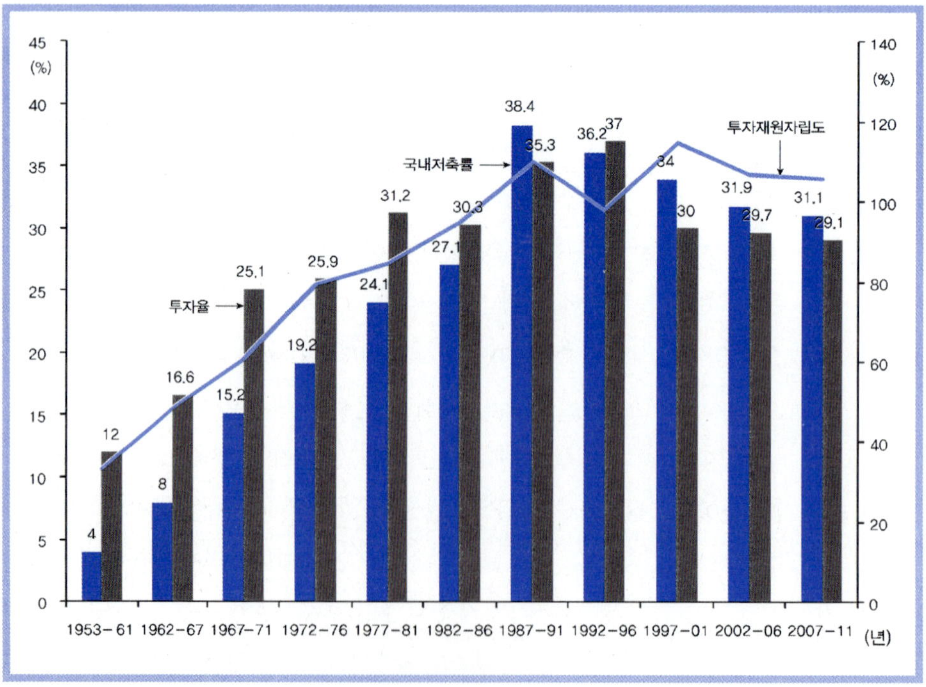

|그림 10-7| 한국의 투자재원조달 자료: 한국은행

비율을 나타내는 투자재원자립도가 33%에 지나지 않았다. 그러나 이 기간 중의 해외저축은 주로 차관 등 자본도입보다는 외국원조가 중심이었으므로 외채의 누적은 거의 없었다.

그러나 1960년대에 들어오면서 외국원조가 급격히 감소한 반면에, 경제개발 5개년 계획의 추진에 따른 많은 투자재원을 마련하여야 했기 때문에 차관형태의 해외저축이 크게 증가하게 되었다. 1962~1966년 제1차 경제개발계획 기간 중 연평균 7.8%의 경제성장을 달성하는데 16.6%라는 높은 투자율이 요구되었으나, 국내저축률은 8%에 불과하여 투자재원의 절반 이상을 해외로부터 조달할 수밖에 없었다. 물론 이 기간 중 정부는 세제개혁과 금리개혁을 단행하여 1950년대보다는 국내저축률이 높아졌지만 외국원조의 감소로 해외저축이 주로 차관 등으로서 해외차입의 성격을 지니게 됨에 따라 외채가 누적되기 시작하였다. 제2차 경제개발계획 기간(1967~1971년) 중 연평균 국내저축률은 15%로 늘어났지만 연평균 성장률 약 10%에 가까운 고도성장을 달성하기 위해 연평균 총 투자율 역시 25%로 늘어난 결과, 투자재원자립도는 크게 개선되지 못하였다. 그러나 그 이후에 제3차 경제개발계획 기간(1972~1981년)중 시행되기 시작한 재형저축제도와 사금융의 양성화 및 제2금융권의 양성 등으로 국내저축률이 증가한 결과, 투자재원자립도는 약 74%로 높아졌다. 제5차 경제개발계획 기간(1982~86년) 중에는 연평균 8.6%의 경제성장과 물가안정 그리고 부동산 투기억제 시책의 지속적 추진을 통한 투기진정 등 저축환경이 획기적으로 개선된 데 힘입어 국내저축률은 27.1%로 높아졌으며 이에 따라 투자재원자립도도 89%로 크게 높아졌다.

그러나 이처럼 투자율에 비해서 국내저축률이 낮았던 사정은 제6차 경제개발계획(1987~1991년)부터 달라졌다. 즉, 동기간 중 총투자가 모두 국내저축에 의해 조달되었고, 1997~2001년 기간에는 오히려 국내저축률(34%)이 총투자율(30%)을 넘어서게 되어 투자재원자립도는 115를 기록하였다. 이러한 추세는 2002~06년과 2007~11년 기간에도 이어졌다. 이는 국민소득이 증대된 데다가 금융시장이 꾸준히 발전해온 결과로 풀이된다. 다만 최근 총투자율이 낮아진 이유는 국내기업들이 중국, 동남아시아 등지로 생산기반을 옮기는 한편, 북핵문제, 노사갈등, 정치적 혼선 등으로 기업의 투자의욕이 급격히 떨어진 데 기인하는 것으로 여겨진다.

더 알아보기 | 외채문제와 IMF 경제위기

우리는 제1장에서 고도성장의 부작용으로서 외채문제를 거론하였고, 위에서는 투자와 국내저축의 갭을 해외저축이 메워주는 과정에서 외채가 누적되었다고 설명하였다. 그런데 〈그림 10-8〉을 보면, 외채누적의 한 가지의 요인을 더 발견할 수 있다.

우선 외채가 꾸준히 증가한 1985년까지는 국내저축이 투자율에 미치지 못한 기간으로서 국내저축의 부족을 외채누적의 주요 요인으로 꼽을 수 있다. 그러나 1985년 이후 외채규모가 감소하다가 1994년부터 급격히 증가한 것은 국내저축과 투자의 갭에 기인한다기보다는 국내자본시장의 개방에 따른 현상으로 보여진다. 특히 1995년은 OECD에 가입한 해로서 그 후 자본자유화를 가속화 시켰다. 이에 따라 그림에서 보는 바와 같이 외채가 1995년 1,197억달러에서 1996년에 1,573억달러로 크게 증가하였고, 특히 단기부채가 548억달러에서 759억달러로 증가하여 외채의 거의 절반을 차지하게 되었다. 그림에는 나타나 있지 않지만, 1996년 한 해 동안 단기채무의 내역을 보면, 정부나 통화당국에 의한 차입이 거의 없었던데 비하여, 은행권에서 169억달러, 기타부문에서 42억달러, 합하여 211억달러의 단기차입이 민간부문에 의하여 이루어졌다.

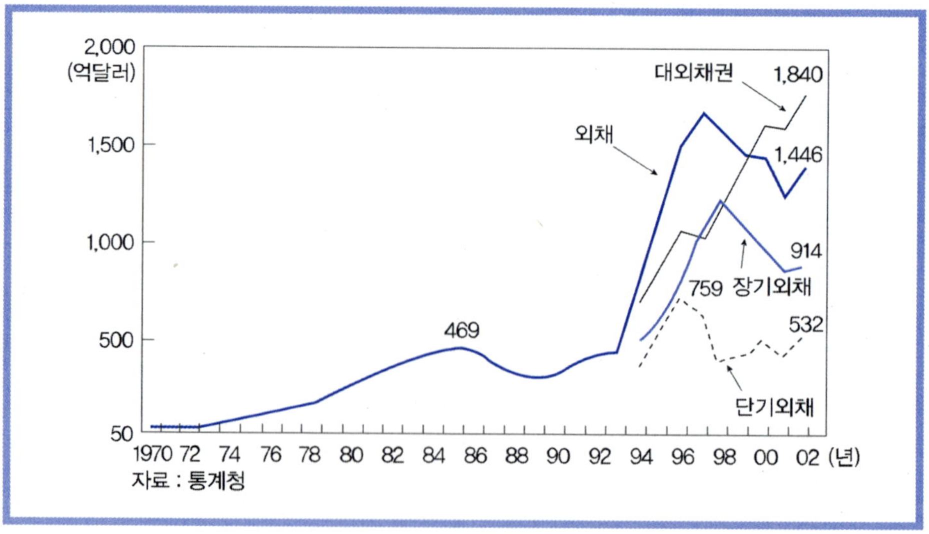

|그림 10-8| 한국의 외채규모 추이

여기서 우리는 한국경제가 1997년 IMF에 의한 관리경제체제로 들어가게 된 직접적인 이유를 찾을 수 있다. 즉, 단기간에 걸친 무리한 자본자유화 조치, 특히 단기자본시장의 개방에 있다고 볼 수 있다. 지금까지 IMF 경제위기의 원인에 대해서 한국경제의 구조적 모순이 폭발하였다느니, 기업의 관행이 불투명해서라느니, 우리국민의 도덕적 해이 때문이라느니, 외부충격에 의한 일종의 사고라느니, 혹은 소로스와 같은 국제투기자본가와 금융강국들의 음모 내지 방조라느니 등등이 거론되고 있으나, 이들은 단지 주변 요인으로 보는 것이 맞을 것이다.

한국경제는 외채문제로 인해 심한 열병을 앓았고, 2011년 말 현재도 3,984억 달러의 외채를 가지고 있다. 앞으로의 외채문제는 국내저축률이 투자율을 웃도는 상황에서 국제수지의 흑자 실현여부에 달려있다. 즉, 수출로 벌어들인 외화로 대외신용도를 유지하면서 갚아 나가야 한다. 한 가지 다행스러운 것은 외채 규모가 커졌지만, 반대로 외국에 대한 청구권을 의미하는 대외자산 역시 커져, 2000년부터는 오히려 채권국으로 전환되었고, 2011년 현재 순대외채권은 980억달러(대외채권 4,964억 달러 - 대외채무 3,984억 달러)를 기록하고 있다.

10.5 경제성장과 기술

기술진보의 속도가 급속히 진행되면서 경제성장에 있어서 기술혁신의 역할이 증대되고 있다. 한국의 경우에도 과거에 노동, 자본 등에 비하여 기술의 성장기여도가 낮았으나, 산업구조가 기술이 중요한 IT산업, 유전공학 등으로 전환됨에 따라서 기술혁신 없이는 경제성장이 불가능하게 되었다. 이 절에서는 한국의 경제성장과정에서 기술혁신의 역할을 되짚어보고, 앞으로 기술경쟁력 제고방안에 대해서 살펴보고자 한다. 이를 위해 먼저 기술혁신의 결정요인에 대해서 알아본다.

1) 기술혁신의 결정요인

기술혁신을 결정하는 요인은 일반적으로 〈그림 10-9〉에서와 같이 공급측 요인, 수요측 요인, 그리고 공급과 수요의 연결요인으로 나누어 볼 수 있다.

기술혁신의 공급측 요인은 과학기술수준의 향상을 통하여 기술혁신을 이룩하

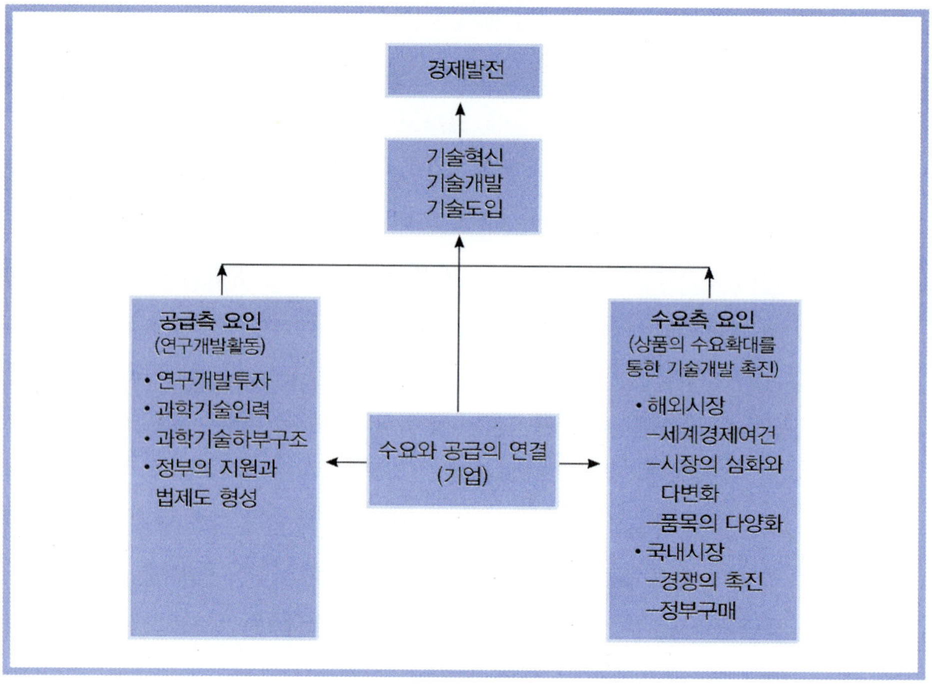

|그림 10-9| 기술혁신의 결정요인

는 것을 말한다. 이는 과학추동(science-push) 측면으로, 새로운 기술을 개발하고 이를 제품이나 생산공정에 도입하여 상업화시키는 과정이다. 이 과정에 영향을 미치는 요인으로서는 연구개발투자의 규모, 과학기술인력의 양성, 대학과 연구소 등의 과학기술하부구조, 정부의 지원과 법, 그리고 제도 등이 있다.

한편 "필요는 발명의 어머니"라는 말처럼 기술혁신은 시장수요에 의해서도 유발된다. 이는 수요견인(demand-pull) 측면으로, 어떤 상품의 수요가 확대되면 이 상품에 대한 기술개발 및 기술도입이 촉진될 것이다. 뿐만 아니라 기존상품에 대해서도 대리점이나 소비자들의 제품개선요구가 까다롭고 다양할수록 제품개선이 활발해질 것이다. 예를 들어 일본소비자들은 까다롭기로 유명한데, 이들의 요구를 기업들이 반영하는 과정에서 기술혁신을 이룩했다는 분석도 있다. 수요와 관련하여 시장은 국내시장과 해외시장으로 나누어 볼 수 있다. 국내시장에 있어서 기술혁신에 영향을 미치는 요인으로서는 시장의 경쟁정도와 정부의 구매활동을 들 수 있다. 특히 정부의 구매활동은 신기술제품의 초기수요확보와 관련하여 매우 중요한 요인이다. 해외시장에 있어서는 세계경제여건, 시장의 심화와 다변화, 품목의 다양화 등이 중요하다.

이상과 같이 기술혁신에 있어서 공급측 요인과 수요측 요인은 각각 중요하지만 보다 더 중요한 것은 공급과 수요의 연결측면이다. 활발한 연구활동을 통하여 새로운 기술을 개발하거나 해외의 우수한 기술을 생산과정에 도입하여 제품을 생산한다 하더라도 시장수요와 맞아떨어지지 않는다면 기술개발 그 자체는 의미가 없는 것이다. 물론 그 반대의 경우도 마찬가지이다. 미국과 일본의 기술혁신 경험이 이를 잘 말해 주고 있다. 미국은 과학기술수준이 세계에서 가장 높은 나라임에도 불구하고 이를 상품화하여 시장에 침투시키는 이른바 '기술의 상업화'에는 약한 반면에, 일본은 미국에 비해서 과학기술수준은 낮으나 기술의 상업화에는 성공한 것으로 알려지고 있다. 다시 말해서 미국은 기술의 과학선도 요인은 강하나 이를 시장에 연결시키지 못하였고, 일본은 시장수요를 심도 깊게 파악하여 이를 생산기술에 적절히 반영하였다. 이러한 점은 개별기업에도 그대로 적용된다. 연구개발부서와 판매활동부서가 따로 노는 회사보다는 서로가 의견을 교환하고 반영하는 회사가 분명 기업성과가 좋을 것이다. 시장경제 하에서는 기술의 공급측면과 수요측면을 연결시켜 주는 사람이 바로 기업가(entrepreneur)요 기업가정신(entrepreneurship)이라고 할 수 있다. 다만 국방, 환경, 수송 등과 관련된 공공기술분야에 있어서 정부의 역할이 직접적으로 요구된다.

2) 기술개발활동

우리나라의 경제성장경험을 돌이켜 볼 때 기술의 성장에 대한 기여는 기술혁신의 세 가지 요인 중 주로 수요측면에서 이루어졌다고 볼 수 있다. 다시 말해서 국내수요든 해외수요든 시장을 확보해 놓고 나서, 이를 충족시키기 위해서 생산기반을 확충하는 과정에서 기술이 확보되었다. 일반적으로 기술확보는 선진국으로부터의 기술도입과 독자적인 R&D를 통해서 가능한데, 우리나라는 자체 기술능력의 부족으로 단순한 기술도입에 주로 의존하였다. 그러나 2000년대부터는 디스플레이, 스마트폰 등 일부 제품에서는 세계적으로 기술을 선도하고 있어서 주목된다.

3) 기술도입

우리나라의 기술도입은 경제규모가 확대되고 산업구조의 고도화됨에 따라서 지속적으로 증가해 왔다. 〈그림 10-10〉에서 보는 바와 같이 기술도입액은 1980년대, 1990년대, 그리고 2000년대에 걸쳐서 꾸준히 증가하여 왔다. 2010년 현재 기술도입액은 102억달러에 이르고 있다. 뿐만 아니라 기술수출액에서 기술도입액을 뺀 기술무역수지가 1980년대부터 지금까지 계속 적자를 기록하는 가운데, 그 적자폭이 커지고 있는 추세이다. 이는 그만큼 우리나라가 성장과정에서 해외 기술능력에 의존하여 왔음을 말해주는 것이다.

또 하나의 추세는 외국인 직접투자의 증가현상이다. 외국인 직접투자는 선진국의 첨단기술, 노하우, 관리기법 등을 비교적 쉽게 획득할 수 있는 수단인데, 선진국들의 기술보호주의가 강화로 기술도입이 어려워지면서 나타난 대안이라고 할 수 있다. 우리나라의 외국인직접투자는 1990년대 중반부터 증가하기 시작하여, 2000년대에는 계속 높은 수준을 유지하고 있다. 요컨대 우리나라의 경우 해외로부터 기술도입과 외국인 직접투자를 통해 성장에 필요한 기술을 확보해 왔으며, 아직도 이러한 추세는 계속되고 있다.

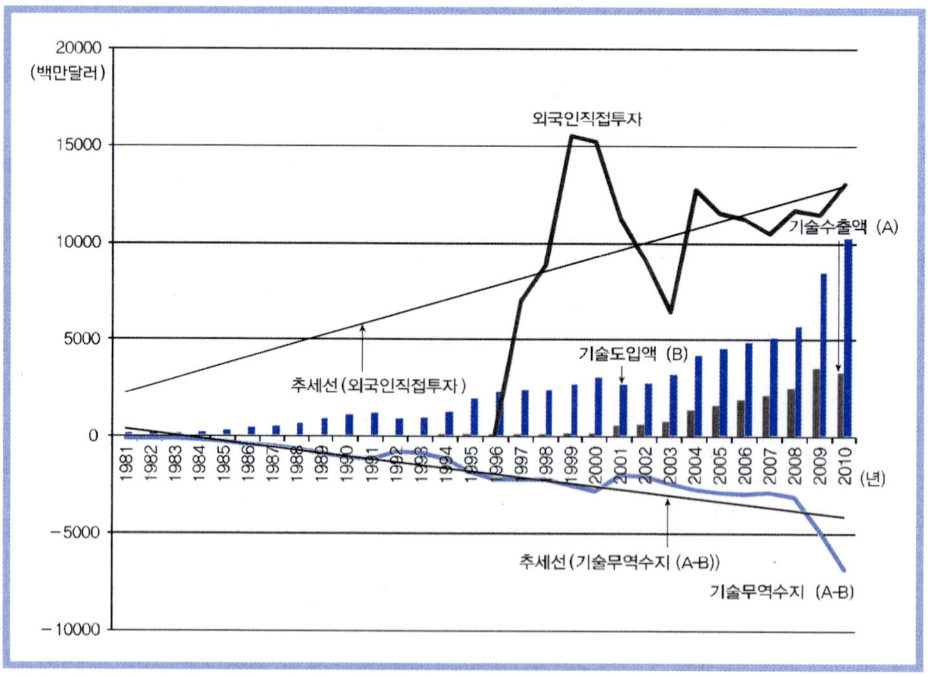

|그림 10-10| 한국의 기술도입과 외국인직접투자 추이 자료: 통계청

4) 연구개발(R&D)

한국은 과학기술수준이 낮은 상태에서 경제성장을 시작했기 때문에 독자적인 연구개발활동이 미흡하였다. 〈그림 10-11〉에서 보는 바와 같이 1980년대 초반까지도 GDP 대비 R&D지출비율이 1%에 미치지 못하였다.

그러나 정부와 민간기업이 R&D의 중요성을 인식하고 자원을 투입한 결과, 1990년대 초반 동비율이 2%를 넘어섰고, 2010년 현재 3.74%(절대규모로는 43조 8천억원)로 크게 높아졌다. 이를 다른 나라와 비교하면, 〈그림 10-12〉에서 보는 바와 같이 절대규모 면에서는 과학기술강국인 미국과 일본에는 못 미치지만, GDP 대비 비율은 이스라엘, 핀란드에 이어 세 번째로 높은 수준이다.

누가 연구활동을 하는가를 보면, 2010년 경우 기업체가 총연구개발비의 74.8%, 공공연구기관이 14.4%, 대학이 10.8%를 각각 쓰는 것으로 나타나고 있다(〈그림 10-13〉).

연구개발활동의 중요한 주체로서 한국의 민간기업들이 연구개발의 중요성을 인식하고 R&D활동을 중시하게 된 것은 1980년대 초반부터이다. 이 당시에 민간기업들의 사내연구소를 설립하기 시작하였는데, 〈그림 10-14〉에서 보듯이

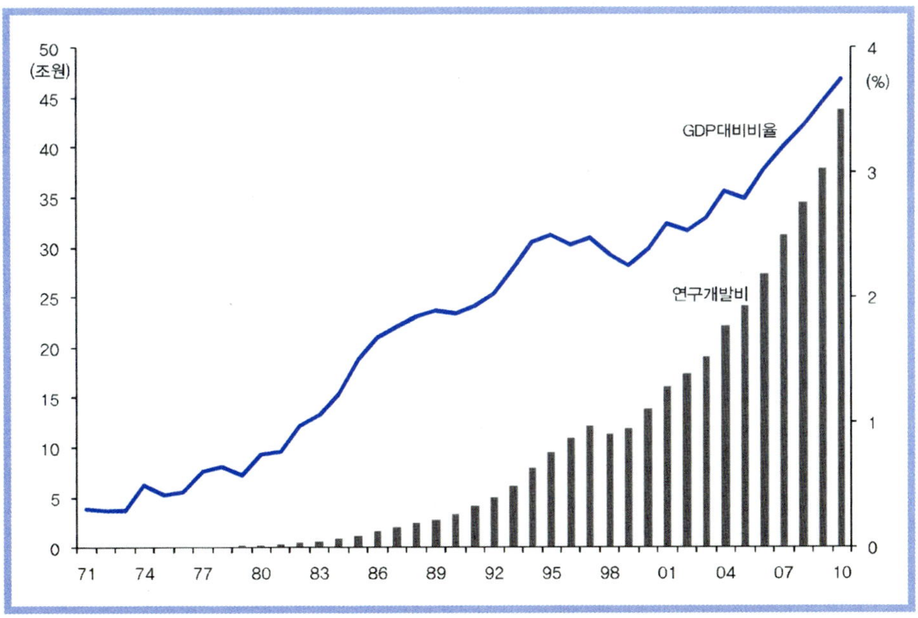

|그림 10-11| 한국의 연구개발비 자료: 한국과학기술기획평가원

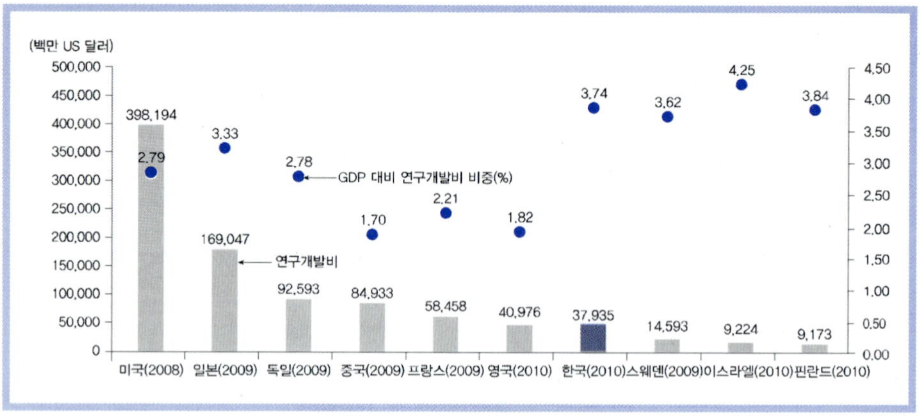

|그림 10-12| 연구개발비 국제비교

자료: OECD, Main Science and Technology Indicators 2011.

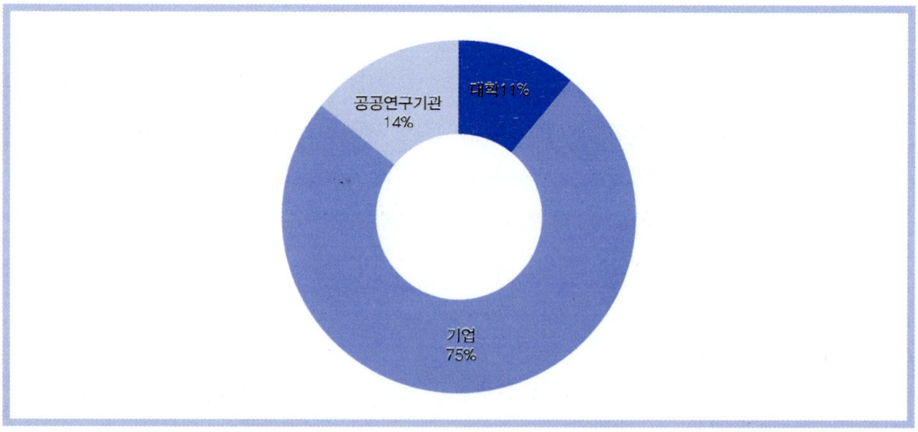

|그림 10-13| 연구주체별 비중(2010년, 총 연구개발비 43조 8천억원)

자료: 한국과학기술기획평가원

1980년에 53개(모두 대기업)에서 1990년에 966개(대기업 421개, 중소기업 545개)로 증가하였다. 그 후 계속 증가하여 2012년 10월 현재 25,427개(대기업 1,587개, 중소기업 23,840개)를 기록하고 있다.

사실 〈그림 10-10〉에서 2000년대부터 기술수출이 증가하기 시작한 것은 1990년대 초부터 정부와 민간기업들이 기술개발활동에 많은 노력을 기울인 결과로 볼 수 있다.

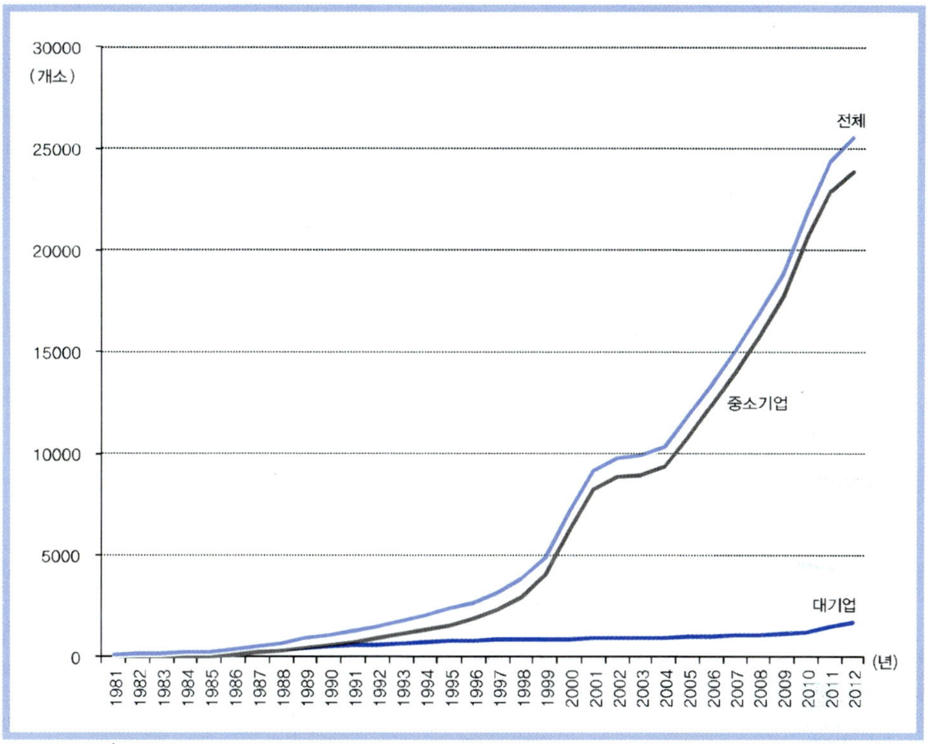

|그림 10-14| 한국의 민간기업 부설연구소 설립추이 자료: 한국산업기술진흥협회

5) 기술경쟁력 제고방안

앞으로 우리나라의 산업구조가 고도화되고 국제경쟁이 치열해짐에 따라서 기술력의 경제성장에 대한 기여도는 커질 것으로 보인다. 특히 기술력 중에서도 과거에 크게 의존해 오던 단순한 기술도입보다는 독자적 기술개발이 더욱 중요하게 될 것이다. 그렇다면 기술도입을 효율적으로 유도하고 기술혁신을 촉진시키기 위한 방법은 무엇인가? 이 역시 기술혁신의 세 가지 측면에서 살펴볼 수 있다.

(1) 기술혁신의 공급측면

공급측면에서는 무엇보다도 R&D투자의 효율성을 높이기 위한 방책이 마련되어야 한다. 앞에서 살펴본 바와 같이 일단 외형적으로 R&D지출수준은 이미 선진국들과 비슷해졌고, 대학, 공공연구소, 기업연구소 등 과학기술하부구조도 비교적 잘 정비되었다. 그러나 아직도 R&D투자의 생산성이 낮은 것은 시스템적인 접근이 결여되어 있기 때문으로 보여 진다. 정부, 기업, 대학, 공공연구소, 기업연구소간의 네트워크와 협력문화의 부재이다. 1990년대에 들어서면서 외국에서는 국가혁신시스템(NIS; national innovation system), 지역혁신시스템(RIS; regional innovation system), 기술시스템(TS; technological system), 부문혁신시스템(SIS; sectoral innovation system), 산업군집(industrial cluster) 등 혁신시스템에 관한 연구와 정책이 활발히 진행되고 있다. 예를 들어, RIS의 개념은 미국경제성장의 견인차가 되었던 서부의 실리콘밸리와 동부의 128번 도로를 중심으로 한 공업지역을 모델로 하여 나온 개념으로, 이 지역 내에서 활동주체들간, 그리고 지식간의 네트워크가 핵심 성공요인으로 지적되고 있다. 흔히 실리콘밸리 하면 스탠포드대학이, 128번 도로 하면 매사추세츠공대가 연상되는 것은 이 지역 내에서 대학과 기업과의 긴밀한 연계관계가 있음을 말해주는 것이다. 우리나라의 경우에도 최근에 이러한 개념이 정부정책에 일부 반영되고는 있으나, 일시적인 구호 혹은 전시행정에 그치는 경향이 없지 않다. 따라서 보다 장기적이고 실질적인 측면에서 혁신시스템의 구축이 요구된다.

공급측면에서 또 하나의 중요한 과제는 연구인력의 관리이다. 구체적인 예로 IMF 경제위기 때, 공공연구소들조차 감원을 시도했는데, 어떤 공공연구소의 실험실 책임자는 팀원 중 일부를 해고시키라는 명령을 받자, 자신이 연구소를 사직하고 미국 유수대학의 교수로 갔다고 한다. 최근 고등학교 졸업생들이 이공계 대학으로의 진학을 기피하는 경향도 물적 및 심리적인 인센티브의 부족에 기인하는 현상으로 여겨진다.

(2) 기술혁신의 수요측면

수요측면에서 핵심적인 과제는 시장정보에 맞추어서 어떤 기술이 어떤 수준으로 어떠한 곳에 필요한가를 누가 결정하는가 하는 것이다. 미국에 있어서는 몇몇 정책 두뇌들이 결정하는 일이 빈번하고, 일본에서는 각종 협회가 이러한 기능을 해주는 것으로 알려져 있다. 일본의 경우를 보면, 1980년에 기술혁신에 관한 결정의 70~80% 정도를 협회에서 대신하여 준 것으로 나타나고 있다. 우리나라의 경우는 주로 대기업들이 독자적으로 결정하고 있으나 그것도 사실은 매우 미흡한 실정이다. 따라서 중소기업의 육성이 기술개발 및 도입에 절대적인 조건이라고 본다면 협회로 하여금 이러한 기능을 수행할 수 있는 체제로의 정비가 시급하다고 하겠다. 해외시장에 대해서는 선진국, 후진국, 그리고 동서무역으로 세분하여 프로젝트 위주로 합작투자 등을 전개해 갈 필요가 있다.

(3) 기술혁신의 수요와 공급 연결 측면

수요와 공급의 연결측면에서는 이미 지적하였듯이 현대의 시장경제하에서는 기술에 대한 수요측면과 공급측면을 가장 효율적으로 연결해 기술혁신을 추진해 갈 수 있는 중추적인 역할을 하는 것이 기업이다. 무엇보다도 기업가(entrepreneur)는 혁신자(innovator)로서의 자질과 기술관리능력을 가져야 하겠다. 또한 엔지니어에게는 경영의 개념을, 경영자들에게는 엔지니어링의 개념을 서로 인식시켜 주는 일이 필요하다. 한편, 기술혁신과 관련하여 그 동안의 관행에서 벗어나 정부와 기업간의 긴밀한 연결체제를 확립해 가는 것이 또한 시급하다 하겠으며, 이에 있어서도 정부는 민간기업의 주도에 의한 기술혁신을 이룰 수 있도록 정책제시나 제도의 변화에 국한하고 방위, 에너지, 환경, 수송, 통신 등 외부효과가 큰 공공기술분야에 있어서는 현실성이 있는 장기계획을 수립하여 추진해 나가야 할 것이다.

10.6 경제성장과 교육

한국의 가장 큰 자원은 '사람'으로 오늘날과 같이 놀라울 만한 경제성장을 이룩한 것은 과학자, 기술자, 그리고 숙련기능공들을 길러낼 수 있었던 교육이 있었기 때문이었다. 앞으로도 IT, 바이오기술 등 첨단기술을 필요로 하는 산업들이 발전하고, 이 분야에서의 주도권 여부가 지속적인 경제성장의 관건이 되므로 교육에 대한 언급이 반드시 있어야 한다. 이하에서는 일반학교교육과 직업교육으로 나누어 살펴보고자 한다.

1) 일반학교교육

농촌에서 "소 팔고 논 팔아서 자녀교육은 대학까지 시킨다"는 말이 있었듯이 우리나라 사람들의 교육열은 다른 나라에서 찾아보기 어려울 정도로 매우 높다.

2008년 현재 정부와 민간의 공교육비 지출은 GDP의 7.6%로 OECD 국가 중 가장 높은 수준이며(〈그림 10-15〉), 여기에 GDP의 3.2% 정도로 추정되는 사교

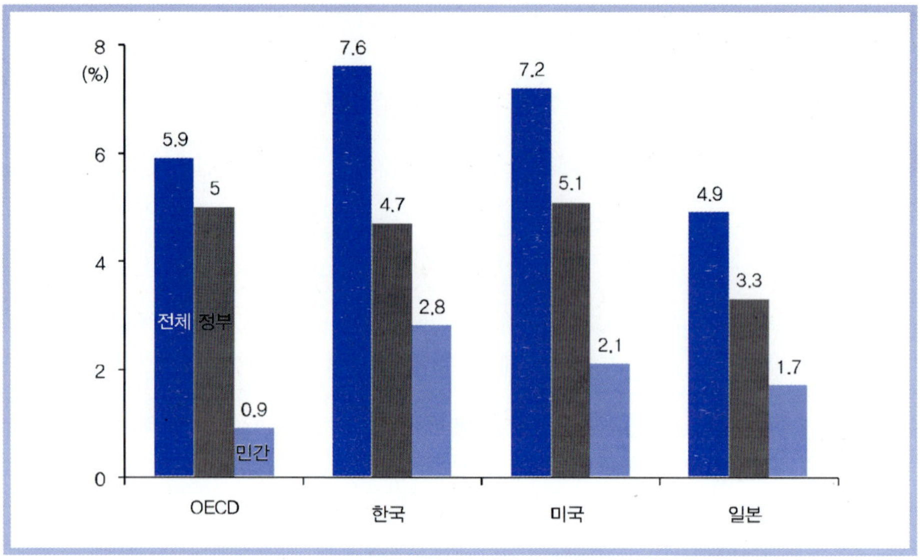

|그림 10-15| GDP 대비 공교육지출 비중(2008년) 자료: 교육과학기술부

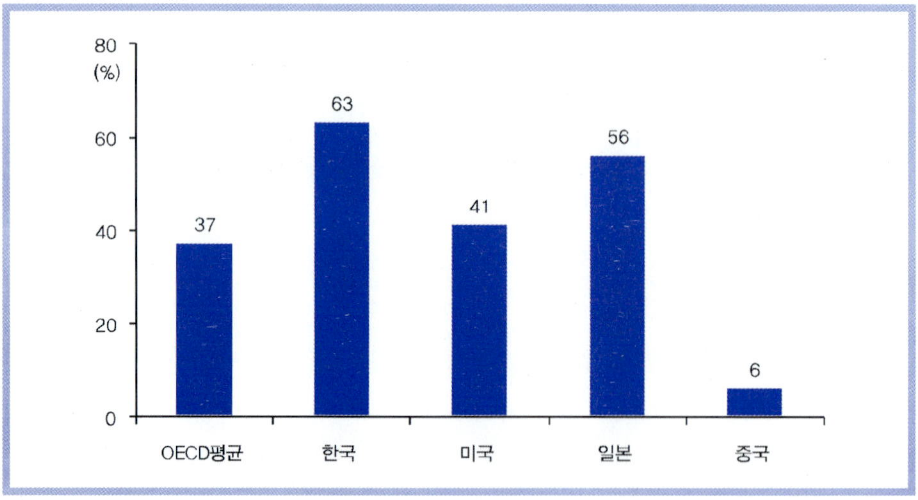

|그림 10-16| 고등교육이수 인구비율 국제비교 (2009년, 25-34세 기준)

자료: 교육과학기술부

육비를 포함시킬 경우 전체 교육비는 GDP의 10%를 넘는다. 현재 4년제 대학만 190개이며, 25~34세 인구 중 대학 졸업자의 비중이 63%로 OECD 평균(37%)보다 훨씬 높다.

그러나 이와 같이 양적으로 교육부문이 확장되었다고 해서 사회에 진출하는 노동자들의 질이 향상되었다고 단언하기는 어렵다. 오히려 교육의 양적 증가가 질의 저하를 가져오는 것이 일반적이기 때문에 이와 관련하여 사회 각 계 각층에서는 최근 교육제도 자체에 대해서 관심을 집중시키고 있다.

여기서는 초·중·고등학교 교육을 포함하는 초·중등교육과 전문대학 이상을 포함하는 고등교육으로 나누어 경제성장과 관련된 문제점을 지적해 보고, 그 발전방향을 살펴보겠다.

(1) 초·중등교육

우리나라는 일찍부터 국민소득수준에 비해 높은 교육수준을 유지하여 왔다. 초등학교의 경우 1960년대에 이미 취학이 보편화되었으며, 중·고등학교의 진학률 역시 1970년대에 급속히 상승하였다. 2002년 이후에는 중학교도 의무교육이 되었으며, 우리 주변에서 고등학교를 가지 않는 사람을 찾아보기 어렵다. 그러나 이러한 외형적 성장과는 달리 다음과 같은 몇 가지 문제점이 나타나게 되었다.

첫째, 학생수의 양적 팽창에 따라서 교육환경의 질적 저하를 여전히 면치 못하고 있다. 교육의 질을 나타내는 지표로서 교사 1인당 학생 수를 다른 나라와 비교해 보면 2009년 기준으로 선진국들이 초등학교와 중등학교 각각 14명 수준이나 우리나라는 각각 20명, 18명으로서 상당히 뒤떨어진 편이다. 이러한 여건 하에서는 고도산업사회 및 정보화사회에 대비한 언어와 컴퓨터 등 기초교육 강화는 어렵다.

초·중등교육의 질적 수준 향상을 위한 과밀학급의 해소, 시설현대화 등에는 많은 투자재원이 소요되므로 가용재원의 규모에 알맞게 투자우선순위를 결정하여 장기투자계획을 확립해야 할 것이다.

|표 10-4| 교사(교수) 1인당 학생수(2009년)

구분	한국	미국	일본	영국	OECD
초등학교	19.8	14.3	14.5	16.1	13.5
중등학교 고등학교	18.4 16.7	15.1	12.2	12.3	13.5
전문대학 일반대학	39.7 25.0	15.3	10.1	16.5	14.9

자료: 교육과학기술부

둘째, 초·중등교육과정에서 경제교육 및 기업가정신 함양 프로그램이 거의 없거나 미흡한 실정이다. 미국의 경우 초등학교 2학년때 경제원리, 시장 그리고 창업정신 등을 배울 수 있는 실질적인 프로그램이 시작된다. 구체적으로 방학중에 학생들로 하여금 제품을 개발하여 만들게 하고 가격을 책정하여, 한 학기내내 서로 거래하도록 한다. 만든 제품들은 가족이 부른 노래테이프, 요리책, 간단한 마술도구 등으로 학생들은 서로 교환하는 즐거움으로 한 학기를 보내는데, 여기서 학생들은 제품에 대한 아이디어를 내고, 나름대로 판매전략을 세우며, 이윤을 얻는 과정을 피부로 경험하게 된다. 우리나라에서도 이러한 시도가 전혀 없는 것은 아니나, 중학교 교육과정에서 수요공급의 법칙을 잠깐 배우고, 고등학교 때 이를 좀 더 깊이 배우는 정도에 그치고 있다. 다행히 최근 초·중등학생을 대상으로 하는 경제교육 프로그램이 학교 밖에서 시도되고 있으나, 학교교육을 통해서 이루어지는 것이 더욱 바람직하다고 본다.

셋째, 전반적으로 인력개발체제의 비효율성이 존재하고 있다. 우리나라 인문계 고등학교 졸업자 중 상당수가 아무런 기능을 갖추지 못한 채 사회에 배출되고 있고, 실업계 고등학교의 경우에도 직업교육의 기능이 상당히 미비되어 있는 실정이다. 그러므로 산업구조의 고도화와 과학기술의 발전 등 장기적인 추세를 감안하여 효율적인 기술인력관리가 요구된다. 앞으로 기능인력에 대한 지적·기능적 요구수준이 점차 높아질 것에 대비하여 실업교육의 양적 확대보다는 질적 향상에 주력하여 기초교육을 강화하고, 현장 및 실험실습을 강화하는 것이 바람직할 것이다.

(2) 고등교육

최소한 1990년대 이전까지의 경제성장과정에서 기초교육을 마친 인력의 공급만으로도 지속적인 성장에는 큰 지장이 없었으나 기술경쟁의 격화, 무역마찰의 심화, 시장개방압력 등 최근 국내외 여건을 고려해 볼 때 기술집약적인 산업의 육성과 고급인력개발은 지속적인 성장을 위해서 필수적이다. 다행히도 높은 교육열 및 기타 여건은 우리나라 고등교육의 대중화현상을 가져와 양적인 측면에서는 선진국 수준에 도달하였다. 그러나 고등교육 역시 경제성장과 관련하여 다음과 같은 문제점을 가지고 있다.

첫째, 초·중등교육과 마찬가지로 고등교육 여건 역시 매우 미흡하다. 1970년대에는 일반대학의 경우 교수 대 학생비율이 1:19로 대체로 양호하던 것이 계속 악화되어 1980년대에는 1:28로 되었고, 〈표 10-4〉에서 보듯이 2009년에도 여전히 1:25에 머무르고 있다. 이러한 비율은 미국의 1:15, 일본의 1:10에 비하면 매우 열악한 편이다. 또한, 각 대학의 교육시설은 선진국 대학들에 비해 미흡한 실정이다.

둘째, 전공별로 볼 때 우수학생들이 경제성장과 직접 연관 있는 공학, 기초과학, 경영학 등보다는 법학, 의학, 한의학 등으로 몰리고 있다. 뿐만 아니라 일반학생들도 공학이나 자연계를 회피하는 경향이 나타나고 있다. 전체 대학생 중 자연계 전공 대학생들의 비중이 1990년 17.3%에서 2012년 12.1%로 낮아졌으며, 공학계 학생의 비중도 2000년 30.2%에서 2012년에는 25.8%로 낮아졌다. 이는 현재 우리 사회의 유인체계를 반영하는 현상으로 이공계 졸업생들을 우대하는 정책과 사회적 분위기 조성이 필요함을 말해주는 것이다.

셋째, 산학협동이 제대로 이루어지지 못하고 있다. 일반적으로, 학교교육과 현장교육은 상호보완적인 관계를 맺고 있으므로 각기 독자적으로 운영되기보다는 협조적으로 운영되는 것이 보다 더 생산적임이 분명하다. 그러나 우리나라의 경우 학교가 교육과정의 개발시에 경험이 많은 산업계 인사를 참여시키는 데 소극적이며, 산업계에서도 대학생들이 현장실습에 적극적이지 못하다는 사실에서 문제점을 찾을 수 있다. 따라서 산학협동체제를 통한 교육의 효율성 제고를 위해서는 산업체들이 현장실습기회의 제공을 확대하여야겠으며, 교육과정 및 내용선정에 있어서도 산업체의 의견이 최대한 반영될 수 있도록 하여야겠다.

최근 전국경제인연합회에서는 기업이 필요로 하는 대학졸업생의 자질로서, 리더십(leadership), 의사소통능력(communication), 경영마인드(business mind) 등을 제시한 바 있다. 그러나 한국학생들의 의사소통능력을 보면, 토플점수가 하위권에 머물고 있으며, 한 외국컨설팅회사는 언어능력 및 기술을 포함한 한국인의 인력수준이 아시아 12개국 중 최하위라고 발표하기도 하였다. 경영마인드도 길러져야 하는데, 심지어 경영학을 전공하는 교육과정에서도 기업가정신(entrepreneurship)을 정식으로 가르치는 학교는 극히 일부이다. 기업가를 불안정한 소득을 확보해서 다른 사람에게 급여를 주는 사람, 기회포착능력이 있는 사람, 항상 새로운 것을 추구하는 사람 등으로 정의한다면, 대부분의 학생들은 암묵적으로 단지 취업해서 안정된 월급을 받는 사람을 꿈꾸고 있을 뿐이다. 미

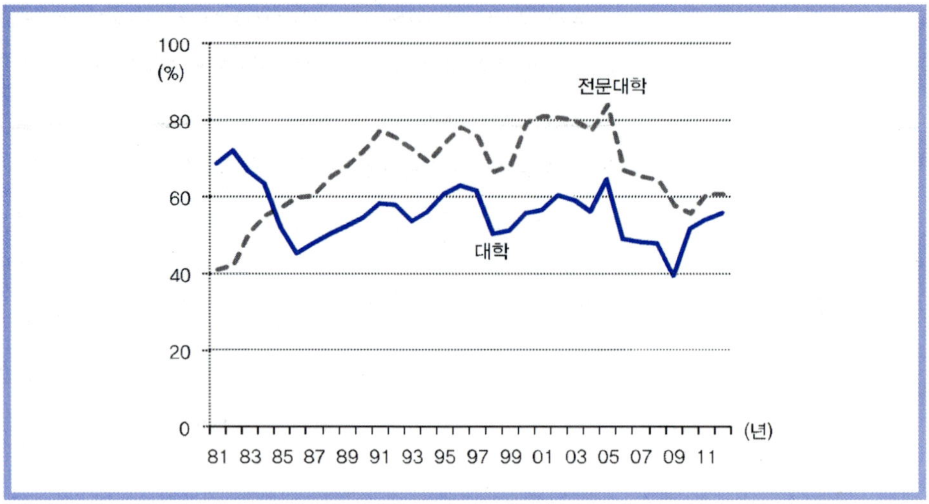

|그림 10-17| 대학과 전문대학 졸업생의 취업률 추이　자료: 교육과학기술부

국의 경우 경영학분야에서 기업가정신이 하나의 독립된 학문분야로서, 이를 기준으로 대학간 순위를 매기고 있는 것과는 대조적이다.

넷째, 노동력 수급의 불균형의 문제이다. 힘겹게 대학에 입학한 젊은이들이 시간과 노력과 막대한 교육비를 투자하여 대학을 마친 후 이를 충분히 활용하지 못한다는 것이다. 〈그림 10-17〉에서 보는 바와 같이 대학졸업자의 취업률은 1980년대 중반 이후 지금까지 50% 정도에 그치고 있다. 이는 그 만큼 많은 고학력 실업자들이 인생의 황금기를 허비하거나, 자신의 전공 또는 적성이 맞지 않는 분야에서 일하고 있음을 말해주는 것이다.

〈그림 10-17〉에서 발견할 수 있는 하나의 특징은 1985년에 전문대학졸업생의 취업률이 대학졸업생의 취업률을 앞질렀고, 현재도 60% 정도의 취업률을 기록하고 있다는 점이다.

이러한 현상을 볼 때 근본적으로 대학교육에 대한 수요를 감소시켜야 하며, 산업사회에 부응하는 전문기술자를 양성하기 위하여 전문대학을 육성하는 것이 바람직하다고 하겠다. 우리나라에서 대학교육에 대한 수요가 큰 것은 학력간 임금격차와 사회적 지위의 차이 등 사회경제적 불평등이 가져온 결과로 볼 수 있으므로 이에 대한 해결이 선행되어야 할 것이다. 또한 산업사회의 요구에 부응하는 인력을 양성하기 위한 신축적인 교육 및 대학행정이 요구된다.

2) 직업교육

경제성장 측면에서 볼 때 학교교육 못지않게 중요한 것이 직업교육이라고 하겠다. 우리나라의 경제성장경험을 돌이켜 보면 1차산업 중심의 산업구조에서 2차산업의 비중이 높아지면서 중화학분야의 기능인력에 대한 수요가 급증하게 되자, 장기간 소요되는 정규학교교육만으로는 인력공급이 부족하게 되었고, 이 문제를 해결하기 위하여 정부는 1967년 「직업훈련법」을 제정하여 직업교육의 실시기반을 마련하였다. 1974년에는 직업훈련에 관한 특별조치법을 제정하여 기업들로 하여금 일정비율의 종업원을 의무적으로 훈련하게 하였으며, 1977년에는 기능장 양성을 위한 기능대학법을 제정하였다. 1980년 초에는 직업훈련관리공단을 설립하여 직업훈련 및 기술자격검정시험을 일원화하였고, 현재는 산업인력공단으로 그 명칭이 바뀌어 동일한 기능을 수행하고 있다.

이러한 제도적 발전과 함께 직업훈련의 실적도 크게 향상되어 왔다. 현재 우리나라에는 6,932개의 직업훈련기관이 있는데, 훈련주체에 따라 공공훈련과 민간훈련으로 구분된다. 〈표 10-5〉에서 보는 바와 같이 공공훈련기관으로는 35개의 한국폴리텍대학과 한국기술교육대학이 있다. 민간훈련기관으로는 59개의 훈련법인, 900개의 고용노동부지정시설이 있으며, 이외에도 5,937개의 기타민간훈련기관이 있다. 연도별 훈련인원을 보면, 1993년 18만명에서 2010년 437만명으로 크게 늘어났다.

직업훈련기관을 보면, 대부분이 민간훈련기관이 차지하고 있는데, 이는 그간 정부가 민간훈련, 특히 기업의 사내훈련을 장려했기 때문이다. 많은 기업들이 기업체부설 정규학교를 세워 10대 근로자를 교육시켰고, 대기업에서는 인력개발원을 설립하여 자체연수를 시켜 오고 있다. 특히 우리나라에서는 기업에서의 해외교육, 훈련 및 연수는 기업 및 경제성장에 중요한 역할을 수행하였다. 해외

|표 10-5| 직업훈련기관 현황(2010년)

거분	계	공공			민간			
		소계	한국 폴리텍대학	한국기술 교육대학	소계	훈련법인	고용 노동부 지정시설	기타
계	6,932	36	35	1	6,895	59	900	5,937

자료 : 고용노동부

에서 훈련받은 경영자와 엔지니어들은 생산에서는 물론 기술도입이나 무역 계약을 효율적으로 수행하였다. 예를 들어, 포항제철의 설립을 구성하면서 이미 17명의 엔지니어를 해외철강회사로 연수를 보냈고, 공장을 가동하기 전에 280명 이상의 기술자를 해외에서 교육시켰으며, 공장이 가동될 즈음에는 598명이 해외에서 연수를 받았다.

그간 경제성장과정에서 공공훈련이든 민간훈련이든 해외연수이든, 직업훈련기관과 기업들은 상황변화에 따라 부족한 인력을 양성하여 국가인력수급에 차질이 없도록 하는데 공헌하였다. 뿐만 아니라 불우청소년, 문제청소년, 교도소 수감자에게도 기능을 습득시켜 사회적 불균형도 해소하였다.

앞으로의 경제성장과정에서도 이러한 직업훈련기관의 역할은 중요할 것이다. 우리나라는 인구 대비 대학생 수가 미국 다음으로 많을 정도로 교육열은 세계적으로 높다. 그러나 현존하는 직종 중 4년제 대학 이상의 학력을 필요로 하는 직종은 전체 직종의 20%에도 미치지 못하고 있다. 따라서 다양한 직업훈련의 확대실시가 요구된다고 하겠다. 그러나 과거와 같이 정부가 기업이 필요로 하는 기능인력을 미리 예측하여 공급하는 방식은 현재의 기업규모와 기술수준에 비추어 볼 때 바람직하지 않으며, 공공부문과 민간부문의 역할부담을 통한 인력양성 및 질적 고도화를 위한 정책이 바람직할 것이다.

제11장

한국경제의 주요 과제

이 장에서는 한국경제의 고도성장과정에서 소홀히 다루어져 왔던 복지, 경제력집중, 환경 등의 문제를 다룬다. 또한 원유가 한 방울도 나지 않는 우리에게 앞으로도 제약이 될 수 있는 에너지문제와 정보화시대의 한국경제에 대해서 공부한다. 분석도구로는 제6장에서 배운 수요·공급모형을 활용할 것이며, 대략적인 정책방향만 제시한다. 보다 구체적인 정책수단이나 실행방안은 경제관련 연구소들(예: 한국개발연구원, 산업연구원)의 보고서를 참고할 수 있을 것이다.

11.1 ▸ 경제력집중문제

1) 문제의 소재

제1장에서 언급한 바와 같이 우리나라의 경우 고도성장의 부작용으로 경제력 집중문제가 초래되었다. 즉, 대기업 혹은 대기업집단(재벌) 중심의 경제구조가 된 것이다. 이에 따라 일반국민들은 대기업에 대해서 부정적인 시각을 갖게 되었고, 정부도 재벌을 규제하기 위한 다양한 정책을 내놓고 있다. 최근에는 '경제민주화'라는 이름으로 재벌에 대한 강력한 규제를 주장하고 있다.

우리나라에서 경제력 집중문제는 1963년에 발생한 '3분(시멘트, 밀가루, 설탕)폭리사건'으로 거슬러 올라간다. 당시 시멘트는 2개사, 설탕은 3개사가 각각 시장의 100%를 점유하고, 밀가루는 상위 3개사가 시장의 41%를 점유하는 상황에서 일부 대기업이 가격과 물량을 조작함으로써 사회적으로 지탄을 받았다.

하지만 한편에서는 재벌이 경제성장에 기여한 측면을 강조하기도 한다. 과연 우리나라가 대기업이 아닌 중소기업 위주의 정책을 추구하였다면, 과연 고도성장을 달성할 수 있었겠는가라는 질문이다. 실제로 외국에서는 한국경제의 고도성장 뒤에는 이른바 '재벌시스템'이라는 효율적 장치가 있었기 때문이라는 인식을 가지고 있으며, 우리 국민들은 해외여행을 하면서 재벌 계열사인 S사 혹은 H사의 제품이나 광고판을 보면서 자랑스러워하기도 한다. 기업들은 글로벌 경쟁에서 이기기 위해서는 어느 정도 규모를 확보해야 한다고 주장하기도 한다.

그렇다면 경제력집중문제는 어떻게 해야 하는 것이 바람직한가? 대답하기 쉬운 문제는 아니지만, 현황을 이해하고 한번 생각해 보는 입장에서 우리나라의 경제력 집중문제를 알아보기로 하자.

더 알아보기 | 대기업을 보는 시각

일반국민들이 대기업 혹은 대기업집단(재벌)의 경제활동에 대해서 부정적인 생각을 가지게 되는 이유는 무엇일까? 한마디로 대기업은 독과점이라는 경제적 힘을 이용하여 공정치 못한 거래행위를 한다고 생각하기 때문인데, 이를 몇 가지로 나누어 볼 수 있다.

첫째, 많은 사람들은 경제활동이 몇몇 소수의 대기업에 의해 지배되어진다고 믿고 있다. 바꾸어 말하면, 개별근로자 혹은 소비자들의 경제적인 힘이 대기업에 비해 상대적으로 미약할 수밖에 없다는 것이 일반적인 생각이다. 특히, 대기업에 의한 경제력 집중은 중소기업의 발전을 저해하며 중소기업이 경제발전에서 담당해야 할 유리한 기능들을 약화시킨다고 보고 있다.

둘째, 대기업이 교묘하게 생산량이나 판매량을 감소시킨다는 강한 의심을 가지고 있다. 대단위 정유회사가 산업생산이나 가정난방에 필수적인 석유의 공급량을 급격하게 줄이는 행위가 그러한 예라 할 수 있다.

셋째, 일반적으로 대기업은 기업 마음대로 가격을 책정할 수 있다고 인식하고 있다. 예를 들어 일반국민들은 대규모의 철강회사, 자동차회사, 정유회사, 심지어 식품회사까지도 소비자들의 이익에 반하는 가격을 책정한다고 인식하고 있다.

넷째, 이상의 세 가지 결과로서 대기업들은 과대한 이윤을 얻고 있다고 생각하고 있다. 대체로 이러한 이윤은 너무 높은 가격을 주고 상품을 사는 소비자의 희생으로 생긴다고 인식되기 일쑤이다.[1)]

이밖에도 대기업들은 그들이 독과점적 지위를 이용하여 다른 사업자의 활동을 방해하고 이윤을 생산성 향상에 투자하기보다는 '문어발식' 기업확장에 사용하거나 부동산 투기 등 비생산적인 곳에 투입하는 것으로 지적되고 있다.

그러나 이상과 같이 대기업은 일반국민들이 생각하듯이 부정적인 측면만 가지고 있는 것이 아니라 국민경제의 순조로운 성장을 위해서 요구되는 효율적인 측면도 있다.

첫째, 대기업은 규모의 경제를 실현하기에 유리한 입장에 있다. 쉬운 예로, 서울에서 부산까지 10톤의 화물을 운송한다고 할 때 10톤 용량의 대형트럭 한 대에 싣는 방법과 1톤 용량의 소형트럭 10대에 나누어 싣는 방법 중에 어느 것이 비용이 덜 들겠는가? 물론 전자의 경우가 후자의 경우보다 휘발유나 운전사 고용 면에서 더 싸게 먹힐 것이므로 화물 한 단위당 평균운송비는 더 낮게 될 것이다. 바로 이것이 규모의 경제라 할 수 있는데, 이를 상품의 제조활동에 적

1) 이러한 생각은 경제이론에 의해서도 뒷받침되고 있다. 몇몇 소수의 기업이 시장을 점유하고 있는 독과점시장과 수많은 중소기업이 자유롭게 경쟁하는 경쟁시장의 경제적 성과를 비교할 때, 전자가 후자에 비해 자원배분의 효율성과 소득분배의 공정성 면에서 뒤떨어지는 것으로 평가되고 있다.

용하더라도 그 이치는 마찬가지이다. 철도, 전력, 통신 등은 사업규모가 크기 때문에 여러 개의 중소기업으로 분산되어 생산하는 것보다 하나의 대기업이 생산하는 것이 더 효과적일 것이라는 사실은 쉽게 이해할 수 있다.

둘째, 기업집단은 생산단계를 연계화시킴으로써 비용을 절감할 수 있는 장점을 갖는다. 철강산업이 경우 완제품을 만들기 위해서는 생산단계에 따라 철광, 석탄광, 석회암공장, 주물공장, 용광로, 조립공장 등의 개별기업들이 필요한데, 각 기업을 분리시켜 운영하기보다는 모든 공정이 한 기업조직 내에서 이루어지면 중간재를 수송하거나 다시 가열하지 않아도 되므로 이에 따른 비용을 줄일 수 있다.

셋째, 서로 관련없는 제품들을 생산하는 기업간 혼합결합의 형태로 이루어진 기업집단은 공동효과(synergy effect)를 가지는 장점이 있다. 즉, 각기 다른 상품을 생산하는 기업들은 한 기업집단의 통제하에 공동판매와 광고, 공동시설이 이용, 공동연구, 우수인력과 우수경영능력의 공동이용 등의 공동활동으로 희소자원을 최대로 활용할 수 있다.

요컨대, 대기업 혹은 기업집단에 의한 경제력집중은 개별산업이나 전체산업에 있어서 규모의 경제실현, 생산단위의 연계화를 통한 비용의 절감, 그리고 공동효과를 실현하는 등 긍정적인 효과를 가져올 수 있음을 간과해서는 안될 것이다.

2) 경제력집중 현황

(1) 대기업과 중소기업

경제력집중의 정도는 기업규모의 분포를 통해서 파악해 볼 수 있다. 기업은 규모에 따라서 대기업과 중소기업으로 구분된다. 그러면 어떤 기업이 대기업이고, 어떤 기업이 중소기업일까? 대기업과 중소기업을 딱 잘라서 구분하는 기준을 마련하기 어려우며, 나라에 따라서 다르다,

우리나라는 중소기업법에 의해서 〈표 11-1〉과 같이 중소기업이 정의되고 있다. 중소기업의 범위는 산업에 따라 다른데, 제조업의 경우 종업원 300명 미만 또는 자본금 80억원 이하의 기업은 중소기업이다. 부동산/임대업의 경우는 50명 미만 또는 매출액 50억원 이하의 기업이 중소기업이다. 단 상한선 기준에 의

|표 11-1| 한국의 중소기업 범위

업종별	종업원수	또는
제조업	300명 미만	자본금 80억원 이하
광업/건설/운수	300명 미만	자본금 30억원 이하
IT/보건복지사업	300명 미만	자본금 300억원 이하
농림어업/공익사업/도소매/숙박/금융보험/예술스포츠레저	200명 미만	자본금 200억원 이하
환경/교육서비스/기타서비스	100명 미만	자본금 100억원 이하
부동산/임대업	50명 미만	자본금 50억원 이하

단, 상한선(예: 1,000명)과 독립성기준(예: 재벌 계열사)있음
자료: 중소기업청

해서 종업원 1,000명 이상의 기업, 그리고 독립성 기준에 의해서 재벌의 계열사는 어떤 경우에도 중소기업의 범위에서 제외된다.

우리나라 산업에서 대기업의 위치를 보면 〈그림 11-1〉에서 보는 바와 같이, 제조업의 경우 2010년 기준으로 사업체수에서는 0.5%(618개)를 차지하고 있으나, 고용비중은 22.9%(67만 9천명)이며 부가가치비중은 52.6%(239조원)로 절

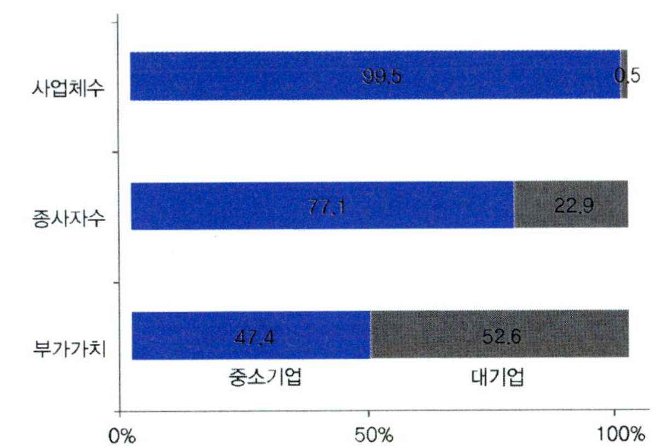

|그림 11-1| 대기업과 중소기업의 위상비교(제조업, 2009년)

주: 제조업체 5인 이상 대상
자료: 중소기업청

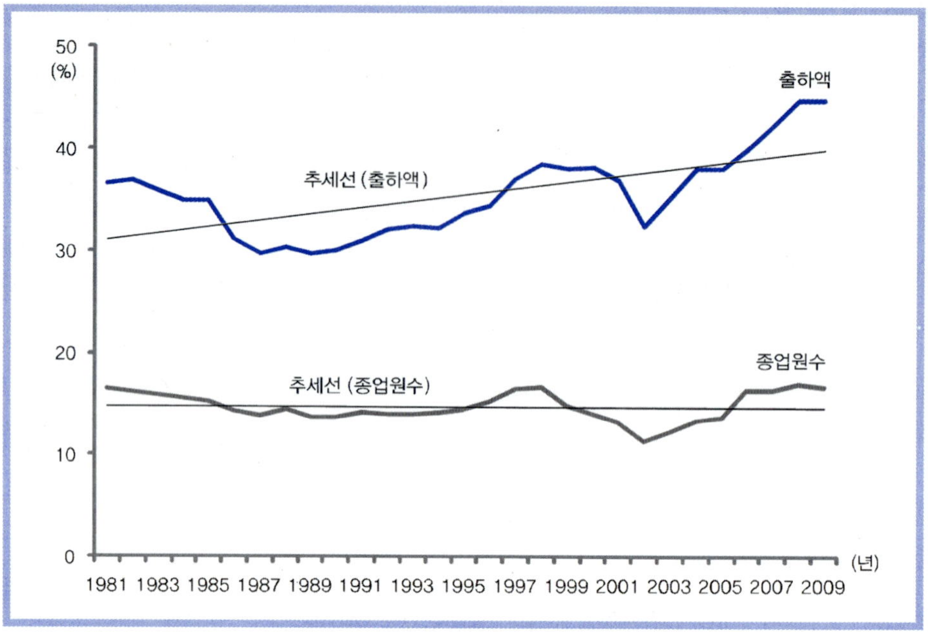

|그림 11-2| 상위 50대 기업의 출하액 및 고용비중 추이(광공업) 자료: 한국개발연구원

반 이상을 넘어서고 있다. 참고로 우리나라 광공업 상위 50대 기업의 출하액 비중을 보면 〈그림 11-2〉에서와 같이 지난 30여 년간 꾸준히 증가해 온 결과, 2009년 현재 44.7%를 차지하고 있다. 반면에 고용비중은 약간 하락하는 추세를 보이고 있다.

반면에 중소기업은 사업체수 면에서는 절대적으로 많으나 그 역할은 상대적으로 미약하다. 특히 종업원 20명 정도의 소기업은 낙후된 생산시설과 기술을 사용하고 있다. 또한 독자적인 전문기술과 시장을 확보하여 대기업과 대등한 거래를 수행할 수 있는 수준의 중소기업은 적다. 대부분의 중소기업들은 대기업의 하청업체로서 기술혁신활동을 자체적으로 수행하기 어려우며, 낮은 부가가치를 생산할 수밖에 없는 상황이다.

(2) 대기업집단

우리나라에서 경제력집중의 문제는 이른바 '재벌'이라고 불리는 상호출자제한 기업집단(이하 대기업집단으로 표기)의 형성 및 성장에서 뚜렷하게 나타난다. 이는 정부가 중화학공업 및 대기업 중심의 불균형 성장정책을 추진한 데 기인한다.

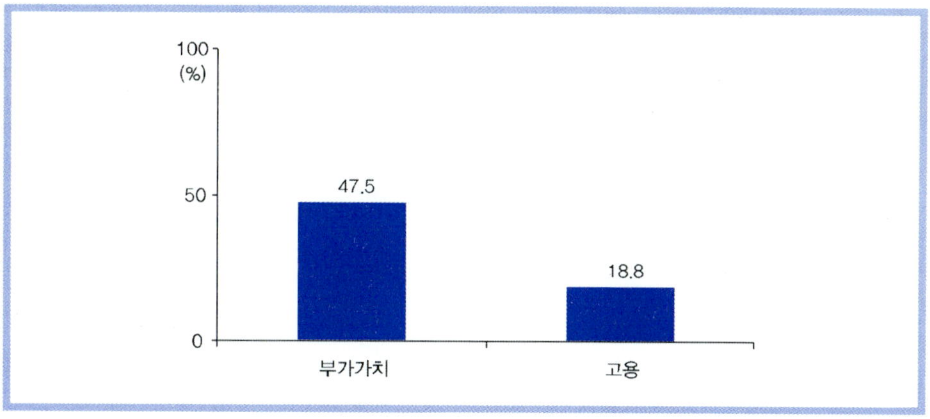

|그림 11-3| 대기업집단의 부가가치 및 고용비중(광공업, 2009년) 자료: 한국개발연구원

현재 우리나라에는 10개 내지 90여개의 계열기업을 거느린 자산규모 5조원 이상의 대기업집단들이 존재하며, 이들은 경제 분야는 물론 사회전반에까지 큰 영향력을 미치고 있다. 2012년 4월 현재 지정된 대기업집단은 63개로, 산하 계열기업수는 총 1,831개사이다. 계열회사수가 가장 많은 대기업집단은 SK로 94개사이며, 삼성(81개사), 롯데(79개사), GS(76개사) 순이다.

대기업집단의 경제력집중 정도를 보면 2009년 현재 광공업 부문에서 부가가치의 47.5%, 고용의 18.8%를 차지하고 있다(〈그림 11-3〉). 따라서 대기업집단은 생산가치 면에서는 전체의 절반을 차지하지만, 고용 면에서 기여도는 작다고 할 수 있다.

대기업집단과 관련하여 이슈가 되는 것이 산하 계열기업들이 '백화점식'으로 구성되어 있다는 것이다. 대부분의 재벌들은 제조업을 주력으로 삼지만, 건설, 운수, 도소매, 무역, 금융, 레저 등 비관련분야에 진출하고 있어서, 중소기업이 영위하는 업종과 마찰이 일어나고 있다. 대기업집단 소속의 대형마트(예: E-마트, 롯데마트 등)와 재래시장 중소상인 간 이해관계가 엇갈리고 있는 것이 대표적인 사례이다.

(3) 시장집중도

경제력집중의 정도는 개별시장 차원에서도 측정할 수 있다. 경제 전체적으로 독점적 성격을 가지는 상품시장이 많다면, 경제력이 집중되어 있다고 볼 수 있기 때문이다. 사실 경제력집중을 앞에서와 같이 대기업이나 대기업집단의 차원에서 대략적으로 파악하는 것보다 특정시장의 집중도를 측정하는 것이 보다 정확할 수 있다.

〈그림 11-4〉에는 품목별 시장들 중에서 독점적 시장, 과점적 시장, 독점적 경쟁시장, 그리고 경쟁적 시장의 비중이 나타나 있다. 독점적 시장은 어떤 품목에서 상위 1개사의 시장점유율(CR_1)이 50% 이상인 시장으로 보았고, 과점적 시장은 상위 3개사의 시장점유율(CR_3)이 75% 이상, 독점적 경쟁시장은 CR_3가 50~75% 사이, 경쟁적 시장은 CR_3가 50% 이하인 시장으로 각각 구분하였다. 그림에서 보는 바와 같이 지난 30여 년간 품목별 시장집중도 면에서는 경제력집중이 심화되었다. 즉 경쟁적 시장의 비중이 감소하고, 독점적 시장의 비중이 크게 증가하였다.

상품별로 집중정도를 살펴보면(〈표 11-2〉), 2009년 출하액이 큰 30대 품목 중에서 CR_3가 100%인 품목은 모니터용 LCD, 스마트폰, D RAM 등이며, 50% 이상인 품목은 휴대용 전화기, TV용 LCD, 벙커C유 등이다. CR_3가 50% 이하인 품목 중에서 가장 경쟁적인 상품은 철강절단품이다.

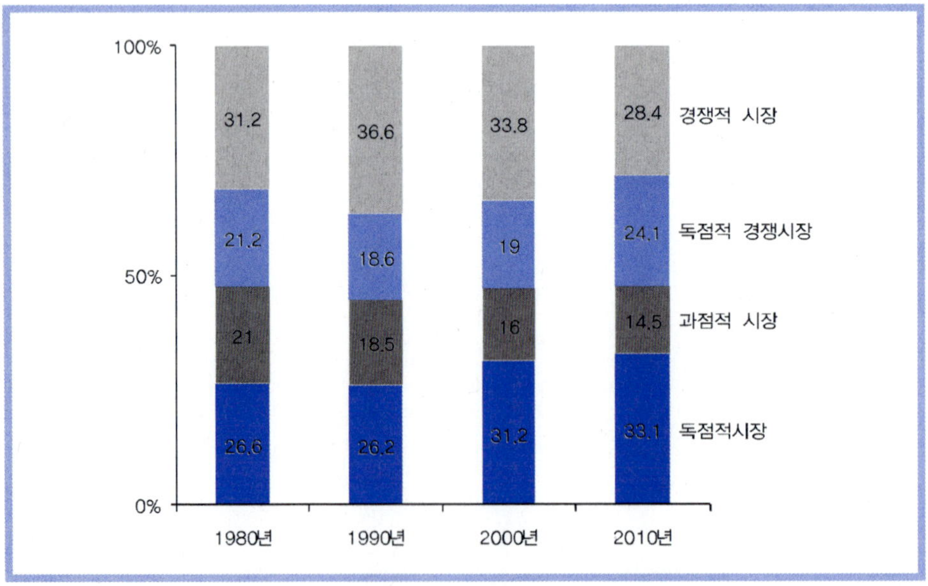

|그림 11-4| 경쟁정도별 상품시장구조의 변화 추이

주: 독점적 시장: CR_1 50% 이상 / 과점적 시장: CR_3 75% 이상
독점적 경쟁시장: CR_3 50-75% 사이 / 경쟁적 시장: CR_3 50% 이하
자료: 한국개발연구원

|표 11-2| 주요 품목의 상위3사 시장점유율(CR_3)(2009년)

CR_3	품목명
100%	모니터용 LCD, D RAM, 스마트폰, 휴대용전화기: KD세트,
50-99%	노트북용 LCD(99.6%), TV용 LCD(99.5%), Flash 메모리(98.1%), 휴대용전화기: GSM방식(97.9%), 기타 열연강판(97.7%) 휴대용전화기: CDMA방식(97.1%), 벙커C유(94.3%), 대형승용차: 배기량 2000cc 이상(92.9%), 중형승용차(92.5%), RV자동차(92%), 나프타(89.9%), 휘발유(86.1%), 제트유(86.1%), LCD용 유리(84.5%), 수상금속구조물(84.5%), 경유(81.3%), 가스 및 화학운반선(69.7%), 컨테이너선: 철강제(68.7%), 탱커: 철강제(60.9%)
50% 이하	자동차 자체부품(41.6%), 기타자동차부품(40.0%), 육상금속구조물(34.6%), 동력전달장치: 자동차부품(32.5%), 의약품제제(17.4%), 자동차엔진용부품(11.8%), 철강절단품: 구입한 강재절단(8.8%)

주: 광공업 부문 출하액 기준 상위 30위 이상의 품목만 포함함.
자료: 한국개발연구원

우리나라 공정거래법에서는 이상에서 살펴본 품목별 시장구조를 기준으로 시장지배적 사업자를 추정하고 있다. 최근 1년간 국내시장 총공급액이 500억 원 이상인 상품이나 서비스를 제공하는 사업자로서 CR_1이 50% 이상이거나, CR_3가 75% 이상인 상품들을 일단 시장지배적 사업자로 추정하고, 문제가 되면 추후에 지정하고 있다.[2)]

3) 경제력집중 완화정책

우리나라는 1960년대 초부터 경제개발을 추진하는 과정에서 대기업 위주의 경제정책이 시행되어 왔으며, 실제로 선도적인 대기업들은 고도성장에 크게 기여하였다. 이에 따라 경제력이 대기업 혹은 대기업집단에 집중되었고, 경제력 집중의 부정적인 면을 시정하기 위한 다양한 정책방안이 제시되어 왔다. 이제 경제력집중 완화정책에 대해서 알아보자.

2) 1999년까지는 시장지배적 사업자와 품목을 같은 기준 하에서 사전적으로 지정하였다.

(1) 중소기업의 육성

대기업으로의 경제력집중과 독과점적 시장구조, 그리고 이에 따른 부정적인 영향을 억제하기 위한 최우선적 정책은 중소기업의 '힘'을 길러주는 것이다. 여기서 '힘'은 경제학에서 '길항력(countervailing power)'이라고 불리는데, 경제주체 간 서로 '버티는 힘'을 의미한다.

중소기업의 애로요인으로는 일반적으로 기술, 금융, 인력, 수출 등이 지적되고 있다. 특히 중소기업은 시장과 원료조달을 대기업에 의존하거나, 하청관계를 맺게 되므로 대기업에 대해 종속관계에 놓이게 될 소지가 있다. 이러한 문제들을 해결해 주기 위해서 정부는 1996년에 중소기업청을 신설하였고, 중소기업진흥공단을 통하여 중소기업을 지원하고 있다. 2000년대 들어와서는 벤처기업육성정책, 중소기업육성을 통한 균형발전정책, 그리고 중소기업·대기업 동반성장위원회의 설치 등 다양한 노력이 이어져오고 있다.

(2) 법적 규제

독과점적 시장구조는 소수 기업으로 하여금 가격이나 수량을 임의적으로 조절하게 하는 유인을 제공하므로 이에 대한 적절한 규제조치가 필요하다. 우리나라에서는 「독점규제 및 공정거래에 관한 법률」이 1980년 12월 31일 공포되어 시행되고 있다. 이 법률은 공정하고 자유로운 경쟁을 촉진함으로써 창의적 기업활동을 조장하고, 소비자를 보호함과 아울러 국민경제의 균형있는 발전을 도모할 것을 목적으로 한다.

〈표 11-3〉에서 보는 바와 같이 동법은 크게 시장구조에 관한 규제와 기업행동에 관한 규제로 구분된다. 시장구조에 관한 규제로는 대규모기업집단의 지정, 기업결합의 제한, 출자제한, 금산분리 등이 있다. 기업행동에 관한 규제로는 시장지배적 사업자 통제, 공동행위(예: 거래지역분할) 제한과 사업자단체 규제, 불공정행위(예: 부당한 거래거절, 부당표시, 허위과대광고, 부당한 고객유인)의 통제, 재판매가격행위의 제한, 차관이나 합작투자 등 국제계약에 있어서 불공정한 거래행위 규제, 대기업과 중소기업간 하도급거래의 공정화 등이 있다.

이상과 같은 법적 뒷받침 하에 공정거래위원회가 1981년 4월에 설립되어 독과점기업 혹은 대기업의 불공정한 거래행위를 감시하고 있다. 공정거래법 실시 이후 2011년까지의 사건처리실적은 총 2만 85건이다. 이를 위반유형별로 보면

|표 11-3| 우리나라 공정거래법 주요 내용

시장구조에 대한 규제	• 대규모 기업집단의 지정 • 기업결합의 제한 • 출자제한 : 순환출자금지, 출자총액제한제 • 금산분리
기업행동에 대한 규제	• 시장지배적사업자 통제 • 공동행위제한과 사업자 단체 규제 • 불공정거래의 통제 • 재판매가격행위의 제한 • 경쟁제한적 국제계약체결의 감시 • 하도급 거래의 공정화

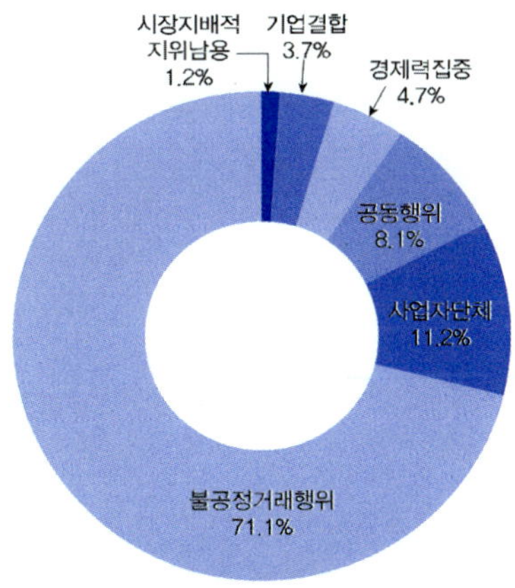

|그림 11-5| 공정거래법 위반유형별 사건처리실적(1981–2011년) 자료: 공정거래위원회

(〈그림 11-5〉), 불공정거래행위가 71.1%(14,282건)으로 가장 많고, 사업자단체 경쟁제한행위가 11.2%(2,250건), 공동행위가 8.1%(1,632건), 경제력집중이 4.7%(951건), 기업결합위반 3.7%(741건), 시장지배적 지위남용 1.2%(229건) 순으로 나타나고 있다. 불공정거래행위 14,282건 중에서는(〈그림 11-6〉) 부당고객유인이 32.6%(4,654건)로 가장 많고, 거래상 지위남용 22.5%(3,207건), 거래거절 9.2%(1,308건) 순으로 나타났다.

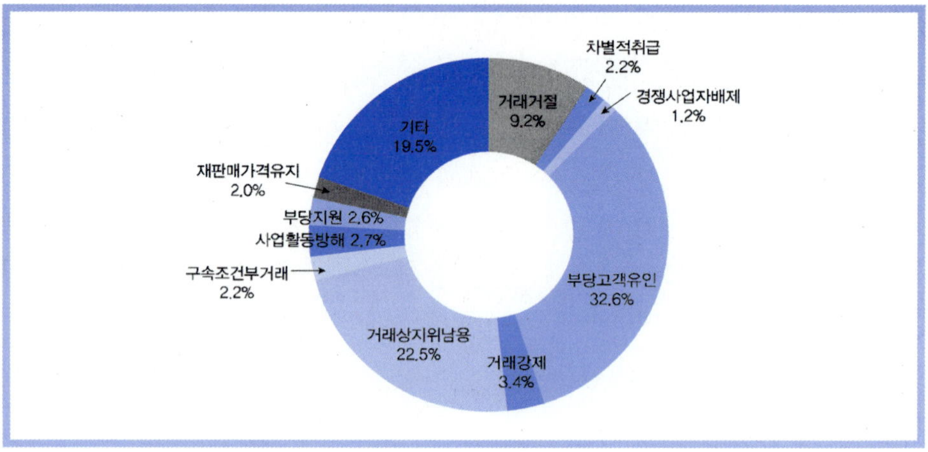

|그림 11-6| 불공정거래행위 위반유형별 사건처리실적(1981-2011년) 자료: 공정거래위원회

11.2 ▸ 복지문제

1) 문제의 소재

과거 우리나라의 경제개발전략은 사회적 형평보다는 경제적 효율을 중시하는 것이었다. 사실 선성장·후복지라는 정책 기조하에서 한국경제는 고도성장을 실현할 수 있었다. 그러나 경제성장이 곧 모든 국민의 복지향상을 의미하는 것이 아니라는 인식이 보편화되면서 사회적 형평에 대한 요구가 여러 계층에서 표출되고 있으며, 특히 저소득층의 상대적 빈곤감이 증대되고 있다.

제1장에서도 언급한 바와 같이 사회적 형평이 무너지면 근로의욕을 저하시키고, 사회계층간에 위화감이 조성되며, 국민들의 성취의욕을 떨어뜨림으로써 궁극적으로 경제성과가 나빠지기 때문에 관심을 갖지 않을 수 없다. 뿐만 아니라 현시점에서 볼 때 우리나라는 지속적인 고도성장을 통해서 경제력을 어느 정도 증대시켜 왔기 때문에 이제는 국민복지증진에 힘쓸 수 있는 필요조건은 마련되었다고 볼 수 있다. 요컨대, 한국경제는 성장과 형평을 조화시켜야 하는 전환기적 시점에 와 있다고 하겠다. 그러면 국민복지문제는 누가 주체가 되어 해결할 수 있겠는가? 물론 "가난은 나라님도 못 막는다"라는 옛말처럼 정부가 완벽하게 복지문제를 해결해 줄 수 없을뿐더러 그 부작용도 없지는 않다. 그러나 복지문

제는 공공재문제나 공해문제와 마찬가지로 시장경제원리만으로는 해결되지 않으므로 정부의 개입이 요청된다.

복지문제의 해결을 위해 정부가 마련하는 제도적 장치가 사회복지제도라 할 수 있는데, 사회복지제도는 다시 사회보험제도, 공적부조프로그램, 사회복지서비스로 나누어진다. 사회보험제도에는 우리가 익히 알고 있는 의료보험, 연금보험, 산재보험, 실업보험 등이 있다. 공적부조프로그램은 한국사회에서 도움을 가장 절실히 필요로 하는 저소득계층에 초점을 맞춘 제도로서 생활보호, 의료보호, 구호사업 등이 포함된다. 사회복지서비스는 저소득이라는 기준에다 나이, 성별 등 추가적인 기준을 마련하고 그 범주에 드는 계층에 대한 복지제도로서 노인, 부녀자, 아동, 심신장애자, 부랑아 등에 대한 보호사업을 포함한다.

최근 우리 정부도 복지문제의 중요성을 인식하여 각종 사회복지제도를 신설 또는 확대하고 있으나 초보단계에 있음은 주지하는 바와 같다. 따라서 보다 높은 복지수준을 시현하기 위해서는 사회복지제도의 확대 및 정비가 요청되는 바, 그 당위성은 다음과 같이 요약될 수 있다. 첫째, 영세민, 노령자, 심신장애인, 아동 등 어느 사회에나 있기 마련인 소외된 계층에 대한 소득보장이 필요하다. 둘째, 핵가족현상이 심화됨에 따라서 가족간 연대감이나 책임감이 약화되는 등 일련의 사회적 변화로 인해 국가에 의한 사회보장제도의 확충이 요구된다. 셋째, 산업이 고도화될수록 사회적 위험의 발생가능성이 커지므로 이에 대한 대처를 정부가 도와주어야 한다. 넷째, 국가안보 및 사회안정 차원에서 사회경제적으로 취약한 인구계층에 대한 관심이 요구된다.

2) 복지제도의 경제적 효과

(1) 사회복지와 국민경제

사회보장제도는 개개인의 사회경제적 위험을 집단적 차원에서 보호해 주는 것으로서 보호를 받는 입장에서는 그 보장수준이 높을수록 좋은 것이겠으나, 사회보장제도의 실시 또는 확충은 반드시 국민의 추가부담이 전제되는 것이다. 따라서 문제는 사회보장비용을 어떻게 조달하는가, 즉 누가 어떻게 부담해야 하는가이다.

일반적으로 사회보장의 비용부담은 그 제도의 특성에 따라 전국민이 공동으로 부담하거나 수혜자 및 직접적인 이해관계자가 부담함으로써 그 재원을 충당하게 된다. 따라서 사회보장제도의 확충에 따른 재원충당은 조세부담률 또는 사회보험비율을 올리거나, 그렇지 않으면 사회보장급여수준을 낮추는 방법밖에 없다. 그런데 복지문제는 정부가 적극적으로 개입하여 해결하여야 하므로 정부의 재정이 중요한 역할을 하게 된다. 재정의 부담능력을 넘어선 사회보장지출의 확대는 여러 가지 경제적 문제점을 야기시킬 수 있다.

이러한 경제적 부작용은 다른 나라의 경험을 통해서도 알 수 있다. 복지국가로 알려진 스웨덴, 영국 등 선진국은 정부재정의 30% 내외를 사회복지관련분야에 지출함으로써 재정적자를 초래하였고, 이것이 경제적 효율을 저하시켜 국제경쟁력과 성장잠재력을 위축시킨 것으로 알려지고 있다.

이상에서 알 수 있듯이 사회보장제도는 여러 가지 경제적 파급효과를 초래한다. 사회보장제도가 경제에 미치는 긍정적인 효과를 보면, 첫째 생활조건개선을 통해 근로자의 사기와 능률을 제고시키고, 둘째 각종 사회보장급부가 저소득계층의 구매력을 증대시킴으로써 경제활동수준이 향상되고, 셋째 공평한 소득분배를 유발하여 경제적 효율에 역효과를 미치는 사회적 긴장을 완화함으로써 생산성이 향상되며, 넷째 집단적인 사회보장의 재원확보가 자본축적에 긍정적인 영향을 주므로 투자를 증대시켜 경제성장에 기여하는 효과를 기대할 수 있다.

한편, 사회보장제도가 경제사회에 미치는 부정적 효과로는, 첫째 복지비 부담증가에 따른 생산요소의 실질비용증가로 인해 기업의 이윤율이 저하됨으로써 기업의 기술혁신과 투자에 대한 의욕을 감소시킬 수 있으며, 또한 인력의 고용기피로 인해 높은 실업률을 수반할 수 있다. 둘째, 높은 수준의 사회보장지출에 따른 과중한 세부담이 탈세를 유도하고 지하경제를 확대시킬 수 있다. 이와 같은 지하경제의 확대는 조세수입의 확보를 위해 상대적으로 징수 가능한 대상에 대한 세율을 더욱 높임으로써 조세부담의 공평성과 조세저항을 더욱 증가시켜 정치적 혼란을 초래할 수도 있다. 셋째, 근로의욕의 저하로 빈곤문제를 해결하려는 사회보장의 본래의 목적과는 반대의 효과를 초래할 수도 있으며, 넷째 비생산적인 공공부문의 확대로 능률적인 민간부문이 축소되어 중장기적인 성장잠재력을 축소시켜 경제성장의 둔화를 초래할 수도 있다.

(2) 사회보장제도의 기능

사회보장의 본래 기능은 복지기능으로, 개인이 현실에서 생활상의 불안한 상태에 처하는 경우 이를 구제해 주는 것이다. 그러나 이러한 복지기능을 효과적으로 수행하기 위해서는 그것에 부수되는 경제적 파급효과로서의 소득재분배기능 및 자원배분기능과의 관계를 잘 살펴보아야 한다.

경제적 측면에서 볼 때 사회보장은 기본적으로 해당 제도가 포함하는 집단 전체 안에서 소득재분배기능이 있는 것을 기대하여 행해지는 것이다. 공적부조와 사회복지서비스는 조세징수를 통해 그 재원을 충당하며, 사회보험의 재원은 각 구성원이 지불하는 보험료로 충당한다. 그런데 공적부조의 경우 조세의 누진제도와 생활부조비의 연결을 통하여 고소득층에서 저소득층으로의 소득재분배가 이루어진다. 이는 수직적 재분배 기능으로서 전형적인 소득재분배가 이루어진다. 사회복지서비스는 심신장애자, 노인, 부녀자, 아동 등을 대상으로 한 복지서비스의 공여이므로 이것 역시 수직적 재분배 기능을 수행하나 공적부조보다는 그 효과가 작다. 한편 사회보험은 구성으로부터의 갹출이 급부로 이어지는 것이므로 수평적 재분배 기능을 수행한다. 즉, 건강보험은 건강한 사람으로부터 아픈 사람에게로, 연금보험은 젊은층에서 노년층으로, 산재보험은 무재해자에서 피재해자로, 고용보험은 근로자로부터 실업자에게로 각각 소득을 재분배한다.

사회보장제도는 자원배분기능도 가진다. 사회보장수준이 높아지는 것은 보장받는 개인의 입장에서는 바람직한 것이지만, 복지분야에서 자원을 과도하게 흡수하여 다른 분야의 발전에 저해요인이 된다면 사회 전체적으로는 성장잠재력을 저하시켜 바람직하지 않은 상황을 야기시킬 수도 있다.

3) 한국경제의 복지 현황 및 수준

이제 우리나라의 복지수준과 사회복지제도의 현황에 대해서 살펴보기로 하자.

(1) 복지수준

앞에서 언급한 바와 같이 우리나라는 선성장·후복지정책을 추진하여 왔기 때문에 국민복지수준은 다른 나라들보다 낮은 수준에 머무르고 있다. 〈그림 11-7〉에서 나타난 바와 같이, 재정지출 중 사회복지관련 지출의 비중이 2012년 현재 9.3%로 2005년 6.5%에 비해서는 크게 증가하였으나, 스웨덴(28.2%), 영국

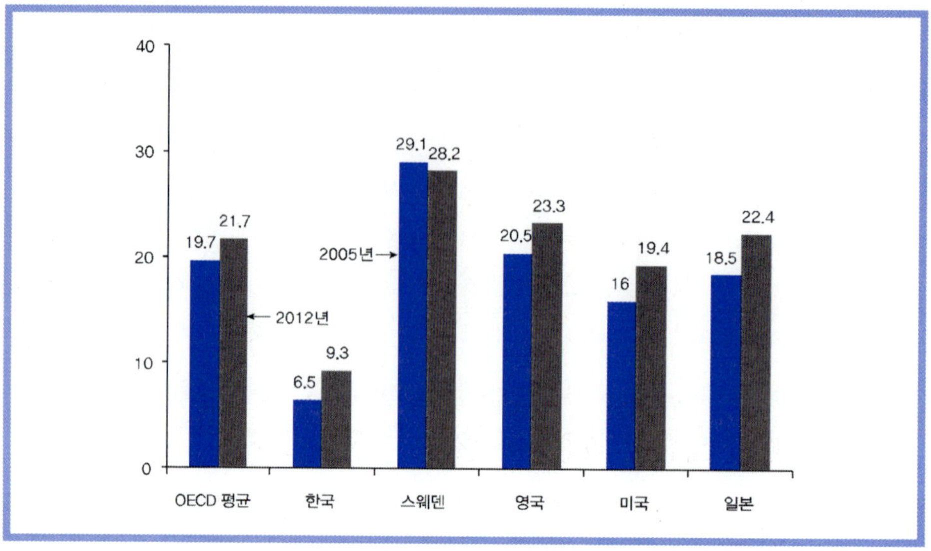

|그림 11-7| 정부지출 중 사회복지지출 비중

주: 일본의 2012년 자료는 2009년 실적
자료: OECD

(23.3%)등 유럽의 복지국가뿐만 아니라 미국(19.4%), 일본(22.4%) 등에 비해서도 매우 낮은 수준이다.

한편, 그간 한국 사회구조 자체가 사회복지수준의 증대를 요구하는 쪽으로 변하여 왔음에도 불구하고, 이에 대한 대책이 미흡하였다. 최근 국민들의 평균수명이 크게 증가하고(1989년 70.8년에서 2010년 80.0년), 노령화가 진행됨에 따라(1990년 노령화지수[3] 20에서 2012년 77.9로 증가) 노인문제가 사회문제로 부각되고 있으며, 도시화가 진전됨에 따라 도시빈민층에 대한 복지대책이 요구되고 있다.

(2) 사회복지제도

정부는 제6차 경제사회발전 5개년계획부터 복지수준을 확대하려는 의도를 보다 구체화하여 1988년부터 건강보험제도를 확대 실시하였고, 국민연금제도와 최저임금제를 도입하였다. 그 후 1993년 문민정부 출범과 함께 수립된 신경제정책 5개년계획은 사회복지증진을 경제시책의 중점과제로 선정하여 사회복지제도 확충에 노력하였다.

3) 65세 이상 인구 구성비를 14세 미만 인구 구성비로 나눈 것.

사회복지제도는 〈그림 11-8〉에서 보는 바와 같이 크게 사회보험, 공공부조 그리고 사회복지서비스로 구분된다.

① 사회보험

사회보험제도는 복지제도의 중심을 이루며, 우리나라에서는 의료보험, 연금보험, 산재보험 그리고 고용보험 등이 실시되고 있다.

- **의료보험제도**

우리나라의 의료보험제도는 1977년 500인 이상 대규모 사업장 근로자를 대상으로 처음 실시되었다. 그후 1979년에 공무원과 사립학교 교직원 의료보험을 실시하였고 1988년에 농어민, 1989년에 도시 자영업자까지 의료보험을 확대 실시하면서 12년만에 전국민 의료보험을 달성하였다. 그 결과 초기에 보험수혜율이 8.9%에 불과하던 것이 〈표 11-4〉에서 보는 바와 같이 2012년 현재 97%로 증가하여 4,949만여 명에 대해 건강보험이 적용되고 있으며, 나머지 3%도 의료보호

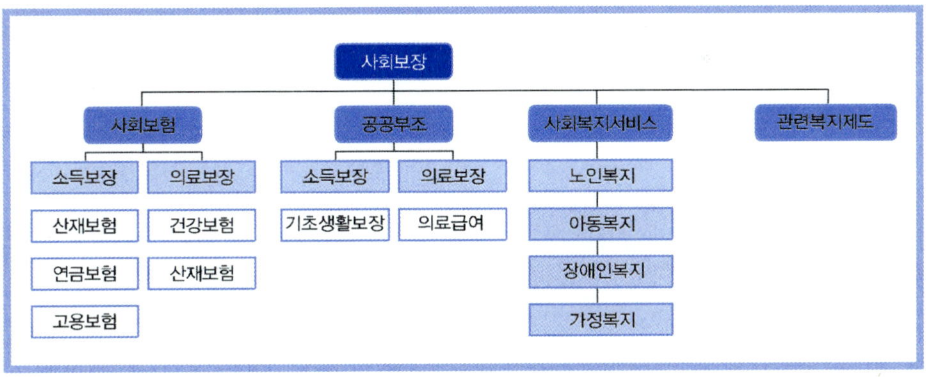

|그림 11-8| 한국의 사회보험체계

|표 11-4| 의료보험제도 적용인구(2012년 기준) (단위: 만명, %)

구분	적용대상인구	구성비
의료보장	5,104	100.0
건강보험 근로자 공무원·교원 지역	4,949 3,398 1,568	97.0 (100.0) (66.3) (30.7)
의료급여	154	3.0

자료: 건강보험관리공단

의 적용을 받고 있다.

우리나라의 의료보험관리체계는 소득형태, 소득파악률, 의료이용률 등이 유사한 집단별로 보험자를 구성하여 자치적으로 운영하는 조합주의를 고수하고 있었으나, 1998년부터 통합주의 방식으로 변경되어, 공무원 및 교원공단, 지역의료보험조합 그리고 근로자조합이 모두 통합되어 운영되고 있다.

의료보험이 제공하는 급여에는 피보험자 및 피부양자의 질병, 부상, 분만에 대해 요양취급기관의 진료를 받는 현물급여가 근간을 이루고 있다. 이와는 별도로 피보험자 및 피부양자의 사망에 대한 장제비, 부득이한 사유로 요양취급기관이 아닌 보건의료기관에서 진료를 받았을 때 급여에 상당하는 요양비, 분만비를 지급하는 현금급여가 있다. 2011년 적용인구 1인당 월 평균 급여비와 보험료는 각각 6만원과 3만 8천원이었다.

의료보험급여 및 관리운영비를 충당하기 위한 재원조달방법은 크게 직장과 지역으로 구분된다. 직장의 경우 보험료는 표준월보수액에 보험요율을 곱한 금액으로 2012년 현재 적용되는 보험요율은 5.8%이다. 보험료는 사용자와 근로자가 각각 2.9%씩 부담한다. 지역가입자의 보험료 부과는 가입자의 소득, 재산(전·월세, 자동차 포함), 생활수준 및 경제활동참가율 등을 참작하고, 부과요소별 점수를 합산한 후 부과표준소득(점수)에 적용 점수당 금액을 곱하여 보험료 산정 후 경감률 등을 적용하여 세대 단위로 부과하고 있다.

- **연금보험제도**

연금제도는 노령, 장애, 사망 등으로 인한 경제적 위험을 해결하기 위해 복지국가에서 사회보험으로 도입되는 것이 일반적이다.

우리나라의 연금제도는 1960년 공무원연금제도와 군인연금제도로 처음 시작되었으며, 1975년에는 사립학교교원까지 그 대상을 확대시켰다. 1988년부터는 국민연금제도를 실시하고 있는데, 연금가입자가 노령에 의한 퇴직, 사고에 의한 장애퇴직, 사망 등의 이유로 소득원을 상실하게 되면 연금급여를 지급받을 수 있게 된다. 국민연금제도의 적용대상을 보면 원칙적으로 근로능력이 있는 18세 이상 60세 미만의 국민이면 누구나 가입할 수 있도록 한 것이나, 실시 초기의 당연적용대상자는 임금실태파악이 가능한 10인 이상 사업장 근로자에 국한하고, 농어민·자영업자·영세사업장 근로자는 임의 적용하도록 하였다.

1992년 1월에는 5인 이상 사업장으로 확대되었고, 1995년 7월에는 농어민 및 농어촌에 거주하는 주민도 가입할 수 있게 되었다. 1998년 4월에는 도시지역 주민까지 확대되면서 전국민 연금시대가 열렸다.

연금의 재원은 사업장의 경우 갹출료 형태로 조달되는데, 2012년 현재 부담률은 9%로서 사용자와 근로자가 각각 4.5%씩 부담한다. 지역 및 임의가입자의 부담률은 2012년 현재 9%이다.

- 산재보험

산재보험은 근로상 재해를 당했을 경우에 대비하여 근로자와 사용자를 보호하려는 제도로서 종합적인 사회보장제도의 성격을 띠고 있다. 우리나라는 1964년 처음으로 산재보험을 실시한 이후 적용대상범위를 거의 전산업에 확대하고, 급여수준이나 그 내용 면에서도 크게 확충함으로써 우리나라의 사회보험제도 중 유일하게 선진국 수준의 제도로 발전하고 있다. 2000년 7월 1일부터 1인 이상 사업장 근로자를 대상으로 실시중에 있으며, 재원은 사용자의 전액 부담으로 충당하고 있다. 특히, 중소영세사업주의 보험사무처리의 부담을 경감하고 보험의 가입촉진 및 보험료의 적정한 징수 등을 도모하기 위하여 산재보험사무조합제도가 1987년에 도입되어 시행되고 있다.

- 고용보험

고용보험은 실업예방, 고용촉진, 근로자의 직업능력의 개발·향상은 물론 생활에 필요한 급여를 지급하여 실직근로자의 생활안정 및 재취업을 지원하는 사회보장제도이다. 우리나라에서는 1995년 7월 고용보험제도가 30인 이상 사업장에 처음 도입된 후 현재는 5인이상 전사업장에서 실시되고 있다.

보험요율은 실업급여의 경우 0.9%로서 사업주와 근로자가 각각 절반씩 부담한다. 고용안정사업과 직업능력개발은 기업규모에 따라 0.25~0.85%까지 보험요율이 다른데, 사업주가 전액 부담한다. 고용보험의 경우도 산재보험과 마찬가지로 영세중소사업주를 위해 고용보험사무조합제도를 시행하고 있다.

② 공공부조

공공부조는 생활능력이 결여되거나 기본적인 생계를 유지할 수 없는 절대빈곤계층, 취약계층을 보호하려는 제도로 생활보호와 의료보호로 구분된다. 우리나라의 공공부조 수혜인구는 2009년 현재 325만명으로 전 국민의 7%정도에 달하고 있다.

③ 사회복지서비스

사회복지서비스사업을 보면, 1960년대 초부터 1970년대 중반까지는 주로 아동과 불우여성을 대상으로 실시되었으나, 1980년대에 접어들면서 노인 및 장애자가 사회문제로 부각되는 등 사회복지서비스의 수요가 점증하게 됨에 따라 1981년에 노인, 심신장애자, 부랑인 등에 대한 복지법이 마련됨으로써 사회복지서비스의 내용이 확대되었다.

4) 복지정책

사회보장제도의 경제적 기능 측면에서 볼 때, 선진복지국가는 소득재분배기능도 중요하겠지만, 그 보다는 효율적인 자원배분방법을 모색하는 데 보다 중점을 두어야 할 단계에 와 있다고 할 수 있겠다. 그러나 우리나라의 경우 경제의 안정적 성장으로 국민복지증진을 위한 토대가 마련되어 있는 반면, 사회보장수준을 미미하므로 소득재분배기능을 충분히 살려 사회보장을 확대해 나감으로써 불균형해소와 분배개선 등에 대한 국민의 요구를 충족시키는 것이 바람직하다고 하겠다.

우리나라는 사회보장제도 실시의 초기단계에 있으므로 제도를 정착시키고 또한 발전시키는 데 필요한 경험과 자료가 축적되지 않았고, 복지제도의 재정과 급여수준에 영향을 미치는 임금수준이 낮은 반면, 제도개선에 대한 의욕은 앞서고 있기 때문에 시행착오와 혼란을 겪고 있으며 이러한 상황은 당분간 지속될 것으로 보인다.

현재 우리나라의 경제여건이나 복지에 대한 국민의 요구를 고려할 때 사회복지제도의 확장과 정비에 대한 적극적인 정책은 피할 수 없을 것이다. 그러나 복제제도의 확충은 반드시 국민의 추가부담이 전제되고 각 계층간 혜택이나 부담액의 크기가 달라지며 또한 한번 도입되면 축소하기 어려우므로, 지속적인 성장잠재력을 저해하거나 또 다른 불평등을 초래하지 않도록 해야할 것이다. 다시 말해서, 우리 경제의 부담능력에 맞고, 선진국들이 경험한 바 있는 부작용을 최소화할 수 있도록 장기적인 복지정책이 수립되어야 할 것이다.

공적 보장제도로서의 사회보장제도는 나름대로의 한계를 지니고 있다. 사회보장제도의 급여수준은 사회구성원의 평균적인 욕구를 보장하는 것이 기본 목표이므로 개개인의 입장에서는 그 욕구에 미달될 수 있다. 사회보장제도의 이러한 기능적 한계와 더불어 재정 및 기타 한계에 의하여 보장수준이 낮을 수밖에 없다. 따라서 그 이상의 필요한 생활보장은 다른 수단, 즉 공적 보장제도와 사적 보장제도를 연계시키는 작업이 필요하다. 이를 위해 사적 보험에 대한 관련 법률 및 세제상의 지원에 대한 고려가 있어야 할 것이며, 또한 민간복지제도의 역할을 담당하는 보험회사 등도 이러한 보완관계에 대한 적극적인 태도를 갖는 것이 필요하다고 본다. 이러한 취지에서 1994년부터 개인연금제도가 실시되고 있으나 그 성과는 불투명하다.

11.3 환경문제

1) 환경문제의 중요성

고도성장의 대가 중에서 우리가 생활주변에서 피부로 느낄 수 있는 것이 바로 대기오염, 수질오염 등의 공해일 것이다. 어떤 환경 경제학자는 1%의 GDP산출에 0.6%의 환경오염(gross national pollution)이 수반된다고 주장하기도 한다. 여하간 사람은 심장의 박동으로 공기 중 21%의 산소를 들이 마시고 17%의 산소와 4%의 탄산가스를 내쉬면서 살고, 물과 음식물을 취하여 수분과 영양을 유지하며 산다. 그러나 오늘날 우리가 도시생활에서 마시는 물과 호흡하는 공기는 예전과 같지 않다는 사실은 누구나 느낄 수 있다. 공장의 굴뚝에서 뿜어내는 연기는 대기 중 탄산가스나 아황산가스의 농도를 진하게 만들고, 각 가정에서는 열거할 수 없을 만큼 많은 오물과 쓰레기를 버리고 있기 때문이다. 그럼에도 불구하고 공해문제가 전세계적으로 관심을 끌게 된 것은 최근 40여 년에 불과하다. 비록 이 문제의 심각성이 인식된 역사는 짧지만 이처럼 삽시간에 UN을 비롯한 모든 국제기구, 각국 정부, 많은 학술단체 그리고 사회 각 분야의 뜻있는 많은 사람들의 깊은 관심이 집중된 문제는 그 유례를 찾아보기 어렵다.

우리나라의 경우도 여기에서 예외가 될 수 없는 처지이다. 과거 성장우선정책으로 공해문제에 대한 정부의 적극적인 대책이 미흡하였고, 기업과 소비자들도 환경에 대한 인식이 부족하였다. 그러나 수질오염, 대기오염, 소음, 황사 등 생활환경파괴가 가속화되자, 사회 각계각층에서 이에 대한 관심을 표명하게 되었다. 심지어 최근에는 이른바 "경제성장이냐? 환경보전이냐?"의 양자택일의 논쟁으로까지 비화되고 있다. 그러면 이러한 공해문제의 본질은 무엇이고 어떻게 해결될 수 있을까?

오늘날 공해문제는 복잡·다양하게 얽혀져 그 성격은 사회적·과학적·기술적인 문제일 뿐 아니라 동시에 경제적·정치적·행정적·법률적인 문제이기도 하며, 그 해결도 이들 전분야를 활용하지 않고서는 불가능한 실정이다. 그러므로 이미 발생하고 있는 환경오염을 정화 내지 제거하고 앞으로 발생할 오염을 사전에 예방하려는 노력은 더욱 절박하다고 하겠다.

2) 환경오염의 현황

우리나라의 공해상태는 어느 정도인가? 이에 대해서는 정부와 민간단체들의 시각이 엇갈리고 있다. 여기서는 우리의 일상생활에 필요불가결한 공기와 물의 오염에 국한하여 살펴보기로 하자.

(1) 대기오염

현재 우리나라에서 문제가 되고 있는 대기오염물질은 아황산가스(SO_2), 일산화탄소(CO), 질소산화물(NO_2) 그리고 떠돌아다니는 먼지(TSP) 등이다. 이 중에서 가장 문제가 되는 아황산가스(SO_2)를 기준으로 하여 보자. 〈그림 11-9〉에서 보는 바와 같이 서울(0.006ppm), 대구(0.007ppm), 부산(0.007ppm)의 대기오염수준은 동경(0.002ppm), 런던(0.002ppm) 등에 비해서 그 정도가 심하게 나타나고 있다. 미세먼지 기준으로도 〈그림 11-10〉에서 보는 바와 같이 우리나라 도시들의 미세먼지오염도가 세계보건기구(WHO)의 기준($20\mu g/m^3$)에 못 미치며, 동경, 런던 등 비해서 매우 높게 나타나고 있다.

그러면 대기오염을 발생시키는 주범은 누구인가? 크게 나누어 발전소, 공장, 차량, 가정 등인데 아황산가스(SO_2)는 공장과 발전소에 의해서, 일산화탄소(CO)와 탄화수소(HC)는 자동차에 의해서, 그리고 먼지는 자동차와 공장의 의해서 배출되고 있다. 그러므로 아황산가스(SO_2)를 제외한 대기오염물질의 주범은 이동오염원인 자동차라고 할 수 있다. 대기오염과 관련하여 자동차가 자주 거론되는 것은 이와 같은 연유에 있다.

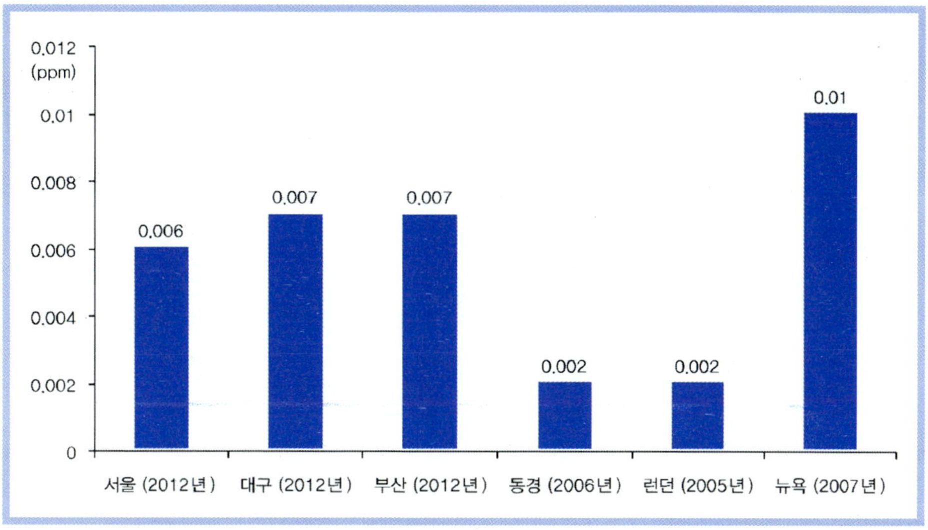

|그림 11-9| 주요도시의 아황산가스(SO_2) 오염농도 비교 자료: 환경부

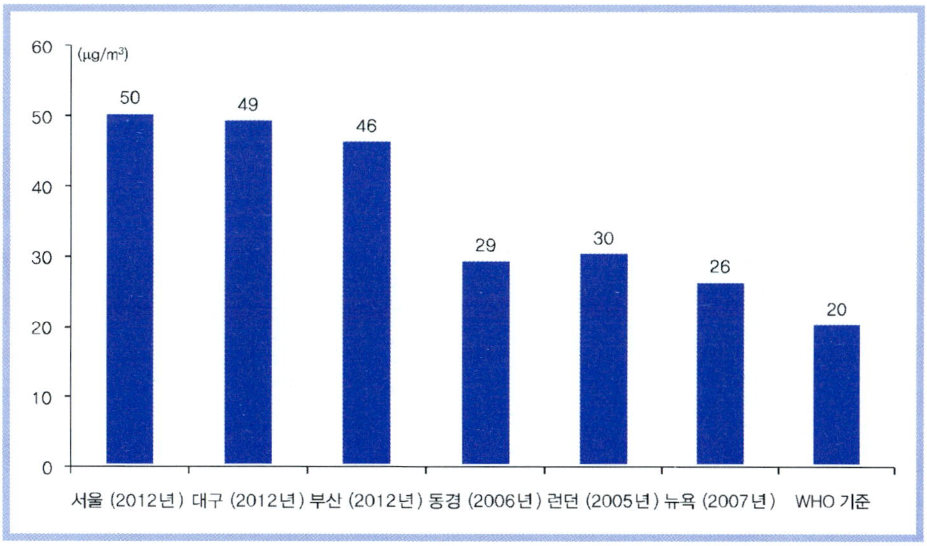

|그림 11-10| 주요 도시의 미세먼지오염도 비교 자료: 환경부

(2) 수질오염

우리나라의 주요 하천은 인구의 증가와 도시집중에 따른 생활하수, 분뇨 및 생활쓰레기와 공업화에 따른 공장폐수의 증가로 도시와 공단주변 하천의 오염이 심화되어 가고 있다. 하천을 오염시키는 주요인은 가정의 생활하수, 분뇨 및 각

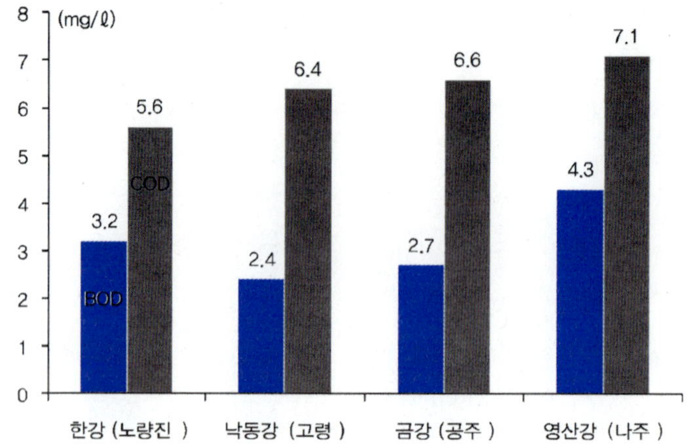

|그림 11-11| 주요하천의 수질오염(2010년 기준) 자료: 환경부

종 산업폐수인데 이 중 생활하수가 약 79%를 차지하고 있다. 게다가 화학비료와 농약의 사용량도 크게 늘어나, 화학비료는 연간 헥타르당 400킬로그램이 사용되어 연간 80만여톤이 사용되고 있고, 독극물의 사용량도 크게 증가하였다.

대체로 수질오염의 정도는 물 속에 용해된 수소와 산소이온의 농도나 납 등 중금속의 용해 정도로 측정되는데, 〈그림 11-11〉에는 2010년 주요 하천의 수질 오염상황이 나타나 있다. 우리나라는 급속한 산업화와 도시화로 한강, 낙동강, 금강, 영산강 등 대도시 인접 하천의 물이 오염되어 왔으며, 현재 한강(노량진)과 영산강(나주)은 생물학적 요구량(Biochemical Oxygen Demand: BOD)을 기준으로 볼 때 2급수(3mg/l)에 미치지 못하고 있다. 화학적 요구량(Chemical Oxygen Demand: COD) 기준으로도 매우 높은 수준이며, 화학물질의 사용 증가와 난분해성 오염물질의 유입으로 점차 그 수준이 높아지고 있다.

3) 공해의 발생원인: 외부성

이상에서 우리나라의 공해실태에 대해서 간단히 살펴보았는데, 공해는 왜 발생하는 것일까? 접근방법에 따라서 여러 가지 설명이 가능하겠으나 경제학에서는 공해를 외부성(externality)의 문제로 파악하고 있다.

(1) 외부성이란?

제6장에서 살펴본 시장가격결정의 분석 뒤에 숨겨진 하나의 가정은 상품의 소비 및 생산과 관련된 모든 이득과 손실이 각각 시장수요곡선과 시장공급곡선에 반영된다는 것이다. 즉, 어떤 상품을 소비하거나 생산할 때 외부성이 존재하지 않는다는 가정이다. 외부성이란 생산 및 소비로 인해 발생하는 비용과 편익이 거래당사자 외의 제3자에게 영향을 미칠 때 발생한다. 이때 제3자에게 손해를 끼치게 되는 경우도 있고 반대로 이득을 주는 경우도 있는데, 우리는 전자를 외부불경제라 하고 후자를 외부경제라 한다.

외부불경제가 발생하는 구체적인 예를 들어 보자. 한강상류에 화학공장이 있고 하류에는 양어장이 있다고 하자. 화학공장은 펄프를 처리하는 과정에서 각종 화학물질을 강물에 흘려 보낼 것이고, 화학공장과 직접 거래를 하지 않는 제3자인 양어장은 심각한 피해를 입게 될 것이다. 제3자로서 피해를 입기는 한강을 식수원으로 하는 서울시민들도 마찬가지일 것이다. 우리 생활주변에서도 외부불경제의 예를 손쉽게 찾아볼 수 있다. 좁은 사무실에서 마구 담배를 피워 대는 사람, 새벽 3시에 아파트에서 음악을 있는 대로 크게 틀어 놓는 젊은이, 시커먼 연기를 내뿜으며 달리는 트럭 등은 외부불경제를 초래하는 주범들이다.

한편 외부경제를 가져오는 경우도 없지는 않다. 가장 대표적인 예로 복숭아밭 옆에서 양봉업자가 꿀벌을 치는 경우를 들 수 있다. 복숭아의 수확은 봄에 피는 꽃이 얼마나 잘 수정되느냐에 따라서 달라질 수 있다. 암술과 수술의 수정은 바람에 의존하는 것이 보통인데, 극성스러운 복숭아밭 주인이라면 인위적으로 꽃을 하나하나 건들여 주기도 할 것이다. 그런데 마침 양봉업자가 복숭아밭 옆에 있기 때문에 꿀벌들이 꽃에 찾아오게 되고 꿀을 채취하는 과정에서 암술과 수술의 수정을 도와주므로 복숭아는 많이 열리게 될 것이다. 그러므로 복숭아밭 주인과 양봉업자는 직접 시장거래행위를 하지 않은 상태에서 양봉업자가 복숭아밭 주인에게 이득을 주는 셈이 된다.

(2) 외부성과 시장실패

위에서 우리는 직관적으로 공해문제는 외부불경제와 관련이 있음을 알 수 있다. 화학공장과 양어장의 예에서 볼 때 제3자에게 아무 보상 없이도 손해를 끼친다는 것은 화학공장이 자기가 부담하지 않는 비용을 추가로 발생시킨다는 의

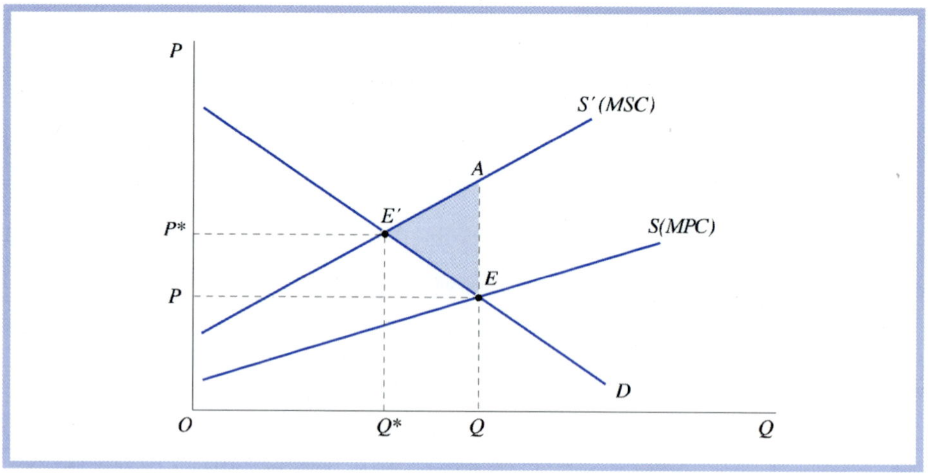

|그림 11-12| 외부불경제가 있는 경우의 시장실패

미를 가진다. 경제학자들은 이러한 비용을 '넘치는 비용(spillover cost)'이라 부르고, 사회적 비용(social cost)에 포함시킨다. 사회적 비용은 화학공장이 생산과정에 직접 투입하는 사적 비용(private cost)과는 대조되는 개념이다.

바로 이러한 넘치는 비용이 시장실패를 가져오는 원인이 된다. 〈그림 11-12〉를 통해서 이를 알아보자. 만약 외부불경제가 존재하지 않는다면, 따라서 넘치는 비용이 존재하지 않는다면 시장균형은 수요와 공급이 일치하는 E점에서 달성될 것이다. 이때 균형가격과 균형생산량은 각각 OP와 OQ이다. 여기서 공급곡선은 사적한계비용(marginal private cost : MPC) 만을 감안한 것이다. 이제 생산과정에서 넘치는 비용이 발생한다면 균형은 어떻게 될까? 넘치는 비용은 공급여건을 변화시켜 공급곡선을 S에서 S'로 우상향 이동시킨다. 그 결과 균형점은 E에서 E'로 이동하며, 최적생산량 OQ^*가 된다. 그러므로 종전의 균형생산량 OQ는 사회적 비용을 고려했을 때의 최적생산량 OQ^*보다 많게 되어, 자원이 이 상품생산에 과도하게 배분되었다고 할 수 있다. 이때 삼각형 $E'AE$만큼의 사회적 비용이 발생하는데, 바로 이것이 화학공장과 양어장의 예에서의 공해부담을 의미한다고 볼 수 있다.

4) 환경정책

앞에서 살펴본 바와 같이 공해현상은 오염물질을 방출하는 기업이나 개인이 윤

리적으로 타락하거나 돈에 눈이 어두워서 발생한다기보다는 시장경제체제에 내재하는 제도적인 결함으로 인해 초래된다. 따라서 시장경제체제에서 오염물질 배출에 따른 사회적 손실을 기업 스스로 감안하여 오염물질을 초래하는 제품의 생산을 줄이거나, 오염물질의 양을 줄이기 위해 환경오염방지기계를 설치하는 등의 노력을 기대한다는 것은 어려운 일이다.

따라서 정부의 개입이 요구되는데, 정부는 외부불경제로 인한 사회적 비용을 내부화시키면 될 것이다. 예를 들면, 오염을 유발하는 기업들이 오염으로 인한 사회적 비용을 사회에 전가시키지 못하도록 하는 것이다. 〈그림 11-12〉에서는 공급곡선은 S에서 S'로 이동시키는 방안을 강구하면 된다.

그러면 이러한 공해문제에 적절히 대처하기 위해서 어떠한 방안이 있을까? 공해문제를 위해 지금까지 많은 방법이 강구되어 왔는데, 이를 살펴보기 전에 우선 두 가지 점에 주의할 필요가 있다. 첫째, 완전한 공해제거(zero-pollution)는 바람직하지 못하며 실현하는 것도 가능치 않다는 것이다. 가령 전국의 모든 자동차를 폐차해 버리고, 산업폐기물을 배출해 내는 공장을 전부 폐쇄한다고 하자. 그러나 이런 경우 우리가 지금 향유하고 있는 것과 같은 종류의 농업이나 공업의 생산성과 그에 따른 소비수준은 불가능하게 되고, 결국 우리 대부분은 몹시 낮은 소비수준으로 떨어지게 될 것임을 쉽게 상상할 수 있을 것이다. 즉, 완전한 오염배제로 인해 발생하는 손해가 오염없는 생활환경에 따른 이익보다 크게 된다. 그러므로 실제적인 문제는 '완전한' 오염의 제거가 아니라 '적정한' 수준만큼만 배출할 수 있는가이다. 여기서 말하는 '적정한' 수준이란 오염을 감소시킴으로써 발생하는 이득이 오염을 감소시키기 위해 포기하여야 하는 다른 재화와 서비스의 크기 또는 경제성장 둔화의 크기와 같아지는 수준을 의미한다.

둘째, 공해대책을 강구해야 할 때 주의해야 할 것은 그러한 대책이 시장의 효율적인 기능을 저해하지 않아야 한다는 점이다. 이를 위해서는 오염배출기업으로 하여금 스스로 오염배출의 크기를 줄일 수 있게끔 동기를 부여해야 한다.

이제 이러한 동기를 부여하는 방안에는 어떤 것이 있는지를 세 가지로 나누어 살펴보자.

(1) 직접규제

공해방지를 위한 가장 쉬운 방안으로 정부가 오염물질을 방출하는 행위에 대해 법으로 직접 규제하는 방법이 있다. 예를 들어, 정부당국은 소각장에서 산업폐기물을 태우거나 하천에 폐수를 버리는 행위를 법령으로 금지할 수 있다. 또한 DDT와 같은 유해한 약품의 사용을 금지하거나 배출가스의 정화장치를 부착하지 않는 승용차의 운행을 통제할 수 있다.

우리나라도 1977년에 종전의 공해방지법을 환경보전법으로 전면 개편했으며, 그 밖에도 오물청소법, 해양오염방지법, 합성수지폐기물처리사업법, 독물 및 극물에 관한 법률, 환경오염방지사업단법 등 제반 법률과 이들 법률의 시행령, 시행규칙을 비롯하여 대기, 수질, 소음 등 각종 오염물질별 환경기준, 배출허용기준 등 각종 기준을 제정·완료하였다. 1980년도 초에는 환경문제를 전담할 중앙행정기관으로 환경부를 발족시켜 본격적으로 대처해 나가고 있다. 그러나 앞으로의 과제는 어떻게 하면 보다 효율적인 실천방안을 개발해서 이상과 같은 법령과 제도의 실효성을 얻을 수 있느냐 하는 것이다.

(2) 공해방지시설의 지원

정부가 공해문제를 해결하는 두 번째 방안은 공해방지시설이나 장치를 설치하는 기업에 대해서 조세감면이나 보조금지원 등의 혜택을 주는 것이다. 예를 들어, 자동차 배기가스를 정화시키는 장치를 부착하는 자동차회사나 먼지나 연기를 집적하는 장비를 설치는 공장에 대해서는 이에 소요된 비용을 덜어주기 위해 일정수준의 조세감면을 해주거나 보조금을 지불하는 방법이다. 우리나라에서도 이러한 방안의 하나로 1974년 공해방지사업기금을 신설하여 공해방지시설을 설치하는 기업에 대해서는 장기저리로 융자해 주고 있다.

(3) 환경오염에 대한 비용책정

정부가 공해문제를 해결하는 세 번째 방안은 오염물질 방출자에 대해 정부가 그 비용을 계산하여 거두어 들이는 것이다. 다시 말해서, 정부가 공해활동에 대해서 일종의 가격을 책정하는 방법이다. 이때는 기업이나 개인이 오염물질을 많이 방출하면 할수록 더 많은 돈을 정부에 내야 한다. 이러한 방법은 기업이나 개인으로 하여금 공해에 따른 사회적 비용을 자신의 사적비용으로 간주하게끔 만드는 것이라 하겠는데. 실제 이를 시행하기에는 많은 어려움이 있는 것으로 평가되고 있다. 1995년 1월부터 실시된 쓰레기 종량제는 이에 속한다고 볼 수 있다.

읽을거리 **'공유'란 그럴듯한 원칙 앞세워 공짜심리 유도해선 해결 안 돼**

강의 시간에 학생들에게 물었다. "갑과 을, 두 학생이 한 방에서 공부하고 있다. 갑은 방에서 하루에 담배 2갑을 피우고, 을은 비흡연자다. 어떻게 하면 이 문제를 해결할 수 있겠나?" 바로 대답이 나왔다. 을이 하숙집을 옮겨 독방을 쓰면 된다는 것이다. 다시 질문했다. "그 방이 지구라고 하면?" 뾰족한 대답이 나오지 않았다.

이 문제에 대한 처방을 내린 사람이 노벨 경제학상을 받은 코우즈(Ronald H. Coase)이다. 그는 하숙방 공기에 대한 소유권이 명확하지 않기 때문에 과도한 공기 오염이 발생하는 것이므로, 따라서 하숙방 공기의 소유권을 제3자(정부)가 지정해 주면 문제가 해결된다고 했다. 가령 비흡연자인 을에게 공기의 소유권을 주면, 갑이 담배를 피울 때마다 공기를 오염시킨 부분에 대해 일정 금액을 받을 수 있고, 이 때문에 갑은 전보다 담배를 덜 피우게 될 것이다. 즉 공기의 가격이 책정되면 '공짜심리'(경제학 용어로는 '무임승차심리')가 없어져, 결과적으로 적정한 오염수준을 달성할 수 있다. 환경문제에도 시장원리가 작동된다는 것이다.

최근 서울시의 쓰레기 소각장 광역화 조치를 보면서 코우즈가 생각나는 것은 우연일까? 그간의 사정을 알아보니, 당초 목동 신시가지용으로 설립된 쓰레기 소각장이 나중에는 양천구 전체로 광역화되었고, 이때 서울시가 약속한 것이 '1구 1소각장'이라고 한다. 그런데 서울시는 올해 벽두에 양천구 목동 소각장에 다른 구의 쓰레기를 반입하여 태우는 조치를 강행하여, 주민들과 물리적으로 대립하는 사태가 벌어졌다. 이 조치는 서울시가 양천구 지역의 공기는 서울시민 모두의 공기라고 소유권을 지정한 것이나 마찬가지이다. 이는 공유 혹은 공동활용 등 비판하기 어려운 가치를 가지는 정책으로, 그럴 듯하다. 그러나 허울 좋은 반시장적인 정책이어서 실패할 수밖에 없다. 시장친화적 정책이란 가능한 한 소유권을 명확히 지정하여, 각자가 '공짜심리'를 갖지 못하도록 하는 것이다. 그래야만 내 집 쓰레기는 내가 책임지는 시장원리가 작동된다. 그럼에도 불구하고 서울시는 이를 역행한 것이다.

실제로 '1구 1소각장' 원칙은 이미 폐기된 것이나 다름없다. '공유'라는 그럴듯한 원칙하에 공짜로 다른 지역 마당에서 쓰레기를 태울 수 있는데, 누가 자기 지역에 소각장 설립을 허용하겠는가? 따라서 이번 서울시의 조치는 님비들을 광범위하게 양산하는 정책이기도 하다. 목동 쓰레기 소각장은 거주지와 담장 하나를 사이를 둔 유일한 소각장이라든지, 뿜어 대는 연기에 다이옥신이 포함되어 인체에 치명적이라든지, 서울시가 환경부 승인도 없이 쓰레기 반입을 강행했다는 등등은 잘 모르겠다. 그러나 분명한 것은 환경정책은 시장원리에 입각해서 수립·시행되어야 한다는 것이다.(성태경, 전주대 교수; 조선일보 2008년 2월 8일)

11.4 ▸ 에너지문제

1) 한국경제와 에너지

최근 원유가격이 비교적 안정적이고 물량확보도 쉬워져서 그런지 몰라도 에너지 절약을 외치는 목청도 낮아진 듯하고, 국민들은 에너지 절약의 중요성을 잘 알면서도 실제 생활에서는 이를 실천하는데 미흡한 것 같다. 그러나 돌이켜 보면, 1973년 석유수출국기구(OPEC)가 석유를 무기화한 결과로 나타난 제1차 석유파동은 세계경제를 전후 최대의 경제적 위기로 몰아 놓고, 우리나라를 비롯한 석유자원빈국을 불안에 떨게 하였다. 석유가 한 방울도 생산되지 않는 우리나라에서는 석유수입가격의 급등(1973년말 배럴당 4.5달러에서 1974년초 배럴당 12달러로 상승)으로 말미암아 국제수지가 크게 악화되자, 한국경제는 더 이상의 성장이 불가능할 것으로 전망한 사람들도 많았다. 다행히도 우리나라는 이를 잘 극복하였고 1970년대 후반까지도 지속적인 성장을 이룰 수 있었다. 그러나 1979년에 엄습한 제2차 석유파동은 다시 한번 에너지문제의 심각성을 일깨워주었다. 1980년대에 들어와서 세계경제의 부진과 대체에너지 개발 등으로 원유수요가 줄어들어 강세를 지속하던 원유가격이 안정세를 유지하면서 에너지문제의 심각성이 줄어든 듯하나, 앞으로 과거의 석유파동과 같은 위기상황이 오지 않을 것이라는 보장도 없다.

우리나라는 자원, 특히 에너지 자원이 절대적으로 부족한 나라이다. 따라서 에너지 자원의 약 96% 정도를 해외로부터 들여오고 있으며, 이로 인한 수입대금만 해도 2011년 1,725억 달러(총수입액의 약 33%)를 웃돌고 있다.

이 중 전량을 수입하는 원유의 수입대금은 2011년 1,008억달러로 총수입의 19%를 차지하고 있다. 이와 같은 에너지문제와 관련하여 흔히 에너지의 해외의존도를 줄여야 한다고 얘기하고 있다. 혹은 우리가 해외에서 에너지개발에 직접 참여해야 한다는 주장도 있으며, 총에너지 소요의 절반 가량을 차지하고 있으면서도 전량을 수입해 오는 석유를 대체할 만한 대체에너지의 개발을 강조하기도 한다. 이제 에너지문제에 대해서 구체적으로 살펴보기로 하자.

2) 에너지 수요와 공급

위에서 살펴본 에너지문제는 이미 독자들에게 익숙해진 수요·공급곡선을 통해 좀 더 구체적으로 접근할 수 있다. 우리나라 에너지문제의 핵심은 제한된 에너지 공급에 비해 에너지 수요가 지속적으로 급증해 온 데 있다.

(1) 에너지 수요

에너지에는 석탄, 석유, 가스 등 여러 가지가 있기 때문에 에너지의 크기를 말할 때는 단위를 통일하여 측정하고 있는데, 석유가 그 기준이 되고 있다. 우리나라 에너지 총소비량은 석유로 환산하여 볼 때 1968년에 1,400만톤에 불과하였으나 2012년에는 11억 7천만톤으로 84배나 증가하였다. 이와 같은 급격한 에너지 소비량의 증가는 무엇보다도 급속한 경제성장에 따른 산업확장과 국민 생활수준 향상에 기인하는 것이라 하겠다. 우리나라 경제성장률과 에너지소비 증가율의 관계를 나타내고 있는 〈그림 11-13〉이 이를 잘 설명해 주고 있다. 그림에서 경제성장률이 높았던 시기에는 에너지소비증가율이 낮았음을 알 수 있다. 즉, 경제성장률과 에너지소비증가율간의 관계는 상호 밀접한 양(+)의 관계

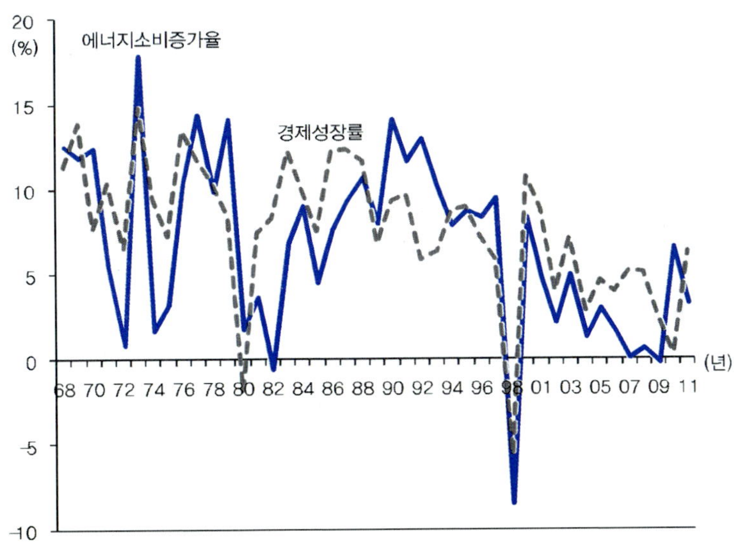

|그림 11-13| 경제성장률과 에너지소비증가율의 관계 자료: 통계청

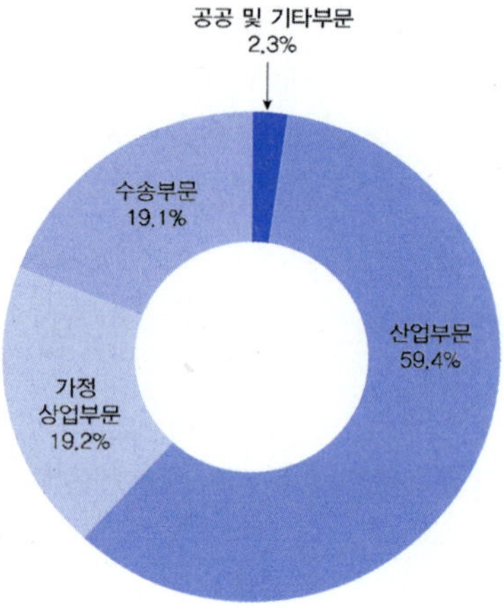

|그림 11-14| 부문별 에너지 소비구조(2011년) 자료: 에너지경제연구원

를 가지고 있다.

그러면 에너지는 주로 누구에 의해서 소비되었는가? 한국경제에서 에너지 소비자는 가정, 상업부문, 산업부문, 수송부문, 공공 및 기타부문 등으로 나누어 볼 수 있다. 〈그림 11-14〉에서 보는 바와 같이 2012년 중 우리나라에서 에너지를 가장 많이 사용하는 소비자는 역시 기업으로 나타나고 있다. 기업의 군집인 산업부문이 사용하는 에너지양은 총에너지 소비량의 59.4%를 차지하고 있으며, 이어 가정 및 상업부문이 19.2%, 수송부문이 19.1%, 정부 등 기타부문이 2.3%를 차지하고 있다.

자동차보급률이 증가하고 가정에서 에어컨, 난방기 등의 사용이 증가하였음에도 불구하고, 산업부문의 에너지 소비비중이 높은 것은 한국경제가 에너지 다소비형 산업구조에서 벗어나지 못하고 있음을 말해주는 것이다.

(2) 에너지 공급

이제 눈을 에너지 공급쪽으로 돌려, 앞에서 살펴본 에너지 수요가 어떻게 충족되었는가를 살펴보자. 우리나라의 주요 에너지 공급원은 〈그림 11-15〉에 나타난 바와 같은데, 지금까지의 에너지 공급원의 변화추이 중 가장 두드러진 특징은 무연탄의 비중이 크게 감소한 반면, 신재생 및 기타 에너지의 비중이 급증했다는 것이다. 또 하나의 특징은 원자력과 액화천연가스(LNG)가 주요 에너지

공급원이 되었다는 점이다. 즉, 원자력은 1970년대 중반까지 에너지공급원이 되지 못하였으나 1978년 고리원자력발전소 건설 이후로 2011년 총 에너지 공급의 12%(발전량의 31%)를 차지하게 되었고, 액화천연가스는 1986년 이후 공급되기 시작하여 2012년 현재 5.4%로 높아졌다.

그러면 이와 같은 에너지는 국내에서 공급될 수 있었는가? 물론 그렇지는 못하다. 우리나라는 가장 중요한 에너지 자원인 석유가 전혀 생산되지 않으며, 현재 생산되고 있는 에너지 자원도 만족할 만한 정도는 아니다. 따라서 항상 우리나라에는 에너지에 대한 초과수요가 존재하여 왔고 이를 수입으로 메울 수밖에 없었다.

결과적으로 〈그림 11-16〉에서 보는 바와 같이 에너지의 수입의존도는 1965년 12.7%에 불과하던 것이 해마다 높아져 2011년 현재는 96.5%에 달하고 있다. 이를 에너지원별로 보면 석탄은 어느 정도 자급자족하고 있으나 에너지 공급의 절반을 차지하는 석유는 전량을 수입에 의존하고 있다. 이렇게 높은 에너지의 해외의존도는 에너지 수입액의 증가를 초래하여 국제수지적자의 주요 요인으로 작용하고 있다.

〈표 11-5〉에서 보는 바와 같이 1970년 에너지부문에서 1억 2,700만달러의

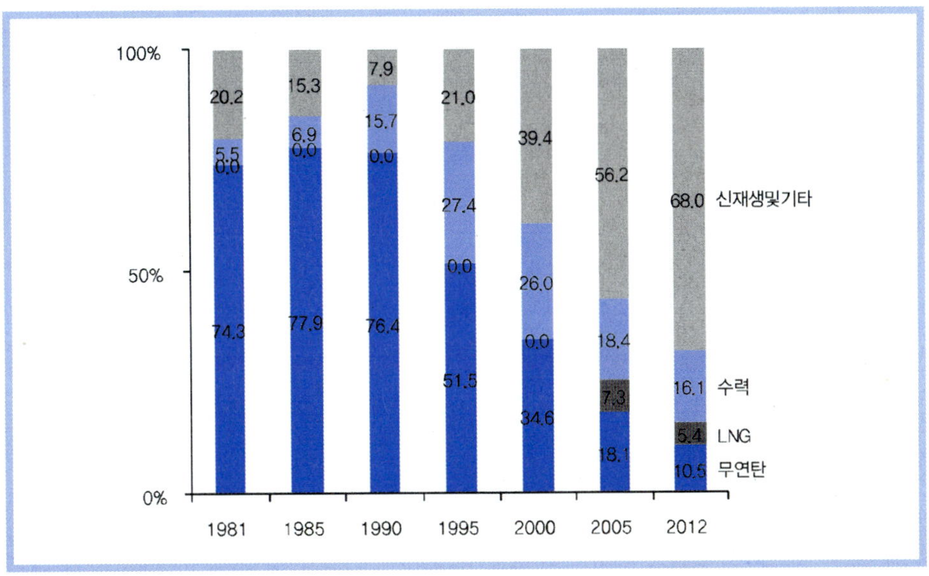

|그림 11-15| 에너지 공급구조의 변화 자료: 에너지경제연구원

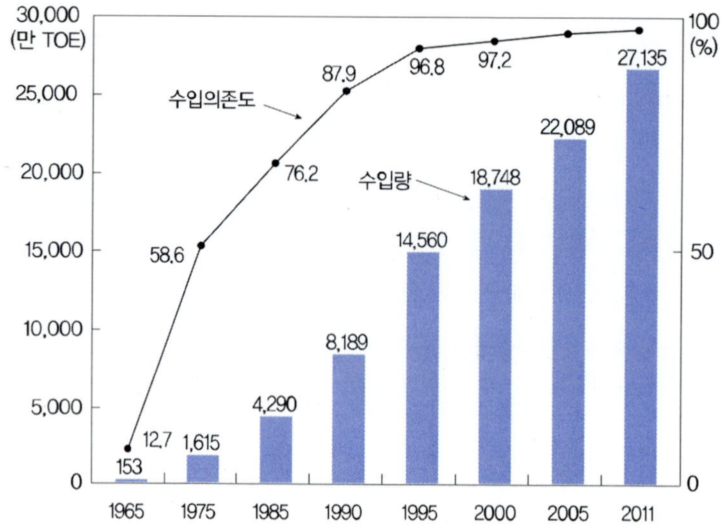

|그림 11-16| 한국의 에너지 해외의존도 자료: 에너지경제연구원

|표 11-5| 에너지 무역수지 (단위: 백만 달러)

	수출(A)	수입(B)	무역수지(A-B)	총수입(C)	B/C(%)
1970	9	136	−127	1984	6.9
1974	107	1054	−947	6851	15.4
1979	29	3788	−3759	20338	18.6
1990	697	11023	−10326	69843	15.8
2000	9347	37306	−27959	159394	23.4
2011	51796	172500	−120704	521614	33.1

자료: 통계청

무역적자(수입액은 1억 3,600만달러로 총수입액의 6.8%)를 기록하였고, 2011년 현재 에너지 무역적자가 1,207억달러(수입액은 1,725억달러로 총수입액의 33.1%)로 증가하였다. 특히 제1차 오일 쇼크 때에는 에너지 수입액이 급증하여 총수입액 중에서 차지하는 비중이 1970년 6.8%에서 1974년 15.4%로 2배 이상 증가하였다.

3) 에너지정책

앞에서 살펴본 바와 같이 에너지문제의 핵심은 우리나라가 에너지 자원빈국인데 비해 경제성장에 따른 에너지 수요가 급증해온 결과 항상 에너지에 대한 초과수요가 있어 왔고, 이를 수입에 의존해 왔다는 데 있다. 이를 수요·공급모형을 통해 나타내면 〈그림 11-17〉과 같다. 그림에서 보는 바와 같이 DD곡선과 SS곡선은 각각 에너지에 대한 국내수요와 국내공급의 '스케줄'을 나타내 주며, 이 두곡선이 만나는 점 A에서 시장균형이 달성되어 에너지의 균형가격은 P로 결정되고 있다.

다시 말해서, 가격 P는 에너지의 수요와 공급을 일치시키는 가격수준으로 A점에서 에너지를 자급자족하고 있다. 그런데 경제성장과 더불어 에너지 수요가 증가하여 에너지 수요곡선이 D′D′로 우상향 이동하였다고 하자. 이때 우리가 선택할 수 있는 길은 B점으로 가느냐 아니면 C점으로 가느냐 하는 것이다. 만약 B점으로 간다면 에너지의 국내공급을 SS곡선을 따라 증대시키는 길을 따라야 하는데, 이 경우 에너지 가격은 P′로 상승하게 된다. 한편, 에너지를 P가격으로 해외에서 수입할 수 있다면 우리는 C점으로 가는 길을 선택할 수 있다. 이때는 AC만큼의 초과수요가 있게 되는데, 이 부분을 바로 수입에 의해 메울 수 있다. 물론 우리나라는 후자의 길을 걸어왔음을 독자들은 짐작할 수 있을 것이다. 현 시점에서 볼 때, 우리나라는 C점에 와 있고 에너지의 해외의존도가 거의 100%

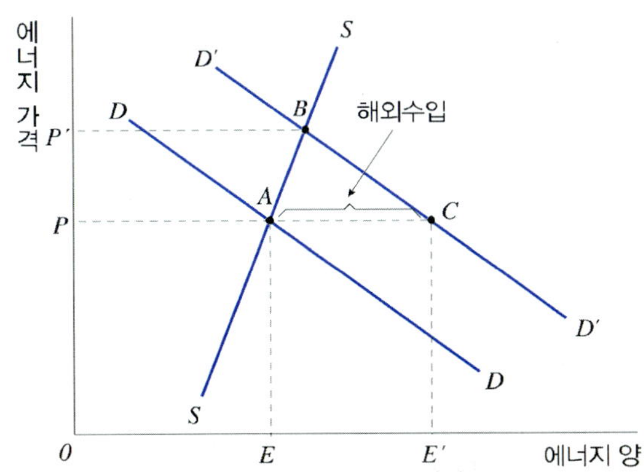

|그림 11-17| 에너지 수요 증대의 효과

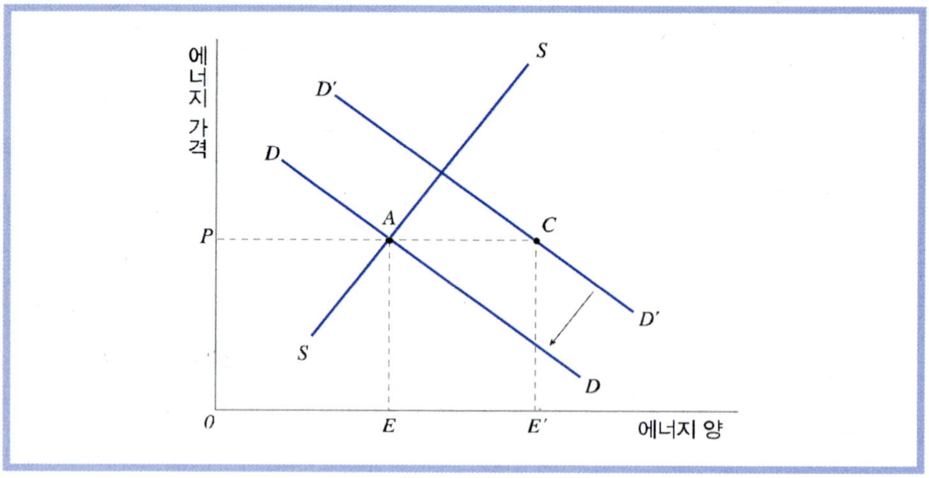

|그림 11-18| 수요곡선의 이동

가까이 와 있는 실정이다.

그러면 우리는 이에 대응하여 어떤 방안을 강구할 수 있을까? 역시 우리가 제6장에서 배운 바와 같이 수요와 공급 측면에서 이를 살펴볼 수 있다.

첫째, 수요곡선을 이동시켜 에너지의 초과수요를 해결하는 방법이다. 〈그림 11-18〉에서 보는 바와 같이 수요곡선을 D′D′에서 다시 DD로 좌하향 이동시키면 된다. 이와 같이 에너지의 수요곡선을 이동시키는 것이 바로 우리가 흔히 들어온 에너지 절약방안인데, 이에는 여러 가지가 있을 수 있다. 예를 들어, 에너지를 많이 사용하는 산업구조에서 에너지를 적게 쓰는 산업구조[4)]로의 전환을 꾀한다든가, 에너지 절약적인 기술을 개발하여 이를 보급하면 된다. 이외에도 열관리의 개선, 각종 연소기관의 개량, 난방시설의 개선, 경제적인 소형승용차의 개발, 1인당 에너지 소비량이 적은 철도나 전철 중심의 대중교통수단의 보급 등의 방안을 들 수 있다. 한 조사에 의하면, 한 가정이 백열등 1개씩만 아껴도 한 해 동안 400~500억원이 절감되며, 전국의 가정용 보일러를 청소하는 것만으로도 약 350억원의 에너지 절약효과를 가져오는 것으로 추정되었다.

둘째, 공급곡선을 이동시켜 에너지의 초과수요를 해결하는 방법이다. 〈그림

4) 한국은행에 의하면 제조업 중 에너지다소비형 산업에는 종이 및 종이제품, 산업용 화학물, 기타 비금속광물제품, 제2차 철강 등이 속하고, 에너지중소비형 산업에는 섬유, 기타 플라스틱제품, 조립금속제품 등이 속하며, 에너지소비형 산업에는 식료품, 음료품, 의복, 기타 화학제품, 고무제품, 기계, 전기기기, 운송장비 등이 속한다.

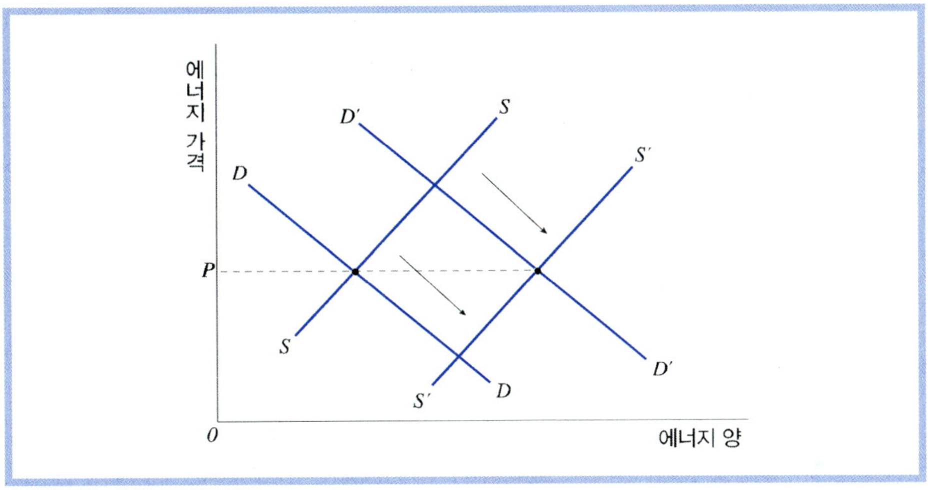

|그림 11-19| 공급곡선의 이동

11-19〉에서 보는 바와 같이 공급곡선 SS를 S′S′로 우하향 이동시키면 되는데, 이를 위해서는 대체에너지의 개발이 있을 수 있다. 즉, 총에너지 공급 중 50% 이상을 차지하고 있으면서도 전량을 수입해 오는 석유의 의존도를 계속 감소시키면서 석유의 대체에너지인 원자력, 유연탄 등의 사용량을 늘리고, 더 나아가서 양수발전, 조력발전, 태양력발전 등의 경제성에 관한 연구개발을 확대해야 할 것이다.

이상에서의 정책방향은 어디까지나 세계의 에너지 가격이 P에서 안정되고 있다는 전제하에서 가능한 것이다. 그러나 사실상 P는 매우 유동적이므로 이상에서의 정책방향과 더불어 안정적인 에너지 자원의 확보방안이 필요하다. 이를 위해 ① 해외에서 자원을 직접 개발하여 수입한다든가, ② 에너지 자원에 대한 장기 수입계약을 맺는다든가, ③ 에너지 자원의 수입지역을 다변화한다든가 그리고 ④ 외교활동을 통한 에너지 수출국과의 유대관계 증진을 꾀할 수 있다. 최근 조달청을 비롯하여 몇몇 선도적인 민간기업들은 자원의 안정적 확보를 목적으로 해외선물시장에 참여하고 있다.

11.5 ▸ 정보화시대의 한국경제

1) 정보화사회의 도래와 그 의미

미래학자 앨빈 토플러에 의하면 인류 역사를 통해서 세 개의 큰 혁명의 물결이 일어났다고 한다. 그 첫 번째가 농업혁명(agricultural revolution)이고, 두 번째가 산업혁명(industrial revolution)이며, 세 번째가 정보혁명(information revolution)이다. 정보혁명의 핵심은 '지식'이다. 즉 지식이 가장 핵심적인 자원이 되었다.

이에 따라 한국경제도 정보화의 물결을 탈 수 밖에 없게 되었다. 사실 지난 10여 년간에 걸쳐 우리 사회에서 일어난 가장 큰 변화는 정보기술(IT; information technology)의 발달로 인한 경제의 정보화일 것이다. 경제학자들은 이러한 경제를 신경제(new economy) 혹은 지식기반경제(knowledge-based economy)라고 부르고 있다(The Economist, 23 Sep., 2000). 보다 구체적으로 말하면 인터넷시대의 도래이다. 우리는 IT라는 용어를 종종 사용하는데, 'I'가 뜻하는 정보(information)와 'T'가 뜻하는 기술(technology)의 보다 명확한 개념은 무엇인가? 한 마디로 '정보와 기술'의 관계는 '포도주와 병'의 관계에 비유할 수 있다. 프랑스에서 오랜 동안 숙성된 맛좋은 '포도주'는 '병'에 담겨져야 세계 각지로 유통될 수 있으며, 그 때문에 포도주의 가치가 더욱 빛나게 되는 것과 마찬가지로, '정보' 혹은 '지식'은 인터넷 '기술'의 발달로 누구나 활용할 수 있기 때문에 그 부가가치가 엄청나게 커지게 되는 것이다.

경제적 측면에서 보면, 정보화는 두 가지의 현상을 말한다. 하나는 정보산업의 발달이고, 다른 하나는 산업, 기업 그리고 가정생활의 정보화이다. 전자는 IT관련 제품 및 서비스, 시스템부문의 성장, 그리고 연관산업의 확대를 말하고, 후자는 산업, 기업, 가정이 IT관련 기술, 부품, 혹은 제품을 사용하는 추세가 커지는 현상을 말한다. 예를 들어 반도체산업의 발전은 정보산업의 발달을 의미하고, 생산공정 및 경영과정이 컴퓨터에 의해 자동화되는 것은 산업의 정보화를 의미한다고 보면 된다.

2) IT기술의 경제적 효과

정보기술이란 소리, 데이터, 이미지를 포함하는 정보의 수집, 저장, 전송에 사용되는 일련의 기술로서 마이크로일렉트로닉스, 광전자기술, 그리고 이들 기술에 의존하는 일련의 기술을 포함한다. 1970년대 초 마이크로프로세서의 발명과 이에 따른 소형화의 진전으로 IT의 생산과 활용은 새로운 제품과 서비스를 출현시키고, 기존 상품 및 서비스의 기능과 편의성을 증진시킴으로서 경제성장의 강력한 엔진으로 등장하게 되었다(〈그림 11-20〉 참조).

뿐만 아니라 IT는 기술혁신의 속도가 빠르기 때문에(예: 무어의 법칙), 경제성장에 대한 기여도가 큰 것으로 분석되고 있다. 정보기술의 발전 속도 및 그 기여도는 무엇보다도 정보기술 자체의 비용감소에 의해서 측정된다. 지난 40년에 걸쳐 컴퓨터 처리능력의 실질가격은 99.999%나 낮아졌다. 이는 연간 35% 감소한 것으로, 런던-뉴욕 간 국제전화료가 1930-2000년 기간 동안 연평균 10% 감소(3분 통화에 300달러에서 현재 20센트 이하)한 것에 비해서도 훨씬 빠른 속도이다.

이외에도 컴퓨터 및 인터넷은 다음 네 가지 측면에서 성장에 기여한다.

첫째, IT는 기업활동(제품디자인부터 마케팅 및 회계까지)뿐만 아니라 경제전반에 걸쳐서 효율성을 증진시킨다. 증기기관, 전기, 철도 등은 주로 제조업과 상품 수송에 주로 영향을 미쳐왔지만 IT기술은 서비스분야, 즉 의료 및 교육을

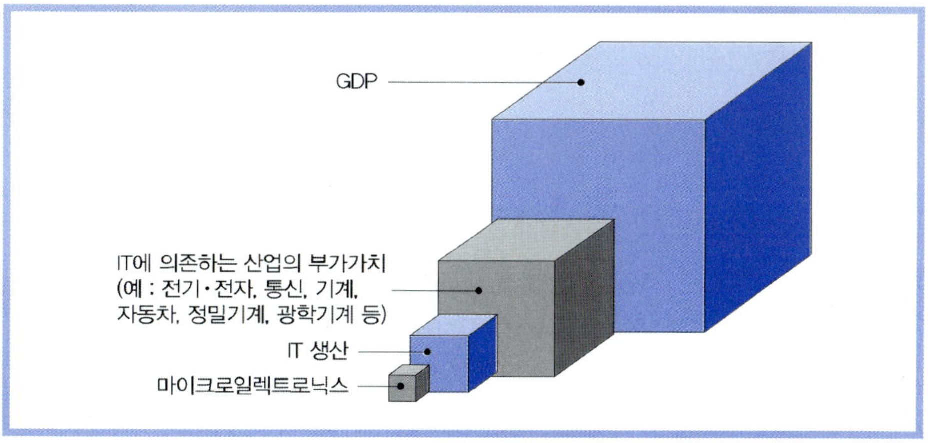

|그림 11-20| IT와 경제

비롯하여 금융, 행정에 이르기까지 생산성을 증대시키는 첫 번째 기술혁신이 될 것이다. 선진국의 경우 서비스 비중이 75%정도임으로 그 영향력은 매우 크다.

둘째, IT는 정보에 쉽게 접근하게 함으로써 시장을 효율적으로 작동하게 한다. 이런 면에서 정보기술을 기반으로 하는 경제를 '누드경제(nude economy)'라고 부르기도 한다. 정보가 널리 활용되면서 완전한 정보를 가정하는 완전경쟁시장에 가까운 효율적 시장들을 탄생시킨다.

셋째, IT는 글로벌화(globalization)와 연관되어 있다. 통신비용을 급격히 낮춤으로써 IT는 상품 생산 및 자본시장을 글로벌화 하고, 반대로 글로벌화는 경쟁과 혁신을 부추기고 무역과 투자를 통해서 신기술의 확산을 촉진시킨다.

넷째, IT는 기술혁신 자체를 촉진한다. 즉, 대용량의 데이터를 처리하는 비용을 저렴하게 하고 신제품을 디자인하는데 걸리는 시간을 단축시킨다. 성능 좋은 컴퓨터 때문에 인간의 유전자지도를 아주 짧은 기간에 추적해 낸 것이 대표적인 예이다.

요컨대 컴퓨터와 인터넷이 경제에 미치는 효과는 생산성증대 및 비용절감에 있다. 물론 과거에도 전기 혹은 자동차의 발명으로 성장잠재력이 이와 같은 방법으로 증가하였지만, 그 정도 및 범위가 IT기술에는 훨씬 못 미친다.

더 알아보기 무어의 법칙(Moore's law)

우리는 기술진보의 속도를 얘기할 때 10년 혹은 20년 정도의 비교적 긴 기간을 상정하는 것이 일반적이다. 220년 전에 시작된 산업혁명(industrial revolution)의 과정을 보아온 우리로서는 당연한 일일 것이다. 그러나 1946년 20단어를 기억할 수 있는 최초의 전자식 컴퓨터가 발명된 이후에, 1960년대 말경 메인프레임 컴퓨터가 널리 보급되고 1971년 마이크로프로세서가 개발되면서부터 이른바 'IT(information technology)' 혁명이 시작되면서 기술진보의 속도는 엄청난 속도로 빨라지게 되었다. IT시대에 있어서 기술진보의 속도는 무어의 법칙으로 요약되고 있다. 미국 인텔사의 창업자였던 무어(G. Moore)는 1965년에 "실리콘 칩의 정보처리능력은 18개월마다 두 배씩 증가할 것이다"라고 예측하였다. 그리고 그의 주장이 그대로 들어맞았다. 〈그림 11-21〉에서 보는 바와

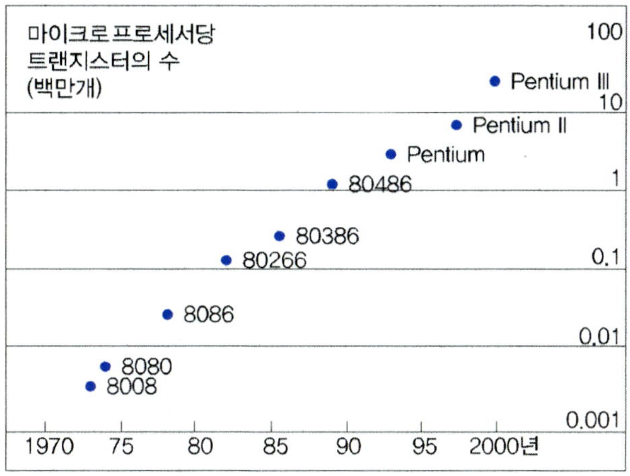

성능과 속도의 비용(달러)	1970년	1999년
1MHz 처리능력의 비용	7,601	0.17
1megabit 저장의 비용	5,257	0.17
1조 bit를 보내는 비용	150,000	0.12

|그림 11-21| 무어의 법칙(Moore's law)

같이 컴퓨터의 처리능력은 엄청나게 증가한 반면에 처리비용은 급격하게 감소되었다. 병렬식 CPU의 등장으로 2000년대 이후에는 들어맞지 않는 법칙이 되었지만, 기술진보의 속도가 매우 빠르다는 사실을 피부로 느끼게 해주는 사례라고 볼 수 있다.

3) 한국경제의 정보화 수준

이제 우리나라의 정보화 수준을 정보의 산업화와 산업(혹은 기업 및 가계)의 정보화로 구분하여 살펴보기로 하자.

(1) 정보산업의 성장

우리나라 정보산업의 부가가치는 〈그림 11-22〉에서 보는 바와 같이 2003년 67조원으로 GDP의 8.7%를 차지하였으나, 2010년 현재 155조원으로 GDP의 13.2%를 차지하게 되었다. 이는 2003-10년 기간 2.3배 증가한 수준이다.

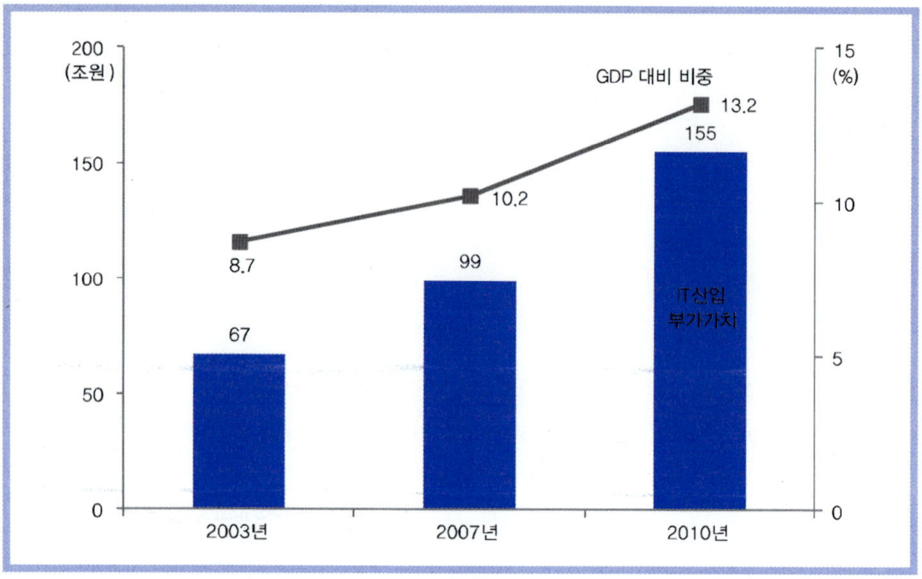

|그림 11-22| 우리나라 정보산업의 성장추이 자료: 한국전자정보통신산업진흥회

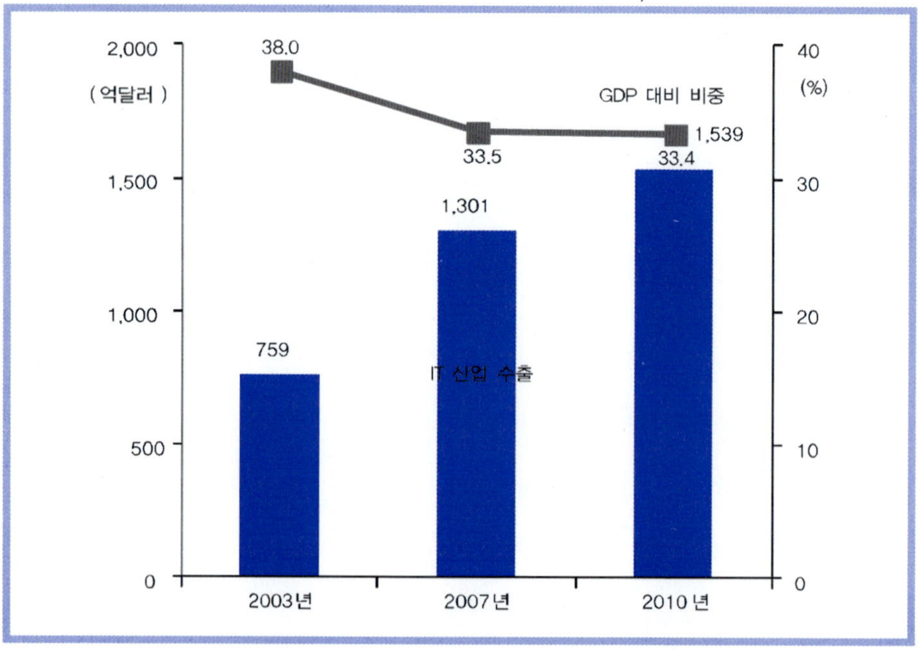

|그림 11-23| 정보산업의 수출 추이 자료: 한국전자정보통신산업진흥회

수출기준으로 정보화 수준을 파악해 보면 〈그림 11-23〉에서 보는 바와 같이

2003년 정보산업의 수출액은 759억달러로 총수출의 38%를 차지하였고, 2010년 현재도 약 1,539억 달러로 총수출의 30% 이상을 유지하고 있다.

(2) 산업(기업 혹은 가계)의 정보화

정보의 산업화와 함께 함께 산업(기업 혹은 가계)의 정보화도 급속히 진전되어 왔다. 우리는 대부분의 산업들이 정보화 제품이나 부품을 사용하여 생산활동에 종사하고 있음을 볼 수 있다. 예를 들어 기계를 만드는 기계라는 의미에서 '엄마기계(mother machine)'이라 불리는 공작기계도 이제는 컴퓨터가 장착되어 금속을 사람의 손으로 자르고 연마할 필요가 없게 되었고, 해저에서의 자원탐사도 마이크로프로세서가 장착된 산업용 로봇이 수행하고 있다. 사무자동화, 공장자동화 등의 용어에서 알 수 있는 것처럼 기업경영도 거의 모든 기능에 걸쳐 전반적으로 정보화되고 있다. 우리가 마트에서 물건을 살 때 기계가 바코드를 감지하면서 가격을 계산하는 것도 POS(Point of Sale)라 불리는 경영정보화의 한 사례이다. 가정생활도 정보화되고 있음은 설명할 필요가 없을 것이다. 인터넷이 보편화되기 전에 누가 은행에 가지 않고도 금융거래를 할 수 있다고 생각했었겠는가?

정보의 산업화 수준의 측정과 마찬가지로 산업의 정보화 측정도 어려운 문제이다. 그러나 인터넷의 사용을 기준으로 그 정도를 대략적으로나마 측정해 볼

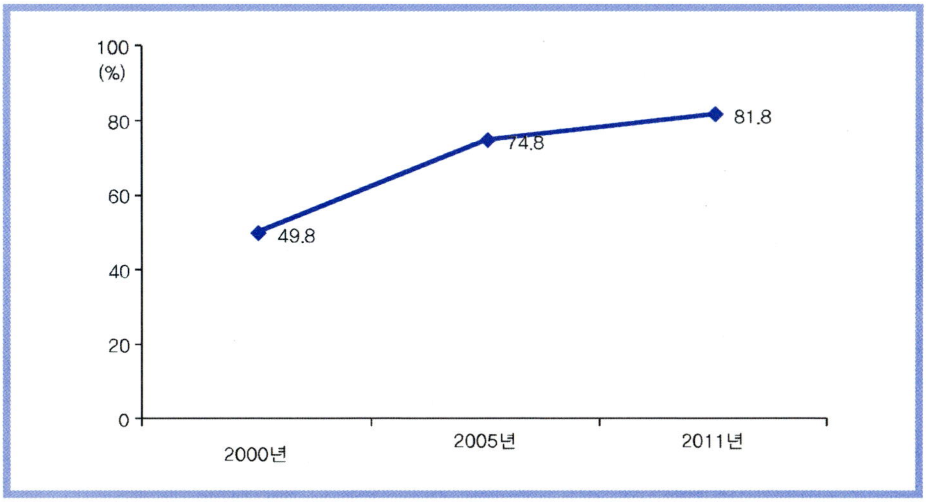

|그림 11-24| 한국의 인터넷보급률 자료: 한국전자정보통신산업진흥회

수 있다. 우리나라 인터넷보급률은 2000년에 49%였으나, 2005년에는 74.8%로 급속하게 증가하였고, 2011년 현재는 81.8%를 기록하고 있다(〈그림 11-24〉). 현재 우리나라는 인터넷강국으로 불리고 있다.

3) 한국경제의 정보화 과제

위의 통계자료를 통해서 볼 때 한국경제는 2000년대에 들어서면서 정보화의 수준이 급격히 진전되어 왔고, 이에 따라 생산성도 증가하여 왔음을 가늠해 볼 수 있다. 그러나 문제는 정보화의 내용과 수준이 다른 경쟁국과 비교하여 얼마나 우위에 있느냐에 있다. 구체적인 예로 우리나라 정보제품의 수출은 반도체와 일부 정보통신기기(예: 스마트폰)에 의존하고 있는 실정이므로, 이 분야에서 다른 경쟁국(예: 중국)에 경쟁우위를 빼앗기면 정보산업의 기반이 무너질 수도 있기 때문이다.

뿐만 아니라 장기적인 관점에서 우리나라의 산업구조가 과거의 중화학공업에서 정보산업으로 어떻게 순조롭게 조정되느냐의 과제를 안고 있다. 1970~80년대 세계경제를 주도하던 일본이 1990년대 이후 활력을 잃게 된 요인이 산업의 정보화 추세에 적절하게 대응하지 못했기 때문이라는 교훈을 되새겨 볼 때, 이는 매우 중요한 과제가 아닐 수 없다.

찾아보기

ㄱ

ㄴ

ㄷ

ㄹ

ㅁ

ㅂ

ㅅ

ㅇ

ㅈ